权威·前沿·原创

皮书系列为
"十二五""十三五"国家重点图书出版规划项目

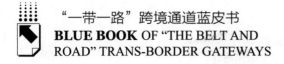

"一带一路"跨境通道蓝皮书
BLUE BOOK OF "THE BELT AND
ROAD" TRANS-BORDER GATEWAYS

"一带一路"跨境通道建设
研究报告（2017~2018）

ANNUAL REPORT ON "THE BELT AND ROAD" TRANS-BORDER
GATEWAYS CONSTRUCTION (2017-2018)

安全风险研究专辑

"一带一路"智库合作联盟
主　编／金　鑫　张秋生
副主编／许永权　王立勇

社会科学文献出版社
SOCIAL SCIENCES ACADEMIC PRESS (CHINA)

图书在版编目（CIP）数据

"一带一路"跨境通道建设研究报告. 2017 – 2018 /
金鑫，张秋生主编. – – 北京：社会科学文献出版社，
2018.1
（"一带一路"跨境通道蓝皮书）
ISBN 978 – 7 – 5201 – 1325 – 0

Ⅰ.①一⋯　Ⅱ.①金⋯　②张⋯　Ⅲ.①区域经济合作
– 国际合作 – 研究报告 – 中国 – 2017 – 2018　Ⅳ.
①F125. 5

中国版本图书馆 CIP 数据核字（2017）第 211677 号

"一带一路"跨境通道蓝皮书
"一带一路"跨境通道建设研究报告（2017~2018）

主　　编／金　鑫　张秋生
副 主 编／许永权　王立勇

出 版 人／谢寿光
项目统筹／祝得彬　刘　娟
责任编辑／刘　娟　王蓓遥

出　　版／社会科学文献出版社·当代世界出版分社 （010）59367004
　　　　　地址：北京市北三环中路甲 29 号院华龙大厦　邮编：100029
　　　　　网址：www. ssap. com. cn
发　　行／市场营销中心（010）59367081　59367018
印　　装／北京季蜂印刷有限公司

规　　格／开本：787mm × 1092mm　1/16
　　　　　印张：20.25　字数：306 千字
版　　次／2018 年 1 月第 1 版　2018 年 1 月第 1 次印刷
书　　号／ISBN 978 – 7 – 5201 – 1325 – 0
定　　价／89.00 元

皮书序列号／PSN B – 2016 – 557 – 1/1

本书如有印装质量问题，请与读者服务中心（010 – 59367028）联系

项目研究期间的阶段性成果

张冬梅：《中央支持民族地区政策体系的科学基础探寻》，《西北民族大学学报》2014年第6期；被2015年第2期《民族问题研究》人大复印报刊资料全文转载。

张冬梅：《民族地区特色新型城镇化的问题与策略》，《中国民族报》2014年12月19日，第7版。

张冬梅：《民生财政的福利经济学诠释》，《光明日报》2015年9月2日，第15版。

张冬梅、黄少侠：《民族自治县县域财政自主性研究》，《民族研究》2015年第5期。

张冬梅、龙远蔚、吴忠军：《少数民族自治县县域财政预算自主性缺失调研报告》，2015年3月获得国家民委调研报告三等奖。

张冬梅：《环境容量产权与民族地区利益实现》2015年9月获得国家民委论文二等奖。

张冬梅、毛晖、汪彤：《完善民族地区矿产资源开发补偿与生态环境保护的财政政策》，《中国民族报》2016年2月26日，第6版。

张冬梅、霍静璐：《城乡一体化背景下中国政府卫生支出优化研究》，《内蒙古民族大学学报》2016年第2期。

张冬梅：《民族地区财政支出结构优化研究》，《满族研究》2016年第3期；被2017年第3期《民族问题研究》人大复印报刊资料全文转载。

张冬梅：《对纳税人权利与义务的再认识》，《光明日报》2016年11月30日，第15版。

张冬梅、温新延：《新型城镇化背景下提升农村医疗卫生服务对策研究》，《发展研究》2016年第6期。

张冬梅、魏后凯：《中央支持民族地区税收政策效果评价与调整方向》，《新疆社会科学》2017年第6期。

主要编撰者简介

金 鑫 当代世界研究中心主任,"一带一路"智库合作联盟理事会秘书长。先后就读于兰州大学、中国社会科学院研究生院、中欧国际工商学院、南开大学周恩来政府管理学院,高层管理人员工商管理硕士、法学博士,研究员,全国青联委员,教育部区域和国别研究评审专家,国家社会科学基金评审专家。2003~2004年,在英国剑桥大学国际问题研究中心做访问学者。曾任当代世界出版社副社长,《当代世界》杂志总编辑,安徽池州市委常委、副市长。长期从事国际问题研究,在国家核心期刊和有关部委内部刊物发表论文和内部报告上百篇,在香港和内地出版著作10余部,有多篇论文在全国和省部级成果评比中获奖,《中国问题报告》《世界问题报告》等著作获"全国优秀畅销书奖"。

张秋生 北京交通大学"一带一路"产业研究院院长、博士生导师。北京交通大学经济管理学院党委书记、院长,中国企业兼并重组研究中心主任,国务院学位委员会学科评议组成员,中国物流与采购联合会副会长,中国会计学会理事,中国数量经济学会常务理事,具有中国注册会计师和中国注册税务师资格。撰写专著《并购学——一个基本理论框架》《面向2020年的"十一五"期间我国现代服务业发展纲要研究报告》《并购论坛2005》,参编教材《中央企业并购重组报告》等。

许永权　当代世界研究中心副主任。1999 年，毕业于中共中央党校研究生院，获经济学硕士学位。1999 年起，在中共中央对外联络部研究室工作，历任副处长、处长。2011 年 1 月，任当代世界研究中心办公室主任。2012～2013 年，在山东省聊城市茌平县挂职常委、副县长。2013 年任当代世界研究中心副主任。

王立勇　当代世界研究中心副主任。先后在中国人民大学国际关系学院、北京大学国际关系学院、清华大学社会科学学院学习，法学博士。2003 年 9 月～2004 年 3 月，在德国卢森堡基金会做访问学者。曾在中联部研究室理论处、政党处、战略处工作，担任副处长、处长。2014 年 1 月～2015 年 12 月，在云南普洱市挂职市政府党组成员、市长助理。长期从事中国外交、国际关系、政党政治、社会主义、理论思潮等研究，多次参加中央部委关于党建、外交、社会主义等领域课题研究，在《求是》《当代世界》《党建研究》《国际政治研究》《国际论坛》以及德国《乌托邦》等国内外期刊发表多篇论文。

摘　要

　　本书由"一带一路"智库合作联盟秘书处——当代世界研究中心联合北京交通大学"一带一路"产业研究院,组织智库合作联盟理事单位专家学者编著的年度报告。我们共同致力于将该"蓝皮书"打造成涉"一带一路"权威信息发布平台,理事单位发布权威学术成果、展示学术影响力的重要"窗口",并最终成为具有学术性、影响力的系列产品,为"一带一路"顺利推进发挥咨政建言作用。该报告重点聚焦"一带一路"跨境通道面临的安全风险挑战和中国海外利益保护,全书共分九大部分,包括总报告、跨境通道建设总体安全风险研究报告、中蒙俄经济走廊建设安全研究报告、新亚欧大陆桥经济走廊建设安全研究报告、中国－中亚－西亚经济走廊建设安全研究报告、中国－中南半岛经济走廊建设安全研究报告、中巴经济走廊建设安全研究报告、孟中印缅经济走廊建设安全研究报告、海上港口及国际通道建设安全研究报告。报告主要围绕中国与跨境通道沿线国家和地区发展规划对接与合作情况,相关国家参与跨境通道建设的基本情况及其安全环境评估,中国及相关国家参与跨境通道建设中面临的安全风险挑战,应对跨境通道建设安全风险挑战、保护我国海外利益的对策建议等进行研究,并提出有针对性的对策建议。研究报告具有原创性、前沿性、权威性,数据和信息真实、准确,严格遵守学术规范,提出的对策建议具有较强的操作性和针对性。

"一带一路"智库合作联盟秘书处

北京交通大学"一带一路"产业研究院

2017 年 11 月

目 录

Ⅰ 总报告

B.1 "一带一路"跨境通道总体安全形势评估 ……………… 高连甲 / 001

Ⅱ "一带一路" 跨境通道安全风险研究

B.2 "一带一路"建设深化中的风险和对策
………………………………………… 刘鹏飞 李俊亮 / 014

B.3 "一带一路"背景下中国在中东地区的利益保护问题研究
………………………………………… 张小芳 郑东超 / 028

B.4 我国天然气进口来源国安全风险评价与政策建议
………………………………………… 孙家庆 翟飞飞 / 039

Ⅲ 中蒙俄经济走廊建设安全研究

B.5 中蒙俄经济走廊与环阿尔泰山次区域经济圈建设 …… 许建英 / 054

B.6 中国与中亚国家共建"丝绸之路经济带"核心区跨境经济
走廊的战略思考 ………………………………… 王海燕 / 062

B. 7 "丝绸之路经济带"核心区建设与新疆开放型
经济发展 ……………………………………… 王　垚 / 073

IV　新亚欧大陆桥经济走廊建设安全研究

B. 8　中欧通道建设风险评估及政策建议 ……………… 刘作奎 / 081
B. 9　关于中吉乌铁路西延至欧洲大陆的安全战略思考
……………………………………… 杨　恕　王术森 / 093
B. 10　当代西北边疆安全环境及其问题分析 ……………… 石　岚 / 103

V　中国—中亚—西亚经济走廊建设安全研究

B. 11　聚焦"一带一路"，加强中国新疆与中亚互联互通及
安全合作 ……………………………………… 王富忠 / 115
B. 12　伊朗国内恐怖主义形势及对"一带一路"安全环境的
影响 ……………………………………… 张金平 / 123
B. 13　新疆企业"走进"中亚的路径选择及风险防范 ……… 杨　凌 / 131
B. 14　中吉经济走廊跨境通道安全对策研究 …………… 陆　钢 / 143

VI　中国—中南半岛经济走廊建设安全研究

B. 15　中国 – 中南半岛经济走廊建设：现状、风险与对策 …… 卢潇潇 / 156
B. 16　大湄公河次区域构建安全机制的必要性 …… 钮菊生　许　正 / 169
B. 17　西藏融入"一带一路"的国际挑战与战略选择
——兼论中尼印经济走廊的可行性 …………… 刘宗义 / 180

VII　中巴经济走廊建设安全研究

B. 18　中巴经济走廊安全环境探析 ……………………… 王世达 / 192

B. 19 巴基斯坦政治安全局势分析及对中巴经济走廊建设的

影响 ······························· 王玉主 周 嫱 / 201

Ⅷ 孟中印缅经济走廊建设安全研究

B. 20 孟中印缅经济走廊建设安全研究报告 ··············· 陈利君 / 213
B. 21 孟中印缅经济走廊建设：共识、争论与地缘效应

································ 杨鲁慧 刘雨辰 / 228

Ⅸ 海上港口及国际通道建设安全研究

B. 22 "21世纪海上丝绸之路"建设地缘安全的挑战及应对

································· 张江河 / 241
B. 23 保障"海上丝绸之路"通道安全的政策建议

··················· 李 晶 吕 靖 宫晓婵 / 255
B. 24 "21世纪海上丝绸之路"港口建设投资风险研究

··················· 黄庆波 李 焱 / 264
B. 25 "一带一路"倡议与海合会战略对接及安全评估分析

································· 潜旭明 / 277

后记 ······································· / 290

Abstract ································· / 291
Contents ································· / 293

皮书数据库阅读**使用指南**

总 报 告

General Report

B.1

"一带一路"跨境通道总体安全形势评估

高连甲 *

摘 要： 随着"一带一路"倡议深入推进，中国与沿线国家在"一带一路"框架下积极合作，共同商谈并规划合作发展的蓝图，同时把已有的合作项目有机地整合到"一带一路"框架中来，初步形成中蒙俄经济走廊、新亚欧大陆桥、中国－中亚－西亚经济走廊、中国－中南半岛经济走廊、中巴经济走廊、孟中印缅经济走廊这六大经济合作板块。作为"一带一路"在区域内的支柱和骨架，上述经济走廊和运输大动脉跨越国境，带来产品、物资、资本、人员、技术、信息的跨国

* 高连甲，当代世界研究中心研究员。

跨地区流动，是"一带一路"的经脉，也是"一带一路"的具体化和实体化。正因如此，跨境通道建设和跨境通道安全对"一带一路"有着重大的实际意义。总报告从跨境通道基本特点、跨境通道安全总体状况、影响跨境通道安全的主要因素、跨境通道安全建议这四大方面入手，概要分析了跨境通道安全总体形势及相关因素。

关键词：　跨境通道　安全形势　安全因素　安全风险

随着"一带一路"建设的深入推进，中国与沿线国家在"一带一路"框架下积极合作，共同商谈并规划合作发展的蓝图，同时把已有的合作项目有机地整合到"一带一路"框架中，初步形成中蒙俄经济走廊、新亚欧大陆桥、中国—中亚—西亚经济走廊、中国—中南半岛经济走廊、中巴经济走廊、孟中印缅经济走廊这六大经济合作板块。作为"一带一路"在区域内的支柱和骨架，上述经济走廊和运输大动脉跨越国境，带来产品、物资、资本、人员、技术、信息的跨国跨地区流动，是"一带一路"的经脉，也是"一带一路"的具体化和实体化。正因如此，跨境通道建设和跨境通道安全对"一带一路"建设有着重大的实际意义。

一　跨境通道基本特点

"一带一路"倡议涉及亚、欧、非大陆各地区之间的互联互通及上述地区同附近海洋国家的互联互通。作为一个跨国跨区域合作发展构想，"一带一路"涵盖了东亚、东南亚、南亚、中亚、西亚、东非、北非、东南欧、西欧、北欧等多个次级区域。

从涵盖地域看，目前相对成形的六大跨境通道主要是连接中国及其周边地区并顺势延伸，其中新亚欧大陆桥在连接周边后顺势延伸到欧洲腹地。这几大跨境通道以陆上互联互通为主体，至少在先期是这样。陆海联动（如中国—中南半岛经济走廊）的特征初步显现，潜力有待进一步挖掘。新亚欧大陆桥初步呈现联通欧亚大陆和两大洋的特征，目前仅限陆海联运，这只是陆海联动发展的一部分内涵，海洋上的跨境通道目前尚未纳入这六大跨境通道的范畴。这些地域范围基本框定了上述跨境通道的地理特征。

从定位上看，六大跨境通道不仅是一条条过境线路，而且是亚洲地区——尤其是发展中国家间的合作平台。六大跨境通道途经的几乎都是发展诉求强烈的国家，它们在提升基础设施水平、减贫脱贫、创造就业等领域有迫切的现实需求。六大跨境通道是这些发展中国家改善民生、促进经济增长的重要依托，也是中国同沿线国家和人民交往和沟通的纽带。

从业务内容上看，上述跨境通道是以现有基础设施为基础，以升级改造和开拓性地建设新一代基础设施为主要业务，以产能合作为跟进业务，以商品流、物流、信息流、资金流为配套业务，以促进贸易、改善民生、增进民间往来和民心相通为主要目标的建设格局。

从建设效度上看，上述跨境通道在热度、进度、效率、回报情况等各个方面情形不尽相同。总的来看，上述跨境通道在相关国家内受到官方密切关注，尽管不同的政治经济群体对跨境通道作用的认知不尽一致，但相关国家民众对跨境通道普遍抱有热切期盼，从中看到了改善生活的新机遇。同时，客观地讲，不能排除有些地方势力或群体对跨境通道有疑虑或有抵触情绪。

从面临的安全风险和挑战来看：上述跨境通道面临的安全形势复杂，既有传统威胁，也有非传统挑战；既有现实威胁，也有潜在挑战；既有共性的风险，也有具体的独有的风险；既有经济风险，也有政治、社会、文化等因素带来的挑战。虽然跨境通道范围内的安全问题多维度、行为主体多元，但这些安全问题并不是因为跨境通道的展开而产生的，更不是直接针对"一带一路"的。但有必要对安全风险因素进行梳理分析，以便有效地加强跨境通道建设，使其更好地服务于"一带一路"。

二 跨境通道安全总体状况

目前，跨境通道在沿线国家引起的积极反响明显压过负面评价。总体上看，基础设施差的国家比基础设施相对好的国家对跨境通道反响更积极；经济条件差的国家比经济条件相对好的国家对跨境通道反响更积极。每一个国家或地区，总体情况下依然存在不同程度的个体差异，即总体反响积极的地区不排除有个体反响消极乃至负面。但有一点是毋庸置疑的：无论是发达国家、发展中国家，还是欠发达国家，甚至最不发达国家，它们都从跨境通道建设中看到了商机。上述情况是跨境通道运行的宏观外部环境，也为把握跨境通道安全形势提供了参照。

（一）跨境通道安全形势基本面稳定，在可预见的未来会继续保持并谨慎向好

首先，中国作为跨境通道的发起者和现阶段的主要建设者，能主动同相关国家的政府、商界、学界广泛沟通，力图做到在跨境通道方面共商、共建、共享。此外，中国的官方机构、思想库和工商界能主动在国际合作、发展援助等领域向发达国家学习，探究、借鉴它们的经验，力图做到在正确的地方做正确的事。中国相关机构有日益严密的调研、论证、咨询、评估、报告、预警、监管、审核机制，这些机制对参与跨境通道（包括境内段和境外段）建设的中方行为主体也适用，这种自我监督是跨境通道安全的机制保障。

其次，中国作为一个在国际上负责任的、在国内有很强动员能力的、在世界经济中占有重要地位的大国，正积极调动国内外政治、经济、文化、宣传力量，积极致力于"一带一路"建设，力争把好事做好。这既彰显了确保跨境通道安全的政治决心，也让各界充分认识到，中国能在需要的时候动员各方力量、动用各种资源来确保跨境通道安全。这是确保跨境通道安全的政治经济基础。

再次，中国参与确保跨境通道建设的各方力量，从政府部门到公司企业、社会组织，再到普通民众，都在积极开展相关活动，加强能力建设，提升跨境通道的质量。这无疑为确保跨境通道安全奠定了一定的基础。

最后，外国政府、民众、非政府组织、国际机构对跨境通道的关心、关注、关切都在不同程度上督促中方把跨境通道建设好，这是跨境通道安全的外在监督效应。

（二）跨境通道安全将长期面临一些深层次问题，解决问题需要耐心

首先，跨境通道在开放或半开放的自然、政治、经济、地缘、社会环境下运作，行为主体多元且诉求多样，时有新的主体或诉求出现，关切不同、利益不完全一致乃至发生冲突的情形在所难免。不出问题是最理想的状态，但偶尔出些问题也属正常。跨境通道建设是集政治、经济、金融、人文等各项事业于一体的综合项目，解决问题是跨境通道建设的题中应有之意。

其次，跨境通道不仅要跨越国境，跨越文化、习俗、传统和法律体系，而且更要跨越心理和思想的边界。非物质的边界也是跨境通道建设必须跨越的一道坎。这就需要各方拿出善意和耐心，彼此主动沟通，以解决问题为目标，在跨境通道建设过程中，扫清心与心之间的障碍。民心相通是跨境通道安全的根本保障。

再次，跨境通道是在国际社会的关注下展开的，地缘政治、大国博弈、地区强国角力、跨国公司竞争等因素会时隐时现，以或明或暗的方式作用到"一带一路"建设上来。作为"一带一路"的显现形式，跨境通道不可能不受影响。

最后，跨境通道从规划到建设、运作、经营、管理，都是既浩大又细微的工作，每一个环节都要照顾到，要做对做好，这对每一个参与者都是一种挑战。从生理到心理，从体力到脑力，从理念到知识，从能力到魄力，无一不是考验。每个细节上的不确定性都有可能给跨境通道安全建设带来风险。

有鉴于此，有必要对跨境通道安全的相关因素进行分析，做到心中有数。

三 影响跨境通道安全的主要因素

（一）跨境通道安全受自然地理条件的影响

跨境通道涉及的地区广袤，地形、地质、气候、水文、气象等条件多样多变。复杂多变的自然地理条件对跨境通道安全有较强的影响。中蒙俄经济走廊有相当一段穿越高寒荒漠和山地，中巴经济走廊则要面对高原高寒山区和荒漠区。孟中印缅经济走廊则要经过热带亚热带高原和山地以及洪涝灾害频发地区。中国—中南半岛经济走廊则要在热带雨林和类似自然环境中运作。在交通运输线路建成之后，跨境通道无法回避高寒、高温、雪崩、泥石流、冰冻、风沙、地震、塌方、山体滑坡等自然灾害，线路维护的要求和成本会很高。这些都对跨境通道的物理安全构成挑战。

（二）跨境通道安全受到所在国家经济形势、经济结构、经济政策的影响

跨境通道涉及的国家国情各异，经济结构多样，发展水平参差不齐，经济政策成熟程度不一。这既增加了跨境通道建设的复杂性，也为跨境通道安全带来了不确定性。以孟中印缅经济走廊地区为例，孟的经济结构以农业为主，印则进入了经济全面发展阶段，尤其是工业化、再工业化、信息技术产业占比越来越高，并且正在把新技术应用于农业。理论上讲，异质化程度越高，互补性也就越强。但由于受到基础设施落后和资金短缺的限制，域内国家在异质互补领域的合作还很欠缺。与此同时，孟、印在纺织品加工贸易方面又有共同点。在经济政策上，孟、印、缅三个国家又都积极致力于吸引外资。在上述同质化程度很高的领域则有可能导致对资源、资金、市场的竞争。这些注定要对跨境通道的可持续性造成影响。可持续性也是跨境通道安

全的一个不可或缺的维度。在经济政策和金融政策方面，在特定情况下，不排除某些国家会突然实施干预政策，如没收外商投资资产、本币贬值、取消本币与国际通用货币的自由兑换等，这也会给跨境通道安全带来风险。

（三）跨境通道安全受到所在国家和地区政局变化的影响

在跨境通道展开的初级阶段，政府的政治决心对于跨境通道安全至关重要。稳定的国内和周边政局、信守国际承诺的政府、以合作发展为政治诉求的政府，这些是跨境通道的利好因素。以欧盟为例，如果欧盟作为一个统一市场分裂或解体，或者一些国家出现民粹主义倾向的政府，对"一带一路"倡议抵触或反感，那么跨境通道就会面临安全风险。政府干预企业的运营、政府对进入经济活动的外资企业设置不利的政策环境，这都会对跨境通道造成冲击。稳定的政局意味着跨境通道有稳定的经营环境、稳定的政策支持、安全的社会环境保障，意味着针对外资企业的直接干预、歧视性政策、无理由罚没外资资产以及其他制约企业运营的政府行为的减少。稳定的政局也意味着跨境通道将面对一个讲法律和守秩序的社会，肆意中止合同，不履行责任和义务，侵害外商投资、财产和人员的事件就鲜有发生。以中国—中亚—西亚经济走廊为例，动荡的地区局势使得跨境通道在西亚地区的建设基本停留在构想阶段，即便开始建设，其风险也不得不防。

（四）跨境通道安全受到所在国家和地区社会情况变化和民众对我国认知的影响

跨境通道涉及地区的社会情况复杂多变，民众对我国认知程度不一。民粹主义与反全球化有千丝万缕的联系，二者在政治经济上的交集部分蕴含如下逻辑：包括中国在内的新兴国家在全球化中受益，应该承担必要的国际责任；受益少、没有受益、被全球化落下的国家有理由保护好自己的市场、就业和文化。在这种背景下，有的发达经济体会高举贸易保护主义大棒，时不时地对中国实行反倾销反补贴。有的不发达经济体容易简单地把中国在海外的投资和其他经济活动视为自己国家内部社会经济问题的"贡献"因素。

例如，民粹主义盛行、反全球化运动抬头、反移民情绪加剧，这都会使欧洲更加排外，对连通欧亚的新亚欧大陆桥乃至整个“一带一路”建设会有潜在负面影响。“一带一路”沿线国家担心中国的政治影响力和文化会进入跨境通道地区，冲击本国的文化传统和生活方式，特别是有的中国周边国家对中国的迅猛发展和潜在影响始终抱有复杂的心态。民众情绪易于被大大小小的突发事件搅动，在这方面相对突出的例子是孟中印缅经济走廊时常要面对和解决社情民意变化带来的问题。例如我国在缅甸、斯里兰卡等国的个别投资项目受阻，民意的变迁和对我国认知的变化是其中的重要因素。

（五）跨境通道安全受到当地地缘政治纠葛的影响

六大跨境通道所经地区有的深处欧亚大陆的腹地，有的位于重要的海上通道和海域，历来是全球大国争夺的重点区域，也是地区强国纠葛频发的地区。作为区域合作的平台，跨境通道不可能不受到长期存在的地缘政治纠葛的干扰和可能发生的地缘冲突的冲击。例如，欧俄相互制裁严重影响欧亚大陆贸易和互联互通。受制于俄罗斯对欧盟采取的制裁措施，从波兰进口的农产品将无法通过新亚欧大陆桥运回中国境内。困扰中欧班列的“去时满载，返程资源不易组织”问题就更加不易解决。从宏观层面看，欧俄关系能否缓解关系到欧亚大陆能否进一步互联互通，经济走廊建设能否取得新的进展。如果欧俄之间的相互制裁不能在短时间内解决，通道运输将面临不小的风险。

（六）跨境通道安全受到国际问题溢出效应的影响

跨境通道将有助于形成一个相互依赖的经济社会发展体系，许多干扰跨境通道建设的安全问题不会只局限于一国疆界之内，还会溢出到周边国家，成为地区性问题，主要表现为颜色革命、恐怖主义、极端主义、毒品泛滥、走私、盗猎、人口拐卖、水资源冲突、边界领土争端、民族宗教冲突等多种安全威胁。上述安全问题对跨境通道安全建设的影响是多层次、多方位、多重组合的，有的是零星发生，有的是长期存在，有的是交替发生，有的是在一段时间内同时出现。在这些问题中，宗教极端化将长期影响中国—中亚—西亚经济走廊和中巴经济走廊安全形势，宗教极端化的外溢效应对于上述地区的跨境通道建设构成重大安全风险。对中亚地区威胁大的还有极端民族主义，它和宗教极端主义相互交织，具有明显的政治化倾向。除了直接的恐怖袭击，极端思想在中亚地区的传播和极端组织对中亚民众的招募，对跨境通道建设构成长期潜在的安全威胁。

（七）跨境通道安全面临相关国家的类似架构的竞争

在跨境通道涉及的区域，地区强国和全球大国也在着力经营。覆盖区域部分重合、经营领域大体一致、设计理念近乎雷同的设置会不断出现。这里面既有发展机遇的竞争，也有国家战略的龃龉。有的国家想利用这些平行架构来整体或部分地对冲六大跨境通道，有的国家想利用六大跨境通道对冲别的国家的平行架构。在一定意义上，跨境通道乃至整个"一带一路"存在被有些国家或组织当牌打的可能，这可能会让跨境通道不明不白地陷入与类似架构的竞争之中。例如中巴经济走廊建设包括交通基础设施、能源、投资等多方面，目前最重要是瓜达尔港的建设。相邻的印度则有意同伊朗与阿富汗加强合作，共同开发伊朗东南部恰巴哈尔港以加强其与中亚的沟通，以此来对冲中巴经济走廊和中国—中亚—西亚经济走廊。与此同时，亚洲地缘政治和地缘战略格局也正在发生变化。美国打出"重返亚太"的旗号，旨在遏制中国日益增长的影响力。美国的"亚太再平衡"战略扶持印度遏制中国的意图明显，中巴经济走廊的顺利发展明显不利于美国在本地区的战略安排，中巴经济走廊也因此一直受到美国的格外关注。有专家认为新亚欧大陆桥的修建和后续筹建的相关铁路线路对俄罗斯西伯利亚铁路是一个冲击，因为这有可能挤占俄远东铁路的货运市场，对其经济利益造成损害。也正是基于类似判断，俄罗斯一直将开发第一亚欧大陆桥作为带动远东地区经济发展的基本国策，视第二亚欧大陆桥为主要竞争对手，采取多种举措扩大俄罗斯铁路在亚欧物流中的影响，建立以俄罗斯铁路为主导的亚欧集装箱物流链。

（八）跨境通道安全受到国际经济环境复杂多变和新一轮科技革命的影响

跨境通道的启动阶段，投资是第一增长动力。随着跨境通道逐渐走向成熟，产业逐渐稳定，结构倾向于定型。跨境通道目前基本上是按照传统行业和传统经营模式来运营，面临转型升级的紧迫性。由于国际经济环境复杂多变，跨境通道面临经济波动甚至动荡的考验。伴随着新一轮科技革命，跨境通道面临产业升级、业态变迁、经营多元化和管理现代化的考验。新一轮科技革命和产业变革正在孕育兴起，新技术替代旧技术、智能型技术替代劳动密集型技术趋势明显。跨境通道涉及国家的科技创新基础很难说牢固，各国自主创新特别是原创力还很欠缺，许多产业处于全球产业价值链中低端，关键领域核心技术受制于发达经济体的格局短时间内难以改变。跨境通道将农业现代化、城镇化、工业化、信息化协调同步发展，尤其需要高新技术提供全方位战略支撑。

四 跨境通道安全建议

（一）全面深入调研，做好跨境通道安全评估

全面深入调查和研判跨境通道的经贸环境和地缘政治发展趋势，为跨境通道安全风险预防做好知识储备和心理准备。在微观层面，需要高度重视跨境通道相关国家政府、社会组织和各界民众对"一带一路"倡议的态度和对跨境通道的态度。根据具体情况和形势发展变化，有针对性地提出解决跨境通道安全问题的可操作的方案。随着跨境通道建设所涉及的事情越来越具体，无论是陆上还是海上通道，中国对跨境通道安全风险的评估应进一步细化和及时，并能提出一些应对的预案。跨境通道安全问题不仅指一系列硬安全挑战，还包括运行效率、工程质量、管理方式、民意社情等软性风险问题，这些均应列入安全因素范畴，因为它们直接关系到通道运营的可持续

性。跨境通道安全跟跨境通道建设的速度和效率相关，其中一个重要方面是通道建设的质量。

（二）着力打造跨境通道品牌，重点保障其安全

品牌建设是跨境通道安全的有力支撑。中欧班列已经成为沟通境内外、连接欧亚大陆东部、中部和西部的品牌项目。目前，中欧班列仍处于发展初期，还存在综合运输成本偏高、双向物流量不对称、通关便利化瓶颈难以突破、沿线交通基础设施和配套服务支撑能力不足等问题。上述问题迫切需要加以规范和解决。中欧班列在欧洲的知名度尚待提高，仍有不少机构不知道中欧贸易的商品可以通过中欧班列进行运输。应通过统一标识，提升效率，扩大影响和知名度，将中欧班列打造成为具有国际竞争力和信誉度的国际知名品牌，有利于中欧班列更好地服务于"一带一路"陆上通道建设。中欧陆海快线是中欧海上通道的重要路线，它是从中国南部沿海城市出发，经过海运线路途经地中海至希腊的比雷埃夫斯港（比港）。在这条线路中，中国货轮可以直接穿过红海、苏伊士运河在比港卸货，经由希腊—马其顿—塞尔维亚—匈牙利铁路直接运送到欧洲腹地。该线路开辟了中国到欧洲距离最短的海运航线，缩短了中国货物抵达欧洲的海运时间。未来要加强中欧陆海快线的规划和建设，打造另一个通道品牌项目，并保障其安全，使其发挥示范效应。

（三）加强国际安全合作，健全境外安保体系和领保服务

在跨境通道范围内，有些安全问题可以通过合作解决，如反恐、禁毒、打击走私和跨国犯罪等。这一类安全合作与我国国家利益密切相关，我们应该积极参与。要加强区域内国家之间的安全合作与情报合作，重点保障跨境通道沿线开展业务的中国企业和公司的安全。为遇到危险和问题的跨境通道建设人员提供及时高效的帮助，雇用可靠的保安公司执行安保任务，建立健全企业自身安保体系。加强对跨境通道从业人员的培训，让其学会如何深化与当地民众的友谊。要建立健全跨境通道工作人员的培训体系，引导工作人

员学习基础性的语言、安全知识、工作技能与生活常识，使跨境通道人员了解其生活和工作的社会状况，当地的基本法律法规、商务礼仪和风俗习惯，遇到危险时必要的应对手段等。

（四）发挥智库作用，构建跨境通道安全动态评估系统

发挥智库的沟通和协调作用，通过智库建设跨境通道沿线国家的相关机构沟通体系。加强智库间的互动交流，通过智库交流寻找和扩大相互间的共同利益。主流智库之间可以定期互访、举办研讨会与学术合作，研讨解决域内发展问题，提示未来重大挑战和风险，为跨境通道建设提供重要的智力支撑。"一带一路"国际智库合作联盟已经开始运作，可以有效动员各方面资源，有针对性地开展跨境通道安全动态分析、调研和评估。大数据、云计算数据分析手段的应用，为跨境通道安全形势评估和预警提供了新机遇。在大数据时代，智库可以协调各方，发挥各自优势，深度挖掘数据价值，为构建跨境通道安全动态评估系统提供数据支撑。

（五）积极开展多边合作，提升跨境通道国际化管理水平

在跨境通道建设进行到一定阶段时，应适时转变思维，鼓励跨境通道海外投资经营适度本土化，提升跨境通道管理的国际化水平，提升应对国际项目合作中各种困难的能力。例如，吸收发达国家的公司或国际组织的管理人员，让其参与到跨境通道建设中，形成本土化和第三方参与的项目管理运营机制，这样能提升跨境通道的本土化水平和利益攸关方的关注度、参与度，可以有效保障跨境通道安全。由于跨境通道直接涉及的国家行为主体和非国家行为主体都是多元的，对跨境通道感兴趣、愿意参与、乐于合作、视跨境通道与己有关的域外主体也不在少数。这就不可回避地出现利益攸关方群体扩大的现象，这时应该利用各方的积极性，发挥各方的积极作用，展开多边合作，借机提高跨境通道的国际化程度和国际化管理水平。

（六）增强涉外法律服务，积极培养法律专业人才队伍

随着跨境通道建设的推进，涉外业务必将逐步增多，涉外法律业务也自然会相应增多，对懂相关国家法律的人才和法律服务机构的需求也会增加。国家应从战略高度重视国际法律业务人才培养和法律服务机构培育，加强国际司法协作，让更多懂得国际法、熟悉国际法律业务并具备相应的外语能力的人在跨境通道建设中发挥司法保障作用。跨境通道建设应充分发挥律师职能，采取措施鼓励律师和律师事务所积极参与国际法律事务交流与合作，代理诉讼，提供法律建议，防范法律风险，依法妥善处理跨境通道建设过程中发生的纠纷和法律问题。在跨境通道建设过程中，企业直接面临法律问题的情形在所难免，企业应不断学习、积累经验，主动运用各种法律途径和争议解决机制来解决矛盾。

"一带一路"跨境通道
安全风险研究

The Overall Security Analysis of Cross-border Passages

B.2
"一带一路"建设深化中的
风险和对策

刘鹏飞　李俊亮*

摘　要：　2017年1月17日，国家主席习近平在达沃斯国际会议中心出
　　　　　席世界经济论坛2017年年会开幕式，并发表题为《共担时代
　　　　　责任 共促全球发展》的主旨演讲，他指出，"一带一路"成
　　　　　果丰硕，"朋友圈"正不断扩大。"一带一路"倡议来自中国，
　　　　　但成效惠及世界。同时，随着"一带一路"建设的深入推进，
　　　　　各种风险和消极因素的影响不容忽视，亟须政府、企业、组织
　　　　　和个人等探索相应的对策，推动"一带一路"建设的发展。

关键词：　"一带一路"　建设风险　对策建议

---

* 刘鹏飞，人民网舆情监测室副秘书长，人民网新媒体智库高级研究员；李俊亮，人民网新媒
体智库助理研究员。

一 概述

2013 年 9 月 7 日，国家主席习近平在访问中亚四国时提出共建"丝绸之路经济带"的构想；同年 10 月，习近平又在访问东盟时提出共建"21 世纪海上丝绸之路"的倡议，"一带一路"这一影响世界的倡议由此展开。"一带一路"倡议提出 3 年多来，已经有 100 多个国家和国际组织积极响应和支持，40 多个国家和国际组织同中国签署了合作协议，"一带一路"的"朋友圈"正在不断扩大。中国企业对沿线国家的投资总额为 500 多亿美元，一系列重大项目落地开花，带动了沿线各国的经济发展，创造了大量就业机会。

数据显示，2008～2013 年的五年间，中国一国在全球 GDP 增长量中的占比为 37.6%。2014 年，中国对全球经济增长的贡献率是 29.7%。2015 年中国对全球经济增长贡献率依然达到 30%。2008 年，金融危机过后，中国已然成为全球经济增长的领航者（见图 1）。① 根据有关国际组织预测，2016 年，中国、美国、日本的经济增速分别为 6.7%、1.6%、0.6%，据此测算，2016 年，三国的经济增长对全球经济增长的贡献率将分别为 41.3%、16.3%、1.4%。

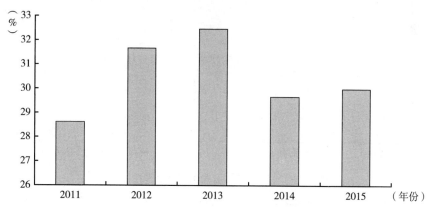

图 1 2011～2015 年中国经济增长对全球经济增长的贡献率

资料来源：《中国对世界经济增长的贡献不断提高》，《人民日报》2017 年 1 月 13 日第 9 版。

---

① 《二十国集团：中国作用和贡献》，新华网，2015 年 11 月 15 日，http://news.youth.cn/jsxw/201511/t20151115_7312556.htm。

商务部合作司负责人表示，2016年，中国对外投资合作发展健康有序，与"一带一路"沿线国家的合作成为亮点。2016年，我国企业共对"一带一路"沿线的53个国家进行非金融类直接投资，共计145.3亿美元，占同期我国海外投资总额的8.5%，投资的主要流向为新加坡、印尼、印度、泰国、马来西亚等国家。

对外承包工程方面，2016年，我国企业与"一带一路"沿线61个国家新签订的对外承包工程项目合同共8158份，新签订的合同总额为1260.3亿美元，占同期我国对外承包工程新签合同总额的51.6%，同比增长36%；共完成营业额759.7亿美元，占同期总额的47.7%，同比增长9.7%，多个重点项目已开工建设，匈塞铁路等项目也在顺利推进。截至2016年底，我国企业在"一带一路"沿线国家建立了56个初具规模的合作区，累计投资185.5亿美元。①

"一带一路"建设已经取得了令人瞩目的成绩，使我国面对的内外部宏观环境发生了巨大变化，但随着建设的深入推进，各种风险和不可控因素的消极影响也逐渐引起了各界人士的重视，需要不断探索寻求对策与化解之道（见图2）。

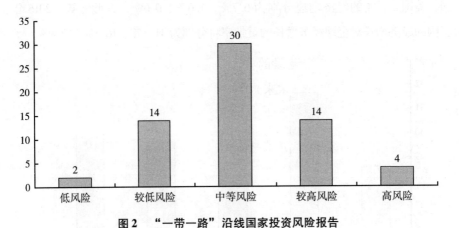

图2 "一带一路"沿线国家投资风险报告

资料来源：中国社会科学院世界经济与政治研究所发布的《2017"一带一路"能源资源投资政治风险评估报告》。

---

① 《商务部合作司负责人谈2016年我国对外投资合作情况》，2017年1月16日，http://www.mofcom.gov.cn/article/ae/ag/201701/20170102502097.shtml。

二 "一带一路"宏观环境走向

（一）理念认识差异

西欧和东欧对"一带一路"倡议的认识存在差异。对于"一带一路"的建设，有的西欧国家的态度较为消极，而希腊和巴尔干半岛等国家的态度较为积极。2016年3月，希腊在雅典举办"一带一路和希腊"研讨会，探讨中国"一带一路"倡议取得的进展和发展方向，以及希腊在"一带一路"建设中扮演的重要角色。每个国家与中国都有自己的特色关系，这决定了这些国家政府参与"一带一路"项目的深入程度。

另外，许多欧洲国家将"一带一路"视为经济项目和政治协议的集合体，"一带一路"沿线国家担心随着"一带一路"的推进，中国的政治影响力过大，只有利于中国的长期利益。比如，斯里兰卡、缅甸等国家以环保为由暂停了与中国合作的部分基础设施项目，背后的原因其实是其自身的地区安全考量和内部协调。

企业是"一带一路"建设的主力军。企业以营利为最终目的，实现经济效益和社会效益的统一。未来，要扶持有实力的企业在与当地的经济合作中做出实效，这样一来不但企业获得效益，而且能带动当地经济的发展，使当地人民生活质量越来越好，享受更多红利与实惠，形成良好的示范效应，以点带面，多点开花，甚至促使观望的沿线国家积极地参与进来，最大化地发挥我国的号召力、影响力和示范力。

（二）文化交流加深

中国对"一带一路"沿线国家，特别是中东、伊斯兰国家缺乏了解。中国长期以来对中东和中亚国家的研究较为薄弱，改革开放以来，与西方国家经济往来更为频繁，对西方国家各领域的研究和了解更为全面和深入。所以，对"一带一路"沿线的发展中国家，尤其是对于语言、文化、社会体制等都不同的中东国家的研究以及相关常识的普及都亟待加强。

对上述国家缺乏深入的了解，长远来看，不利于推动"一带一路"建设的深入发展。2016 年新年伊始，国家主席习近平出访沙特、埃及和伊朗三个主要的中东国家，此举对持续推动中国与中东地区国家的合作与发展意义非凡，对"一带一路"建设也无疑具有重大意义。对此，一些境外媒体和学者则将此次出访解读为我国希望借"一带一路"建设拓展在中东的影响力。

（三）维护地区稳定

"一带一路"建设持续推进，互联互通深入发展，不仅深化与沿线国家政治经济文化的交流，随着各国人员的大量流动，"三股势力"也将乘虚而入。中东恐怖主义也可能渗透到中亚和我国西部，与民族分裂势力、宗教极端势力、暴力恐怖分子等相勾结，威胁我国及周边国家的安全与稳定，并对"一带一路"沿线国家构成更为直接的安全威胁与影响。

随着"一带一路"沿线国家合作日益深化，将会形成一个相互依赖的国际体系，许多安全问题不会只局限于一国领土范围之内，还会影响到所有国家，安全威胁边界将会超过民族国家的范围，成为地区性问题。在这种情况下，中国不可能在自己的边界之内解决所有地区的安全问题，需要更多地寻求国际支持，参与国际安全行动，履行国际安全责任与义务。

近年来，非政府组织（NGO）在许多国家有很大的影响力。此外，在"一带一路"倡议全球话语体系的构建上，我国社会组织的影响力有待加强，亟须建立自己的话语体系。在不少"一带一路"沿线国家，NGO 数量十分庞大，分布广泛，并且往往受到某些国家或势力的影响，甚至接受特定的资助为某些国家和地区服务，与各国民众的根本福祉背道而驰。有些中亚国家人口不足 500 万，但有 1 万多个 NGO。[1] "一带一路"建设继续深入推进，需要重视沿线各国各类 NGO 组织的作用及其民间影响。

---

[1] 欧晓理：《智库的研究，尤其是发声的时候要有敬畏之心》，中国网，2017 年 1 月 16 日，http://www.china.com.cn/opinion/think/2017-01/16/content_40111072.htm。

（四）国际关系影响

"一带一路"横贯亚欧非大陆，途经很多有史以来大国博弈的战略要地，各种利益盘根错节。"一带一路"倡议力主地区和平发展，互利共赢，将对世界经济带来深刻影响。但从全球来看，有的大国心态复杂多变，"零和博弈""修昔底德陷阱"的思维依然存在。未来随着建设的深化，"一带一路"国际走廊与跨国通道的建设，也将会面临非常激烈的大国竞争。中国需要坚持定力，答疑释惑，以历史的责任感，实现中华民族伟大复兴的中国梦，努力维护世界和平与发展，维护地区的繁荣与稳定。

目前，与国际社会的关系处于历史最好时期，今天，"一带一路"的建设，能够与欧亚经济联盟等对接，更能推动地区和平稳定与繁荣发展，让各国互利互惠。中国在推进"一带一路"的过程中，大量务实项目的开拓与实施，在一定程度上打消了相关国家及域外不同的声音和疑虑。

"一带一路"建设在陆地上的线路实施起来相对容易，因为陆上很多国家对中国的态度相对来说比较友善，其中包括众多上海合作组织的成员国。但是海上这条建设线路的成本和难度较大，东海和南海周边领海、领土的主权争端和区域安全问题，一直是亚太地区安全的重要挑战。在"一带一路"深入推进的过程中，大国关系的相互影响，沿线政策也可能会不断变化。

作为一个国际性的倡议，"一带一路"需要依靠沿线各国积极参与、互惠共赢。要超越"零和博弈"思维，开创大国合作新模式，充分保障各方长远利益，积极提供公共产品。"一带一路"沿线国家应积极签订自由贸易协定，开放市场，深化经济合作，形成自由贸易区，对原有的自由贸易区进行升级。

三 "一带一路"建设风险分析

（一）政局动荡风险

如果沿线国家出现政局动荡或爆发内战，引发社会暴力现象，也能对中国企业的投资甚至人员安全带来威胁。包括中亚和东南亚地区在内，当地政局的变化，无疑会影响中国在"一带一路"建设上的投资安全。

中国前驻哈萨克斯坦大使姚培生曾说，"中亚地区曾经发生过社会动荡，而'颜色革命'在中亚地区再发生的可能性不能说完全排除，政局动荡是'一带一路'在中亚面临的最大威胁"。①

（二）文化冲突风险

"一带一路"沿线国家，民族、宗教众多，文化差异较大，企业和个人如果不能遵守当地的风俗习惯和法律，容易遇到危险。例如沙特阿拉伯是保持伊斯兰教传统比较严格的国家，该国严禁饮酒，只有在各国驻沙特使馆和商务处等当地法律不适用的地方，才能饮酒；但是有的中国企业在沙特阿拉伯承包的某国际工程项目的实施过程中，仍有部分员工在公开场合饮酒，这种行为影响了中国企业在当地人心目中的形象。

（三）人员安全风险

国际合作项目的开展、国际商贸的往来以及文化的交流都需要大量的人员往来，发展最终依靠各方面人员参与和人才合作的推动，在这之中，人身安全是第一位的。"一带一路"建设经过中亚、中东、东南亚地区，这些地区的一些国家，恐怖主义、极端主义、分裂主义分子活动频繁。

（四）投资政策风险

有些"一带一路"沿线国家缺乏成熟的市场秩序与营商环境。2015 年，在标普和穆迪两大国际评级机构对"一带一路"沿线 66 个国家的信用风险评级中，27 个国家的评级为投资级、20 个国家的评级为投机级、19 个国家

---

① 《姚培生大使："一带一路"在中亚面临政局动荡风险》，观察网，2015 年 7 月 3 日，http：//www.guancha.cn/Third－World/2015_07_03_325553.shtml。

未获任何评级，高风险国家的占比近60%[1]。据2017年中国社会科学院世界经济与政治研究所发布的《2017年度中国海外投资国家风险评级》，"一带一路"部分沿线国家位于中低风险级别（AAA－AA）的仅有新加坡一个国家；位于中等风险级别（A－BBB）的包括28个国家，占35个国家中的绝大多数；位于高风险级别（BB－C）的包括6个国家。这表明，中国个人和企业投资"一带一路"国家的风险偏高[2]。

（五）成本风险

据观察，中国不少企业在招投标中成本风险意识不足，缺乏前期对项目复杂性的评估，在项目实施中，随着工程量急剧增长，成本大幅升高，最终容易导致项目亏本。近年来，不少企业在海外投资的过程中，还缺乏对国际金融风险、汇兑风险的前瞻性预估。在国际项目实施过程中，管理问题也可能造成成本大幅上升。以中国企业在沙特阿拉伯某项目为例，项目合同总金额为5.8亿美元，是当时世界上最大的水泥熟料生产线，单备件就几百个集装箱，集装箱到达现场后，到处乱放，给后期交付工作带来巨大难题。合同执行过程中，又发生过安装不符合设计要求，遭业主索赔的事件，项目后期服务延期一年才结束，这一系列问题的出现都大幅增加了成本。

（六）资金风险

从整体来看，亚洲基础设施投资银行的建立和运营，大大提升了"一带一路"建设的资金供给及其稳定性和可靠性，很大程度上降低了潜在的巨大资金风险。

据亚洲开发银行测算，未来10年，亚洲地区的基础设施建设融资需求

---

[1] 张末冬：《银行业"走出去"风险引关注》，中国社会科学网，2017年1月27日，http：//ex. cssn. cn/glx/glx_ xzlt/201702/t20170201_ 3400734. shtml。

[2] 《"一带一路"2017年度中国海外投资国家风险最新评级》，中国新闻网，2017年1月17日，http：//news. china. com. cn/2017－01/17/content_ 40121020_ 2. htm。

达 8 万亿美元，平均每年近 8000 亿美元①。海外重大项目建设周期长、资金投入大、风险因素多，安全运营管理能力要求高，可持续的资金保障机制尚未完善，有能力、有实力的投融资主体较为有限。所以，目前"一带一路"建设资金缺口仍较大，从亚投行和丝路基金的资金规模分析，仍无法覆盖现在"一带一路"沿线建设的所有项目，需要激发各界的支持和参与的积极性。

（七）法律风险

目前，中国已与 40 多个沿线国家签署了相关合作协议。然而，由于沿线各国法律体系存在较大差异，执行过程中不可避免地存在风险。中国企业面临的法律风险主要有合同法律风险、劳动法律风险、环境法律风险和企业并购法律风险、国际贸易壁垒等。

特别是，如果不符合业务所在国的相关法律要求，无法通过所在国的审查机制，企业的海外投资就可能无法进入当地市场。这种风险必须重视。还可能由于不同势力的影响和意识形态分歧等原因，针对中国企业的外国投资安全审查机制会被更加频繁地使用。

中国企业在沿线国家开始运营后，若违反东道国相关法律法规，特别是违反了中国企业和个人不熟悉的当地人文、风俗、法律、环境等方面的法律法规，则更容易受到处罚或制裁。

在"一带一路"建设中，案件仲裁可能涉及不同法律体系的问题：各国环境立法后可能产生的环境法律问题、在当地雇佣劳工可能会产生劳动争议问题等。虽然目前中国律师超过 30 万②，但是能熟练办理涉外业务的不超过 3000 人③，能在 WTO 上诉机构独立办理业务的更少。"一带一路"建

---

① 《亚洲基础设施融资需求巨大十年需投 8 万亿美元》，中国网，2013 年 4 月 8 日，http：//finance. china. com. cn/news/special/boao2013/20130408/1372068. shtml。

② 《我国执业律师人数已突破 30 万》，人民网，http：//legal. people. com. cn/n1/2017/0110/c42510 - 29010224. html，2017 年 1 月 10 日。

③ 《中央政法委全体委员悉数到贺第九次全国律代会：史上首次》，澎湃新闻，http：//www. thepaper. cn/newsDetail_ forward_ 1450481_ 1，2016 年 3 月 30 日。

设深化过程中，贸易、投资争端的数量必将增长，这与熟谙涉外法律业务人士较少的现实存在巨大矛盾。

（八）管理风险

劳资风险、腐败问题和环保风险是近年来"一带一路"建设中出现频率较高的管理风险点。

首先，中国企业在"一带一路"建设深化中，将面临一定的劳资风险。在当地劳动政策与法律调整变动的情况下，劳资矛盾冲突也有增加的可能。中资企业应提高警惕，加强安全意识，采取合理措施妥善处理与当地工会及雇员的关系。

其次，腐败问题也是"一带一路"建设中必须重视的重大风险点。比如，有媒体报道，个别中资企业在开展海外业务时，存在贿赂、串标等违法行为，从长期来看这些行为并不利于"一带一路"建设的深入推进。

再次，在"一带一路"建设中将面临越来越大的环保风险，要注意对当地生态环境的保护。沿线陆地区域自然地理条件复杂，森林、草原、农田等生态系统多样，具有明显的地带性，区域特征差异大。一些可能被认为导致所在国当地环境污染和生态破坏的项目，如果环保设施建设不到位，有可能会被当地政府课以重税，甚至引发与当地民众、环保组织和个人的抗议冲突，进而对中资企业的海外形象造成负面影响。2015年9月28日，秘鲁阿普里马克省区域发生针对中资矿业公司在当地矿业的抗议活动，导致当地警察与抗议者发生严重冲突，抗议原因主要是当地居民担心采矿项目会对环境造成污染。2016年6月1日，亚洲基金会（Asia Foundation）在其官网发表了一篇题为《中国海外投资的环境和社会影响》的文章，该文提及，过去15年间中国对外直接投资出现爆发式增长，对于建筑业、农业和矿业领域的投资，可能会引起东道国对社会和环境问题的担忧[1]。

---

[1] 《中企投资破坏海外环境？商务部：走出去企业要积极履环保责任》，澎湃新闻，http://www.thepaper.cn/baidu.jsp?contid=1480408，2016年6月7日。

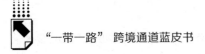

（九）舆论风险

近年来，从媒体报道与评价来看，"一带一路"的国际舆论环境发生了一些变化。相比较而言，西方媒体对"一带一路"的报道相对多元化，美国、日本和西欧媒体质疑和消极的声音较其他国家和地区更多。不少媒体对中国政治和社会的报道较为消极，存在意识形态的刻板印象。

也有不少欧洲国家支持"一带一路"倡议，积极寻求与中国和沿线国家的合作，建立更加有意义的双边关系，如希腊等。随着"一带一路"和中国对世界经济增长的影响力和贡献率不断提升，许多其他欧洲国家的态度也开始发生转变，比如英国、德国等。

三　对策建议

（一）加强国别研究

当前应加快培养各类人才，加强"一带一路"沿线国家的国别研究，把握各国国情。有关部门应组织相关研究机构、各国驻外使领馆和商务处、跨国企业和非政府组织等，编撰每个"一带一路"沿线国家的国情、贸易环境或投资政策、风土人文习惯等方面的文章、报告和书籍，并定期进行修订和补充，为个人和企业在贸易和投资提供参考资料。帮助我国企业、组织等根据各国的自然条件、基础设施条件、政治稳定性、治安形势、市场成熟度等，进行有差别的投资发展。

（二）健全境外安保体系

首先，加强在"一带一路"沿线国家施工和开展业务的中国企业和公司的安全保护措施，政府间加强区域内国家之间安全合作与情报合作。为海外人员遇到危险和问题提供及时高效的帮助，同时要雇佣可靠的保安公司执行安保任务，建立健全企业自身安保体系。其次，加强对赴沿线国家人员的培训，避免与当地民众发生矛盾，深化与当地民众的友谊。此外，要建立健全境外项目工作人员和学习人员的培训体系，引导其学习基本语言、安全知识、工作技能与生活常识，了解海外工作生活的社会状况，了解基本法律法规、商务礼仪和风俗习惯，使之在遇到危险时懂得必要的应对手段，知道如何与大使馆等及时取得联系、寻求帮助等。

（三）提升国际化管理水平

提升企业管理水平，转变思维，实现企业海外投资经营的本土化。企业文化的构建要建立学习型公司，在不断总结经验教训的基础上，提升应对国际项目合作中各种困难的能力。投资海外要注重质而非量，要注重分析地域之间的差异。比如，虽然中国企业在非洲等发展中国家的海外投资取得了丰硕成果，但相关模式在市场更为发达的欧洲可能遇到挫折。

（四）提升风险防范能力

企业要进行充分的风险调查，有条件的要成立专门的风险预测管控机构，或是与专业的机构进行长期合作，加强对"一带一路"沿线国家的安全环境、政治局势、法律特点和金融状况的风险评估，形成实时动态的监测体系，在风险初期、聚集阶段，均要做好各项应对措施。

比如，AIG 高级副总裁、亚太区跨国与创新风险业务总监麦东尼称："政治风险看起来似乎让人摸不透又难以管理，但是我们依旧可以在研究明确相关风险的基础上，通过精心规划的保险方案进行风险防范"。[1]

（五）平衡经济环境效益

进一步深化"一带一路"主干线，支线以及支线上各种工厂、商贸中心的设立的前期调研，要将自然灾害、环境成本和人为风险等因素考虑在

---

① 《请保险业为"一带一路"护航》，财经中心中国网，http：//finance. china. com/fin/bx/201507/20/5559613646. html，2015 年 7 月 20 日。

内，尽量避开高危风险区域，努力建成多条"绿色"通道。同时，要加大对沿线国家生态环境的保护，尤其是水资源缺乏的区域及生态环境脆弱极易遭受破坏区域，在这些地区进行投资的时候既要为当地带来经济利益，也要把生态利益留给所在国的人民。

（六）努力讲好中国的故事

商贸往来促进合作双赢是好的"故事"，应鼓励社会大众以自身的方式用实际行动来"讲"故事。同时，通过沿线国家的各界精英与权威人士，将最好的"故事"讲给所在国民众。在一些媒体发达的国家，还可以将"一带一路"的好故事，通过社交媒体向年轻人传播，破解西方媒体对"一带一路"的偏见和一些国家的媒体对"一带一路"报道较少的难题。

要重视媒体、民间组织的作用，努力构建"一带一路"沿线国家的话语体系。目前，我国民间组织的力量比较弱，应紧密结合当今世界形势的新变化，同时发挥媒体、民间组织"走出去"的力量，积极融入、及时发声，引导"一带一路"沿线国家的社会心态与舆论走向。

此外，支持各种商会、民间组织的成立，且要真正发挥其作用。各类国企、私营企业以及民间组织之间要加强合作，才能克服中国企业在海外投资中面临的各种问题和风险。只有构建自身的动态话语体系，关键节点紧密发声，杂音之下主动运筹，才能更有针对性地答疑释惑，推进"一带一路"建设更好地发展。

（七）拓展企业融资渠道

积极发挥亚投行和丝路基金的作用，增加国际资本的信任，为进一步融资奠定基础，拓宽融资渠道，扩大国际金融合作。同时，争取使用"一带一路"沿线国家投资的配套协助、配套资金、配套政策等，积极发挥企业在国际金融市场中的作用。

企业要讲究经济收益和社会收益的统一，在自身获得利益的同时，要及时地回馈当地社会，实施本土化与多元化发展战略。可以通过设立公益基金组织，或与可靠的 NGO 合作，援助建设医院、学校、商业机构，保护当地的环境，资助当地贫困儿童等，加大在当地的社会宣传，提升企业在当地的社会声誉，使企业在当地形成强大的品牌文化，为可持续经营发展奠定基础。

（八）增强涉外法律服务

中国应进一步加强国际律师人才的培养和协作，让更多懂得国际法、熟悉国际业务并具备外语能力的人加入这一行。"一带一路"建设应充分发挥律师的职能，采取措施鼓励律师积极参与国际合作研究论证，及时提供法律建议，使企业增强对法律风险的防范，并通过代理诉讼、仲裁等方式，依法妥善处理基础设施建设过程中发生的合同纠纷。企业应不断学习、积累经验，积极运用各种法律争端解决机制来解决投资过程中的矛盾。

（九）挖掘技术服务潜力

大数据、云计算等计算机与互联网技术的普及应用，给"一带一路"提出了新机遇和新挑战。因此，应适应时代趋势，建设"数字丝绸之路"。科学技术也是降本增效的重要手段，要在"一带一路"建设中扩大海量数据的应用。大数据时代，各方要发挥各自优势，深度挖掘数据价值，提供"一带一路"建设所需的各类公共服务，在人才、内容和机制上不断创新，才能适应迅速变化的风险，不断降低成本，提高风险控制的能力。

（十）构建沿线智库体系

为了化解文化隔阂，降低文化交流风险，应积极推动实现"民心相通"，建设"一带一路"沿线国家的智库联盟，加强智库互动交流，推动国家合作和公共外交，无疑具有十分重要的意义。对沿线国家而言，通过智库交流可以寻找和扩大相互间的共同利益。进一步构建沿线国家智库联盟，应避免分散和流于表面。国家智库之间可以定期互访、举办研讨会与学术合作，研讨解决域内发展问题，相互提示未来重大挑战和风险，为"一带一路"建设提供重要的智力支撑。

B.3

"一带一路"背景下中国在中东地区的利益保护问题研究

张小芳　郑东超*

摘　要： 中东地区是"一带一路"沿线区域的重要板块，是推进"一带一路"建设的"天然合作者"。但是中东地区教派、民族、领土等各种矛盾相互交织，相互连溢，环环相扣，是全球地缘板块中政局最为动荡的地区之一。随着"一带一路"建设的深入推进，中国在中东地区的实际利益将会不断增加。如何保护中国在中东地区日益增加的利益，将成为在中东地区持续推进"一带一路"建设的重要研究课题。

关键词： "一带一路"　中东地区　利益保护

2013 年，中国提出"一带一路"倡议。倡议一经提出，就得到了国际社会的高度关注和广泛认可。中东地区是"一带一路"重要的沿线地区，是"一带一路"上的中转枢纽。在倡议提出前，中国和中东地区就已建立了良好的关系，双方在能源、工程承包、交通设施等领域开展了合作。"一带一路"的提出又丰富了双方的合作内涵，增添了发展动力。但中东地区热点问题频发，暴力冲突不断，保护中国在中东地区的利益是推进"一带一路"亟须考虑的突出问题，这不仅涉及中国在中东地区的利益维护，还

---

* 张小芳，太原工业学院，副教授；郑东超，当代世界研究中心副研究员。

关系到"一带一路"在中东地区乃至整个沿线地区的持续稳定推进。因此，研究中国在中东地区的利益保护，具有很强的现实意义。

一　全面评估中东地区安全形势

一般提及中东，我们就会出现战争、恐怖袭击、冲突、难民等人类历程中的阴暗一面。自第二次世界大战结束以来，中东地区确实是全球安全形势较为严峻的地区之一。七十余年来，中东地区爆发了五次中东战争、两次伊拉克战争、一次两伊战争，还有各种内战，如20世纪70年代的黎巴嫩内战，还有现在的叙利亚内战等。就目前来看，中东地区面临的安全威胁主要有以下几个方面。

（一）叙利亚内战及其溢出风险

自2011年至今，叙利亚危机爆发已5年有余，并仍在继续。由于域内大国和美俄等世界大国的介入，其影响早已溢出叙利亚，整个中东地区乃至欧洲的安全形势都受到叙利亚危机的冲击。叙利亚危机久拖不决，导致叙国内很多地区成为管理松散甚至无政府的真空地带，这为"伊斯兰国"的做大做强创造了有利条件。"伊斯兰国"与传统恐怖组织有明显不同，其对外行为不局限于有组织的恐怖袭击，还有建国野心。如果"伊斯兰国"实现图谋，第二次世界大战以来建立起的中东格局将被彻底颠覆。"伊斯兰国"在中东地区肆虐，让全世界对"伊斯兰国"的跨国、跨区的恐怖袭击心生恐惧。还有难民问题，叙利亚危机造成了自第二次世界大战以来最大的人道主义灾难，一半以上的叙利亚民众沦为难民，且很大一部分成为跨国难民，主要分散在土耳其、黎巴嫩等国，还有一部分流向欧洲，给欧洲带来很多不小的安全隐患，甚至间接推动了英国脱欧。

（二）恐怖组织的威胁

进入21世纪，中东地区另一个安全毒瘤恐怖势力趁势崛起，"基地组织""伊斯兰国"等恐怖组织在中东地区兴风作浪，陆续冲击中东地区的安全形势，甚至公开建国，成为中东地区主要的安全威胁，致使安全成为中东地区的"稀缺品"。上文已经提及，新兴崛起的"伊斯兰国"是"基地组织"的升级版，已成为中东地区乃至全世界最具威胁力的恐怖组织。"伊斯兰国"野心膨胀，力图建立"哈里发国家"，并在所占据的伊拉克和叙利亚领土上暂时成立了以"伊斯兰国"为主导的国家实体。"伊斯兰国"具有很强的组织动员能力，对其他国家的部分穆斯林具有较强的吸引力。"伊斯兰国"的袭击范围广泛，其袭击目标不局限于中东地区，还将魔爪伸向其他地区，比如欧洲。发生在法国、比利时的恐怖袭击都与"伊斯兰国"有关联。除"伊斯兰国"外，中东地区的传统恐怖组织——"基地组织"尽管近些年势头被新兴的"伊斯兰国"盖过，但其在中东地区深耕多年，分支机构遍布域内，从长远看安全威胁系数并不次于伊斯兰国。

（三）源于逊尼派与什叶派之间域内大国的代理人战争

由于历史原因，伊斯兰教分为逊尼派和什叶派两大分支。虽同为伊斯兰教，但之间难以和谐相处。中东地区的教派冲突连绵不绝，历史上形成的逊尼派和什叶派上演"本是同根生、相煎何太急"的萧墙之祸。究其原因，在于政治和宗教在中东地区犹如孪生兄弟，并未切割，导致域内政治斗争中渗透着宗教因素，教派斗争中掺杂着政治因素。中东地区政治和宗教之间并未经历切割分离，且教派之间的分歧很大程度上主导着域内国家内部的治理以及地区间国际关系。逊尼派和什叶派之间的对立与中东域内大国关系博弈具有重叠性，沙特和伊朗作为中东地区的大国，不仅是域内具有大国资质的"玩家"，还分别是逊尼派和什叶派的"领头羊"。因此，在教派冲突和大国竞争的双重博弈下，以沙特为代表的国家集团和以伊朗为代表的国家集团（除叙利亚巴沙尔政权，伊朗更加倚重黎巴嫩真主党、也门胡塞武装、哈马斯组织等非国家力量）在地区掀起争斗。尽管沙特和伊朗关系不睦，但双方直接高烈度对抗的意愿不强烈，而是隐身在中东地区事务背后，纵横捭阖，以输送武器、资金支持等手段扶持各自的支持力量，致使很多冲突形成拉锯之势，久拖不决，这实际上加剧了地区的混乱态势。

(四)"巴以"冲突

这是自 1948 年以色列建国以来中东地区的主要矛盾,并引发了五场中东战争。可以说,"巴以"问题得不到妥善解决,中东地区和平稳定无望。因为"巴以"问题不是双边问题,也不是单纯的领土争端问题,而是涉及以色列和中东阿拉伯国家之间的多边关系,涉及犹太人和阿拉伯人之间的民族关系,涉及犹太教和伊斯兰教之间的宗教关系,关系极为复杂,解决难度极大。并且,最近一段时间,"巴以"问题有被边缘化的迹象,这更加不利于问题的解决。"巴以"问题不解决,中东地区战乱的一大根源无法根除,其安全稳定会被"巴以"问题拖累。

可见,中东地区的安全形势是比较严峻的。但中东地区涵盖 22 个国家,并不是所有国家都深处动荡混乱中。除正在内战中的叙利亚和也门,国家重建中的伊拉克,经历转型阵痛的埃及、利比亚、突尼斯外,中东其他国家整体安全稳定,局势可控。尤其是以沙特为首的海合会六国,凭借石油资金的积累,已成为经济发达国家。经济基础的厚实是政治稳定的基础。在恐怖袭击频发、内战不断的中东地区,海湾国家保持了政局的稳定,经济的繁荣,从另一个层面映射出一个不一样的中东形象。尽管由于核问题,伊朗长期遭受西方国家的制裁,发展滞后;但伊朗经济的萎靡并未动摇国内政治基础,政教合一的神权体制较为稳定。虽然龃龉不断,但是沙特与伊朗并未公开直接兵戎相见,保持了"冷和平"。

中东地区的另一个传统大国土耳其,尽管自 2015 年以来,土耳其国内接连遭受来自"伊斯兰国"和库尔德武装的恐怖袭击,成为中东国家遭受恐怖袭击的重灾国,2016 年 7 月 15 日还发生了未遂的军事政变,但这无法掩盖进入 21 世纪以来土耳其经济的腾飞。土耳其成为新兴经济体的重要代表,其经济总量排在全球第 17 位,还是 G20 国家,被很多国际经济组织列为新兴国家。在现任总统埃尔多安的强势领导下,土耳其保持了强人治国的政治稳定。中东地区还有一个关乎地区稳定的大国以色列,它的周边安全环境恶劣,四面环敌,甚至国家地位并不被所在区域的其他国家承认。但以色列凭借强大的军事、科技实力以及美国的支持，成为中东地区的安全绿洲。

对于中东地区的安全形势应全面观察，不应一叶障目，以偏概全。严格而言，中东地区一些国家处于战乱状态，另一些国家则处于和平稳定的状态。中东地区因为石油受到全世界的关注。媒体有选择性的报道让外界认为中东所有国家都处于战争冲突状态，对中东安全形势形成误解。

二 中国在中东地区的利益

中国和中东国家交往历史久远。早在西汉时期，中国便有与中东国家交往的记录。但到了近现代时期，中国和中东国家往来减少。一方面是限于交通、通信等客观条件，更重要的是近现代以来，中国和中东国家都遭受了西方国家的蹂躏，沦为西方国家的殖民地或半殖民地，国家主权丧失严重。第二次世界大战结束后，中东地区纷纷建立民族国家，中国在国际上支持中东国家的反殖民民族独立运动。受"冷战"影响，中国和中东国家的往来有限。20 世纪 90 年代后，随着冷战的结束，中国经济快速发展对能源需求量上升，中国和中东国家之间能源合作增多，经贸关系紧密，利益面越来越宽。中国在中东地区的主要利益如下。

（一）能源利益

中东地区是世界石油天然气储备最丰富的地区。中国在中东地区的主要利益体现在能源合作和投资上，其衍生的利益是能源价格和能源运输通道。1993 年，中国成为石油进口国，从中东地区进口大量石油。随着中国经济的快速发展，中国对中东地区的能源依赖度越来越大，现在中国进口的石油一半以上来自中东地区。中东国家如沙特、伊朗、阿联酋和科威特是中国海外原油的主要供给地。以 2016 年为例，中国海关公布的数据显示，沙特是我国第二石油供应国，第四是伊拉克。这也说明了中国对于中东原油的依赖。2016 年，习近平主席访问沙特，并在《利雅得报》发表署名文章，提出中国与沙特"打造长期稳定的中沙能源合作共同体"。以石油为纽带，中国和中东国家之间的关系愈发紧密，利益黏合度也越来越高。对于中国与中东国家而言，双方的石油合作早已不是一般性贸易问题，而是直接关系双方的经济安全，是双方重大国家利益和发展安全所在。

与石油相关的是石油运输安全问题，运输通道的畅通是我国在中东地区的主要利益。目前我国从中东地区进口的石油主要是海上运输，霍尔木兹海峡、苏伊士运河、土耳其海峡等是世界上著名的海上运输通道，这些海上运输路线存在安全隐患。以霍尔木兹海峡为例，主要是伊朗保障海峡的顺畅运行。但伊朗和美国关系处于敌对状态，两国关系对抗强度上升时，伊朗经常威胁封闭霍尔木兹海峡。尽管这些言行不是针对中国，但一旦海峡遭遇封锁，这对我国石油海上运输将造成很大的消极影响。

（二）保护中国公民在中东地区的安全

中东地区虽不属于发达地区，但地理位置特殊，处在三大洲的交汇点上。在改革开放政策的推动下，我国与中东国家人员往来频繁，有不少中国人在中东地区工作生活甚至定居。在中东地区的华人人数各方统计出入较大，数据在 50 万 ~ 100 万。这些人在中东地区经商、留学、务工等，搭建起连接中国和中东国家的桥梁。几乎所有的中东国家都有华人华侨的身影，近年来内战中的叙利亚、也门等国家，由于国内战乱不止，长期定居的华人华侨陆续撤离，其他中东国家都有华人华侨工作生活。但在中东地区的华人华侨分布相对较为集中，阿联酋、土耳其、沙特等国的华人华侨较多。在中东地区涉及华人华侨的利益点，综合看主要有以下几点。一是人身安全问题。中东地区恐怖袭击频发，内战不停，导致中东地区的安全环境堪忧。尽管中国人在中东地区形象良好，恐怖组织一般也不将中国人作为主要的袭击对象，但生活在中东这个大环境下，完全避免恐怖袭击引起的连带安全威胁是不可能的，很多恐怖组织为了与所在国政府对抗，破坏政府支持的项目，一些项目由中国投资或雇用了中国工人，均会受到恐怖袭击的重点"照顾"，被施以暴力破坏活动，从而威胁华人华侨的人身安全。诸如此类的安全威胁并不罕见。二是国家安全利益。可以说，大多数在中东地区的华人华

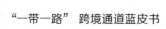

侨对推动中国和中东国家的关系发挥了很大的作用，做出了很多贡献，但这其中也不排除有极端思想和暴力行为的少数分子，这类群体在中东地区经过"洗脑"培训，可能回流国内，以国内为目标，由此给在中东地区的华人华侨带来不小的安全威胁。

（三）在中东地区的投资利益

中国在中东地区拥有大量的投资，至 2014 年底，中国在阿拉伯国家的直接投资存量已超过 100 亿美元。习近平总书记在 2016 年 1 月访问中东三国时宣布，中国在中东地区的投资将达到 550 亿美元。投资领域除能源外，主要涉及家电、轻工和服装加工等领域。以工程承包为例，阿拉伯国家是中国开展承包工程业务最早和最重要的市场之一。截至 2014 年底，中国企业在阿拉伯国家签订的承包工程额累计达 2551 亿美元。沙特是中国重要的海外工程承包市场，2014 年，中国在沙特承包工程新签订的合同金额为 94.7 亿美元，同比增长 48.5%，完成营业额 59.47 亿美元。2015 年 1 月，在沙特的中资企业多达 160 家，其业务覆盖铁路、房建、港口、电站、通信等多个领域。中国与沙特共同投资 100 亿美元的阿美中石化炼厂项目已在沙特延布建成。中国铁建集团公司承建的沙特麦加轻轨铁路于 2010 年建成通车，这是沙特的第一条轻轨铁路，已连续 5 年成功运送各国穆斯林到沙特进行朝觐活动。

（四）防止源自中东的恐怖袭击波及中国的安全利益

中国与中东地区相隔较远，但中东地区安全形势也会对中国造成影响。除以上提及的恐怖袭击威胁我国在中东地区的投资、人员安全、石油供应等之外，中东地区安全形势对中国安全也有一定影响。尽管这些恐怖组织不以中国作为重点袭击目标，但中国不能忽视恐怖组织对安全利益带来的伤害，并且这些恐怖组织对我国安全造成了潜在威胁。中东地区的恐怖袭击外溢特征特别明显，尤其是近年来兴起的"伊斯兰国"组织，在全球招募宗教极端分子，一些宗教极端分子经过洗脑、训练，回流本国，伺机从事恐怖袭击,其跨国性、跨区域性恐怖袭击能力很强。据媒体报道,我国新疆也有不法分子受到"伊斯兰国"的招募,在中东地区从事恐怖袭击。应警惕这些恐怖分子流回国内从事恐怖袭击,对我国安全构成潜在威胁。

三 "一带一路"背景下中国在中东地区的利益维护

中东地区——三洲五海之地,是"一带一路"重要的沿线地区,其丰富多元的地缘位置,造就了"陆丝"和"海丝"交汇点的战略位置。中国非常重视中东地区在"一带一路"中的作用。早在 2014 年,习近平主席在中阿合作论坛第六届部长级会议开幕式上曾提出中阿共建"一带一路"的战略构想,并提出构建中阿"1+2+3"的合作格局,构建以能源合作为主轴,以基础设施建设、贸易和投资便利化为两翼,以核能、航天卫星、新能源三大高新领域为突破口的合作格局。现在中国与 6 个阿拉伯国家签署共建"一带一路"的协议,并明确确立和平、创新、引领、治理、交融的五大理念。中国 – 中亚 – 西亚经济走廊是途经中东地区的重要走廊,该走廊的建成将进一步充实中东地区的地缘位置,使中东地区成为连接中亚、欧洲、非洲的重要中转站。

中东国家普遍对"一带一路"持欢迎和支持态度。在参加中国倡议建立的亚投行创始成员国的活动中,有 10 个中东国家做出了支持的姿态,分别是埃及、伊朗、约旦、以色列、科威特、阿曼、卡塔尔、沙特、土耳其、阿联酋,所有的中东大国都是亚投行的创始成员国。叙利亚前驻华大使穆罕默德·瓦迪曾言,"一带一路"为中阿合作提供了历史性机遇,是中阿论坛后第二个合作机制。足见中东国家对"一带一路"的重视,对中国的重视。随着"一带一路"在中东地区的深入推进,中国与中东国家之间的关系更加密切,中国在中东地区的利益将会拓展延伸,日益丰富多元。

自 2013 年"一带一路"正式提出至今的三年来,中国与中东国家在原有合作基础上,合作交往不断升级。大量投资进一步增加了中国在中东地区的经济利益。相当程度上而言，"一带一路"是经济倡议，多数的项目与经济挂钩。无论是基础设施建设，还是航空、制造业等方面的合作，都涉及经济利益。可以预计，随着"一带一路"的深入推进，将有大量的中国资本进入中东地区。例如沙特延布大型石化炼厂、埃及苏伊士经贸合作二期、在伊朗建设高铁等。在中东地区的海外华侨的人员数量将更加庞大，我国维护海外侨民安全的任务将更加艰巨。随着"一带一路"的推进，将会有更多的中国公民涌向中东地区经商、旅游、留学、投资、探亲等，中国与中东地区人员流动量更大，往来更加频繁。相应地，在中东地区的中国公民的安全问题也会更多。面对日益增多的海外利益，中国应提前谋划，建立防范风险管控机制，将中国在中东地区的利益最大化。

（一）注重发挥地区大国的支点作用

在中东地区推进"一带一路"应秉持突出重点的原则。现在看，中国应重点选择国内安全稳定、经济发展企稳向好的国家，如沙特、伊朗、土耳其、以色列等国，这些中东大国国内基本稳定，且有长期的发展战略。与这些国家合作还具有带动示范的群体效应，与这些国家开展具体合作，易出成果，这在"一带一路"早期推进阶段中具有重要作用。中东地区不少国家如叙利亚、也门等，国内安全环境恶劣，甚至民众的基本生存的权利都难以保证，这些国家应是未来中国推进"一带一路"的重点国家，应在这些国家的政局安全稳定后，再与之开展"一带一路"框架下的合作。

（二）减少文化差异带来的风险

在中东地区的海外华侨很多为维吾尔族、哈萨克族等，因为我国这些民族与中东地区的信仰相同。尽管"一带一路"有利于推动中华文明与伊斯兰文明的互鉴，但在实际项目推动过程中，仍旧存在文明和文化的差异带来的障碍。在这种情况下，一方面，在项目推动前，应做足功课，充分了解中东地区的文化和文明，特别是与项目相关的习俗，做到入乡随俗。另一方面，可以多发挥在中东地区穆斯林侨胞的作用，这些侨胞对中国有祖国认同感，能够站在中国利益的立场上处理问题，同时，在信仰上又能够与中东民众对话，有利于减少文化和文明的隔阂，适合作为推进"一带一路"的重要力量。

（三）适度参与建设中东地区和平稳定进程

随着我国在中东地区的利益日益增多，我国应考虑适度增加对建设中东地区和平稳定的参与度。如果缺席，任由其他国家完全主导中东地区的事务，难以保证我国在中东地区利益不受到损失，并置于被动地位。我国参与中东和平稳定进程有以下两大抓手。一是我国联合国常任理事国身份。很多中东地区的事务需要联合国表决通过，在这种情况下，我国应权衡世界、地区和国家三方利益，发出中国声音。二是我国在中东地区的良好形象。我国是世界上为数不多的与中东国家同时保持友好关系的大国，这是我国在中东地区维护利益的优势，这得益于我国的全方位外交政策，得益于公平公正的外交政策，得益于不干涉别国内政的外交政策，这些政策使得我国在中东地区保持了很好的形象。在这种情况下，我国可在一些中东地区事务上，发挥劝和促谈、从中斡旋的协调作用。

（四）拓展合作领域

获取能源是国际社会看待中国发展与中东国家关系的关键词。确实，中国在中东地区有巨大的能源利益，并且中国与中东地区的贸易额中能源占据很大的份额，中国应扩大其他领域的贸易合作，以使双方贸易更加平衡多元。很多中东国家的精英认为，中国与中东国家之间合作领域过于单调，让外界感觉中国仅关注中东的石油。因此，应抓住建设"一带一路"建设的契机，扩大与中东国家的合作领域，进一步夯实中国与中东国家的合作基础。

（五）注重引导撬动民间力量

"一带一路"建设是由政府主导，但政府不是唯一的施动因素，具体项目的落实需要全方位力量的配合，民间是推进"一带一路"的重要保障，民心相通既是推进"一带一路"的重要内容，同时也是推动"一带一路"的积极力量，两者相辅相成。在中东地区推进"一带一路"建设的过程中，应重视民间的力量。以留学生为例，现在在华留学的中东学生越来越多，在中东地区的中资企业应重视对这一部分人才的利用，发挥这些现有的智力资源优势。

B.4
我国天然气进口来源国安全风险评价与政策建议[*]

孙家庆　翟飞飞[**]

摘　要： 随着我国天然气对外依存度日益提高，科学评估天然气进口来源国安全风险已成为"一带一路"建设的重要内容。本报告分析了我国天然气进口来源国安全风险现状，构建了基于云理论的安全风险评价指标与评价方法，评定了主要天然气进口来源国安全风险等级，提出进一步完善我国天然气进口来源国安全风险控制的政策建议。

关键词： 天然气　进口来源国　云理论　指标体系　安全风险评价

一　引言

在全球气候变化和发展低碳经济的压力下，天然气作为一种清洁和高效能源，近几年的消费量获得了爆发式增长。2015年，中国天然气在一次能源中的占比为5.9%，我国《能源发展"十三五"规划》提出，"十三五"时期天然气消费比重力争达到10%，但与天然气在世界一次能源消费中的平均占比23.7%相比，仍存在较大差距，这也意味着，我国天然气市场有

---

[*] 本报告为国家社会科学基金项目——我国天然气国际供应链安全机制研究(13BGJ031)。

[**] 孙家庆，大连海事大学教授，主要研究为海运与物流安全；翟飞飞，大连海事大学硕士研究生，主要研究方向为物流工程与管理。

较大的发展潜力。我国天然气远景储量虽多，但大部分没有经过明确勘探，开采成本也相当高，仅仅依靠国内天然气，不仅数量不能满足使用的需求，而且价格较高，会造成下游产业成本升高，削弱我国制造业的竞争力。由于我国天然气产量无法满足国内消费需求，我国自2006年成为天然气净进口国以来，进口数量逐年增加，2013年，天然气进口量为529亿立方米，对外依存度首次突破30%，达到31.6%；2015年，天然气进口量达到614亿立方米，对外依存度高达38.3%，也就是说近四成国内消费的天然气需要进口。在这种情况下，我国短短几年就跃居世界第三大天然气进口国，仅次于日本、韩国。根据现在的发展势头，预计数年之内，中国天然气进口量将超越日、韩跃居世界第一。随着进口气源地增加和物流网络日趋复杂，过高的天然气对外依存度将使我国天然气进口面临更大的风险，加之天然气具有季节性消费、储运困难、短期内不易替代的特点，致使每年冬季都会因供给量不足而暴发大面积的“气荒”。这些因素导致我国天然气供应安全问题成为事关国家安全的重大战略问题。因此，不断扩展和稳定天然气供应已成为“一带一路”建设的一个重要战略目标。

无论是我国天然气进口供应安全，还是“一带一路”倡议下的海外投资，都迫切需要建立一套完整的安全风险评价指标体系，使用一种科学的评价方法，评估各个天然气进口来源国的安全风险。基于此，本报告在对我国天然气进口来源国安全风险现状进行分析的基础上，基于云理论，建立科学实用的安全风险评价指标体系，并对进口来源国安全风险进行综合评价，据此提出进一步完善我国天然气进口来源国安全风险控制的政策建议。

二 我国天然气进口来源国安全风险现状分析

进入21世纪后，尤其是近十年来，我国通过多个渠道拓展天然气进口来源。从2007年开始，随着中亚、中缅天然气管道的建设与贯通，以及2014年中俄天然气协议的签署，我国已在西北、东北、西南三大方向布局管道气进口通道，加之原有的海上液化天然气（LNG）进口通道（通常称为东南通道），我国四大天然气进口通道格局——中亚管道天然气、中缅管道天然气、中俄管道天然气、沿海进口 LNG 已初步建成。

1. 海运通道及来源国安全现状分析

近年来，由于天然气液化设施不断扩张以及 LNG 进口价格不断下降，LNG 国际贸易持续发展。2015 年，世界 LNG 贸易量达到 3383 亿立方米，占天然气总贸易量的 32.5%。我国 LNG 进口发展迅速，2015 年我国天然气进口量为 621 亿立方米，其中 LNG 进口量为 275.4 亿立方米，在天然气进口中的占比为 44.3%。

目前，LNG 进口来源国有 17 个国家，但仅卡塔尔、澳大利亚、马来西亚、印度尼西亚、尼日利亚、也门与赤道几内亚 7 个国家就占据我国 LNG 进口总量的 90% 以上。

我国的地理位置决定了 LNG 进口通道航距漫长、线路单一，其原因在于：我国地处东亚，LNG 进口主要来自中东和非洲，在其他新航线未开辟的情况下，我国 LNG 运输不得不选择以下特定的海运线路和通道。

（1）中东航线。中国从中东进口的天然气主要是从波斯湾出发，穿过霍尔木兹海峡，经阿拉伯海进入印度洋，再从马六甲海峡抵达中国南海地区，最终经台湾海峡到达中国大陆。

（2）非洲航线。该条航线又分为两条。一条是由北非地区出发，从地中海起航，经过苏伊士运河和红海，穿过曼德海峡，再过亚丁湾，入阿拉伯海，渡过印度洋，由马六甲海峡进入南中国海；另一条是由西非地区出发，经过好望角，入印度洋，从马六甲海峡进入南中国海。

（3）东南亚航线。经马六甲海峡和台湾海峡到中国内地。

如表 1 所示，特定的海运线路与通道，将使我国 LNG 进口面临诸多的挑战，比如美国亚太再平衡战略带来的压力、钓鱼岛问题和南海问题的突出、马六甲海峡困局、海盗和海上恐怖主义的威胁、中东和非洲政局的动荡等。

表1　我国主要 LNG 进口来源国海上运输风险状况

来源国	主要运输路线	线路距离（海里）	跨境海峡数量（个）	自然灾害、海盗袭击、恐怖主义等突发事件发生的概率
卡塔尔	中东航线	6000	4	较高
澳大利亚	东南亚航线	3500	2	一般
马来西亚	东南亚航线	3000	2	一般
印度尼西亚	东南亚航线	3000	2	一般
也门	中东航线	6000	4	较高
赤道几内亚	西非航线	7000	7	较高
尼日利亚	西非航线	7000	7	较高

资料来源：作者自制。

2. 陆运通道及来源国安全风险现状分析

如表2所示，进口依托陆上通道，我国已建、在建和规划新建的陆路中亚天然气管道 A 线、中亚天然气管道 B 线、中亚天然气管道 C 线、中亚天然气管道 D 线、中缅天然气管道、中俄东线天然气管道、中俄西线天然气管道等 7 条陆路进口天然气管道，进口能力将达 1650 亿立方米/年。

表2　我国已建、在建和规划新建的陆路进口天然气管道

通道名称		经由路线	管道长（公里）	设计输量（亿立方米/年）	建成投产时间
西北通道	中亚 A 线	气源位于土库曼斯坦，途经乌兹别克斯坦、哈萨克斯坦，在新疆霍尔果斯口岸入境。中亚 A 线、B 线与国内西气东输二线相连，中亚 C 线与三线相连	1833	150	2009 年 12 月
	中亚 B 线		1833	150	2010 年 10 月
	中亚 C 线		1833	250	2014 年 5 月
	中亚 D 线	气源位于土库曼斯坦复兴气田，途经乌兹别克斯坦、塔吉克斯坦、吉尔吉斯斯坦进入中国境内，与西气东输五线相接	1000	300	2014 年开建，计划 2020 年底建成投产
	中俄西线	气源位于俄罗斯西西伯利亚气田，由新疆喀纳斯山口进入中国，与国内西气东输管道系统相连	2800	300	2014 年签署框架性协议，目前因价格原因被无限期搁置

续表

通道名称		经由路线	管道长（公里）	设计输量（亿立方米/年）	建成投产
东北通道	中俄东线	从伊尔库茨克州的科维克金油气田,经过雅库特共和国恰扬达气田,一直到阿穆尔州的布拉戈维申斯克,然后穿越黑龙江进入我境内黑河市,经黑龙江、吉林、内蒙古、辽宁、河北、天津、山东、江苏最终到达上海	俄国段:2680;中国段:3170	380	2014年开建,计划2018年底建成投产
西南通道	中缅管道	从缅甸皎漂市起,经缅甸若开邦、马圭省、曼德勒省和掸邦,进入中国瑞丽,再延伸至昆明	1100	120	2013年7月

资料来源:作者自制。

目前,我国管道气进口局限于土库曼斯坦、乌兹别克斯坦、哈萨克斯坦和缅甸这4个国家,尤其过分依赖土库曼斯坦。进口管道气将会因管道的不可移动性面临缅甸、中亚地区的地缘博弈加剧、政治风险突出、合作政策收紧、开发难度加大等严峻挑战。

(1) 中亚天然气进口过于依赖土库曼斯坦气源。中亚地区油气资源丰富,98%集中在土库曼斯坦、哈萨克斯坦、乌兹别克斯坦。2011年底天然气剩余采储量统计,三国合计占世界总量的近1/7,其中仅土库曼斯坦一个国家就超过世界总量的1/9,该国已探明天然气储量达17.5万亿立方米。土库曼斯坦位于中亚西南部、里海东部,以其独特的地理位置和丰富的油气资源,在欧亚大陆拥有重要的战略地位。2015年我国管道气进口总量为345.6亿立方米,占天然气进口总量的55.7%,其中,中亚管道气占我国管道气进口总量的82.6%,天然气进口总量的46%。在进口的中亚管道气中,92.6%来自土库曼斯坦,正在兴建的中亚天然气管道D线的气源也是土库曼斯坦,这充分体现了土库曼斯坦在中国天然气能源供给中占举足轻重的地位,但也说明我国在中亚天然气进口中过于依赖土库曼斯坦气源。实际上,为了增加天然气输送路线,减少对中国的依赖,即使面对庞大的资金投入、地缘安全等问题,土库曼斯坦仍在2015年底开工建设中亚-印度天然气(TAPI)。TAPI

管道输送设施规模是每年 330 亿立方米，等于该管道气源——南约洛坦气田（计划 2019 年投产）的年产量峰值，这个气田在此前的中土天然气贸易发展计划中本来是中亚－中国天然气管道的主力气源。2014 年，土库曼斯坦出口管道天然气 416 亿立方米，其中 61.3%（255 亿立方米）为对华出口，且 2015 年继续增长。土库曼斯坦希望降低对中国市场的依赖度，本来无可厚非，但现在土库曼斯坦的新举措有"一女两嫁"之嫌，可能影响其对华天然气出口气源，将对我国天然气安全供应构成威胁。

（2）俄罗斯天然气供应存在变数。中俄东线天然气管道项目本来堪称天作之合，但由于俄方期望过高，中俄管道天然气项目经历了长达 20 年的谈判和不少于 15 次的失败，直到 2014 年双方终于签字；签字后，在执行过程中又几经波折。此外，通过中俄"西线"管道，俄罗斯准备与土库曼斯坦、哈萨克斯坦、乌兹别克斯坦争夺中国市场，但由于经济疲软等因素，中俄"西线"天然气管道面临被无限期搁置的命运。

（3）缅甸天然气供应受政治等因素的影响较大。中缅天然气管道的建设虽缓解了中国在进口非洲和中东油气时对马六甲海峡的依赖程度，但也极易受政治等因素的影响。

综上所述，我国天然气进口供应涉及海运与陆运两大渠道，在 2015 年天然气进口量中，陆运管道气的占比为 55.7%，海运 LNG 的占比为 44.3%。我国天然气供应格局相对集中，出口我国天然气的国家前七位依次为土库曼斯坦（43.72%）、卡塔尔（15.71%）、澳大利亚（8.89%）、马来西亚（6.98%）、印度尼西亚（5.96%）、缅甸（5.13%）和乌兹别克斯坦（4.17%）。我国在这七个国家进口的天然气占我国天然气进口总量的 90.56%。显然，仅土库曼斯坦一个国家就占据了我国天然气进口总量的近 1/2，而对于拥有非常丰富的天然气储量的卡塔尔，仅占我国进口总量的 15.71%。东南亚国家，如印度尼西亚和马来西亚虽是我国主要的 LNG 进口来源国，但是东南亚地区的天然气资源储备相对一般，并且该地区政治局势不是很稳定，因而，从该地区进口天然气有着一定的风险性。此外，我国也与非洲及中南美洲等世界其他很多地区进行天然气贸易，但在这些地区的进口量占不到我国总进口量的5%，由此可见，我国天然气进口来源地仍集中于少数国家。因此，当前迫切需要科学评估天然气进口来源国的风险，并依此制定相应的风险防范对策。

三 我国天然气进口来源国安全风险评价 指标体系的构建

目前针对石油进口风险评价指标体系方面的研究较多。比如，哈奔认为我国重要能源资源进口风险主要包括进口来源国风险和运输通道风险，其中，进口来源国风险包括资源风险、经济风险和政治风险，运输通道风险包括运输线路风险、承运风险、港口风险、地缘政治风险和我国对通道的军事影响力[①]。王丽楠认为影响我国三个主要石油来源国的进口风险为生产因素、运输风险、政治风险以及经济风险[②]。白建华认为我国石油进口风险包括石油资源风险、经济风险、政治风险、运输风险、军事因素、战略因素、技术因素以及替代方面因素八个方面[③]。邓运高将我国石油进口风险划分为六个部分：资源风险、经济风险、政治风险、军事因素、技术因素以及运输风险[④]。梁桂枝指出我国原油进口风险包括经济风险、区域因素、运输风险、政治风险以及多元化因素五个方面[⑤]。总体来看，能源进口风险主要包括资源风险、经济风险、政治风险以及运输风险。

降低天然气进口来源国风险，保障我国天然气进口安全，应保证进口来源国的稳定可靠以及供应量的充足。这就涉及来源国的资源风险、经济风险

[①] 哈奔：《我国重要能源资源进口风险评价与渠道选择研究》，硕士学位论文，西安科技大学，2014，第25~32页。

[②] 王丽楠：《中国石油进口三个主要来源地的风险比较》，硕士学位论文，中国人民大学，2008，第4~9页。

[③] 白建华：《我国石油进口风险及规避措施研究》，硕士学位论文，西南石油大学，2005，第30~40页。

[④] 邓运高：《基于可持续发展的我国石油进口安全及评价研究》，硕士学位论文，北京工业大学，2007，第35~37页。

[⑤] 梁桂枝：《中国原油进口风险实证分析及战略探讨》，硕士学位论文，湖南大学，2007，第30~32页。

以及相应的政治风险;同时,不同的运输方式和线路对于来源国能否安全供应也会造成很大的影响,因此,还应考虑运输的安全性。显然,没有资源风险、经济风险、政治风险以及运输风险四个方面的安全,我国天然气的进口来源国安全就无从谈起。基于此,为了更加具体有效地对我国天然气进口来源国风险进行评价,本报告从四个方面着手,初步构造了三个维度的天然气进口来源国风险评价指标体系结构(见表3),其中,综合指标用 U 来表示,系本报告的最终评价对象,设定为我国天然气进口来源国风险。进而建立相应的基本指标与要素指标。基本指标,包括资源风险、经济风险、政治风险与运输风险4个指标,其因素集为 $U = \{U_1, U_2, U_3, U_4\}$;要素指标由15个指标组成,其因素集为 $U_1 = (U_{11}, U_{12}, U_{13})$,$U_2 = (U_{21}, U_{22}, U_{23}, U_{24}, U_{25}, U_{26})$,$U_3 = (U_{31}, U_{32}, U_{33}, U_{34})$,$U_4 = (U_{41}, U_{42})$。

各指标权重的大小反映了各指标的重要性。权重的确定方法有很多,如特尔菲法、AHP法、主成分分析法等,本报告邀请了10位专家对各项指标进行评判,并结合云理论计算出各项指标的权重(限于篇幅,此处仅列出结果,如表3所示)。

表3　我国天然气进口来源国风险评价指标体系结构与权值

综合指标	基本指标	权重	要素指标	权重
我国天然气进口来源国风险	资源风险 U_1	0.106	探明储量 U_{11}	0.459
			用于出口的比重 U_{12}	0.287
			储采比 U_{13}	0.254
	经济风险 U_2	0.335	经济发展水平 U_{21}	0.289
			能源经济政策 U_{22}	0.188
			国内能源消费结构 U_{23}	0.056
			与我国的经贸往来情况 U_{24}	0.220
			我国对来源国资源的控制力 U_{25}	0.110
			竞争者的数量与实力 U_{26}	0.137
	政治风险 U_3	0.293	内部稳定性 U_{31}	0.400
			地缘政治风险 U_{32}	0.213
			我国与来源国的外交关系 U_{33}	0.250
			能源外交政策 U_{34}	0.137
	运输风险 U_4	0.266	运输通道可靠性 U_{41}	0.625
			我国对运输通道的军事影响力 U_{42}	0.375

资料来源:作者根据相关内容整理。

四 基于云理论的我国天然气进口
来源国安全风险评价

（一）云理论概述

有关风险评价的方法比较多，比较常见的方法有层次分析法（AHP）、模糊综合评价方法（FCE）以及神经网络方法（BP）等。其中，层次分析法的主观性比较大，难以避免个人的主观偏好及个人评判等对结果的影响，会造成一定的偏差，且该方法难以用于对定量要求较高的问题。模糊综合评价法在指标权重的确定上过多倚重主观判断，且因常用的取大取小算法致使信息丢失比较多，往往会造成模型失效，此种方法权重计算的科学性不强。神经网络方法的不足是需要运用大样本，难以获得的数据会直接影响人工神经网络的学习与训练，因而不适用于定量数据相对缺少的问题。自 1995 年云理论被提出以来，因该方法能够在定性的语言值与定量化之间进行相互转换，解决了以往方法较难兼顾模糊性与随机性的难题，因而其应用被不断深入，且适用范围持续扩大。比如，王健等针对传统云重心及云模型评价方法的不足，运用综合云模型进行方案评估，并以雷达组网系统中的作战生存能力为例验证了方法的可行性[1]；沈进昌等运用云模型的云运算原理与逆向云发生器，结合云模型的随机性、模糊性及统计性三个性质对一个评价系统进行了综合评价[2]；张仕斌等构建了基于云模型的信任评估模型，该模型实现了信任的定性到定量的转换，客观地反映了信任的模糊性、随机性及不可预测性[3]；徐征捷运用基于云模型的综合评价方法对铁路信号系统的列控中心

---

① 王健、肖文杰、张俊亮等：《一种改进的基于云模型的效能评估方法》，《火力与指挥控制》2010 年第 5 期，第 139～142 页。
② 沈进昌、杜树新、罗祎等：《基于云模型的模糊综合评价方法及应用》，《模糊系统与数学》2013 年第 6 期，第 26～30 页。
③ 张仕斌、许春香、安宇俊：《基于云模型的风险评估方法研究》，《电子科技大学学报》2013 年第 1 期，第 92～97 页。

的临时限速功能进行了风险评估①；王小洁运用云模型的综合评价方法对海运航线安全进行了评价②；杨理智等运用云模型理论，并结合约束赋权法，对我国海上能源战略通道风险进行了量化评估③。基于此，本报告尝试基于云模型的综合评价，力求将不确定性中隐藏的规律性形式化地表示出来，使得综合评价结果更加接近现实。

将实际评估云模型与标准评估云模型进行比较，找到一个与其最相似的标准评估云模型，这个评估云模型对应的定性评语就是我们所需要的对这个指标因素的评价。

标准评估云模型在评价中起标尺的作用，在求得我国天然气进口来源国风险评价的最终结果后，可对比标准评估云模型的标尺，依据此来判断我国天然气进口来源国的风险等级。本报告中设定五个安全评价等级，对应的标准评估云模型如表 4 所示。

表 4 评价等级及标准评估云模型

评价等级	标准评估云模型
低风险	$Cloud_1(1, 0.1031, 0.013)$
较低风险	$Cloud_2(0.691, 0.064, 0.008)$
一般风险	$Cloud_3(0.5, 0.039, 0.005)$
较高风险	$Cloud_4(0.309, 0.064, 0.008)$
高风险	$Cloud_5(0, 0.1031, 0.013)$

（二）评价结果分析

结合各基本指标对应的权重，运用公式可求得我国天然气进口主要来源

---

① 徐征捷、张友鹏、苏宏升：《基于云模型的模糊综合评判法在风险评估中的应用》，《安全与环境学报》2014 年第 2 期，第 23~27 页。
② 王小洁：《基于云模型的我国石油海洋运输安全评价研究》，硕士学位论文，中国海洋大学，2012，第 30~40 页。
③ 杨理智、张韧：《基于云模型的我国海上能源战略通道安全风险评估》，《军事运筹与系统工程》2014 年第 1 期，第 74~80 页。

国的风险最终云模型，并将最终云模型与云标尺、评估云进行相似性比较，可得到各来源国的综合安全风险等级，如表5所示。

表5 我国天然气进口来源国综合安全风险等级

来源国	RC	风险等级
土库曼斯坦	(0.745, 0.0024, 0.0146)	较低
卡塔尔	(0.736, 0.0021, 0.0163)	较低
澳大利亚	(0.721, 0.0018, 0.0144)	较低
俄罗斯	(0.743, 0.0017, 0.0135)	较低
马来西亚	(0.589, 0.0026, 0.0174)	一般
印度尼西亚	(0.572, 0.0018, 0.0155)	一般
缅甸	(0.553, 0.0021, 0.0113)	一般
乌兹别克斯坦	(0.587, 0.0027, 0.0164)	一般
也门	(0.371, 0.0015, 0.0132)	较高
尼日利亚	(0.619, 0.0022, 0.0164)	较低
赤道几内亚	(0.312, 0.0025, 0.0171)	较高

分别将各来源国基本指标和综合指标的云模型与云标尺、评估云进行相似性比较（以下为各 Ex 的对比说明），可以发现如下信息。

资源风险评价中，土库曼斯坦、卡塔尔和尼日利亚的风险最低，分值均在0.78以上，即土库曼斯坦、卡塔尔和尼日利亚的资源潜力在这些国家中是最大的。俄罗斯和澳大利亚资源风险分值在0.5以上。资源风险分值在0.2~0.5的是马来西亚、印度尼西亚和乌兹别克斯坦三国。资源风险分值在0.2以下的是缅甸、也门和赤道几内亚，其中，赤道几内亚分值最低，为0.069，比较而言资源风险分值在0.5以下国家的资源潜力都较为有限。

经济风险评价中，土库曼斯坦、卡塔尔和尼日利亚风险最低，分值均在0.8以上，主要因为它们实行积极的能源经济政策，经济发展水平一项风险分值也较低，与我国的贸易发展良好。俄罗斯和澳大利亚经济风险分值在0.7以上。风险分值在0.5~0.7的国家是马来西亚、印度尼西亚、缅甸、乌兹别克斯坦四个国家。经济风险中，也门与赤道几内亚的风险最高。

政治风险评价中，澳大利亚、俄罗斯和卡塔尔三个国家风险最低，分值均在 0.8 以上，这主要因为它们的国内政治稳定性较高。接下来是马来西亚、印度尼西亚、土库曼斯坦与乌兹别克斯坦四个国家。政治风险分值在 0.5~0.6 的国家是缅甸和尼日利亚。政治风险中，风险最高的是也门与赤道几内亚两个国家，它们的国内政治稳定性最低而且地缘政治风险也最高。

运输风险中，缅甸、俄罗斯、乌兹别克斯坦以及土库曼斯坦四个国家风险最低，其中缅甸和俄罗斯与我国接壤，而且缅甸、乌兹别克斯坦与土库曼斯坦三国的天然气运输方式是管道运输，这在很大程度上降低了运输风险。马来西亚、印度尼西亚与澳大利亚三个国家风险分值在 0.5~0.7。运输风险分值在 0.5 以下的是也门、卡塔尔、尼日利亚以及赤道几内亚四个国家，这四个国家与我国开展的都是 LNG 贸易，海运路线要走中东航线和西非航线，其中尼日利亚和赤道几内亚航线距离最远，运输风险最高。

综合风险评价中，土库曼斯坦是我国众多天然气主要进口来源国中风险最小的国家，风险分值为 0.745，它的资源潜力巨大，经济风险和运输风险都较小，是我国天然气进口贸易谈判的首选国家。俄罗斯风险也较低，这是因为它的政治风险和经济风险都比较低，运输风险也较低，但是俄罗斯的资源潜力一般。卡塔尔、澳大利亚和尼日利亚这三个国家也属于我国天然气主要进口来源国中的低风险国家，以 2014 年的开采量为基准，卡塔尔和尼日利亚的天然气至少还可以开采 100 年，澳大利亚的储采比也超过 60 年。马来西亚、印度尼西亚、缅甸以及乌兹别克斯坦属于我国天然气主要进口来源国中的一般风险国家。在我国众多天然气进口来源国中风险最大的是也门和赤道几内亚，两国资源潜力十分有限，而且内部政治稳定性也很低。

五 完善我国天然气进口来源国安全风险控制的政策建议

1. 形成管道气和 LNG 互补的供给格局

管道天然气进口项目谈判艰难、运行中的变数多，是因为输气管道固定资产投资巨大，涉及规模巨大的跨境基础设施建设和运营。而且，因其资产专用性强，容易激发途经国家向其中塞私货、提要求的动机，此外，还容易遭到途经国家不可预测的风险因素干扰。相比之下，LNG 则不涉及跨境基础设施建设运营，资产专用性相对较低，运营相对灵活，不容易被"卡脖子"。如果说进口小国无法兼顾进口规模效益和进口来源、方式的多样化，但作为一个进口量已经位居世界前列而且还在持续快速增长的进口大国，我国完全可以兼顾进口规模效益和进口来源、方式的多样化。因此，作为陆海复合型国家，我国天然气进口来源应兼顾陆海两个方向，形成管道气和LNG 互补的供给格局，对管道气来源国和 LNG 来源国均应予以重视。

2.实施向主要的天然气进口来源国倾斜的政策

（1）将土库曼斯坦和卡塔尔作为天然气首要进口来源国。土库曼斯坦和卡塔尔的资源风险很小，两国天然气资源丰富，储采比均在 100 年以上。两国的经济发展水平不高，本身对天然气的需求不高，对于天然气出口持积极态度。卡塔尔国内政治稳定性较高，地缘政治风险很小；土库曼斯坦的天然气通过中亚管道输送到我国，运输风险较低。

（2）继续从澳大利亚进口大量天然气。澳大利亚凭借西澳大利亚州（西澳州）、昆士兰州等地的液化天然气项目成为世界第一 LNG 生产国，中国已经是澳大利亚 LNG 的最大买家。在来源国风险评价中，澳大利亚属于经济风险较低，政治风险也很低的国家，而且澳大利亚与我国关系友好，我国未来可以继续从澳大利亚进口大量的 LNG。

（3）加大从俄罗斯进口天然气的数量。俄罗斯与我国关系友好，地缘政治风险较低，且地理位置与我国接壤，其丰富的资源潜力以及较低的国家风险都是我国加大在俄罗斯进口 LNG 的保障。因此，除了做好现有天然气管道项目外，还应进一步增加从俄罗斯进口的 LNG 的数量。

（4）将马来西亚、印度尼西亚、缅甸以及乌兹别克斯坦列为近期我国天然气进口的主要国家。我国在 2014 年从上述四个国家进口了大量的天然气。虽然国家风险评价结果显示这四个国家的风险高于土库曼斯坦、卡塔尔等国家，但是它们的探明储量与年产量是出口天然气的保障，我国仍可以从这四个国家中进口一定量的天然气。

（5）增加从尼日利亚进口天然气的数量。尼日利亚天然气工业发展迅速，政府比较支持本国能源出口。2014 年我国从尼日利亚进口天然气 6 亿立方米，尼日利亚的天然气资源潜力巨大，储采比达到 132 年，是我国进口 LNG 的主要来源国之一，应该增加在尼日利亚进口天然气的数量。

3. 促进 LNG 进口气源多元化

目前，我国 LNG 进口气源主要集中在澳大利亚、卡塔尔、马来西亚、印度尼西亚等国，来源过于集中，若某些国家国内政治局势发生变动或资源被其他政治大国所控制，我国 LNG 进口运输链则会被中断，不利于保障进口运输的安全性。因此，在稳定原有供应渠道的基础上，应继续加强新的供应渠道建设，以促进 LNG 进口气源多元化。

（1）继续加强中俄合作，推进北极圈内的亚马尔 LNG 项目尽快投产。亚马尔 LNG 项目由俄罗斯诺瓦泰克公司（50.1%）、中国石油天然气集团公司（20%）、法国道达尔公司（20%）、丝路基金（9.9%）共同实施，整个项目分三期建设，三条生产线分别在 2017 年、2018 年和 2019 年投产。项目投产后，通过"北冰洋航线"，每年将有约 300 万吨的 LNG 被运往中国。

（2）可考虑从美国进口 LNG。美国页岩气革命不期而至，不仅减少了美国对进口 LNG 的需求，而且增加了全球天然气的供应总量。目前，美国的 LNG 有望大量出口到欧洲和亚太地区。有研究表明，美国页岩气繁荣将持续 20 年，这 20 年将是全球天然气供应丰富、价格可亲的 20 年。可以说，美国页岩气革命为中国制造了进口天然气的战略机遇期。

（3）可考虑从非洲一些国家进口少量的 LNG。

4. 规避天然气供应风险

（1）应慎重选择从也门和赤道几内亚进口天然气。原因在于这两个国家的风险评价很低，它们的资源储量又都非常有限，我国应该在现有天然气的进口现状上逐渐减少对这两个国家天然气的进口量。

（2）实施贸易形式多样化。LNG 长期协议只是我国天然气进口的一种形式，通过贸易形式多样化，可将"照付不议"的长期贸易合同形式，逐渐演变成长期、中短期贸易合同形式并与现货贸易相结合的灵活多样的形式，以保证气源供应的稳定性，一旦出现供气中断，可以利用现货交易灵活性的特点，及时补充需求量。比如，可利用现货贸易形式，从赤道几内亚、阿曼、阿尔及利亚、巴布亚新几内亚等国家进口少量的 LNG，以规避可能产生的风险。

（3）争取在海外获得权益气。比如，在印度尼西亚东固 LNG 项目，中海油就持有约 13.9% 的权益。2013 年，中石油公司斥资 42 亿美元收购意大利埃尼公司在莫桑比克天然气第 4 区块 20% 的权益，未来几年，中石油将投资 100 多亿美元参与莫桑比克天然气开发和液化气生产，该项目首期有望于 2018 年投产。通过获取权益气，保证从相关国家获得稳定的天然气供应。

（4）将天然气来源国风险管理应纳入全程风险管理之中。天然气来源国风险，既与供应环节有关，也与天然气供应链中的运输、仓储、市场、需求等其他环节密切相关，因此，应将天然气来源国风险管理应纳入供应链风险管理之中，对其实施全程风险管理。

B.5

中蒙俄经济走廊与环阿尔泰山
次区域经济圈建设

许建英*

摘　要：　从中蒙俄经济走廊的视角看，围绕着跨三国的阿尔泰山构建
　　　　　"环阿尔泰山次区域经济圈"是极具发展眼光和现实基础的
　　　　　设想。所谓"环阿尔泰山次区域经济圈"是以阿尔泰山区域
　　　　　为核心，由中国阿勒泰地区、俄罗斯西西伯利亚地区、哈萨
　　　　　克斯坦东部和蒙古国西部组成的经济圈，该区域在生态、资
　　　　　源方面具有相似性，在人文和经济发展等方面则具有差异性
　　　　　与互补性，"环阿尔泰山次区域经济圈"的构建有助于各区

＊　许建英，中国社会科学院中国边疆研究所研究员。

域之间的分工合作以及贸易往来，从而达到互惠互利、共同发展，可以具体落实中蒙俄经济走廊的规划。

关键词： 中蒙俄经济走廊　次区域　经济圈建设

2014 年 9 月 11 日，习近平主席在出席中俄蒙三国元首会晤时，提出共建"丝绸之路经济带"倡议，获得俄罗斯和蒙古人民共和国积极响应。"丝绸之路经济带"建设可以与俄罗斯跨欧亚大铁路、蒙古国草原之路倡议对接，共同打造中蒙俄经济走廊。中蒙俄经济走廊倡议既是对"丝绸之路经济带"倡议的完善，也是中俄蒙三国作为好邻居、好伙伴的战略发展需要。在当前复杂多变的国际和地区形势下，三国倡议建设中蒙俄经济走廊，也是合作深化的结果，可以进一步增进三方互信，促进互利共赢，实现优势互补，谋划共同发展，推动东北亚区域合作的进程。

一　环阿尔泰山地区资源丰富互补

资源是人类社会财富的源泉。资源按其属性分为社会资源和自然资源两大类。自然资源指自然界存在的对人类有用的自然物，如土地、水、森林、矿产、野生动植物等。社会资源包括的范围较广，在当前的技术经济条件下，主要指构成社会生产力要素的劳动力资源，利用自然资源加工创造的生产资料以及直接为生产服务的商业、运输、信息、通信、科技、管理等非实物形态的资源或劳务。

在社会资源方面，中、俄、哈、蒙四国具有一定的互补性。一方面，俄、哈、蒙等国的产品结构失衡、日用消费品供不应求。相比之下，中国轻工业加工能力较强，商品种类多且货源丰富。因此，中国与俄、哈、蒙等国在贸易方面有良好的合作前景，在贸易往来中表现为每年都有大量东部地区的轻工、机电产品经过新疆进入中亚及俄罗斯市场。另一方面，中、俄、哈、蒙都是地广人稀的地区，劳动力资源相对贫乏，通过互补合作，恰好可以弥补这一缺陷，如表1所示，"环阿尔泰山次区域经济圈"的人口密度仅为4.890人/平方公里。社会资源禀赋的差异将成为整个"环阿尔泰山次区域经济圈"合作的动力，使整个区域希望通过产业优势互补谋求合作与发展。因此，在阿尔泰区域合作中，资源禀赋条件吸引"环阿尔泰山次区域经济圈"主动地谋求合作机会和发展空间，发挥引力作用，也是阿尔泰区域合作的内在驱动力。值得注意的是，这种内在驱动力比由政治、经济环境所产生的外部推力更能促进阿尔泰区域合作的开展。

表1　环阿尔泰山次区域经济合作各方概况

国家	地区	人口（人）	面积（平方公里）	人口密度（人/平方公里）
中国	新疆阿勒泰地区	603283	117989	5.113
俄罗斯	阿尔泰共和国	206168	92600	2.226
	阿尔泰边疆区	2384812	167996	14.196
	图瓦共和国	307930	170500	1.806
哈萨克斯坦	东哈萨克斯坦州	1442000	283300	5.090
	卡拉干达州	1341800	428000	3.135
	阿拉木图市	1552349	682	2276.172
蒙古国	科布多省	76870	76060	1.011
	巴彦乌列盖省	90404	45705	1.978
	乌布苏省	73323	69585	1.054
	戈壁阿勒泰省	53590	141448	0.379
	扎布汗省	65481	82456	0.794
合计		8198010	1676321	4.890

在自然资源方面，"环阿尔泰山次区域经济圈"内的国家和地区表现出两个共同特点：一是都拥有丰富的矿产资源；二是所拥有的其他自然资源能组合为各类自然景观，从而具有丰富的生态旅游资源。环阿尔泰山区域具有开展跨国生态旅游合作的巨大潜在客源基础。2014年，中国出境旅游规模达到1.14亿人次，成为全球最大客源国和全球第四大旅游目的地国家；2014年，阿勒泰地区共接待国内外旅游人数为489万人次，俄罗斯阿尔泰

边疆区为 130 万人次，阿尔泰共和国为 30 万人次，哈萨克斯坦东哈州为 40 万人次，"四国六方"合作开发阿尔泰山跨境生态旅游资源，将拥有 1000 万人次的潜在游客量及消费市场。自然资源禀赋的相似性使得"环阿尔泰山次区域经济圈"有动力去联合开发矿产资源和生态旅游资源，形成以矿产采选、加工和制品业以及跨国生态旅游业为主要内容的产业联合，即通过产业优势叠加谋求合作与发展。

二 建设环阿尔泰山次区域经济圈具备良好基础

作为跨多国的次区域经济圈建设，良好的政治互信、合作基础和发展需求是不可或缺的，中俄蒙哈四国具备良好的基础，可以用以支撑该经济圈的建设。

首先，中俄蒙哈四国具备良好的政治互信和稳定的跨边境区域局势。各个边境地区参与跨边界次区域经济合作的最终目的都是通过互利互惠的合作谋求本地区的经济发展。由于具有深刻的政治属性，国家边界主要具有中介和屏蔽两大功能，毗邻国家之间的政治关系决定功能的发挥。一方面，当毗邻国家之间的政治关系融洽时，国家边界更多地发挥中介功能，货物、人员、资金等顺畅地流动，跨边界次区域经济合作得到推动；另一方面，当毗邻国家之间的政治关系紧张时，国家边界更多地发挥屏蔽功能，经济活动近乎停滞，跨边界次区域经济合作受到抵制。由此可知，任何区域的经济发展都离不开合作区域内部稳定的政治局面。良好的国际、国内政治环境对跨边界次区域经济合作的有效开展将发挥重要的保障作用。中俄蒙哈政治互信，环阿尔泰山区域社会稳定。

环阿尔泰地区与周边的区域合作正处于良好的国际关系中。第一，在"上海五国"机制和上海合作组织的推动下，中、俄、哈、蒙等四国的睦邻友好关系不断加强。《关于在边境地区加强军事领域信任的协定》（《上海协定》）和《关于在边境地区相互裁减军事力量的协定》（《莫斯科协定》）的签署为中国与俄、哈、塔、吉四国建立睦邻友好、互利合作的国际关系奠定了坚实的政治互信和军事互信基础。第二，在上合组织框架下，《打击恐怖主义、分裂主义和极端主义上海公约》《上海合作组织成员国关于地区反恐怖机构的协定》《上海合作组织成员国长期睦邻友好合作条约》等文件的签署以及蒙古国作为上合组织观察员国的身份进一步推动了中、俄、哈、蒙四国之间的睦邻友好合作关系。

其次，环阿尔泰山次区域经济合作水平不断提升。随着"丝绸之路经济带"建设的深入推进，环阿尔泰山次区域经济合作的国家由过去的"四国六方"扩展到目前的"四国十二方"，俄罗斯、哈萨克斯坦和蒙古国的相关区域都积极加入，人口规模由 480 万人扩大到现在的 820 万人，上升了70.83%；面积由 78 万平方公里发展到现在的 168 万平方公里，面积扩大了115.38%，具体如表 2 所示。周边地区的不断加入意味着该地区面临的市场规模和市场潜力都在提升，"环阿尔泰山次区域经济圈"可配置资源的数量也在不断扩大，这必然会进一步提升其在周边区域的影响力。

表2　环阿尔泰山次区域经济合作的进展

项目	"四国六方"	"四国九方"	"四国十二方"
区域变化	中国新疆阿勒泰地区；俄罗斯阿尔泰共和国、阿尔泰边疆区；哈萨克斯坦东哈萨克斯坦州；蒙古科布多省、巴彦乌列盖省	在"六方"的基础上增加了俄罗斯图瓦共和国；蒙古乌布苏省、戈壁阿勒泰省	在"九方"的基础上增加了哈萨克斯坦卡拉干达州、阿拉木图市；蒙古扎不汗省
人口(万人)	480	524	820
面积(万平方公里)	78	117	168

目前该地区的合作议题集中于旅游、矿业、网络科技、电子商务、生态食品、教育、医疗等领域的项目，为"环阿尔泰山次区域经济圈"规划和建设奠定坚实的经济合作基础。

再次，中国新疆已赋予阿勒泰地区重要的战略功能，全力支持该地区的发展。阿勒泰地区地处亚欧大陆腹地，是古丝绸之路"草原丝绸之路"的重要节点，是中国新疆商贸物流通道南中北三线战略中"北线"的重要支点，也是"丝绸之路经济带"中国新疆段北通道的重要组成部分，在中国新疆对外开放格局中具有特殊的战略地位。阿勒泰地区现有 4 个国家一类陆路口岸和 1 个正在规划建设的口岸，1 个国家级边境经济合作区，是中国西北唯一与俄罗斯接壤的地区。中国新疆维吾尔自治区已赋予阿勒泰二级交通枢纽节点、国际旅游集散中心、医疗服务次中心、区域中心城市的重要定位。

随着区域经济一体化发展趋势的加快，中国积极参与国际区域经济合作，这在一定程度上预示了阿尔泰区域合作的历史必然性，是推动"环阿尔泰山次区域经济圈"开展合作的外部力量；另一方面，随着"丝绸之路经济带"的不断推进，相关政策、措施的实施有助于促进新疆对外开放和发展外向型经济，是推动阿尔泰区域合作的重要内部力量。

三 "环阿尔泰山次区域经济圈"区域的发展方向

依托"丝绸之路经济带"核心区和"中蒙俄经济走廊"，认真研究、规划和建设"环阿尔泰山次区域经济圈"，以下几方面是重要的发展方向。

第一，立足区域自身优势，制定合理的产业发展政策，推进经贸产业合作区建设。一是在区域整体层面上，打造"环阿尔泰山次区域经济圈"跨国合作的经济开发区，形成新疆与周边国家向北开放的重要支撑。二是从重点合作区的层面上，选择具备相应条件的市县作为重点建设地区。三是从产业合作层面上，选择合理地区，建立能源、制造业、物流、文化等领域的产业经济合作园区。

第二，加快"环阿尔泰山次区域经济圈"地区互联互通的基础设施建设，为"环阿尔泰山次区域经济圈"合作提供便利条件。以公路、铁路、航空为主要方式的区域交通运输通道与网络，是开展经济贸易、资源开发、旅游发展等的重要基础设施，而其中的跨境交通运输的线路选择和对接、口岸建设、出入境交通管理等则是互联互通的最主要方面。在"十三五"规划期间,为了推进"环阿尔泰四国六方"区域国际合作,需加强"四国六方"的交通运输管理协调,并对运输条件较差的路段进行改建或改造,以提高环状陆路交通通道运力和效率。共同确定一批能够提升区域整体合作水平的互联互通项目,开展大通关合作,打造阿尔泰山区域重要的综合交通运输枢纽。

第三,围绕旅游业和养生业挖掘环阿尔泰山区域的潜力。阿尔泰山脉优越的生态系统世界闻名,具备发展现代有机农牧业、国际跨境旅游、康养产业等绿色经济的巨大潜力。阿勒泰地区与周边区域具有较好的合作基础、良好的合作前景,以及安全稳定的局势,可以建立中俄哈蒙环阿尔泰山跨国旅游合作实验区,通过国家外交途径解决四国之间的出入境签证、通关、车辆通行等边境跨国旅游的障碍因素。该合作区可以参照大湄公河次区域经济合作模式,实现"环阿尔泰四国六方"区域间互免旅游签证,提供人员自由往来、货物自由流通、货币自由换汇、车辆自由通行。同时,争取亚投行、联合国开发计划署等一些国际组织给予外部支持,为"环阿尔泰山次区域经济圈"跨境旅游合作建立一个更具权威性、更有推动力的区域合作化平台。在统筹规划、进行全方位的市场运作时需要注意以下几点:一是加强旅游设施建设和软件建设;二是加强双边、多边的旅游业合作;三是加强对有关经营、管理、服务等人员的培训;四是对区域旅游资源向国际进行多形式、多途径、多层次的宣传;五是以区域名义积极参与国际旅游组织的各项活动。

第四,中国应加大政策支持力度,加快新疆阿勒泰地区的综合发展。一是明确阿勒泰在"丝绸之路经济带"和中俄蒙经济走廊中的定位,确立阿勒泰地区在新疆南、中、北三线中的定位,争取享受到国家相关政策支持。二是要谋划大的开放格局,阿勒泰地区应该寻求国家政策支持,加大对蒙、哈、俄的开放力度。三是要尝试率先开拓跨境经济合作区,以环阿尔泰山为抓手,以大旅游业为支柱,寻求国家支持,与哈、蒙、俄共建环阿尔泰山经济合作区,从易做起,充实内容,促进各方互利发展。四是以环境安全为切入点，加强阿勒泰地区自然环境的保护和建设，使阿勒泰率先形成全疆环境保护与建设的示范区，为新疆地区的开发、建设，环境维护与改善探索新路径，阿勒泰地区水资源较为丰富，应该及早规划，大力开展绿化工作，为大旅游业的发展和生态安全建设奠定坚实基础。五是适当加大吸引人口流入的步伐，建立高等教育学校，吸收和培育人才，建立高等级的科学基地，为阿勒泰发展打好基础。六是与阿勒泰社会稳定和经济发展相适应，要寻求制定差异性政策，考虑到阿勒泰旅游业的特点以及未来建立环阿尔泰地区经济合作区（尤其是大旅游业）的构想，建立阿勒泰与内地发达省份和旅游大省直航线路，建立阿勒泰与相关国家的直航线路，最大限度地减少阿勒泰旅游产业、经济建设受"南疆暴恐事件"影响，减少受新疆不稳定等粗放型概念的影响。

B.6
中国与中亚国家共建"丝绸之路经济带"核心区跨境经济走廊的战略思考[*]

王海燕[**]

摘 要： 本报告首先在回顾"丝绸之路经济带"倡议提出的历程的基础上，分析了"丝绸之路经济带"倡议的范畴与内涵。其次，从交通大通道建设、物流基础设施建设、信息合作和标准一致化建设等在内的软硬件建设等多领域分析了中国与中亚跨境经济走廊建设的路径。最后，研究分析了中国与中亚共建跨境运输走廊面临的机遇与挑战，并提出了富有针对性的对策建议思考。

关键词： 丝绸之路经济带 跨境经济走廊 互联互通

一 丝绸之路经济带倡议的范畴与内涵

"丝绸之路经济带"将以我国太平洋沿岸的环渤海、长三角和珠三角经济圈为起点，途经哈萨克斯坦、俄罗斯等上海合作组织主要成员国，抵达波罗的海、大西洋和地中海沿岸。在沿途空间上大致可分六个区段：东亚段、

---

* 本报告为国家社科基金一般项目"我国与中亚区域经济整合研究"（12BGJ015）的阶段性成果。
** 王海燕，华东师范大学国际关系与地区发展研究院暨上海合作组织研究院、教育部人文社会科学重点研究基地俄罗斯研究中心副研究员，经济学博士，硕士生导师，研究方向为中国与中亚区域经济合作。

中亚段、西亚段、南亚段、中东欧段、西欧段,从中国到中亚,有效辐射西亚、南亚和欧洲。包括陆路三个走向,从中国出发,一是经中亚、俄罗斯到达欧洲;二是经中亚、西亚至波斯湾、地中海;三是中国到东南亚、南亚、印度洋。由沿线的中亚核心经济圈、环中亚重要经济圈和亚欧辐射拓展圈组成。① "丝绸之路经济带"贯穿亚欧大陆,一头是活跃的东亚经济圈,一头是发达的欧洲经济圈,中间广大腹地国家经济发展潜力巨大,重点畅通中国经中亚、俄罗斯至欧洲(波罗的海),中国经中亚、西亚至波斯湾、地中海。②

中国新疆和中亚地区成为丝绸之路经济带核心区。2015 年 3 月 28 日,国务院授权国家发改委、外交部、商务部联合发布的《推动共建丝绸之路经济带和 21 世纪海上丝绸之路的愿景与行动》指出,发挥新疆独特的区位优势和向西开放重要窗口作用,深化与中亚、南亚、西亚等国家交流合作,形成"丝绸之路经济带"上重要的交通枢纽、商贸物流和文化科教中心,打造"丝绸之路经济带"核心区。在我国境内,"丝绸之路经济带"的核心区被确定为新疆维吾尔自治区。在我国境外,与我国毗邻的中亚国家作为我国西出的第一站成为"丝绸之路经济带"的核心区域,其经济、社会发展必将与"丝绸之路经济带"的推进密切相关,对我国"走出去"开展与亚欧国家的合作意义重大。

中国与中亚国家共建"丝绸之路经济带"的主要内涵为:一是共同发展,本着"周边是首要"的原则,促进周边地区和谐稳定,睦邻、安邻、富邻,共建亚欧命运、责任和利益共同体;二是整合多重交叉的区域经济合作机制,"丝绸之路经济带"区域中已有上海合作组织、欧亚经济共同体、欧盟伙伴与合作计划等多个经济组织,部分组织的成员高度重合,历史上都与丝绸之路有过千丝万缕的关系,以"丝绸之路经济带"这条"项链"穿起沿途各国"珍珠",将会有效整合该区域的经济合作,使该区域焕发出新

---

① 胡鞍钢、马伟、鄢一龙:《"丝绸之路经济带":战略内涵、定位和实现路径》,《新疆师范大学学报》(汉文哲学社会科学版)2014 年第 2 期,第 1 ~ 10 页。

② 国务院授权国家发改委、外交部、商务部联合发布《推动共建丝绸之路经济带和 21 世纪海上丝绸之路的愿景与行动》,http://zhs.mofcom.gov.cn/article/xxfb/201503/20150300926644.shtml。

的夺目光彩；① 三是推进亚欧基础设施互联互通和跨境合作，物畅其流，人畅其通；四是共建亚欧区域统一大市场，加强同亚太经合组织、上海合作组织等亚欧区域机制的合作，共同构建世贸规则基础上的升级版，最大限度地保障亚欧区域发展和各国经济安全，促进亚欧地区贸易便利化，共同构建有利于各国的更加开放透明，便利各种生产要素流通的市场体系，形成拥有超过 15 亿人口的统一大市场；② 五是重构区域产业分工体系，促进中亚等沿线国家产业升级换代，利用彼此资源、技术、设备等互补优势，在保障技术、设备等先进性和环保性前提下，互助建立更加健全合理的产业结构，在国际市场上获得竞争优势；六是重塑国际金融体系，促进区域投融资便利化。

二 中国与中亚跨境经济走廊建设的路径

中国与中亚跨境经济走廊合作的主要路径为，包括交通大通道建设、物流基础设施建设、信息合作和标准一致化建设等在内的软硬件立体交叉互补网络，前两者是硬件建设，后两者是软件建设，二者同等重要。这样规划目的就是通过互联互通达到物畅其流，人畅其通；"共同发展、共同繁荣"。

1. 交通大通道建设是发展的基础

包括铁路运输、公路运输、航空运输、管道运输和水运在内的立体交叉和联运网络构成中国与中亚的交通运输大通道。

铁路运输是中国与中亚合作的最重要领域，占双方货运的 70% 以上。20 余年来，随着多条铁路运输线路的开通，中国与中亚地区铁路网已基本形成，中国沿陇海铁路、兰新铁路深入中亚地区的铁路干线已成为新亚欧大陆桥的重要组成部分。未来很有前景的将是中吉乌铁路，扩建、改造通往中亚、南亚的西伯利亚大铁路的北线、中线和南线，中亚高铁、欧亚高铁和泛亚高铁等纳入"丝绸之路经济带"项目，将中国发达地区的商品经过中国

---

① 王海燕：《"丝绸之路"项链穿起沿途"珍珠"》，《新民晚报》，http：//xmwb. xinmin. cn/html/2013 - 09/13/content_ 36_ 1. htm, 2013 年 9 月 13 日。

② 作者根据世界人口网数据计算得出，http：//www. renkou. org. cn/。

西部出境到中亚,再辐射到欧洲市场;实施陆海联运,扩展中亚国家商品向东南亚运输的通道和中国商品对欧转运的通道。

公路运输是交通大通道的重要组成部分。中国与中亚地区的公路相互衔接,中国与中亚国家连接的主要公路干线均加入了亚洲公路网,中国连云港经西安至霍尔果斯的国家高速公路与穿越中亚的欧洲 E40 号公路相连。"中国西部—欧洲西部""双西"公路交通走廊全长 8445 公里,由连云港经我国中西部,由中国霍尔果斯出境通往哈萨克斯坦直达俄罗斯的圣彼得堡,开辟了我国公路从海港经陆路再到波罗的海的跨境运输大通道,沿途的哈萨克斯坦和俄罗斯都很重视该线路的建设,这将是"丝绸之路经济带"的一条重要线路。

油气管道运输极具战略意义。中国与中亚能源合作的最重大成果之一就是开辟了我国首个陆上能源通道,其中主要是中哈石油管道和中国—中亚天然气管道。首先,中哈原油管道全长超过 2800 公里,西起里海的阿特劳,途经肯基亚克、库姆科尔和阿塔苏,从中哈边界的阿拉山口进入中国,最终到达中国的独山子炼油厂,将哈萨克斯坦西部的原油输送至中国境内。其次,中国—中亚天然气管道是中国修建的第一条跨多国长输天然气管道,是我国四大能源通道之一,也是目前世界上距离最长、等级最高的天然气输送管道。该条管道起于阿姆河右岸土库曼斯坦和乌兹别克斯坦边境的格达伊姆,经乌兹别克斯坦和哈萨克斯坦,由霍尔果斯进入中国。这条管道在线路上首次途经塔吉克斯坦和吉尔吉斯斯坦两个国家,将与已建成的连接土库曼斯坦、乌兹别克斯坦、哈萨克斯坦的 A、B、C 线一道,形成中国—中亚天然气管道网,南北天然气走廊像张开的双臂拥抱着中国,把中亚五国与中国紧密相联,进一步加深中国与中亚国家的能源合作。该管道目前已包括了中亚五国和中国,开辟了"丝绸之路经济带"沿线国家多国合作的新模式,成为多边合作的成功典范。中亚在与中国的能源合作中不仅是重要的参与者与合作者,而且还起到了不可替代的能源大通道的作用。

航空运输主要用于人员往来。中国乌鲁木齐、北京、广州已经开通直达哈萨克斯坦阿拉木图、乌兹别克斯坦塔什干、吉尔吉斯斯坦比什凯克、塔吉克斯坦杜尚别、土库曼斯坦阿什哈巴德等中亚主要城市的航线,乌鲁木齐逐渐成为中亚与中国航运的重要中转站，在中国与中亚的合作中占据重要地位。今后还可开辟中国上海、西安、喀什、伊宁、库尔勒等地直飞中亚主要城市的多条线路，促进双方人员交流。

水运是中国与中亚双方亟须合作的领域。例如中国协助中亚国家商品陆路经中国中部到达上海、连云港、日照、广州等沿海城市，与水路联运，可以延伸到东南亚的"海上丝绸之路"通道。中亚国家协助中国商品从中国出境，经里海到俄罗斯波罗的海，再延伸到欧洲等地。开辟水陆联运通道，使"丝绸之路经济带"与"海上丝绸之路"连接，将极大地拓展中国与中亚国家商品的市场，为各国带来巨大的市场前景。

此外，连接中亚等国的亚欧光缆已经建成，目前中国与哈萨克斯坦、吉尔吉斯斯坦和塔吉克斯坦等中亚国家共开放了 17 个国家一类口岸。可以说，以铁路为主体，包括公路、航空、管道、通信和口岸设施在内，连接中国与中亚的交通走廊硬件设施已经初步建成。

2. 物流基础设施建设非常重要

物流是供应链活动的一部分，是习近平主席在 2014 年 APEC 领导人非正式会议上提出的实施全球价值链、供应链的领域合作倡议的一部分，① 也是我国"丝绸之路经济带"建设的重要组成部分。多年来，中国与中亚的物流基础设施建设滞后于双方的经贸发展水平和发展速度，随着交通线路延伸，物流服务的优质化和全球化要求越来越高，双方物流基础设施建设继续跟进。在乌鲁木齐、霍尔果斯、阿拉山口、阿拉木图、比什凯克、塔什干等中国与中亚的多个主要城市，已建立了包括保税物流区、特色商品口岸、多式联运集疏中心、国际陆港联检中心、物流信息中心、国际商品展示交易中心、国际陆港商务中心等物流基地。随着交通运输线路的延伸，我国的物流基础设施建设也在学习美欧一些大型物流企业的经验，中国的企业跨越国境与中亚合作建立物流基地或建立中国企业与中亚企业战略联盟等。

---

① 《习近平：APEC 会议决定实施全球价值链、供应链合作倡议》，http：//politics. people. com. cn/n/2014/1111/c1024 – 26007099. html。

3. 信息建设逐步跟进

中国与中亚的信息合作,尤其是海关、进出境检验检疫、交通运输、金融等功能领域的信息互通与其他合作早已开展,尤其是海关的电子口岸合作在逐步推进。进入 21 世纪以来,乌鲁木齐海关与哈萨克斯坦等中亚国家的海关开展了进出口商品和人员监管和手续办理、统计数据信息交换、互认海关单证和标识、中哈原油管道监管、中哈霍尔果斯国际合作中心等双边合作,① 都已成为中国海关积极参与和推动中亚地区合作的重要成果。电子商务方面,我国首个面向上海合作组织的第三方全流程电子商务交易和服务平台"亚欧国际物资交易中心"和国内首家云计算交易平台"新疆中亚商品交易中心"在中国新疆的奎屯市和克拉玛依市先后成立。这些都为国内外企业提供国际和国内贸易全流程电子交易服务搭建了直接交易平台。

4. 标准一致化建设亟须加强

标准一致化建设是中国与中亚跨境运输走廊合作的薄弱环节,也是亟须强化的合作领域。在运输便利化的软件方面,中国与中亚国家已经签署了19 项运输协定,包括中国与哈萨克斯坦、吉尔吉斯斯坦、塔吉克斯坦和乌兹别克斯坦签署的双边汽车运输协定、实施细则和国际汽车运输许可证制度等协议。2014 年 9 月,上海合作组织成员国共同签署了《上海合作组织成员国政府间国际道路运输便利化协定》(简称《协定》),上合组织将逐步形成国际道路运输统一网络。这些协定的签署,为"丝绸之路经济带"交通走廊的畅通奠定了法律基础。标准一致化建设将减少成员国间的贸易、运输、检验检疫、海关等各方面壁垒,减少企业的成本,极大地促进中国与中亚的区域经济合作。

综上所述,中国与中亚在交通运输便利化合作中已取得成果,初步建立起贯通东西的中国—中亚丝绸之路运输走廊,为"丝绸之路经济带"建设创造了基础条件,开辟了新起点。

---

① 王海燕等著《贸易投资便利化:中国与哈萨克斯坦》,华东师范大学出版社,2012,第54~55 页。

三 中国与中亚共建跨境运输走廊面临的机遇与挑战

第一，中国与中亚已建立政治互信关系。多年来，中国同中亚地区各国建立发展起来的友好合作关系，使"丝绸之路经济带"的构建具有了扎实的政治经济基础。20 多年来，中国同中亚国家建立发展了全面的合作伙伴关系，解决了历史遗留的边界问题，双边高层互访频繁，发展长期睦邻友好、互利共赢的合作成为彼此的共识。2013 年 9 月习近平主席的中亚之行将中国同中亚国家的双边关系提升到前所未有的高度，当前，中国同中亚国家的关系处于历史最好时期。

第二，中亚与中国经济合作的需求越来越迫切。"丝绸之路经济带"东连亚太经济圈，西系欧洲经济圈，中亚居于中间的枢纽地段，也是经济最不发达的凹陷地带。中亚均为内陆地区，没有出海口，长期以来对外经济发展受到极大限制。中亚国家处于经济结构转型和经济发展的关键时期，拓展国际经济合作的客观诉求较为迫切。"丝绸之路经济带"建设无疑将给中亚国家商品进入太平洋，扩展同亚太地区国家的国际经济合作带来新的历史契机。

第三，中国与中亚经济深度融合。经过多年的合作，尤其是近年来，中国不仅是中国与中亚商品的运输大通道，而且还逐渐成为中亚国家重要的贸易伙伴和投资方。在中亚地区，中国是土库曼斯坦的第一大贸易伙伴，是哈萨克斯坦、乌兹别克斯坦、吉尔吉斯斯坦的第二大贸易伙伴。中国与中亚的贸易额已达到甚至超越俄罗斯与中亚国家的贸易水平，中国与中亚在贸易、产业结构等各个领域的互补性更强，中国向中亚出口大量工农业制成品，从中亚进口大量原材料资源。可以说，中国与中亚国家经济依存度的提高将为"丝绸之路经济带"跨境运输走廊建设奠定越来越扎实的物质基础，"丝绸之路经济带"的提出明确了中国与中亚合作的内涵，为双方合作提供了更大的发展机遇。

第四，中亚越来越多国家"入世"，为区域合作建立了更加有序的环境与规则平台。吉尔吉斯斯坦共和国于 1998 年 10 月 14 日加入世界贸易组织

（WTO），是世界贸易组织的第 134 个成员，也是独联体国家中最先加入世界贸易组织的国家。塔吉克斯坦 2001 年开始加入 WTO 的谈判，于 2012 年 12 月 10 日正式加入该组织。中亚未"入世"的国家都在积极为"入世"努力。哈萨克斯坦于 1996 年 1 月提出"入世"申请，终于在 2015 年 11 月 30 日正式成为 WTO 第 162 个成员，其 19 年的"入世"历程宣告结束，这是迄今为止持续时间最长的"入世"谈判。哈总统纳扎尔巴耶夫称"加入世贸组织是哈萨克斯坦独立历史上的一座里程碑"，"将为进入我国经济重要领域的外国投资者提供新的机遇"。① 乌兹别克斯坦 1994 年提出加入"关贸总协定"的申请，多年来谈谈停停，到 2012 年 10 月，乌举办了"入世"培训研讨会，② 乌方仍然认为，"入世"问题是一把双刃剑，必须选择一条稳妥的"入世"之路，目前未有进一步的举措。土库曼斯坦政府于 2013 年 2 月决定启动加入世界贸易组织的谈判，争取早日成为成员。③ 土总统要求有关部门认真研究加入世界贸易组织的有关问题，并与 WTO 负责人取得联系，启动谈判，决定成立"入世工作国家委员会"。在可预见的未来，在独立 25 年后，充分享受到世界经济全球化利益的中亚国家会紧抓"入世"和开放的机遇，各国经济融入全球经济的趋势不会改变，中亚区域经济将会更加规范、透明、可预见。

第五，亚欧地区的区域和次区域合作机制可为中国与中亚双方经济一体化发展助力。尽管出现了逆全球化，但世界经济全球化、区域经济一体化潮流依然是主流，各种多边经济合作机制不断涌现，跨境跨区域合作成为新时代的重要特征。首先，多年来，中国与中亚国家都不断强化各国都参与的多边合作机制作用，如发挥上海合作组织（SCO）、亚信会议（CICA）、亚行中亚行动计划（CAREC）、亚洲合作对话（ACD）等现有多边区域合作机制

---

① 黄璐、文龙杰：《哈萨克斯坦正式成为第 162 个世贸成员国》，中国新闻网，http：// www. chinanews. com/gj/2015/12 -01/7650786. shtml，2015 年 12 月 1 日。

② 《乌兹别克斯坦举办入世培训研讨会》，http：//news. hexun. com/2012 - 10 - 22/ 147064241. html？from = rss，2014 年 10 月 22 日。

③ 《土库曼斯坦决定启动加入世界贸易组织谈判》，http：//www. foods1. com/content/ 1996573/，2013 年 2 月 7 日。

作用。相关国家秉持开放的地区主义鼓励包容性合作，利用多种机制加强沟通除为中国和中亚的经济一体化提供机制保障外，中哈霍尔果斯国际边境合作中心、中俄哈蒙四国六方机制、由乌洽会升级而来的中国—亚欧博览会、欧亚经济论坛等次区域合作机制对中国密切与中亚的经济一体化合作提供了重要的支撑作用。其次，2015 年 1 月 1 日生效的欧亚经济联盟成为中亚一体化的重要平台，① 哈萨克斯坦和吉尔吉斯斯坦已成为正式成员，塔吉克斯坦政府正在研究加入欧亚经济联盟的问题。中国支持欧亚经济联盟的推进，并在建设包容性的"丝绸之路经济带"框架下寻求与其开展合作的路径，于 2015 年 5 月 10 日与俄罗斯签署了《中华人民共和国与俄罗斯联邦关于丝绸之路经济带建设与欧亚经济联盟建设对接合作的联合声明》，推动中国—中亚跨境运输走廊贯通亚欧，② 助力中国与中亚由点到面早日实现区域经济一体化。再次，中亚国家还以不同形式参与到中亚区域一体化当中，这将使中国与中亚国家建立多边自贸区成为可能。

第六，融资多元化为中国与中亚的合作提供资金保障。2004 年以来中国作为负责任的大国践行互惠共赢的理念，在上合组织框架内向中亚国家提供了上百亿美元优惠贷款，中国与中亚国家签署了货币互换协议，上合组织正着手建立开发银行等金融合作机制，为合作项目提供融资平台，由中方牵头的国家开发银行开展授信和融资额度规模已超过 500 亿美元。中国与俄、吉、哈三国先后签署边境贸易本币结算协议，人民币在中亚的区域化不断扩大，中国的银行和大型国企为中亚国家在矿产、交通、能源等领域的基础设施项目提供了大量融资并积极参与建设。

中国与中亚共建跨境运输走廊面临以下挑战。一是中亚区域安全形势不容乐观，中国西部和中亚面临严峻的恐怖主义、极端主义和分裂主义威胁，起源于沙特阿拉伯极端保守的"萨拉菲主义"的伊斯兰解放党在中亚地区的势力不断增长，乌兹别克斯坦的伊斯兰运动也有可能再度对乌兹别克斯坦

---

① 《俄罗斯、白俄罗斯、哈萨克斯坦签署欧亚经济联盟条约》，http：//www.guancha.cn/Neighbors/2014_ 05_ 29_ 233687. shtml，2014 年 5 月 29 日。

② 《丝绸之路经济带对接欧亚经济联盟》，《金融时报》2015 年 5 月 11 日。

与塔吉克斯坦、吉尔吉斯斯坦和中国的边界构成威胁，中国与中亚非传统安全的威胁加大。美国撤军后，阿富汗未来安全走势和毒品问题将长期影响中国与中亚地区，西亚北非地区持续的政治动荡也一直冲击着欧亚大陆，随着中亚国家领导人交替时间的临近，中亚能否保持内政稳定也令人担忧。这些都是影响中国与中亚跨境运输走廊安全的问题。二是上合组织等中亚地区机制缺乏保障能源安全的能力，2009年以来，国际能源价格大幅下跌、国际金融危机和页岩气革命导致上合组织主要能源输出国与能源进口国的地位发生较大变化，原先的卖方市场开始向买方市场转变，哈、乌、土等国也意识到可靠的购买方很重要，于是把目光从向西看更多地转向上合组织成员国和观察员国，尤其是中国等重要需求国，能源出口占比很大的哈萨克斯坦、土库曼斯坦和乌兹别克斯坦等国积极加强与中国的能源合作，但上合组织目前还不具备保护能源管道等关键基础设施的机制安排，缺乏相应的实体和应急机制。三是中国与中亚交通运输标准不一致、手续烦琐等带来的过境、通关、时间、效率等成本较高，通关、过境运输的壁垒并未完全消除。四是中国与中亚跨境经济走廊建设耗资巨大，亟须来源多元化的融资渠道和建立规范透明的区域融资机制。五是国家间、部门间沟通不畅，中国与中亚国家的交通运输便利化机制和协议有待健全和完善。六是中国与中亚物流基础设施建设相对滞后，缺少具有跨国经验丰富的大型物流企业，中国与中亚缺乏大型物流企业和既懂交通又懂物流的复合型人才，人员签证耗时较长等因素，影响物流和人流的便利化。

针对中国与中亚共建跨境运输走廊存在的安全风险，笔者提出以下对策和建议。一是构建区域安全架构，上海合作组织可作为"丝绸之路经济带"核心区最核心的保障安全机制，应与域内的集体安全条约组织、亚信会议密切合作，从保障中亚区域稳定、政权稳定交接到联合军演、打击三股势力、打击毒品走私等传统和非传统领域的所有问题进行密切合作，建立多领域多层次全方位的合作，构建维护地区稳定的机制框架和常态化的合作关系，为保障"丝绸之路经济带"的区域安全提供保障。二是建立上合组织框架下的能源运输保障机制，以全面实现上海合作组织成员国间的管道等运输合作，从各方面完善中国与中亚的能源交通运输条件和机制建设。三是在本组织内制定一项适用于各成员国的统一的交通运输协定，有效实施并完善现行合作协议，加快交通运输信息化进程，建立口岸信息平台，构建国际道路运输服务信息网络，提高执法水平，开辟更多方向的线路，建设从中国通往中亚国家的更多公路、铁路、管道和航空线路，在转机和办理手续方面提供更加优质便利的服务。四是充分利用丝路基金、亚洲基础设施投资银行等金融机构，充分争取联合国开发署、亚太经社会、亚洲开发银行、伊斯兰开发银行等国际组织或机构的资金支持，多方融资，促进上海合作组织区域交通基础设施建设。五是协调国内外各部门，通关查验逐步推行一站式服务，互认查验和电子通关，简化通关手续，以减少重复查验，提高通关和查验速度。六是学习和借鉴发达国家的国际道路运输的运作方法，引进现代物流、快速客运、快速货运等方面的先进技术和管理经验，引进外资，鼓励有实力的国际物流企业与外国先进运输企业合作，建立多个国际物流中心，推动国际联运早日实现。① 同时联合培养交通运输领域的复合型人才，简化签证手续，推动物流和人流便利化。

① 王海燕：《贸易投资便利化：中国与哈萨克斯坦》，华东师范大学出版社，2012，第111~115页。

B.7
"丝绸之路经济带"核心区建设与
新疆开放型经济发展

王　垚[*]

摘　要： 为了应对全球形势深刻变化、统筹国内国际两个大局，我国提出了"一带一路"倡议，对构建开放型经济新体制、形成全方位对外开放新格局，沿线国家优势互补和互利共赢、打造区域利益共同体和命运共同体，全面建成小康社会、实现中华民族伟大复兴的中国梦，具有重大且深远的历史意义和现实意义。新疆有着天然的地缘优势，与周边国家在文化、宗教信仰、生活习惯上的相似性，随着"丝绸之路经济带"建设，新疆将会得到进一步发展。新疆可以通过积极探索构建"丝绸之路经济带"交通枢纽和商贸物流中心，与周边国家建立相关道路运输机制，拓展贸易。

关键词： "丝绸之路经济带"　核心区建设　开放型经济发展

2015 年 3 月，国家发展改革委、外交部等三部委联合发布《推动共建丝绸之路经济带和 21 世纪海上丝绸之路的愿景与行动》，明确新疆成为"丝绸之路经济带"的核心区，方案提出了新疆参与"一带一路"建设的战略及功能定位，"发挥新疆独特的区位优势和向西开放重要窗口作用，深化

---

[*] 王垚，中国社会科学院中国边疆研究所助理研究员。

与中亚、南亚、西亚等国家交流合作,形成丝绸之路经济带上重要的交通枢纽、商贸物流和文化科教中心,打造丝绸之路经济带核心区"。新疆应积极主动融入国家战略,抓住"丝绸之路经济带"核心区建设的历史机遇,围绕社会稳定和长治久安的总目标,为"丝绸之路经济带"核心区建设营造良好环境和提供有力保障。①

一 经济走廊建设

经济走廊建设是"一带一路"构建的重要内容。2015 年 5 月 27 日,国务院副总理张高丽在重庆宣布中国正与"一带一路"沿线国家一道,积极规划六大经济走廊建设②。其中,六大走廊中的"新亚欧大陆桥"、"中国—中亚—西亚"经济走廊和中巴经济走廊三条走廊均由新疆出境,新疆与中俄蒙经济走廊中的蒙古国及俄罗斯相邻,这些都体现了新疆在"丝绸之路经济带"建设过程中的核心地位。

(一)新亚欧大陆桥

新亚欧大陆桥又名"第二亚欧大陆桥",是从江苏省连云港市到荷兰鹿特丹港的国际化铁路交通干线,长 10900 公里,辐射世界 30 多个国家和地区。在中国境内,由陇海铁路和兰新铁路组成。全长 4213 公里。大陆桥途经中国江苏、安徽、河南、陕西、甘肃、青海、新疆等 7 个省区,到中哈边界的阿拉山口出国境。出国境后可经 3 条线路抵达荷兰的鹿特丹港。其中,中线与俄罗斯铁路友谊站接轨,进入俄罗斯铁路网,途经斯摩棱斯克、布列斯特、华沙、柏林到达荷兰的鹿特丹港;北线经阿克斗亚、切利诺格勒,到彼得罗巴甫洛夫斯克,再经莫斯科、布列斯特、华沙、柏林到达鹿特丹港;南线经过阿雷西、伊列茨克、布良斯克,再经过布列斯特、华沙、柏林到达

---

① 《新疆日报》,2016 年 9 月 10 日,http://epaper.xjdaily.com/detail.aspx?id=13877562。
② 《张高丽出席亚欧互联互通产业对话会开幕式》,人民网,2015 年 05 月 28 日。

鹿特丹港。也可从阿雷西分路，通过伊朗的马什哈德到德黑兰，还可从布良斯克分岔至乔普到达匈牙利的布达佩斯。[①]

新亚欧大陆桥对新疆经济发展具有重要作用，首先，拉近了新疆与中亚与西亚的距离。新亚欧大陆桥的运输距离较原有的陆上运输通道至少缩短2000公里，与印度洋和苏伊士运河的航运距离缩短1万公里。其次，新亚欧大陆桥辐射世界30多个国家和地区，区域经济互补优势明显。有助于发达地区的资金、技术和管理优势传至新疆，将新疆的市场与全国乃至世界的市场结合在一起，增强新疆与沿线地区相互之间的合作潜力。新亚欧大陆桥经济走廊的构建，为亚欧两大洲经济贸易交流提供了一条便捷的大通道，给新疆的发展带来机遇，为促进新疆经济的发展与繁荣提供了新的依托和动力。

（二）"中国—中亚—西亚"走廊

"中国—中亚—西亚"走廊从新疆出发，抵达波斯湾、地中海沿岸和阿拉伯半岛，主要涉及中亚五国（哈萨克斯坦、吉尔吉斯斯坦、塔吉克斯坦、乌兹别克斯坦、土库曼斯坦）及伊朗、土耳其等国。该走廊沿线地区石油资源丰富，是全球最重要的能源输出地。丰富的自然资源成为中亚五国经济发展的天然优势，同时也是吸引外资及与其他国家经济合作的重要领域。石油出口是伊朗的经济命脉，石油生产能力和石油出口量分别居世界第四位和第二位。土耳其横跨欧亚，地理位置和地缘政治战略意义重大。经济方面，土耳其工业基础较好，是全球发展最快的国家之一。尽管中亚、西亚地区资源丰富，但基础设施建设落后、缺乏资金技术等制约经济社会发展，通过"中国—中亚—西亚"经济走廊建设，打通对外经贸合作和资金流动通道，新疆也将会从中受益。

（三）中巴经济走廊

中巴经济走廊全长3000公里，北起新疆喀什，南至巴基斯坦印度洋出

---

① 徐秀军：《走进"一带一路"六大经济走廊》，《当代金融家》2015 年第 7 期。

海口瓜达尔港，是一条包括公路、铁路、油气和光缆通道在内的"四位一体"的贸易走廊。中巴经济走廊建成后，新疆与中东之间的运输距离将缩短85%。

中巴经济走廊建设对于推动新疆经济发展具有重大的意义。首先，中国在建设"中巴经济走廊"过程中，一些企业将服务建设工程，生产基地直接建在新疆，包括人员、物资、设备等，有助于新疆接受技术外溢。其次，通过"中巴经济走廊"的建设，可以将南亚、中亚、北非、海湾国家等通过经济、能源领域的合作紧密联合形成经济共振，新疆可以在多个领域中参与，从而促进新疆地区经济发展和开发型经济水平的提高。再次，随着"中巴经济走廊"的建设，有助于喀什与巴基斯坦吉尔吉特 – 巴尔蒂斯坦地区建立友好地区关系，并以旅游、跨境商贸为代表的经济、贸易、文化、社会交流作为合作切入点，丰富中巴经济走廊的合作内涵。最后，新疆与巴基斯坦都面临恐怖主义威胁，两国联合打击恐怖主义、极端主义，对于新疆地区的发展与长治久安意义重大。总之，充分利用和发挥好新疆的区位优势和地缘优势，抓住"中巴经济走廊"建设机遇，必将为新疆发展和社会稳定再添强劲动力。

（四）中蒙俄经济走廊

中蒙俄经济走廊是中国"一带一路"、蒙古"草原之路"和俄罗斯"跨欧亚大通道"三大倡议战略对接和落实的载体，为三方充分利用各自比较优势和经济结构的互补性，打造跨区域经济合作范例，推进落实三国共同利益诉求和发展意愿提供了重要平台。[1] 中蒙俄三国地理上相依相邻，有着传统的睦邻友好合作关系。中蒙两国于2014年建立了全面战略伙伴关系，中俄两国也于2013年将战略协作伙伴关系提升到全面战略协作伙伴关系。2014年9月和2015年7月先后举行的中蒙俄三国首脑会晤，进一步提升了

---

[1] 蔡振伟、林勇新：《中蒙俄经济走廊建设面临的机遇、挑战及应对策略》，《北方经济》2015年9月。

三方政治互信和合作关系。新疆的阿勒泰地区与蒙古以及俄罗斯地区相邻，合作潜力巨大，前景广阔。

二 外向型发展节点城市建设

（一）"丝绸之路经济带"国际商贸物流中心——乌鲁木齐

3月28日发布的《新疆商贸物流业发展规划（2015～2020年)》对乌鲁木齐的发展定位是"丝绸之路经济带国际商贸物流中心""面向中亚、西亚、南亚、中东及俄罗斯的国际性商贸物流枢纽""国家级流通节点城市"。依托自治区首府的资源集聚优势，借力国家级流通节点城市和全国性物流节点城市发展契机，乌鲁木齐的目标是要打造联结内地、联通国外、辐射全疆与亚欧的国际性商贸物流中心城市。

乌鲁木齐的发展重点为国际物流、空港物流、农产品物流、冷链物流、城市配送、应急物流、口岸物流、保税物流等。2015～2020年，乌鲁木齐将实施一批商贸物流基础设施项目，包括推进乌拉泊国际物流基地等大型物流园区建设、打造国际纺织品服装商贸中心核心区、完善大型农产品市场的交易和物流能力及推动城市物流配送中心建设等。

同时，乌鲁木齐将完善商贸物流信息综合服务功能。包括开发建设区域性公共物流配送信息平台，加强信息统计和行业标准体系建设，编制和发布乌鲁木齐商贸物流指数，以大数据、互联网引领行业发展。

乌鲁木齐还将推动商贸物流模式创新。"十三五"期间，乌鲁木齐将打造以机场为中心的乌鲁木齐航空物流体系；鼓励电商物流和跨境电商联合发展；支持龙海达等城市共同配送项目发展；推动海鸿、新联、九鼎等农产品冷链物流项目，支持发展面向中亚、西亚、南亚的物流服务外包等。

此外，乌鲁木齐还将开展商贸物流标准化示范创建工作、建设跨境电子商务示范城市、规划综合性物流园区等，发挥中心辐射作用，带动全疆商贸物流升级版。

（二）经济开发区——喀什与霍尔果斯

为了支持新疆地区发展，《国务院关于支持喀什霍尔果斯经济开发区建设的若干意见》（国发〔2011〕33 号）提出了在喀什与霍尔果斯建立经济开发区。经济开发区的战略定位主要包括两个方面：一是我国向西开放的重要窗口；二是新疆跨越式发展新的经济增长点。主要目标是：到 2015 年，基本完成喀什、霍尔果斯经济开发区的基础设施建设，初步构建科学合理、特色鲜明、功能配套、协调发展的空间布局和产业体系，为经济开发区又好又快发展打下坚实基础；到 2020 年，大幅度提升喀什、霍尔果斯经济开发区综合经济实力、产业竞争力，为推动新疆跨越式发展发挥重要的引领和带动作用。

一是喀什经济开发区，约 50 平方公里（含新疆生产建设兵团），其中包括喀什市约 40 平方公里、伊尔克什坦口岸约 10 平方公里。在产业布局方面，喀什经济开发区重点发展商贸物流、出口机电产品配套组装加工、农副产品深加工、纺织、建材、冶金、进口资源加工、机械制造、旅游、文化、民族特色产品加工、生物技术、可再生能源、新能源、新材料等产业。其中，喀什市重点建设区域性商贸物流中心、金融贸易区和优势资源转化加工区；伊尔克什坦口岸重点建设进出口商品物流仓储集散中心、进出口产品加工区。在基础设施方面，积极推动中吉乌、中巴铁路建设；加快改善口岸查验设施条件；加快边境口岸铁路、公路建设；支持喀什机场进一步完善机场设施。

二是霍尔果斯经济开发区，面积约 73 平方公里（含新疆生产建设兵团），包括霍尔果斯口岸约 30 平方公里（含国务院已批准的中哈霍尔果斯国际边境合作中心 13.16 平方公里）、伊宁市约 35 平方公里、清水河配套产业园区约 8 平方公里。在产业布局方面，霍尔果斯经济开发区重点发展化工、农产品深加工、生物制药、可再生能源、新能源、新材料、建材、进口资源加工、机械制造、商贸物流、旅游、文化及高新技术等产业。其中，伊宁市重点建设区域性商贸物流中心和优势资源转化加工区；霍尔果斯口岸重点建设中哈霍尔果斯国际边境合作中心中方中心区及配套区；清水河配套产业园区重点建设农副产品深加工和出口机电产品配套组装加工基地。在基础设施方面，加快改善口岸查验设施条件；加快边境口岸铁路、公路建设；支持伊宁机场进一步完善机场设施。适时开放伊宁机场口岸和霍尔果斯铁路口岸。支持和鼓励中外航空企业开通喀什机场直达周边国家主要城市的国际航线，在伊宁机场航空口岸设立后适时开通相关国际航线。在霍尔果斯口岸和喀什机场口岸符合规定条件的前提下，适时研究批准其办理口岸签证业务。

（三）阿勒泰——环阿尔泰山次区域合作

阿勒泰地区地处亚欧大陆腹地，是新疆商贸物流通道南中北三线战略中北线的重要支点，也是"丝绸之路经济带"新疆段北通道的重要组成部分，作为"环阿尔泰山次区域经济圈"的核心，该区域在生态、地缘、资源和人文和经济发展方面具有相似性和差异性，有助于各区域之间的分工合作以及贸易往来，从而达到互惠互利、共同发展。随着"丝绸之路经济带"国家战略的深入推进，环阿尔泰山次区域经济合作的国家由过去的"四国六方"扩展到目前的"四国十二方"，俄罗斯、哈萨克斯坦和蒙古国的相关区域都积极地加入，人口规模由 480 万人扩大到现在的 820 万，人口增加了70.83%；面积由 78 万平方米发展到现在的 168 万平方米，面积扩大了115.38%，具体如表 1 所示。周边地区的不断加入意味着该地区面临的市场规模和市场潜力都在提升，"环阿尔泰山次区域经济圈"可配置资源的数量也在不断扩大，这必然会进一步提升其在周边区域的影响力。

未来"环阿尔泰山次区域经济圈"区域的发展方向在于：第一，立足区域自身优势，制定合理产业发展政策，推进经贸产业合作区建设。第二，加快"环阿尔泰山次区域经济圈"地区互联互通的基础设施建设，为"环阿尔泰山次区域经济圈"合作提供便利条件。第三，阿尔泰山脉优越的生态系统世界闻名，具备发展现代有机农牧业、国际跨境旅游、康养产业等绿色经济的巨大潜力。

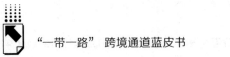

表1 环阿尔泰山次区域经济合作的进展

国家	"六方"	"九方"（在"六方"的基础上增加）	"十二方"（在"九方"的基础上增加）
	2000~2014年	2015年	2016年
中国	新疆阿勒泰地区		
俄罗斯	阿尔泰共和国 阿尔泰边疆区	图瓦共和国	
哈萨克斯坦	东哈萨克斯坦州		卡拉干达州 阿拉木图市
蒙古国	科布多省 巴彦乌列盖省	乌布苏省 戈壁阿勒泰省	拉不汗省
人口（万人）	480	524	820
面积（万平方公里）	78	117	168

新亚欧大陆桥经济走廊建设安全研究

New Eurasian Landbridge Security Studies

B.8

中欧通道建设风险评估及政策建议

刘作奎 *

摘　要：　中国通往欧洲的贸易通道主要分为两个部分：陆上通道即新欧亚大陆桥，海上通道即中欧陆海快线。2015 年 3 月 28 日，国家发改委、外交部、商务部联合发布《推动共建丝绸之路经济带和 21 世纪海上丝绸之路愿景和行动》中提出："要建立中欧通道铁路运输、口岸通关协调机制，打造'中欧班列'品牌，建设沟通境内外、连接东中西的运输通道。"中欧班列作为具有重要战略意义的概念被提出，引起广泛关注。无论陆上和海上通道来说，经过几年的努

---

* 刘作奎，中国社会科学院欧洲研究所中东欧研究室主任、研究员，"16 + 1"智库交流与合作网络秘书处。

力，我国对通道安全和风险的管控能力有一定的提升，但欧洲安全软环境问题却凸显出来，需要及时予以评估和应对。在本文中，作者强调通道安全问题不光指一系列硬安全挑战，还包括运行效率、质量等软性风险问题，这些均列入安全范畴，因为它直接关系到通道运营能否具有可持续性。

关键词：　中欧通道　风险评估　政策建议

中国通往欧洲的贸易通道主要分为两个部分：陆上通道即新欧亚大陆桥，海上通道即中欧陆海快线。中欧班列（China Railway Express）是由中国铁路总公司组织，按照固定车次、线路、班期和全程运行时刻开行，运行于中国与欧洲以及"一带一路"沿线国家间的集装箱等铁路国际联运列车。中欧班列是深化我国与沿线国家经贸合作的重要载体和推进"一带一路"建设的重要抓手。中欧陆海快线则是中欧海上通道的重要路线。

一　中国为改善中欧通道安全采取的政策措施

为了增强通关的便利性，推进欧亚大陆中欧班列互联互通，2014 年国家发改委和中国铁路总公司分别牵头在重庆和郑州召开了两次重要的协调会议；2016 年 10 月，国家发改委在前期广泛调研和论证的基础上发布了《中欧班列建设发展规划（2016—2020 年）》。

2016 年 10 月，经推进"一带一路"建设工作会议审议通过，推进"一带一路"建设工作领导小组办公室（设在国家发改委）印发了《中欧班列建设发展规划（2016—2020 年）》（以下简称《规划》），全面部署未来 5 年中欧班列建设发展任务。《规划》指出，随着"一带一路"建设不断推进，我国与欧洲及沿线国家的经贸往来发展迅速，物流需求旺盛，贸易通道和贸易方式不断丰富和完善，为中欧班列带来了难得的发展机遇，也对中欧班列建设提出了新的更高要求。中欧班列仍处于发展初期，还存在综合运输成本偏高、无序竞争时有发生、供需对接不充分、通关便利化有待提升，以及沿线交通基础设施和配套服务支撑能力不足等问题，迫切需要加以规范和发展完善。《规划》明确了中欧铁路运输通道、枢纽节点和运输线路的空间布局，统筹利用中欧铁路东中西三条国际联运通道，按照铁路"干支结合、枢纽集散"的班列组织方式，在内陆主要货源地、主要铁路枢纽、沿海重要港口、沿边陆路口岸等地规划设立 43 个枢纽节点，建设发展 43 条运行线，并提出完善国际贸易通道、加强物流枢纽设施建设、加大货源整合力度、创新服务模式、建立完善价格机制、构建信息服务平台、推进便利化大通关等七大任务，着力优化运输组织及集疏运系统，提高中欧班列运行效率和效益。①

二 近年来中国采取的优化中欧通道运行、 提升通道安全的实际措施

1.加强对中欧通道安全的研究和分析

过去一两年，关于中欧通道安全问题的评估明显增多，改善通道安全问题、提升通道运行效率的调研和可行性研究成果陆续推出，产生了一定的效果。比较具有代表性的成果有：《中东欧在丝绸之路经济带建设中的作用》②《欧洲与"一带一路"倡议：回应与风险》③《中欧陆海快线与"一带一路"物流网的巴尔干支点》④ 《"丝绸之路经济带"安全保障机制的

---

① 《中欧班列建设发展规划发布明确三大布局七大任务》，国家发改委网站。
② 刘作奎：《中东欧在丝绸之路经济带建设中的作用》，《国际问题研究》2014 年第 4 期。
③ 刘作奎：《欧洲与"一带一路"倡议：回应与风险》，中国社会科学出版社，2015。
④ 肖洋：《中欧陆海快线与"一带一路"物流网的巴尔干支点》，《现代国际关系》2015 年第 8 期。

"对接合作"》[1] 等，另外还有诸多基金资助了有关安全风险问题的研究，如刘作奎 2014 年开始承担的国家社科基金项目《中东欧国家在丝绸之路经济带建设中的定位和风险评估研究》等。上述成果重点分析了陆上和海上通道面临的安全问题和挑战以及应采取的对策和建议等。

2. 强化对货源运输合理性的分析和运用

根据前期中欧进出口贸易和中欧班列的开行情况，其主要货源包括 IT 产品、汽车及其配件、小商品等。[2] 具体情况见表 1。

表 1 中欧贸易的班列及货源

班列	去程货	回程货
郑州—汉堡班列	来自河南、山东等中、东部地区的轮胎、小商品、服装、机械设备等	汽车及其配件、食品、酒类和机械设备等
重庆—杜伊斯堡班列	重庆本地企业生产的 IT 产品、汽车配件，以及周边地区的其他货源	汽车及其配件
成都—罗兹班列	本地生产的 IT 产品及其他出口货物	不详
武汉—捷克班列	本地的笔记本电脑等 IT 产品	不详
苏州—华沙班列	本地与周边的笔记本电脑、硬盘、液晶显示屏等 IT 产品	食品、酒类及机械设备等
义乌—马德里班列	义乌本地及周边的小商品	IT 产品、小商品、食品、酒类及机械设备等

部分地区目前开行的中欧班列主要货源包括建材、家居、服装、陶瓷、食品等。[3]

要想对货源实行合理化运输，就要分析中欧班列的目标货源，进而了解不同种类的货物对运输时间与成本的不同需求，这需要对货物价值特性进行

---

① 厉声：《"丝绸之路经济带"安全保障机制的"对接合作"》，《中国法律评论》2016 年第 2 期。

② 孟亮：《中欧铁路集装箱国际联运业务研究》，《物流工程与管理》2014 年第 9 期，第 44 ~ 45 页。

③ 张中理：《新疆丝绸之路西行国际货运班列的组织与实施》，《铁道货运》2014 年 10 月，第 13 ~ 17 页。

分类。根据货物对时间敏感程度的不同，可以将货物按照其价值特性分为时效优先型与价格优先型（见表2）。[①]

表2　基于货物价值特性的货物分类

货物分类	特征	举例
时效优先型	随着时间的推移,由于受到市场环境变化、技术更新或季节性等因素影响而逐渐贬值的货物	生鲜食品、鲜花、水果、奶制品、药品、时装、图书、手机、笔记本、家电、箱包等
价格优先型	在不考虑通胀和价格波动的情况下,其价值随着时间的推移不会出现明显贬值的货物	煤炭、钢铁、矿建材料、粮食等

时效优先型产品适合采取运送时间较短的空运，比如生鲜产品。信息产业产品（如手机、笔记本电脑等）属于时效优先型产品中技术更新周期较短的产品，在时间上既可以选择空运，也可以选择铁路运输。类似时装、箱包等具有季节性特点，在国际联运中更适合用铁路运输的方式。大型家电产品（类似的产品还包括鞋、伞等轻工产品，家具、玩具等生活用品）虽属于时效优先型产品，但贬值持续时间较长，铁路运输优势较为明显。

3. 积极推进中欧班列运行效率及降低成本

目前，中欧班列运行时间偏长，运行成本还比较高。运行时间偏长的原因主要有两个。一是跨国海关、跨国铁路部门的协调机制、争端解决机制缺乏；二是中欧班列运行速度偏慢，境内段平均时速仅为40多公里，而且运行中还要经历换轨等环节，消耗不少时间。运行成本偏高的原因主要是国内各趟班列缺乏协调，各自对外谈判，容易使外方坐地起价。在班列进入波兰段之后，运营价格突然升高，部分中欧和东欧国家坐地要价现象普遍。

针对国外运行部分，目前正探索以中欧班列联盟等形式，统一对外谈

---

① 张健琦：《货物运输时间价值理论在国际多式联运产品设计中的应用》，《中国铁路》2011年第12期，第17～19页。

判和协调，并建立争端解决机制，提高我国与中欧班列沿线国家谈判的效率和话语权，降低运行费用，提高运行效率。目前，我国正积极推进铁路总公司、海关、检验检疫通力合作，加强铁路沿线国家的协作，形成中欧班列运行合力，简化流程、提高通过速度，减少运输时间和提高运营效率。

三 中欧通道安全风险预警

毫无疑问，中欧通道建设面临诸多风险，需要做好预防和预警。本报告将在此列举中欧通道面临的风险。

1. 风险预警之一：欧盟分裂或解体风险

2017 年是欧盟选举年，在英国脱欧、意大利总理伦奇辞职、德国和法国轮番选举的背景下，人们担心“黑天鹅”将再度冲击欧盟，使得欧盟分裂或解体的风险明显提升。

从目前看，欧洲一体化前行的动力不足，不进则退的风险大增。欧盟作为一个统一的大市场，在推动中欧之间的互联互通和经贸合作方面发挥了巨大作用。欧亚两大市场的勾连与合作，致使如果欧盟作为一个统一市场分裂或解体，两大市场合作的成本将大大提升，并不利于我国“一带一路”倡议的推进。

欧盟分裂或解体虽是一个低概率事件，但不是“零概率”事件。唱衰欧盟的论调不断出现，以前政治家们视欧盟解体等言论为禁脔，但目前欧盟解体已经成为政客们经常挂在嘴边的问题。欧洲理事会主席图斯克也承认：在欧盟内部，反欧盟、民族主义与仇外情绪高涨，政策一体化的信念大幅下降，民粹主义的抬头与对自由民主基本价值的怀疑也甚嚣尘上。①

2. 风险预警之二：欧洲日益盛行民粹主义和贸易保护主义

近年来，欧洲大陆的民粹主义大有蔓延之势。民粹主义在欧洲的泛滥不

---

① http：//www. consilium. europa. eu/en/press/press-releases/2017/01/31-tusk-letter-future-europe/.

仅是欧洲建制派与反建制派的对决，而且也反映出欧洲一体化所遭遇的信任困境。欧债危机与难民危机加剧了民众对于欧洲建制派精英的怀疑，普通民众在欧洲一体化的过程中感受到经济与政治条件不平等的加剧，对主流政党的信任感迅速下降。

美国反建制派代表人物特朗普于 2017 年 1 月 20 日就任美国总统。相较于"不知民心"的希拉里等自由主义政治家，美国民意的天平愈发偏向持反移民立场以及对经济全球化与西方主流价值观提出质疑的特朗普。特朗普就任美国总统进一步刺激了欧洲右翼民粹主义势力的上升。

民粹主义盛行，使得欧洲更加内敛，很难有时间和余力对接来自中方的合作，包括"一带一路"倡议。民粹主义有明显的反全球化主张，认为包括中国在内的新兴国家在全球化中受益，必须要承担必要的责任，同时欧盟要保护好自己的市场和就业岗位。在这种背景下，欧盟高举贸易保护主义大棒，开始频频对中国实行"双反"。2017 年 1 月 27 日，欧盟委员会对原产于中国的不锈钢管件产品做出反倾销调查终裁，决定实施为期 5 年的反倾销措施。

随着美国和欧盟在全球化问题上态度的转变和逆全球化趋势的进一步蔓延，贸易保护主义或将成为 2017 年全球经济的最大风险。中国是近几年全球遭遇"双反"措施最多的国家。2016 年中旬，中国商务部表示，中国已连续 21 年成为全球遭遇反倾销调查最多的国家，已连续 10 年成为全球遭遇反补贴调查最多的国家。2017 年，中国仍是贸易救济调查的主要目标国。欧盟和美国则是发起"双反"调查的主角。

3. 风险预警之三：欧俄相互制裁阻碍欧亚大陆贸易畅通

2014 年 3 月 17 日，欧洲理事会发布声明，欧盟对威胁乌克兰领土完整的行为采取限制性措施。欧盟采取措施锁定 21 人，禁止其赴欧旅行并冻结其在欧盟范围内的资产，制裁即日生效。[①] 3 月 19 日，欧盟高级代表宣布，对乌克兰危机相关个人实施的旅行限制和资产冻结扩展到欧盟以外的国家，

---

① http://www.consilium.europa.eu/uedocs/cms_data/docs/pressdata/EN/foraff/141603.pdf.

包括候选国黑山和冰岛，稳定和联系协定候选国和潜在候选国阿尔巴尼亚以及欧洲自贸区国家列支敦士登和挪威，欧洲经济区成员国以及摩尔多瓦。[①]从此，欧盟开始了持续的对俄制裁活动。2015年和2016年，欧美不断延续和追加对俄制裁。俄罗斯则采取了反制裁措施。

俄罗斯和东欧国家位于欧亚大陆的关键节点，欧俄的相互制裁严重影响到欧亚大陆贸易的互联互通。比如，受制于俄罗斯对欧盟采取的制裁措施，我国从波兰进口的农产品将无法通过中欧班列经欧亚陆桥运回中国境内。从宏观层面看，欧俄关系能否缓解，关系到欧亚大陆能否进一步互联互通，经济走廊建设能否获得突破。目前，美国总统特朗普与俄罗斯有修好之意，在中、东欧的部分国家，也希望欧盟尽早解除对俄罗斯的贸易制裁。但是否解除对俄制裁在欧盟内部仍有较大分歧。如果欧俄之间相互制裁不能在短时间内解除，仍会对通道运输造成不小的威胁。

4. 风险预警之四：乌克兰危机引发地缘冲突

自2013年底乌克兰危机爆发以来，西方与俄罗斯的地缘冲突加剧，关系日益紧张。波兰和波罗的海等国家高筑防御墙，引入北约防御力量来对抗俄罗斯，俄罗斯则加强反制行动。目前，欧洲国家对乌克兰危机前景普遍悲观，认为乌克兰危机已经成为欧亚大陆短期内难以解决的地缘政治危机。地缘紧张对欧亚大陆互联互通影响是显而易见的。部分中东欧国家（包括波兰）呼吁中国基于推进"一带一路"倡议的诉求，加入这场地缘冲突的调解进程，对俄罗斯施加必要的政策压力[②]，但这一点对中国来说并不可行。中国不会干预俄罗斯的内政与外交事务，同时，乌克兰危机也是"事出有因"，并不能将责任完全置于俄罗斯身上，美欧的持续东扩和战略挤压俄罗斯也是危机产生的重要推手。

2017年1月31日，乌克兰东部重燃战火，又爆发了新一轮的冲突，欧亚大陆这场地缘冲突暂时未见彻底缓解的迹象。

---

① http://www.consilium.europa.eu/uedocs/cms_data/docs/pressdata/en/cfsp/141638.pdf.
② 2016年4月25日波兰外长维托尔德·瓦什奇科夫斯基夫斯基在中国社会科学院的演讲。

5. 风险预警之五: 移民和难民问题困扰巴尔干和欧洲

巴尔干地区在我国海上通道建设中的作用日益凸显,但该地区是地缘政治敏感地带,极其容易受到地缘政治风险的冲击。部分巴尔干地区国家之间的关系不睦,而且也有难民危机的困扰,巴尔干国家本身面临经济和社会的不稳定。同时,巴尔干地区又是难民进入欧洲的通道,面临严重的挑战和风险。土耳其不断遭受暴恐袭击,欧盟也难以依靠土耳其一国抵御难民的冲击,在这种背景下,巴尔干国家将不得不面对难民冲击波的影响。我国海上通道建设要经过多个巴尔干国家,包括希腊、塞尔维亚、匈牙利、马其顿等,巴尔干半岛受到的外部威胁令该区域的安全岌岌可危。

6. 风险预警之六: 陆路和海陆两种运输模式的竞争

中欧海运通道占亚欧国际运输总量的98%,主要由两条远洋运输航路构成:一是从亚洲基本港启程,南中国海—马六甲海峡—印度洋—红海—苏伊士运河—地中海—直布罗陀海峡—大西洋—欧洲基本港;二是自亚洲基本港出发,南中国海—印度洋—好望角—几内亚湾—大西洋—欧洲基本港。海路运输的优势在于:通关便捷,只需两张单证即可,一次集装箱装载数高,运输成本低。劣势在于运输距离和运输时间较长。[1] 包括中欧班列在内的陆上运输虽然比海上运输时间短,但价格高,通关复杂。

无论陆上运输还是海上运输都有其优势和缺点,但部分货物在陆上和海上运输有交叉,加剧了货源运输竞争。因此,中欧货运班列和中欧陆海快线在货源运输的竞争一开始就存在,两种运输渠道一开始就面临货源不足的问题。不过这一问题可以通过政府和行会之间的积极协调来予以解决,此外,海陆和陆路运输互相合作与支持是未来中欧货物运输的大势所趋。

7. 风险预警之七: 中国与俄罗斯在通道建设上的竞争

在通道建设上,俄罗斯致力于发展西伯利亚通道,也就是第一欧亚大陆桥,中国致力于开发新欧亚大陆桥,也就是第二欧亚大陆桥。作为第二亚欧

---

[1] 肖洋:《中欧陆海快线与"一带一路"物流网的巴尔干支点》,《现代国际关系》2015年第8期。

大陆桥的始发国和货物集散国，中国不会舍近求远地将中欧大宗商品转由第一大陆桥运输。第二亚欧大陆桥是"丝绸之路经济带"的洲际铁路骨架。

第一亚欧大陆桥的优势在于：独联体各国和芬兰的铁路轨距一致，无须换装，货运时间可预知。在纳霍德卡的东方港完成集装箱装车后，就可以准确计算出到达沿途各站的时间和全程耗时。俄罗斯与白俄罗斯、哈萨克斯坦实现了关税同盟，简化了物流通关流程。第二亚欧大陆桥的优势在于：铁路运距、运价相对较短较低，中国到中亚地区相较第一亚欧大陆桥近了1000多公里，客户认同感较高，运距为1000公里左右的短途跨国运输成本较低。

俄罗斯一直将开发第一亚欧大陆桥作为带动远东地区经济发展的基本国策，不仅视第二亚欧大陆桥为主要竞争对手，而且采取多种举措扩大俄罗斯铁路在亚欧物流中的影响。一是通过独联体铁路运输委员会等多边平台，推动独联体国家使用统一的俄式铁路标准，力保独占中亚的铁路装备市场；二是通过1520毫米轨距铁路国际合作机制建立"宽轨联盟"，以此为基础与白俄罗斯、哈萨克斯坦成立联合运输公司，掌控欧亚铁路的亚洲部分；三是倡议中、俄、德、哈合资组建亚欧洲际铁路物流公司，建立以俄罗斯铁路为主导的亚欧集装箱物流链。[①]

中国还需要谨防在中欧货运班列运输上被俄罗斯"各个击破"，因为中欧班列有的使用西伯利亚铁路（比如自我东北地区出发的班列），有的使用第二欧亚大陆桥。目前我国统一班列标识只限几个省份，还未实现全国性的统一，在全国范围内也存在竞争，这也为俄罗斯提供了可乘之机。

四 政策建议

针对上述风险和挑战，各方已经提供了各种各样的解决方案和政策建议，本报告只针对一些重要原则性问题给出方案，并期待在这些方案里能够

---

① 刘洁、王彦庆：《基于制度因素的亚欧大陆桥物流通道发展对策》，《综合运输》2012年第1期，第43~44页。

认真探索出行之有效的措施。

1. 处理好宏观和微观问题

继续加强对欧亚大陆通道风险问题的研究和跟踪。研究的视角既要重视宏观层面，也要重视微观层面，坚持"一国一策""一事一议"。在宏观层面的研究上，需要高度关注欧洲一体化走向、欧盟内部的民粹主义和贸易保护主义倾向、欧亚大陆的地缘政治危机以及难民危机等，以深入调查和研判全球和欧亚大陆经贸环境和地缘政治发展趋势，为"一带一路"倡议的执行做好知识储备和风险预防。在微观层面的研究上，需要高度重视欧盟内部成员国对"一带一路"倡议的态度，坚持"一国一策"，同时也要对"一带一路"面临的冲突和挑战有明确认识，坚持"一事一议"，不能"眉毛胡子一把抓"，根据形势发展需要，创新性地提出解决"一带一路"困境的发展方案。

2. 计划和市场任何一个都不能偏废

针对重大现实性问题，要注重市场化导向，也要用好行政力量，通过市场力量和行政力量的结合来解决好"一带一路"倡议面临的问题。

部分观点认为，缺乏市场力量主导，事情就不具有可持续性，其实这是一种偏激的想法。随着新自由主义在欧美国家普遍遭遇严重困境和危机，行政力量或国家推动在部署重大战略方面具有的重要意义已经凸显。尤其就中国的国情看，在某些方面反而是一种优势。只要用好行政力量和指导方案，重视市场的基础性作用，充分发挥计划在整合资源、凝聚智慧、提高效率方面的优势，做好"一带一路"倡议的顶层设计，找到倡议面临的困难和调整方案，创新性调整思路，积极探索，提供制度和资源供给的合理性建议，就会使"一带一路"建设得到合理推进。

3. 海运和陆运既要合理竞争又要有效合作

在中欧通道建设中，海运和陆运各有优势，但也都各有问题，它们角色和作用的发挥要基于货源特性，而不是地方政府需求。为维持两种运输方式的常态化发展，既要保持海运和陆运合理有效的竞争，也要加强两种运输方式的协调合作，最大限度地发挥海陆联运等多种联运方式的优势，这既是在发挥市场的基础作用，也是国家贸易通道安全的战略需要。

比如，中欧班列的货源组织方面，如果货物属性介于海运和空运之间，可以逐步吸引以前用海运运输具有高附加值，又对运输时间有要求的货物，以及空运中对时间要求不是特别高的货物。对海运来说，则可积极争取中欧班列以前运送的对运输时间要求不高，且附加值相对较低的产品。如果一些货源介于两者之间，则可探讨海陆联运，最终在欧亚大陆运输市场中形成合理有效的分工，尽量剔除不合理的运输模式。

我国还应认识到，统一中欧货运班列标识只是解决中欧班列运行中的低效率、财政补贴和货源不足等问题的第一步。应继续加强国内各趟班列的协调，同时加强在国际上海运和陆运通道的协调、返程货源的协调等。

4. 与俄罗斯既合作又竞争是巩固战略协作伙伴的前提

欧亚大陆经贸互通不仅是中国利益所在，也是俄罗斯利益所在，有存在利益重叠的地方，必然存在竞争。对于中俄中欧通道竞争，应该看到，俄罗斯不仅有经济利益考虑，而且有地缘政治利益考虑。对于这种竞争关系，考虑到俄罗斯在欧亚大陆的支配性影响力，应用市场的方式来解决，只要双方有利益融合点，中国就可以采取先融入、学习的方式，借取俄罗斯市场优势，补强我们的短板。多条腿走路，在有利益共赢的方面就可以展开合作。中国在凭借在欧亚大陆两大市场获取优势的前提下，可以与俄罗斯展开经贸运输领域的公平竞争。合作关系的确立并不是忍让获得的，只有在市场竞争中有足够的肌肉，展示出自身的竞争力，才会有真正的合作。

5. 重视挑战更要满怀信心

尽管"一带一路"倡议面临诸多困难与挑战，但仍要始终对倡议抱有信心，不断充实其内涵。

我们在危机四伏的欧亚大陆进行发展布局，本身就是传播我们的核心价值观，体现中国道路、中国制度优越性的一种有效的方式，也是展示我们全球合作信心的一种很好的渠道。在全球普遍动荡、经济增长乏力的背景下，新自由主义在欧洲的式微，民粹主义和贸易保护主义在欧美的盛行，表明了西方依靠开放和自由的理念来吸引世界的时代出现了反转，"西方不亮东方亮"，中国正迎来难得的发展机遇。

B.9
关于中吉乌铁路西延至欧洲
大陆的安全战略思考*

杨 恕 王术森**

摘　要：　中国经过中亚，与西亚、欧洲联系的陆地通道中，中吉乌铁路是一个重要的路线。中吉乌铁路向西，接通西亚、欧洲的线路主要有两条，向南可经伊朗到达西亚乃至南欧，向北可经哈萨克斯坦、俄罗斯进入欧洲。此外，最近提出的"跨里海大桥"如果能够实施，可直接由土库曼斯坦跨越里海到达阿塞拜疆，然后经土耳其进入欧洲。在这些线路的选择中，我们无法回避中亚复杂的安全形势带来的风险。但这些安全问题在"一带一路"倡议提出前就已经存在，并不是直接针对"一带一路"建设而出现的。因此，在中亚安全问题上，我们应该保持平常心态，不要将这些安全问题特殊化和泛化，也不要看得过分严重。我们还应该区分"可合作安全"和"不可合作安全"，更好地应对该地区的安全挑战。

关键词：　中吉乌铁路　"一带一路"　跨里海大桥　安全威胁

* 本报告系兰州大学中央高校基本科研业务费专项资金项目"'一带一路'双重身份国家的地缘分析"（项目批准号：16LZUJBWYJ039）的阶段性成果。
** 杨恕，兰州大学中亚研究所所长教授、博士生导师，主要研究方向为中亚、反分裂、反恐、地缘政治、国际关系理论等；王术森，兰州大学马克思主义学院博士研究生。

中亚国家不仅是中国重要的对外合作伙伴，而且是中国与西亚、欧洲各国联系的重要陆上通道国家。当前，中国由新疆向西开放要通过与中国相邻的三个中亚国家，即哈萨克斯坦、吉尔吉斯斯坦和塔吉克斯坦。多年以来，中国经哈萨克斯坦进入欧洲的陆上通道作用不断增强。其中，我们较为熟知的一条通道是经阿拉山口与哈萨克斯坦连通。作为第二亚欧大陆桥的重要组成部分，这条通道经哈萨克斯坦与俄罗斯铁路连通，并延伸至欧洲。此外，经过中哈两国多年的努力，哈境内的热特肯—霍尔果斯铁路已经于2011年12月2日顺利开通，中哈双方铁路成功实现对接，这是继阿拉山口铁路对接之后的第二条中哈铁路通道。2014年，哈萨克斯坦开始建设阿拉木图—霍尔果斯公路，这条公路是"双西公路"① 在哈境内最后需要建设的路段之一，预计2016年全面开通。"双西公路"不仅连接中国与哈萨克斯坦、俄罗斯以及欧洲，而且也连接了中国与中亚的其他国家，将在促进中哈以及沿线、周边各国的经济发展方面发挥重要作用。除此之外，中国还可以经吉木乃（Jeminay）、巴克图（Baketu）、杜拉特（Dulat）、阿黑土别克（Ahitubiek）等口岸进入哈萨克斯坦，但这些口岸规模太小，过境运输能力有限。塔吉克斯坦是一个地处内陆的高山国家，其山地面积占全国总面积的93%。2004年5月，中国与塔吉克斯坦开通公路交通。受制于地缘因素，中国借助塔吉克斯坦对外联系的作用并不明显。除哈萨克斯坦和塔吉克斯坦外，吉尔吉斯斯坦是中国经中亚进入西亚乃至欧洲的另一通道，中国可以经吐尔尕特进入吉尔吉斯斯坦，当前，沿此线的中吉乌铁路尚在规划中。相较其他方案，经中吉乌铁路到达西亚、欧洲的运输距离将大大缩短。目前，格尔木至库尔勒的铁路正在建设中，② 该铁路东起青海省格尔木市，沿昆仑山北麓、柴达木盆地南缘西行，经乌图美仁、甘森、花土沟，进入新疆境内，翻越阿尔金

---

① "双西公路"，全称为"欧洲西部—中国西部"计划，全长8445公里，沿线包括圣彼得堡—莫斯科—下诺夫哥罗德—喀山—奥伦堡—阿克托别—克孜勒奥尔达—奇姆肯特—塔拉兹—科尔泰—阿拉木图—霍尔果斯—乌鲁木齐—兰州—郑州—连云港。

② 2014年11月17日，格尔木—库尔勒铁路新疆先期段正式开工建设；2015年10月9日，格尔木至库尔勒铁路青海段全面开工建设。

山，再经米兰、若羌、尉犁，西抵库尔勒市，该条线路建设工期 5 年，预计 2019 年通车。铁路建成后，库尔勒到格尔木由原先的 26 个小时缩短至 12 个小时左右。格尔木至库尔勒铁路是"丝绸之路经济带"建设南通道的重要部分，该铁路建成投运后，新疆将形成以兰新线和兰新客运专线为中主通道、额济纳—哈密铁路为北通道、格尔木—库尔勒铁路为南通道的"一主两辅"格局，进一步增强新疆铁路对外联通的能力。[①] 由格尔木到达库尔勒后，向北可到达吐鲁番，向西可经和田至喀什。这条铁路的修建有利于进一步完善我国内陆至新疆、中亚等地区的陆路运输通道，是构筑我国通往中亚、西亚、地中海、黑海地区的陆路运输大通道。从这个意义上来说，中吉乌铁路在中国向西开放的地位和作用将更加突出。

一 中吉乌铁路的重要意义

1997 年，在乌兹别克斯坦的提议下，中吉乌三国就修建一条联通三国的铁路项目签署了备忘录，最初有南线（出伊尔克什坦）和北线（出吐尔尕特）两种方案。经过多年讨论，终于确定北线方案：即由中国喀什北上吐尔尕特出境，经吉尔吉斯斯坦山区，西至乌兹别克斯坦安集延，最终与乌兹别克斯坦铁路网络连在一起。在近 20 年的时间里，虽然各方多次进行论证、协商，但该项目一直未能取得实质性进展。

2015 年 12 月，上海合作组织第十四次总理会议期间，中吉两国领导人在会谈时就中吉乌铁路项目做出了积极表态。李克强总理强调，应该加快推进基础设施建设合作，尽早恢复中吉乌铁项目三方工作组会议，积极开展跨境运输通道和口岸合作机制建设。萨里耶夫总理对此做出了积极回应，他表示吉方愿与中方对接发展战略，推动基础设施建设等领域大项目合作，尽快落实中吉乌铁路项目，推动两国战略伙伴关系进一步发展。[②] 在随后签署的

①　天山网，http：//news. ts. cn/content/2016-09-29/content_ 12308926. htm。
②　中国新闻网，http：//www. chinanews. com/gn/2015/12 – 16/7674295. shtml。

中吉联合公报中，双方一致认为，实施中吉乌铁路等国际交通通道建设符合两国及其他中亚国家利益，并表示愿意就中吉乌铁路项目加强沟通协调。2016年11月，李克强总理访问吉尔吉斯斯坦期间，中吉两国在共同签署的联合公报中表示，双方一致同意"愿发展交通合作，在三方机制下，加强双边磋商，积极推进中国—吉尔吉斯斯坦—乌兹别克斯坦铁路建设项目相关工作"。①

总体来看，中吉乌铁路对中吉乌三国以及欧亚地区的互通互联都具有重要意义。对中国而言，中吉乌铁路通车后，新疆对外联通的通道将更加多元化。中吉乌铁路的修建将大大改善我国新疆乃至我国整个西部的交通格局，增加中国与周边国家的经济联系，为中国，尤其是新疆的对外开放提供更为完善的交通条件，对发展新疆经济、加强民族团结、维护祖国统一、巩固边防等具有重要意义。从这个意义上来讲，中吉乌铁路也为中亚国家提供了一条进入中国的便捷通道。与此同时，中吉乌铁路的修建有利于中亚、里海、中东地区石油的开发和利用，保障我国能源安全。从未来发展看，中吉乌铁路有可能延伸至伊朗，这将为吉尔吉斯斯坦打开一条海上运输通道。在这条铁路投入运营后，吉尔吉斯斯坦将成为国际铁路过境运输国，通过吉尔吉斯斯坦的年货物运输量达1500万~2000万吨。② 不仅如此，铁路沿线还要修建相应的基础设施，这将有利于解决就业问题。与此同时，中吉乌铁路项目还有助于改善吉乌两国关系。从地区层面而言，中吉乌铁路建成后将会成为新亚欧大陆桥的重要组成部分，拓宽新亚欧大陆桥的运输范围，完善新亚欧大陆桥南部通道，提高新亚欧大陆桥在国际运输中的地位。对中亚地区而言，中吉乌铁路项目的实施，有利于提高中亚铁路网路的功效，促进中亚区域合作。在此基础上，中吉乌铁路的建成还有利于加强中亚国家与东南亚以及欧洲地区的合作，形成东亚、东南亚通往中亚、西亚和北非、南欧的便捷

---

① 新华网，http://news.xinhuanet.com/world/2016-11/03/c_129348365.htm。
② 中国驻吉尔吉斯斯坦大使馆经济商务参赞处，http://kg.mofcom.gov.cn/article/jmxw/201512/20151201217514.shtml。

运输通道，对发展欧亚地区国际贸易和国际合作具有重要意义。① 在"一带一路"倡议的推动下，随着中巴经济走廊以及中国与中亚一系列交通设施的建设，中国新疆、中亚五国、阿富汗以及巴基斯坦等地区和国家的联系将逐渐增加，有利于促进地区贸易。②

二　中吉乌铁路西延的战略选择

中吉乌铁路修通以后，从长远考虑，其还具有向西延伸、进一步扩大运输能力的潜力。本报告认为，向西的线路方案可以有如下三种。

方案一：由乌兹别克斯坦北上可到达哈萨克斯坦，然后经俄罗斯进入欧洲。这条线路虽然距离较长，但交通基础设施较好，可利用第二亚欧大陆桥、E-40公路以及"双西"公路等实现与俄罗斯、欧洲等国家和地区的联通。当前，中国与欧洲的陆上联系大部分是通过哈萨克斯坦进行的，在此不再赘述。此方案可称之为"北线方案"。

方案二：由乌兹别克斯坦经土库曼斯坦或阿富汗南下到达伊朗，既可以加强与西亚各国的联系，又可北上经土耳其进入南欧、中欧以及西欧。由中国经中吉乌铁路到达乌兹别克斯坦后，可以由塔什干向南到达乌南部边境城市铁尔梅兹（Termez），然后到达阿富汗北部城市马扎尔谢里夫（MazariSharif），再经阿富汗进入伊朗。此方案可为"南线方案"。

方案三：跨里海大桥。近年来，国内外媒体上多次出现跨里海大桥的有关报道，认为目前由中亚到高加索，然后经土耳其到欧洲的陆上交通需要向北或向南绕行里海，造成时间和运费的提高，而修建跨里海大桥可以裁弯取直，降低运输成本，节约时间。而且，随着欧亚地区的经济发展以及"丝

---

① Noor Omarov and Esen Usubaliev, "The regional centers of power: is there a conflict of interests, ideological cooperation, or a conflict of strategies among them in Central Asia?" *Central Asia and the Caucasus*, No. 1 (49), 2008, p. 29.

② Dr. Shabir Ahmad Khan, "Geo-Economic Imperatives of Gwadar Sea Port and Kashgar Economic Zone for Pakistan and China," *IPRI Journal*, Vol. 13, No. 2, 2013, pp. 89 – 91.

绸之路经济带"的建设，对修建大桥的需求会迅速增加。目前，塔什干与阿什哈巴德之间有贯通的铁路运输。中吉乌铁路修通后，借助当前的铁路运输到达阿什哈巴德后，可继续向西到达土库曼斯坦里海东岸的港口城市土库曼巴什，通过跨里海大桥到达阿塞拜疆，然后经土耳其进入南欧。此方案可称为"跨里海方案"或"中线方案"。

　　总体来看，在"一带一路"倡议的大背景下，国外学者、官方、媒体提出一些具有战略意义的设想是好事，有助于我们对相关问题的思考。具体到跨里海大桥这一问题，由于其工程规模和投资都非常大，涉及问题很多，在做进一步研究之前，简单地对其肯定或否定都是缺乏依据的，对其进行可行性研究是必需的。

三　中亚地区面临的主要安全威胁

　　经过多年的努力，中国在陆上与西亚、欧洲的联系不断加强。随着"一带一路"倡议的提出与深入推进，中亚作为连接中国与西亚、欧洲之间桥梁的作用日益突出。与此同时，中亚地区也面临严重的安全威胁，主要包括颜色革命、恐怖主义、极端主义、毒品、走私、水资源冲突、边界领土争端、民族宗教冲突等。相较其他安全问题，颜色革命、恐怖主义、极端主义、毒品、民族宗教冲突等问题对"一带一路"建设的威胁更大。在进行中吉乌铁路西延的考虑时，中亚地区的安全也必须做进一步的研究。就目前来讲，本报告认为，在中亚面临的多种安全威胁中，以下威胁是最主要的。

　　颜色革命。颜色革命是指 21 世纪初期开始的，一系列发生在中亚、东欧独联体国家的以颜色命名、以和平和非暴力方式进行的政权变更运动。在"一带一路"范围内，已经有多个转型国家爆发过颜色革命。颜色革命不但引起国家内部骚乱，甚至可能导致其他国家的介入，今后这一地区仍然可能爆发此类革命。

　　恐怖主义与极端主义。极端主义是恐怖活动的重要根源。一般来讲，恐怖活动在思想上有四个根源，分别是政治极端主义、民族极端主义、宗教极端主义和社会极端主义。在这几种极端主义中，对中亚地区威胁最大的是民族极端主义和宗教极端主义，这两种极端主义对民族宗教冲突有重要影响。与之前相比，当前中亚宗教极端主义活动呈现上升态势，并呈现向北部蔓延、明显的政治化倾向等趋势。需要注意的是，自 2014 年"伊斯兰国"兴起之后，中亚地区的安全局势也受到了影响。根据纽约战略情报咨询公司 Soufan Group（TSG）2015 年 12 月公布的报告，在叙利亚和伊拉克为"伊斯兰国"和其他恐怖组织作战的中亚人口大约为 2000 人，较 2014 年大幅增长。① 从这个角度看，中亚地区受极端主义的影响可能会进一步上升。除了直接的恐怖袭击之外，极端思想在中亚地区的传播和极端组织对中亚民众的招募，同样对这一地区构成巨大的安全威胁。日本《外交官》杂志统计，在"伊斯兰国"宣扬其极端思想的宣传材料中，俄语已成为第三大语言，位列阿拉伯语和英语之后。"伊斯兰国"甚至还专门准备了吉尔吉斯语、哈萨克语、乌兹别克语和塔吉克语的宣传材料。②

恐怖主义是一个世界难题，至今也没有得到有效遏制。近年来，中亚、中东、外高加索地区的恐怖活动越来越严重。中亚地区穆斯林人口众多，易受到伊斯兰极端思想的影响，增加了恐怖主义发生的概率。而且，中亚地缘上临近中东与阿富汗两大恐怖主义重灾区，受其恐怖主义外溢影响严重。随着"伊斯兰国"在中东地区的不断发展，中亚地区受到恐怖主义威胁的可能性增强。除此之外，中亚地区存在数十个大大小小的恐怖组织，其中已经形成相当规模和影响力的主要有"乌兹别克斯坦伊斯兰运动""伊斯兰解放党（Hizbut-Tahrh）""哈里发战士""东突厥斯坦伊斯兰运动"等。它们的活动范围已经超出了一国疆域，对中亚国家乃至周边地区的安全产生了严重威胁。总体来看，尽管中亚自身不是恐怖主义的发生源，但该地区受到的恐怖主义影响并不小，未来中亚的反恐形势不容乐观。

民族宗教冲突。民族冲突在全球范围内是一个十分普遍的现象。目前，

① Richard Barrett, et al, "Foreign fighters: An updated assessment of the flow of foreign fighters into Syria and Iraq," *The Soufan Group*, 2015, 15.

② 新华网, http://news.xinhuanet.com/world/16-06/12/c_129053276.htm。

世界上有 2000 多个民族，分布于世界 200 多个国家和地区。民族问题常常与政治、经济、宗教等问题交织在一起，使各民族之间的冲突日益加剧。中亚五国的民族问题主要包括跨界民族问题、主体民族与俄罗斯等非主体民族的矛盾、主体民族内部的矛盾等。跨界民族问题在吉尔吉斯斯坦尤为突出。吉境内有大量的乌兹别克人居住在奥什州和贾拉拉巴德州，他们经常对吉政府的管理持异议。2010 年 6 月，吉尔吉斯斯坦南部奥什地区乌吉两族之间发生了大规模冲突，造成 893 人死亡，近 2000 人受伤。① 近几年，奥什地区的民族关系依然十分紧张。此外，吉境内的塔吉克人大多居住在吉南部与塔交界的地区。独立后的塔吉克斯坦连年内乱，大量塔难民逃亡至吉尔吉斯斯坦，给吉带来巨大的压力。中亚国家主体民族内部的矛盾主要表现为部族主义问题和地方主义问题。吉尔吉斯斯坦多次爆发暴力骚乱和政权频繁更迭的一个主要原因是政权内部代表不同部族和地区利益派别之间的矛盾激化。此外，塔吉克斯坦也因为南北发展差异的问题导致南方部族与北方部族的矛盾激化，甚至引发了连年的内战。此外，主体民族与俄罗斯等非主体民族的矛盾也较为突出，但除个别事件外，没有造成持续的冲突。宗教因素在中亚各国社会发展进程中一直占有重要地位。中亚伊斯兰教有 1000 多年的历史，是世界穆斯林的主要聚居区之一。中亚地区不同宗教之间的冲突较少，宗教冲突主要通过宗教极端主义的方式表现出来。

毒品问题。长期以来，国际社会为遏制毒品蔓延、打击毒品走私做出不懈努力，并在一些领域取得明显进展，但世界毒品问题依然严峻。联合国毒品与犯罪问题办公室发布的《2016 年世界毒品报告》显示，受吸毒困扰的人数已攀升至 2900 万人。② 阿富汗是目前国际上最大的鸦片生产国和海洛因输出国，它对中亚地区的安全产生了重要影响。根据联合国毒品和犯罪事务办公室 2015 年公布的《世界毒品报告》，2014 年阿富汗罂粟种植面积约

① 吉副总理阿吉姆别克·别克纳扎罗夫（Азимбек Бекназаров）在接受俄罗斯《生意人报》（《Коммерсантъ》）采访时表明，在奥什事件中官方登记的死亡人数为 893 人，http://www.km.ru/news/vicze-premer_ kirgizii_ v_ oshe_ pog。
② 《联合早报》，http://www.zaobao.com/realtime/world/story20160626-633814。

22.4万公顷，比2013年增加7%，为1998年有纪录以来最高种植水平。据估计，2014年全球鸦片产量高达7554吨，为2012年的两倍。其中，阿富汗的鸦片产量约占全球的85%，海洛因产量约占全球的77%。[1] 联合国毒品和犯罪问题办公室与阿富汗禁毒部日前联合发表的《2016年阿富汗罂粟概览》报告显示，2016年阿富汗罂粟生产与上一年相比增长了43%，罂粟种植面积与上一年相比也增长了10%。[2] 总体来看，阿富汗毒品主要通过南线、北线和西线三条线路流向世界各地：南线主要经阿富汗、巴基斯坦边境进入巴基斯坦，再经海路运往欧洲、亚洲等地；北线主要从塔吉克斯坦和乌兹别克斯坦过境，流经中亚其他国家进入俄罗斯，最终进入西欧；西线主要由伊朗过境，进入高加索和巴尔干地区，最后进入西欧。[3] 阿富汗毒品对中亚、俄罗斯、欧洲等国家和地区产生了重要威胁。

四　结语

在中国经中亚与西亚、欧洲联系的陆地通道中，中吉乌铁路建设是一个重要的方案。当前，我国由中吉乌铁路西延与西亚、欧洲联系的线路主要有两条：一条是经阿富汗或土库曼斯坦到达伊朗，由此向西可到达西亚地区，向北可经土耳其到达欧洲；另一条是由乌兹别克斯坦北上经哈萨克斯坦、俄罗斯进入欧洲。除此之外，新近提出的跨里海大桥方案已经在国际上引起了一定的关注，但其可行性尚未进行论证，特别是其经济可行性已遭质疑。如果这一方案能够实施，可直接由土库曼斯坦跨越里海到达阿塞拜疆，然后经土耳其进入欧洲。这条线路不仅密切了"一带一路"各经济走廊之间的关系，而且可以有效规避某些安全风险，在考虑中吉乌铁路西延的方案时，建设跨里海大桥的建议值得进一步考虑。

"一带一路"建设是我国倡导的区域合作中范围最大的，涉及亚欧非大

---

① 人民网，http：//politics. people. com. cn/n/2015/0628/c70731 - 27218043. html。

② 中国经济网，http：//intl. ce. cn/specials/zxgjzh/201610/25/t20161025_ 17138037. shtml。

③ 杨恕、宛程：《阿富汗毒品与地区安全》，时事出版社，2015，第121页。

陆及附近海洋的互联互通。作为一个跨区域合作构想，"一带一路"涵盖了东亚、东南亚、南亚、中亚、中东、欧洲等几个次级区域，空间跨度大，涉及国家和人口众多，因此，面临的安全风险和挑战也很多。中亚地区安全形势复杂，深受颜色革命、恐怖主义、极端主义、毒品、走私、宗教民族冲突等多种安全威胁的影响。需要强调的是，虽然"一带一路"范围内的安全问题很多，但这些安全问题并不是因为"一带一路"倡议的提出而产生的，更不是直接针对"一带一路"的。在"一带一路"倡议提出以前，很多安全问题（"伊斯兰国"除外）就已经存在，而且存在了很长时间，"一带一路"也是在这些安全问题存在的基础上才提出的。因此，在"一带一路"安全问题上，我们应该保持常态，不要把"一带一路"安全问题特化和泛化，也不要看得过分严重。

就安全问题而言，合作是达到安全目的的重要手段。当前，国际社会大多强调通过合作实现共同安全，我国也在不同场合强调通过合作促进安全。在"一带一路"范围内，有些安全问题可以通过合作解决，如反恐、禁毒、打击走私和跨国犯罪等。这一类安全问题与我国国家利益密切相关，我们应该积极参与。但有的安全问题因为各种限制，超出了我国解决能力的范围，无法进行合作，如中东问题、颜色革命等。也就是说，我国无力，或不便介入的安全问题，就不能进行合作。但对于这一类安全问题，我们也应该密切关注，加强研究。总体来看，"一带一路"建设主要是经济方面的合作，从这个意义上讲，中国有能力发挥主导作用。但由于"一带一路"建设涉及国家和地区众多，安全形势复杂，中国不可能主导这一地区的安全合作。

B.10
当代西北边疆安全环境及其问题分析

石 岚[*]

摘 要： 中国西北边疆幅员辽阔，陆路疆界线漫长，是中国与西部相邻地区交流与合作的纽带与桥梁。当代国际政治经济格局的再建构改变了中国西北边疆安全大环境，不断提出新时期中国西北边疆安全环境新问题。这些问题反映在军事安全、战略安全与非传统安全等多个方面，表现不同，危害却同样严重。影响当代中国西北边疆安全环境的主要因素在于历史、地缘、经济、人文和国家利益之争。无论上述内容如何变化，都必须确保中国当代西北边疆战略安全的底线，为建设"丝绸之路经济带"创造和谐稳定的地区大环境。

关键词： 西北边疆 安全环境 新疆 安全问题

中国西北辖陕甘宁青新五省区，是中国内地与西部邻国互通有无相互往来的必经之地与交通枢纽。20 世纪 90 年代中亚国家独立后，中国西北边疆的区域安全环境发生了巨大变化。近几年随着"丝绸之路经济带"倡议的提出，区域合作成为大势所趋，中国西北与其相邻的中亚、西亚、俄罗斯等地成为"丝绸之路经济带"建设的核心和重心地区。

在中国西北各省份中，新疆地区不仅在地理上与周边八个国家毗邻并与之有着相互往来的悠久历史，而且新疆也确立了中国"丝绸之路经济带"

---

* 石岚，新疆社会科学院中亚研究所所长、研究员。

核心区的定位，其境内安全形势变化与周边地区有着丝丝相扣、相互影响的关联。正是基于这一思考，本报告将从新疆境内视角考察当代中国西北边疆安全环境及其问题。

一　当代中国西北边疆安全环境

讨论当代中国西北边疆安全环境，需要先界定两个概念。

首先，"当代"在此指的是20世纪90年代亚欧大陆地缘政治环境大变化后至今。如此定义是因为这其后，中国西北边疆安全所面对的是一系列新独立国家，环境发生了翻天覆地的变化。同时，新疆的改革开放也进入了一个快速发展的历史阶段，向西开放成为潮流和政策调整的重点。这也符合中国的历史变革与现实需求。

其次，"边疆安全"的概念复杂，内涵丰富。边疆安全涉及传统的军事安全、战略安全，同时在现代国际关系语境下，更多地涉及非传统安全，如社会安全、经济安全与文化安全等。此报告将重点讨论涉及边疆安全中的非传统安全问题。这些安全问题是国家利益保护与主权维护的重要组成部分，是当前区域范围内凸显的安全风险，也是新时期中国改革开放与新疆经济社会和谐发展的共同要求。

在上述两大概念界定的背景下，当代中国边疆安全环境问题可以反映在一些具体内容上。

1. 军事安全与战略安全

这是安全环境所必须解决的首要问题。从中国陆疆安全角度看，中国西北地区，特别是中国新疆地区的军事和战略安全，一直是国家领土完整与主权独立的重要组成和重点方向。近现代以来，该地区曾经卷入局部地区冲突，进行了长期的战略反击准备。苏联解体后，发生地区冲突的风险并未降低。新疆以西地区依然是当今世界武装冲突发生的高风险地带之一。

中国的安全战略中，新疆及其周边地区的安全稳定是需要关注的重点，是中国国家核心利益之所在。中国与周边国家达成的各种协议、声明往往都会提到"不干涉内政"、"相互尊重领土与主权完整"和"共同打击三股势力"等内容。这些内容突出体现了中国西北安全环境在中国与周边国家关系中的重要地位和重大意义。现实中，新疆地区长期作为境外势力分裂瓦解中国的突破点。在中国对外合作不断加强的前提下，敌对势力试图借分化新疆达到分裂中国的意图更加明显。

2．非传统安全

非传统安全（Non – Traditional Security，简称 NTS），是相对传统安全威胁因素而言的，指除军事、政治和外交冲突以外的其他对主权国家及人类整体生存与发展构成威胁的因素。非传统安全所涉及的议题非常庞杂，包括恐怖主义、武器扩散、经济安全、金融安全、生态环境安全、信息安全、资源安全、疾病蔓延、跨国犯罪、走私贩毒非法移民、民族冲突、宗教极端主义、边界纠纷、人口与部落问题等。

鉴于非传统安全的特性，在现代国际社会视阈下，非战地区更大的问题在于非传统安全，如"9·11"事件所代表的恐怖主义问题，欧洲难民危机所代表的人道主义问题，以及油价波动与美联储加息背后的世界经济危机等。

新疆的周边安全环境中，非传统安全问题十分突出。这是考察新疆周边安全环境必须认真追踪研究的重要内容。

（1）毒品

阿富汗的毒品生产及其销售一直是地区性灾难。国际社会为此付出各种努力，但收效甚微。当前阿富汗国内政治派系斗争的复杂性导致毒品生产与走私活动难以控制。在一些地区，毒品与贫穷、极端组织紧密结合在一起，无法简单剥离。

阿富汗的毒品生产与销售带给周边国家巨大的防控压力。巴基斯坦、塔吉克斯坦等国成为阿富汗毒品的主要走私通道。2014 年阿富汗鸦片总产量为 500 多吨，向南经巴基斯坦走私的毒品数量占 40%，向西经伊朗至土耳其和欧洲的数量占 35%，向北进入中亚国家的数量占 25%。2014 年塔吉克斯坦权力机关查获毒品的数量为 6.213 吨。

区域国家在打击毒品犯罪问题上有高度共识，各方政策目标在于：减少毒品供应，加强国际合作，同时减少区域国家内部毒品需求。在巴基斯坦，吸毒人员超过 670 万人。近年来，出现新型毒品吸食人员增加的现象，其中，吸食鸦片人数约 500 万人，吸食海洛因的人数约 200 万人，另有 15 万人采取注射毒品方式。这一状况短期内无法彻底改变。

（2）极端主义与恐怖主义

新疆周边地区，包括中亚、阿富汗、南亚和中东地区，是当今世界极端主义与恐怖主义活跃的地带。"9·11"事件发生后，反恐作为国际性话题成为各方合作的一项重要内容。但 10 多年过去了，地区打击极端主义和恐怖主义的形势并未出现根本性转变。相反，随着北非中东动荡的扩散，以"伊斯兰国"为代表的区域极端组织活动肆虐，严重干扰区域和谐稳定的社会环境。据统计，有近 300 名哈萨克斯坦公民在为国外恐怖组织服务。2014年 12 月，吉尔吉斯斯坦议会的一份报告称，有 500 名吉公民在叙利亚参加"圣战"，但实际数字可能要高数倍。在塔吉克斯坦，战略研究中心正在研究制定国家宗教政策纲要，根据掌握的情况，当前在"伊斯兰国"的塔吉克斯坦的年轻人有 200～300 名，在伊拉克和叙利亚参加"圣战"的有 1000人。以上数字虽然处于不断变动状态，但这些境外参战人员的行为、思想，及其未来可能回流给区域安全环境带来的威胁，是非常令人忧虑的。

（3）民族关系

新疆周边国家均为多民族国家，民族关系复杂，历史与当前的矛盾无法简单解决。2010 年 6 月，由于国家政局动荡导致国内民族矛盾突发，吉尔吉斯斯坦南部重镇奥什发生严重民族骚乱。当地两大民族吉尔吉斯族和乌兹别克族相互仇杀，造成 440 多人死亡，数十万人流离失所的悲惨结局。这一事件至今给区域民族关系造成挥之不去的阴影。

民族问题处理的好坏直接影响国家建设进程。水、资源、领土等其他原因诱发的民族冲突，也会干扰民族关系和解，带来非常恶劣的影响。

（4）水资源

水是生命之源。新疆及其周边国家地处沙漠、戈壁、草原与山地相间地带，绿洲经济和草原经济的特性在于对水的依赖程度很高。不论是民众基本生活所需用水，还是工业生产或电力发展对水的需求，都显示出水资源的珍贵。苏联解体后，围绕水资源的合理使用出现了利益冲突和国家间矛盾，解决起来有一定难度。同时，类似咸海这样的生态灾难，也给区域经济合作共赢的前景带来更多思考。

（5）边界纠纷

大量飞地的存在和未划定的边界线，容易引发争端。在中亚国家内部，领土划分带来边界纠纷，引发民族间隔阂与国家间相互指责，导致多边合作难以有效进行。未来积极推进划界谈判是一个重要任务目标。

（6）金融

经济领域安全风险在于自身经济发展中的结构问题、重大项目或决策的实施问题，以及国际金融市场波动给本地区国家金融带来的冲击。2014 年，中亚和俄罗斯出现一定程度的经济困难，导致上述国家的货币发生较大幅度贬值，影响这些国家的国际经济贸易合作。

此外，环境保护与人口控制，也是未来中国新疆与周边国家合作进程中，要注意的非传统安全问题。亚欧腹地脆弱的生态决定了这里无法承受以牺牲环境为交换的经济发展，无法承载过量的人口。人类发展与自然保护相辅相成，才能实现可持续发展和长期的和谐。

二　影响当代中国西北边疆安全环境的主要因素

当代中国西北边疆安全环境处于不断变化与调整状态，影响其变化的现实因素复杂多样，其影响效果也因时而变，有所不同。

首先，历史因素。

在当代中国西北边疆安全问题中，绝大多数都有历史沉淀的印痕。以边界问题为例，清朝中后期中国朝纲衰败，外强凌辱不断，俄罗斯借机向东扩张，与中国签署了一系列不平等条约。这些条约在苏联时期，曾经引发过中苏之间较为严重的对抗。20 世纪 90 年代中后期，在中国、俄罗斯和中亚哈萨克斯坦、吉尔吉斯斯坦、塔吉克斯坦五国共同努力下，中国西北地区的边界基本划定。进入 21 世纪，中国与中亚国家就边界问题签署了补充条约，彻底解决了相互之间未定疆界的争议问题。2003 年前后，中吉、中哈边界勘界基本完成，中塔直到 2008 年才彻底勘界结束。

中阿、中巴边界争议由来已久，为 19 世纪英俄瓜分帕米尔的遗殃。1963 年，中国与阿富汗和巴基斯坦分别签订了边界条约，对双边边界问题做出了明确划分。中阿勘定了沿萨雷阔勒岭以东最边缘地区的边界线，中巴划定了克什米尔北部和喀喇昆仑走廊区域部分地区的边界。

与历史遗留相关的边疆安全环境问题还有许多。跨境民族问题就是现代"民族"语境下极易引发地区冲突的重要诱因。中亚国家的独立激发了对"民族国家"的信念认同和民族主义情绪，导致分裂主义活动更加猖獗。2010 年 6 月，吉尔吉斯斯坦奥什骚乱，表面上是当地两大民族吉尔吉斯人和乌兹别克人之间的纠葛，深层次映射出整个亚欧大陆中部多民族区域和谐社会构建中的难题。民族问题夹杂教派纠葛，形成当下整个地区动荡的核心。

今天是明天的历史。当代中国西北边疆安全环境中绝大多数问题都与历史有密切关联。考察当代中国西北边疆安全环境的变化，需要从历史的角度加以解析，并能够争取与涉事方在一些基本史实问题上相互理解，形成共识。

其次，地缘博弈。

这是影响当代西北边疆安全环境的又一重要因素。

中国新疆及其周边地区地处亚欧大陆中间地带，大国势力角逐，宗教派系复杂。人类文明在此碰撞、融合，形成人类社会发展中最为璀璨辉煌的乐章。地缘博弈与不同的需求相关联，反映为地缘政治、地缘经济与地缘文化竞争等几大方面。

在中国新疆及其周边地区，地缘政治博弈是历久不衰的话题。传统的地区大国力量有俄罗斯、中国和包括土耳其、伊朗、印度等在内的地区国家，也包括透过欧安组织和北约伙伴计划与亚欧中部国家关系密切的欧洲地区。

此外，遥远的美国借 2001 年的 "9·11" 事件成功将军事插入这一地区，并通过阿富汗、伊拉克两场战争与 2005 年起步的 "颜色革命"，开启了强力介入亚欧事务的征程。因此从地缘政治角度分析，局势变得更加复杂。

2015 年，中亚最突出的亮点是世界大国的高度关注，高层访问频繁。印度总理和日本首相、美国国务卿对中亚五国的旋风式访问，在中亚地区尚属首次。

自 2015 年 7 月 6 日开始，印度总理莫迪先后访问乌兹别克斯坦、哈萨克斯坦，在出席俄罗斯乌法峰会后，又继续出访土库曼斯坦、吉尔吉斯斯坦和塔吉克斯坦。这些访问节奏紧凑，安排别具寓意。例如，在塔吉克斯坦访问期间，双方领导人举行了会谈。塔吉克斯坦是印度在海外唯一基地设置国。因此，此次会谈被认为具有战略含义。在土库曼斯坦，莫迪出席了一个传统医学和瑜伽中心的启动仪式。在吉尔吉斯斯坦则出席了两国医院间建立电子联系的项目启动仪式。在乌兹别克斯坦，莫迪与当地的印度学家和印度语学术互动。在哈萨克斯坦，莫迪参加了一个印哈信息技术中心启动仪式。[1]

日本首相安倍晋三于 2015 年 10 月对中亚五国的访问刷新了世界对中亚问题的关注度。安倍此行先前往蒙古国，此后依次访问土库曼斯坦、塔吉克斯坦、乌兹别克斯坦、吉尔吉斯斯坦，最后一站是哈萨克斯坦。在访问期间，安倍与中亚五国就能源合作、基础设施建设、农业援助、文化科技、边境管理等诸方面达成合作协议或意向。此次访问安倍率团阵容强大，包括银行、设备厂商等 50 个企业代表，涉及的重点领域为能源与经济贸易合作。[2]

美国国务卿克里的访问，再度为中亚 2015 年的外交舞台加温。克里此行遍访中亚五国，由此成为美国历史上第一位足迹遍布中亚的国务卿。访问期间，克里与中亚五国领导人举行了会谈，并建立起美国与中亚国家间的

---

① 环球网，http://world.huanqiu.com/article/2015-07/6932140.html。

② 人民网，http://world.people.com.cn/n/2015/1026/c157278-27741410.html。

"C5+1"机制,明确表示美国将协助中亚国家制定并完成意在提高地区经济体的竞争力,吸引投资,落实新项目的新计划。同时在包括阿富汗局势、打击"伊斯兰国"恐怖势力、叙利亚问题、俄罗斯同西方国家的争端,以及美国和中亚国家军事合作等重大领域,也积极征求中亚国家的看法,努力寻找合作契合点。在能源安全和能源多样化问题上,美国的重视度非常明显。① 在推动中亚能源出口多元化方面,美国开始有进一步行动,并由此加深了对中亚区域交通网络建设的重视。

上述访问背后是激烈的地缘政治博弈。此前,中国国家主席习近平于2015年5月访问了俄罗斯。两国领导人一致认为欧亚经济联盟和丝绸之路经济带之间可以和谐地互相补充,并在莫斯科发表了《中华人民共和国与俄罗斯联邦关于丝绸之路经济带建设和欧亚经济联盟建设对接合作的联合声明》。② 欧亚经济联盟与"丝绸之路经济带"的对接,有助于实现区域合作更为协调、有序、高效发展,从而将地缘政治博弈由竞争转变为共赢合作。这是在传统理念上的创新与突破。

丝绸之路开启了古代区域经济贸易模式,为现代全球化经济合作提供了可资借鉴的范例。中国西北及其周边地区构成了相似的区域经济圈。这种地理上的相近带来的经济发展领域的相似并没有阻挡贸易的广泛展开。以中国东部为代表的东亚地区和亚欧大陆西端依靠中部亚欧连接起来,互通有无,实现了现代经济贸易中需求的互补和商品流通。

地理环境基础上的地缘经济为繁荣稳定创造了条件。但地缘经济也导致分工与分配上的差异,市场波动与竞争不可避免。在新的社会发展条件下,能源、矿产资源、农产品等,都成为可能引发安全危机的区域经济导火索。地缘经济的争夺不仅体现在区域内部不同经济体和各经济圈之间,而且体现在各地区国家对区域经济的战略设计与规划冲突之中。产业分工的不均衡与经济资源的矛盾不可协调,导致的地缘经济争夺会成为诱发区域冲突的重要

---

① 参考之家网站,http://www.ckdzb.com/newshow.aspx?id=49148。

② 观察者网,http://www.guancha.cn/politics/2015_05_09_318846.shtml。

因素，在全球经济下滑的大背景下，这一趋势发生的概率在增加。

再次，反恐问题上的"双重标准"。

国际社会针对恐怖主义问题的口水战与战略掉阖层出不穷，但仍然无法消除恐怖主义威胁，甚至陷入所谓"越反越恐"的境地。面对恐怖主义肆虐的国际形势，结合中国的稳定发展需求，中国政府于 2015 年 12 月 27 日颁布了《反恐怖主义法》，表明了在当前形势下，中国政府在反对和打击恐怖主义问题上的基本看法和政策，这也是对当前形势下国际恐怖主义活动的一个回应。

新颁布的《中华人民共和国反恐怖主义法》中，中国政府既明确了对恐怖主义的定义，也表明了"反对一切形式恐怖主义，依法取缔恐怖活动组织，对任何组织、策划、准备实施、实施恐怖活动，宣扬恐怖主义，煽动实施恐怖活动，组织、领导、参加恐怖活动组织，为恐怖活动提供帮助的，依法追究法律责任"[①] 的严肃态度。这是中国面对新的国际反恐形势，做出的最为清晰、严格的法律规范。

然而，利用"恐怖主义"定义上的双重标准，实现所谓高于一切的"国家利益"，是导致国际恐怖主义不断升级发展的一个重要原因。当代中国西北边疆安全环境中一个重要问题是恐怖主义问题。这一问题的发生有深厚的国际背景，并伴随国际恐怖主义的发展有新的演变动向。当前，国际恐怖主义的突出特点是恐怖组织及其活动更为偏执，恐怖主义成为一些人表达自我欲望和谋取私利的工具，这一点在新疆地区也较为明显。此外，政治偏执与媒体偏见夹杂，国际反恐问题难以形成合力。在中国反恐怖主义问题上，中方愿意与国际社会合作，共同打击各种类型的恐怖主义行动。同时，中方也本着负责任的态度，在严厉打击境内各种恐怖主义暴行的同时，与国际社会保持沟通，共同应对新的形势变化。面对境外媒体对中方打击恐怖主义活动不负责任的报道，2015 年 12 月 2 日，中国外交部发言人华春莹在主持发布会时，以明确而严厉的措辞指出，"我们无法理解为什么其他国家的

---

① 《中华人民共和国反恐怖主义法》第二条。

反恐行动是合理的，但中国的反恐行动是所谓的民族压迫"，"这个逻辑很荒谬，是政治偏见和双重标准"①。

最后，经济社会发展的不平衡性。

政治、经济与社会发展相互关联，互为掣肘。现实中经济社会发展的不平衡广泛存在，为"不满"与"矛盾"提供了滋生的土壤，也为武装暴力冲突和极端思想的传播提供了可能。

当代新型国际政治经济秩序的构建是改变区域发展不平衡的重要路径。这一进程将漫长而艰辛，充满不确定性和突发性。中国西北边疆及其周边区域正处于建立新型秩序的转型中，其间可能出现的边疆安全风险也会因势而变。

三 当代中国西北边疆安全面临的主要问题与前景

当代国际大格局下，变革成为主流。随之出现的各类问题十分棘手地摆在面前。面对风云变幻的时代，和平发展与和谐共赢依然是中国政府努力的目标。紧紧围绕发展与共赢的主题，当代中国西北边疆安全面临的主要问题突出表现为以下几个方面。

1. 确保中国西北边疆战略安全

这是中国无可争议的国家主权底线，是中国国家核心利益所在。中国的西北边疆安全是中国国家安全战略的重要组成部分，是实现"中国梦"的重要内容。在中国西北及其周边地区，中方的目标将紧紧围绕和谐、发展、进步，奉行"亲、诚、惠、容"的外交理念，实现区域共同繁荣。正如习近平主席 2014 年 8 月访问蒙古国时所提出的，"中国愿意为包括蒙古国在内的周边国家提供共同发展的机遇和空间，欢迎大家搭乘中国发展的列车，搭快车也好，搭便车也好，我们都欢迎"。②

---

① 转引自《边疆反恐》，观察者网，2015 年 12 月 25 日。
② 和讯网新闻，2014 年 8 月 23 日，http://news.hexun.com/2014 - 08 - 23/167791603.html。

当代中国西北边疆战略安全，与中国自身的发展战略转移相统一，也与周边国家的战略选择息息相关。早在 2012 年上海合作组织北京峰会期间，中国外交部前副部长程国平曾经对区域安全领域合作指出："中亚地区的和平稳定涉及中国的核心利益，也涉及上合组织各成员国的利益。我们对维护中亚地区和平与稳定的决心是坚定不移的，我们绝对不允许中亚地区发生像西亚、北非那样的动乱。"①

2. 保持改革开放姿态，为建设好"丝绸之路经济带"提供安全稳定的区域环境

中国西北边疆幅员辽阔、资源丰富，是中国未来经济社会发展的重要突破口。"丝绸之路经济带"构想的提出正反映出未来中国扩大西北地区向西开放的决心和信心，也是中国西北边疆地区与周边国家共同的信念与追求。

中国提出的"丝绸之路经济带"建设倡议，获得了周边各国的积极响应和热切期盼。目前在中国西部已经顺利推进的中巴经济走廊、中俄蒙经济走廊，以及中国与中亚国家的产能合作，对带动区域经济发展，维护区域和谐安全稳定大环境的作用值得期待。在保障中国西北边疆安全环境的问题上，要坚持改革开放姿态，坚持与周边地区的合作与交流，将自身安全与区域安全融合在一起。坚决避免因噎废食，闭门锁国。

3. 积极广泛开展国际合作，共同应对安全威胁

经验与事实表明，面对安全威胁试图独善其身的做法最终往往会带来引火烧身的结局。如前所述，安全环境是一个区域，也是一个世界性的议题。对于当代中国西北边疆而言，安全环境的维护绝不仅仅是中国自己就能够完成的。寻求国际合作不仅是中方的想法，而且是地区国家共同的愿望。借助上海合作组织等区域性国际组织的共同努力，地区范围内的国际合作广泛展开，并取得一定成绩。

---

① 《外交部：决不允许中亚发生西亚北非那样的动乱》，搜狐新闻，2012 年 6 月 6 日，http://news. sohu. com/20120608/n345027562. html。

2014 年 8 月，乌兹别克斯坦总统卡里莫夫访华期间，两国元首决定，"继续相互坚定支持，深化合作，携手共建平等互利、安危与共、合作共赢的中乌战略伙伴关系"。① 这是对中国与周边国家关系的新陈述，也让中国与周边国家的安全合作进入一个新的阶段。

当前，影响中国西北边疆安全环境的具体问题非常多变，内容庞杂，涉及经济安全、政治安全、社会安全、文化安全，可以进一步细化或拓展到环境、信息、能源、恐怖主义和极端主义、毒品问题、水资源争夺、领土纠葛、民族冲突、教派争夺等各个可能的方面。这些内容都可能成为威胁未来中国西北安全环境的重要冲突诱因。

4. 树立新安全观，迎接未来不断衍生的新安全问题挑战

2014 年 5 月，在中国上海成功召开了亚信峰会。此次会议上各方达成一系列合作协议，在建立亚欧大陆"新安全观"问题上达成共识，为区域内国家未来全方位合作奠定坚实基础。

时代的发展带来当代中国西北边疆安全环境的变化，新的问题随之不断涌现。面对不断衍生的新安全问题，需要有新的安全观念和处理方法，加强区域安全合作，共同应对安全威胁。

当代中国西北边疆地区正处于新的历史发展机遇期。随之而来的，是新的安全环境问题挑战。回首过去，中国不但通过自身战略政策调整与打击手段变化，努力实现西北地区的稳定发展，同时，中国与西部邻国之间也已在安全领域开展切实合作，区域经济贸易活动与人文交流提供了和平稳定大环境。安全领域合作已经成为中国与西部邻国合作中的重要内涵。

未来区域安全风险依然突出，如地区反恐形势严峻、极端组织活动猖獗、边界冲突与民族矛盾随时可能发展为地区冲突、经济下滑带来的社会矛盾凸显等。直面风险，携手合作，将成为未来中国西北边疆地区安全环境中的主旋律。

---

① 中华人民共和国外交部网站，2014 年 8 月 20 日，http：//www.fmprc.gov.cn/mfa_chn/zyxw_602251/t1184069.shtml。

中国—中亚—西亚经济
走廊建设安全研究

China-Central Asia-West Asia Economic Corridor Security Analysis

B.11
聚焦"一带一路",加强中国新疆
与中亚互联互通及安全合作

王富忠*

摘　要：　"一带一路"倡议提出已经三年多,中国领导人在世界各地积极
　　　　　地宣传、推进,沿线很多国家已经接受并积极响应。"一带一路"
　　　　　建设在一些国家和地区已初见成效,受到了当地人民的热烈拥护
　　　　　和赞成。其中,中亚地区就是早接受、早建设、早受益的地区。
　　　　　基于中国新疆与中亚地区具有其他地区无法替代的优势,"一带
　　　　　一路"建设在中亚地区推进比较顺利且效果显著,逐渐起到示范
　　　　　效应。中国新疆与中亚国家共建"一带一路",既实现了互利共

＊　王富忠,新疆社会科学院中亚研究所助理研究员。

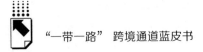

赢，更加深了两地关系，实现互联互通领域合作的快速推进，为未来"一带一路"建设的深入奠定了牢固基础。

关键词： "一带一路"　中国新疆与中亚　互联互通　优势互补

新疆地处祖国西北边陲，与八个国家接壤，边界线总长度超过 5600 公里，在霍尔果斯口岸还建有中哈国际边境合作中心。中国新疆与中亚地区互联互通的程度历来较高，这为双边合作提供了非常优良的条件。未来在建设"丝绸之路经济带"的进程中，中国新疆与中亚国家互联互通建设的不断加强，极大地影响着新疆向西开放的水平层次和方向选择。

一　中亚地区是"一带一路"建设必经之地

中亚地区是"一带一路"建设的必经之地，习近平主席 2016 年 6 月 22 日在塔什干乌兹别克斯坦最高会议立法院发表了题为《携手共创丝绸之路新辉煌》的重要演讲，他提出，构建"一带一路"互利合作网络，共创"一带一路"新型合作模式，开拓"一带一路"多元合作平台，推进"一带一路"重点领域项目，推动"一带一路"建设向更高水平、更广空间迈进。9 月 2 日，习近平在杭州与哈萨克斯坦总统纳扎尔巴耶夫举行会谈时指出，中哈双方要全面推进"一带一路"建设，共同落实好《中哈关于"丝绸之路经济带"建设与"光明之路"新经济政策对接合作规划》，共同推进"一带一路"建设同欧亚经济联盟建设对接合作。

习近平主席宣传、推进"一带一路"建设的努力得到了联合国及其相关机构的认可。2016 年 4 月，中国与联合国亚洲及太平洋经济社会委员会（亚太经社会）签署意向书，双方将共同规划推进互联互通和"一带一路"的具体行动，推动沿线各国政策对接和务实合作。2016 年 9 月，中国与联合国开发计划署签署关于共同推进"一带一路"建设的谅解备忘录。这是中国政府与国际组织签署的第一份共建"一带一路"的谅解备忘录，是国际组织参与"一带一路"建设的一大创新。2016 年 11 月，联合国大会首次在决议中写入中国的"一带一路"倡议，决议得到 193 个会员国的一致赞同。

习近平主席与外国政要等的会晤，既是适时宣传、推进"一带一路"建设，更是在对双边或多边关系进行重塑，进行顶层设计和战略规划，商榷"一带一路"倡议与各国的具体发展战略规划进行对接，在彼此的相互发展中打造利益共同体和命运共同体。

二 中国新疆与中亚：优势互补互联互通

"一带一路"倡议的提出，得到了中亚国家的积极回应，也为中国新疆与中亚国家的合作注入强劲动力。

1. 历史优势与传统纽带

中亚五国与中国山水相连，2100 多年前，中国汉代张骞肩负和平友好使命，两次出使中亚，筚路蓝缕，餐风饮露，开启了中国同中亚国家友好交往的历程，开辟出一条横贯东西、连接欧亚的古丝绸之路。古丝绸之路曾经为沿线各国的商人们带来了巨大的商机，商人们紧紧抓住了沿线重要地区——中亚的发展潜力，成为中间贸易商。中国精美的丝绸、香味扑鼻的茶叶源源不断地通过中亚运往西亚、欧洲，中国博大精深的文化通过中亚传播到西亚、欧洲，满足了当地社会各阶层的需要，丰富了当地的文化生活。这个过程中，中亚不仅仅是中转站，还是消费市场，中国的文化元素在中亚也深深扎根，留下了浓厚的历史痕迹。

20 世纪 90 年代初，中亚五国开始走向独立发展之路。中国与中亚五国由建交到互信，再到建立战略伙伴关系，彼此之间的全方位关系发展较为顺利，中国与中亚国家的心灵距离越来越近。

从古丝绸之路的汗血宝马到壮观的输华油气管道；从伟大诗人李白的故乡——碎叶到传播中国文化的孔子学院；从漫漫黄沙古道到万里巨龙般的亚

欧铁路桥；从历史到现实，这些与中国相关的元素见证着中国与中亚五国跨越 2000 余年的紧密联系，成为构建"丝绸之路经济带"的历史传统优势。

2. 政治互信与机制建设

中亚国家独立伊始，中国就积极与中亚国家解决苏联历史遗留问题。双方在政治互信领域的工作进展顺利。1999 年，中国与哈萨克斯坦、吉尔吉斯斯坦和塔吉克斯坦三国基本完成边界协定签署，扫除了中国与中亚国家之间关系进一步发展的最大障碍，为双边政治互信创造了积极条件。

2002 年，中国分别与哈萨克斯坦、吉尔吉斯斯坦签署了睦邻友好合作条约。2005 年，中国与哈萨克斯坦建立战略伙伴关系。随着中国与中亚国家关系的深入发展，2012 年 8 月，中国与乌兹别克斯坦建立战略伙伴关系；2013 年 5 月，中国与塔吉克斯坦建立战略伙伴关系；2013 年 9 月，中国与土库曼斯坦和吉尔吉斯斯坦吉相继建立了战略伙伴关系。至此，中国和土库曼斯坦、哈萨克斯坦、乌兹别克斯坦、塔吉克斯坦和吉尔吉斯斯坦等五个中亚国家都建立了战略级别的关系，从而实现了中国和中亚国家关系的全面战略升级，政治互信程度得到不断提升。

习近平主席提出"一带一路"倡议后，中国与中亚国家的战略伙伴关系的发展进入一个新阶段。2014 年 5 月，中国与土库曼斯坦和吉尔吉斯斯坦相继签署了发展和深化战略伙伴关系的联合宣言；2014 年 8 月，中国与乌兹别克斯坦签署发展和深化两国战略伙伴关系的联合宣言；2014 年 9 月，中国和塔吉克斯坦签署发展和深化战略伙伴关系的联合宣言；2015 年 8 月，中国和哈萨克斯坦签署全面战略伙伴关系新阶段的联合宣言。这些深化战略伙伴关系联合宣言的签署预示着中国与中亚国家的政治互信是高水平的，是日臻成熟的，是中国与中亚国家关系的宝贵财富，是中国与中亚国家共建"一带一路"的政治基础和巨大优势。

上海合作组织是重要的区域性国际组织，其宗旨是维护区域安全稳定、促进区域经济发展。上海合作组织自成立以来，在维护中亚地区安全、促进中亚地区经济发展方面起到了积极的作用，其影响力在国际上不断得到提升。目前，上海合作组织有中国、俄罗斯、哈萨克斯坦、吉尔吉斯斯坦、塔吉克斯坦、乌兹别克斯坦、巴基斯坦和印度8个成员国，其中巴基斯坦与印度于2017年6月正式成为成员国。另有4个观察员国和6个对话伙伴国，基本涵盖了"丝绸之路经济带"沿线国家。

"一带一路"倡议提出以后，上海合作组织成员国立即积极响应。在2015年7月上海合作组织成员国元首乌法峰会上，各成员国领导人集体发声支持中国关于建设"丝绸之路经济带"的倡议。合作共赢、兼容并包是上海合作组织和"一带一路"建设的共同价值理念。上海合作组织成员国基本也是"丝绸之路经济带"的沿线国，加强成员国之间的双边或多边的务实合作，事实上就是在落实和推动"一带一路"建设。上海合作组织的合作发展机制可以对接到"一带一路"建设上来，有助于充分发挥上海合作组织的潜在能力。反之，"一带一路"建设将极大促进上海合作组织成员国之间的深入合作，为上海合作组织增添更强劲的推进剂，注入新活力，增强上海合作组织的凝聚力和国际影响力。

3. 中国新疆与中亚互联互通的成果

（1）交通设施

中国新疆与中亚国家在交通设施建设领域的合作成果集中体现于公路、铁路、航空三大领域。公路方面，中国新疆与中亚之间漫长的边界线为两地交通便利化提供了可能。双方在一些重要的边境地区都有非常密切的公路网络联系。这些公路网为历史上的"西出阳关"谱写了美丽的诗篇，也为现代交通设施网络构建贡献了自己的力量。铁路方面，中国与中亚地区相连接的两条铁路枢纽都由哈萨克斯坦完成，分别为霍尔果斯和阿拉山口，这也是新时期互联互通的重要成果，亚欧大陆桥建设的核心工程。航空方面，新疆乌鲁木齐机场与中亚各国之间形成密集直达航线，部分国家甚至有多条线路直航，乌鲁木齐俨然成为中国向西联通的重要枢纽。哈萨克斯坦的航空公司甚至在中国旅行社走入俄罗斯、欧洲的过程中，发挥着非常重要的运载工具选择功能，使新疆的对外开放更加便利化。

（2）管线网络

目前，中国与中亚地区的所有均管线与哈萨克斯坦有关。从最初开通运营的中哈石油管线，到中国中亚天然气管道 ABC 线和中哈天然气管线，中国用管线实现了中亚地区的互联互通，使多边合作成为可能。哈萨克斯坦为中国管线联通中亚创造了条件和机遇，也为中哈合作添上浓墨重彩的一笔。

筹建中的中国中亚天然气 D 线，将成为 21 世纪联通中亚南部各国的重要跨国经济网络，为未来区域经济的合作开启新的模式选择。

（3）口岸、物流与“互联网＋”

新疆对中亚地区的口岸建设一直处于较高的发展水平。在全球化浪潮推动下，中国新疆与中亚联通的口岸已从单纯的人员物资进出，进一步拓展功能，如中哈霍尔果斯合作中心、围绕中哈合作做文章的保税区、产业园区和中吉边界合作区等。近年来，在中国互联网产业发展的巨大冲击下，哈萨克斯坦也开始积极拓展在“互联网＋”领域的对华合作。这种合作不仅推动了双方互联网理念联通，更加强了双方物流领域合作。中国新疆与哈萨克斯坦都把围绕“丝绸之路经济带”建设中的物流产业作为发展的一项重要战略任务，积极制定相应规则，开展相关工作。口岸、物流与“互联网＋”为地区合作，尤其是民间合作的拓展，开启了新的空间。

（4）文化交流与民间合作

中亚国家与中国新疆之间的文化合作非常繁荣，也是相互认知度最高的合作。不论是在华的中亚留学生、打工者或其他人员（如近期非常火的迪玛希），还是中方在中亚广泛开展的文化交流与合作活动，如孔子学院和科技教育合作，都为双方的心灵沟通产生巨大的促进作用。

民间合作历来是中国新疆与中亚关系中非常值得重视的一个部分。中哈边境地区的民间贸易在整个新疆地区对外贸易中所占的比重较高，带动的人员就业率较高，产品流动性较大。民间合作越来越多地受到两地各国政府的重视，并开始采取积极措施加以提升。

（5）环境保护与城市建设

环境保护和城市建设是互联互通的重要内容。中国新疆与中亚地区围绕环境保护与城市建设的合作长期有之，但随着两地合作关系的加强，环境保护与城市建设的重要性开始凸显。在此基础上,中国新疆与哈萨克斯坦之间实现了新的旅游产业、医疗产业的对接,效果很好。环境保护与城市建设合作还非常有助于去除隔阂,加强相互了解,为今后进行更大范围的合作创造机会,消除障碍。

三 共建丝路,提升中国新疆与中亚互联互通水平

中国新疆与中亚的互联互通建设极大地改善了新疆的外部环境,提升了亚欧腹地联通的水平。

从贸易水平看,中国新疆与中亚互联互通提升了双边经济合作水平,2016 年,新疆与中亚国家的经济贸易往来出现了较为明显的变化,哈萨克斯坦和吉尔吉斯斯坦的经济发展再度呈现快速增长的势头。新疆的丝绸之路核心区建设定位,为新疆的对外经济合作创造了更为优越的条件,推动了新疆对外经济贸易合作的发展。

中国新疆与中亚互联互通也提高了新疆基础设施建设水平。2017 年,新疆将大幅增加基础设施建设投入。在加强内部基础设施网络建设的同时,扩大内引外联。筹划或建设中的连接哈萨克斯坦和中国西部的"双西"公路、阿拉木图环线和阿斯塔纳轻轨项目、新疆北疆地区乌鲁木齐—奎屯高速公路改扩建项目,以及中吉、中塔公路建设等,都是对中国新疆与中亚互联互通合作的重大利好。为配合中哈合作而推进的阿拉木图—霍尔果斯公路等项目也顺利全面开通。此外,新疆乌鲁木齐和多个地方的民航建设,加快了国内不同重点城市之间联通,也提升了对外联系的水平。

哈萨克斯坦对现代物流和互联网产业的重视,加快了新疆构建面向中亚的相关产业的发展。2016 年 9 月,新疆第一个跨境电商综合服务平台在中哈边境的霍尔果斯口岸开通,首笔进口业务同步上线交易。

中国新疆与中亚互联互通对新疆意义重大。互联互通合作作为"丝绸之路经济带建设"的一项重要工作,将有效拉动地区间经济与人文合作,

为建设区域和谐稳定的大环境提供良好氛围。从新疆角度看，未来应重点关注以下几个问题。

1. 高层重视与顶层设计

用纳扎尔巴耶夫总统的话，中哈关系已形成独特的合作伙伴模式。中哈均高度重视互联互通的重要性，期待以此为合作的一项重要内容，并拓展到"丝绸之路经济带"建设的各个领域。高层重视与顶层设计，将为互联互通未来发展确定方向，提供支撑。新疆在其中的规划定位和项目参与非常关键。未来新疆的"丝绸之路经济带"核心区建设，也会紧密围绕上述内容展开。

2. 加强睦邻友好，推动互联互通

中国新疆与中亚山水相连，互联互通条件优越，成果丰硕。双方互联互通水平的提升，有助于带动中国内地省区与中亚之间的联系。新疆的桥梁、纽带和中心地位由此不断增强，地缘重要性更为突出。

3. 树立区域安全观，构建互联互通安全支点

习近平主席在 2014 年亚信会议上提出了新的安全观，得到与会各国的赞誉。当今世界处于深刻变革时期，各种思潮泛滥，极端主义和恐怖主义成为人类共同敌人。中亚与中国新疆同处于"丝绸之路经济带"建设的关键部位，是构建区域互联互通大格局的重中之重。维护中亚与中国新疆安全稳定的社会环境，构建互联互通安全支点，是中国与中亚国家合作的一个重要方面，也是双方不断加强合作，提升互信的基础。

伊朗国内恐怖主义形势及对
"一带一路"安全环境的影响

张金平*

摘　要：　伊朗是中东地区的大国和强国，同时伊朗也是"一带一路"上
的"节点"国家，伊朗在"一带一路"中的参与程度对"一带
一路"的成功建设起举足轻重的作用。伊朗国内的恐怖主义形势
有日益严峻的趋势，这无疑会影响伊朗国内的政治、经济稳定，
进而会影响"一带一路"倡议在伊朗的实施。鲁哈尼总统上台
及伊核协议达成后，伊朗国际、国内环境变得相对宽松，伊朗在
政治和经济上的选择也变得多样化，但考虑到中国和伊朗间的传
统友好关系，以及伊朗和西方国家在意识形态等方面根深蒂固的矛
盾，伊朗在打击国内恐怖主义方面要加强同中国的合作。

关键词：　"一带一路"　恐怖主义　安全环境

伊朗是我国"一带一路"建设上的"节点"国家，其对"一带一路"
建设的成功实施发挥着举足轻重的作用。伊朗"是中国配置'两种资源、
两个市场'的重要合作伙伴"，"是确保中国西陲安全的天然屏障"。[1] 更重
要的是，中国和伊朗之间有传统的友好关系，无论是伊朗政府还是其民间，
对"一带一路"的建设都有很强的参与意愿。可见，中伊在"一带一路"

---

* 张金平，西北政法大学反恐怖主义研究院院长、教授、博士生导师。主要研究方向为国际
恐怖活动与反恐怖策略、中东社会。

[1] 田文林：《落实"一带一路"倡议伊朗是重要支点》，《大众日报》2016 年 1 月 23 日，第 9 版。

倡议下的合作有坚实的基础，这是对两国都有利的方面。

虽然身处战火不断、恐怖主义猖獗的中东，但是一直以来，伊朗国内的恐怖主义形势和其他中东国家相比，并不是特别严重，伊朗甚至被称为"中东安全绿洲"。但是，近年来，伊朗国内的恐怖主义形势有恶化的趋势，这不可避免地会影响"一带一路"建设的安全实施，进而损害我国的海外利益。从大局出发，在分析伊朗国内恐怖主义形势的前提下，中国和伊朗应该加强反恐合作，给"一带一路"倡议的实施提供一个安全的环境。

一 伊朗国内恐怖主义形势分析

与伊拉克、叙利亚等中东国家比，伊朗国内应对恐怖主义形势主要有以下基础条件。

第一，伊朗综合国力强大。伊朗虽然算不上是世界范围内的超级大国，但在中东地区，伊朗有成为区域大国的先天优势。截至2014年6月底，伊朗人口为7845万人，世界排名第17，在中东地区仅次于埃及，排名第二。[①]"众多的人口为伊朗经济发展与国防安全奠定了良好的基础。另外，伊朗近165万平方公里的广袤领土也为其崛起提供了必要条件，虽然伊朗自然条件较为恶劣，但由于政府重视发展农业，伊朗的农副产品品种丰富，粮食自给率高达80%。伊朗更拥有极为可观的油气资源（1578亿桶石油，位居世界第四；34万亿立方米天然气，位居世界第一）。"[②] 在军事力量方面，伊朗拥有装备精良的革命卫队。根据全球军力评估网站（GFP）的分析，伊朗的军力排在土耳其、以色列和埃及之后，位居中东第四。[③] 强大的综合国力是伊朗社会稳定的保障，稳定的社会环境会减少恐怖主义的滋生。

第二，政教合一的神权统治。伊朗是一个宗教氛围极其浓厚的国家，20

---

① 《2015年世界人口排名大全》，http://www.cnrencai.com/bbs/177598.html，访问日期：2017年2月8日。

② 冀开运主编《伊朗综合国力研究》，时事出版社，2016，第2页。

③ http://www.GlobalFirepower.com，访问日期：2017年2月1日。

世纪 70 年代的伊斯兰革命推翻了推行西方化和世俗化的君主立宪制巴列维王朝，规模空前的伊斯兰复兴运动拉开帷幕，严格按照伊斯兰教原本的教旨推行社会伊斯兰化，伊朗变成了一个完全政教合一的伊斯兰神权共和国。在这种宗教高压统治下，国家的强力机构完备，留给恐怖主义的空间狭小，打击恐怖主义的力量强大。

第三，什叶派占主导的教派构成。伊朗是中东国家中少有的什叶派占多数的伊斯兰国家，无论是"基地"组织还是"伊斯兰国"，世界上的大多数恐怖组织成员都是逊尼派穆斯林，伊朗独特的教派构成使这些恐怖组织在伊朗发展组织成员缺乏群众基础，从而有效避免了"基地""伊斯兰国"等恐怖组织在伊朗的存在和发展。

虽然伊朗的民族和教派冲突是在可控范围内，但伊朗国内的民族和宗教构成还是比较复杂的：51% 的波斯人、24% 的阿塞拜疆人、8% 的基拉克人和马赞达兰人、7% 的库尔德人、3% 的阿拉伯人、2% 的卢尔人、2% 的俾路支人、2% 的土库曼人，其他民族人口占 1%；[1] 伊朗的宗教人口构成以信仰伊斯兰教的穆斯林为主，其中什叶派穆斯林占全部人口的 89%，逊尼派穆斯林占 10%，其余 1% 的人口为索罗亚斯教徒、犹太教徒、基督徒和巴哈教徒等。[2] 人口占少数的逊尼派穆斯林为了争取所谓的生存权，在伊朗国内发动反对什叶派政府的恐怖袭击。近年来，随着中东动荡和乱局的加剧，再加上大国插手中东事务、培养代理人，伊朗国内的教派矛盾有日益严峻的趋势，这些都会影响"一带一路"倡议实施的安全环境。

二 伊朗国内恐怖主义对"一带一路"的影响

沿线各国的恐怖活动是对"一带一路"倡议实施安全环境的最大威胁，也对我国的海外人身和财产利益造成了不可挽回的损失。近年来，随

---

[1] 冀开运主编《伊朗综合国力研究》，时事出版社，2016，第 259 页。
[2] http：//en. wikipedia. org/wiki/。

着全球暴恐形势的日益严峻，再加上中国在政治、经济等方面全球参与程度加深，国际恐怖组织策划、实施了一系列针对中国海外使馆、公司、公民等的恐怖袭击。2016 年 8 月 30 日，一名袭击者驾驶一辆三菱面包车冲进位于吉尔吉斯斯坦首都比什凯克南郊的中国使馆，在行驶约 50 米后引爆车上的炸弹，嫌疑人当场死亡，2 名使馆保安、1 名园丁受伤，伤者均为当地人，恐怖袭击后被证实是"东突"恐怖组织所为。① 2015 年 7 月 26 日，中国驻索马里大使馆所在的半岛皇宫酒店发生强烈汽车炸弹爆炸，袭击造成酒店部分楼体坍塌，中国大使馆部分房间受损，4 名当时正在馆内办公的使馆工作人员在袭击中受伤，其中一名负责安全警卫的工作人员因伤势严重医治无效不幸去世，另外 3 人受轻伤。索马里极端组织"青年党"已宣称制造了这起袭击事件，并称此举旨在报复非盟驻索马里特派团和索马里政府军近期在索南部对"青年党"实施的围剿。② 上述案例只是恐怖主义对我国海外利益威胁的缩影，"全球传统安全和非传统安全交织的情况严重影响了中国海外利益的实现"。③ 我们要提高警惕，加强海外利益的保护。

笔者以为伊朗国内的恐怖主义对"一带一路"建设的实施有宏观和微观两种影响，表现在如下几个方面。

1. 影响"一带一路"倡议的整体、宏观实施

"一带一路"是一个综合性倡议，它不仅是中国的，更是世界的。中国可以从"一带一路"建设中受益，但"一带一路"追求的更是合作共赢。"一带一路"的沿线国家不但有欧洲这样的发达国家、中国这样的新兴经济体，而且有阿富汗等相对比较落后的国家。"一带一路"沿线国家中的任何一个国家如果国内安全环境恶化，都会影响倡议的顺利推进，可以说是牵一

---

① 《中国驻吉使馆遭恐怖袭击，疑是东突所为》，搜狐网，http：//mt. sohu. com/20160831/n466899548. shtml，访问日期：2017 年 2 月 10 日。

② 《索马里中国使馆所在酒店遭恐怖袭击，致 1 死 3 伤》，搜狐网，http：//news. sohu. com/20150728/n417635304. shtml，访问日期：2017 年 2 月 11 日。

③ 吕晓莉、徐青：《构建中国海外利益保护的社会机制探析》，《当代世界与社会主义》2015 年第 2 期。

发而动全身，而恐怖主义是影响国内安全的重要因素。伊朗和中国有传统的友好关系，伊朗更是"一带一路"建设上的"节点"国家。如果伊朗国内的恐怖主义得不到有效控制，没有一个和平、安定的国内环境，伊朗政府就无法拿出足够的精力和财力投入"一带一路"的建设，如果伊朗在"一带一路"建设上无法成功推进，势必影响周边国家甚至是所有沿线国家对"一带一路"倡议的兴趣和积极性。可见，出于"一带一路"建设的整体考虑，伊朗有必要和包括中国在内的国际社会合作打击国内恐怖主义。

2. 在微观上对"一带一路"建设的影响

（1）影响其他国家在伊朗投资的热情

随着伊朗总统鲁哈尼的上台，伊朗国内的政治环境有宽松化趋势，相对宽松的政治环境有利于吸引外商投资，且伊朗经济的复苏和发展也有赖于大量外资的进入。[1] 在"一带一路"倡议的契机下，预计有大量的外资进入伊朗，外资进入一个国家主要会考察其经济、政治、文化等环境，其中一国的安全环境是特别重要的因素，伊朗国内的恐怖主义如果愈演愈烈，势必影响外资在伊朗的投资热情，进而阻碍伊朗的经济复苏。

（2）需要警惕连锁反应

目前的恐怖主义不再局限于特定的国界，而是呈现很强的"区域性"和"全球性"，一国国内的恐怖主义会影响到其他国家，特别是相邻国家的安定。伊朗国内恐怖主义的重灾区：锡斯坦—俾路支斯坦省处于伊朗、巴基斯坦、阿富汗三国的交界处，锡斯坦—俾路支斯坦省位于伊朗的东南部，城市人口稀疏，城市化水平也较低。[2] 和伊朗相比，邻国巴基斯坦和阿富汗的恐怖主义形势更严峻，"基地组织"和"塔利班"在阿富汗活动猖獗，伊朗国内最主要的恐怖组织"真主旅"其总部就在巴基斯坦。和库尔德人问题

---

① 参见韩建伟《2015 年伊朗经济发展特征》，载冀开运主编《伊朗发展报告（2015 ~ 2016)》，社会科学文献出版社，2016。

② 王珂：《伊朗人口地理研究》，硕士学位论文，西南大学，2009。

一样，伊朗国内的俾路支人分离运动具有跨国性质，如果伊朗国内民族分裂性质的恐怖主义得不到有效的解决，就会引起阿富汗、巴基斯坦的连锁反应，影响相邻国家间的关系。同时，阿富汗和巴基斯坦都是"一带一路"沿线的重要国家，如果没有稳定、友好的相邻国家关系，就会对"一带一路"倡议的实施造成区域性的影响。

三　解决伊朗国内恐怖主义影响
"一带一路"倡议的对策

（一）伊朗要积极参与反恐国际合作

作为伊斯兰世界少有的"什叶派"占人口多数的国家，伊朗一直以来都和沙特阿拉伯、土耳其、埃及争夺伊斯兰国家的"领导权"。地缘政治方面，伊朗无论是对稳定国内形势的考虑，还是增加在伊斯兰世界影响力的考虑，伊朗都愿意积极参与国际和区域的反恐合作。目前，中东地区反恐的重点是"伊斯兰国"，在各个反恐国际联盟的共同努力下，"伊斯兰国"现在已经是穷途末路。虽然伊核协议达成后，伊朗和西方国家特别是与美国的关系有所缓和，但由于长期以来根深蒂固的矛盾，伊朗和美国的隔阂还是会长期存在。在中东地区，目前主要有三个打击"伊斯兰国"的国际联盟，第一个是以美国为首的反恐联盟，第二个是以俄罗斯为首的反恐联盟，第三个是以法国为中心的反恐联盟。此外，还有两个小联盟，分别是以沙特为中心的逊尼派国家联盟和以伊朗为中心的什叶派国家联盟。[①] 可见，伊朗在中东地区，特别是在打击"伊斯兰国"的行动中发挥越来越重要的作用。伊朗要积极参与反恐国际合作，只有在国际上铲除恐怖主义滋生的土壤，才能彻底解决伊朗国内的恐怖主义问题。

---

① 《IS或成沙特和伊朗冲突最大赢家，反恐合作将难推进》，新浪网，http：//mil. news. sina. com. cn/world/2016 - 01 - 12/doc - ifxnkvtn9850156. shtml，访问日期：2017 年 2 月 10 日。

（二）加强伊朗国内关键基础设施保护

基础设施对各国发展经济、加强互联互通和经济融合具有重要的意义。随着伊朗全球反恐形势日益严峻，其基础设施逐渐成为恐怖袭击的目标，特别是针对机场、车站等重要基础设施的恐怖袭击更是层出不穷，对伊朗境内的人身和财产安全造成严重损害。2017 年 2 月 13 日，我国常驻联合国代表刘结一大使在安理会保护关键基础设施免遭恐怖袭击问题公开会上发言指出：各国应着力保障地区互联互通项目及基础设施安全；各国应切实承担保障基础设施安全的主体责任；各国应强化保障基础设施安全领域的国际合作。[①]

中国提出的"一带一路"倡议将基础设施互联互通作为重点合作方向，支持沿线国家提高基础设施建设水平，实现互利共赢，实现联动式发展，造福各国人民。通过双、多边渠道加强情报共享、风险评估及联合执法合作，切实保护互联互通项目及跨境基础设施免遭恐怖袭击，为开展"一带一路"建设提供安全保障环境。

（三）加强中、伊反恐合作

中国和伊朗在反恐问题上有共同点，中国在国内所面临的恐怖主义威胁主要是民族分裂性质的恐怖主义，我国有新疆地区的"东突"分裂势力，伊朗在锡斯坦—俾路支斯坦省有俾路支人分离运动催生的暴力恐怖主义。在国际反恐问题上，中国坚持发挥联合国的主导作用，倡导建立目标一致、齐心协力的国际反恐联盟，反对反恐执行"双重标准"，也反对将恐怖主义和任何特定的民族和宗教挂钩。

随着中国逐步在经济建设上取得巨大成就，中国在国际事务中的作用日益重要。中国是全球恐怖主义的受害国，也应该成为全球恐怖主义治理的积

---

① 《刘结一：继续推进反恐合作，为"一带一路"保障安全》，和讯网，http：//news. hexun. com/2017 - 02 - 15/188157596. html，访问日期：2017 年 2 月 11 日。

极参与国。面对恐怖主义在全球的肆虐，中国应该展现出中国智慧，也应该拿出中国方案，在全球反恐治理中，中国要积极"走出去"，发挥和国家实力相对应的作用和责任。因此，无论是国内还是国际的反恐怖主义斗争，伊朗都应该积极寻求和中国的合作，强化信息共享及执法、司法协作，中国也应该积极支持伊朗的反恐努力。

B.13
新疆企业"走进"中亚的
路径选择及风险防范*

杨 凌**

摘　要：　"走出去"战略是国家根据经济全球化和国民经济发展内在
需求所做出的重大决策，是全面发展开放型经济、实现我国
经济与社会长远发展的重要举措。新疆是我国向西开放的重
要门户和平台。近年来，新疆充分利用其地缘、人文、政策、
环境等优势，不断加快企业国际化步伐，对外开放程度不断
加深，企业"走出去"步伐明显加大，对外贸易占地区生产
总值比重不断上升，尤其是与中亚五国的贸易占比很大，同
时对巴基斯坦、伊朗、阿富汗、俄罗斯和外高加索地区产生
较强的辐射作用。同时，企业"走出去"要特别注意各种风
险防范。

关键词：　企业"走出去"　路径选择　风险防范

　　企业"走出去"是在世界经济全球化和区域经济一体化背景下，企业
国内经营活动在海外的延伸。因此，在"丝绸之路经济带"建设背景下，
新疆企业充分利用国内、国外双重优势，积极"走出去"，参与全球资源配
置和国际竞争，对促进新疆稳定与发展，实现经济社会长期健康、稳定、和

---

　　* 本报告由国有企业"走出去"协同创新中心资助（项目批准号：201504YY007B）。
　　** 杨凌，中国社会科学院中国边疆研究所博士后。

谐发展具有重要意义。

2014 年 12 月成立的丝路基金，是国家推进"一带一路"建设的重大举措，致力于为沿线地区经贸合作和互联互通提供投融资支持，为推动新疆企业"走出去"带来新的机遇。

一 新疆企业在中亚市场的发展现状

近年来，新疆作为"丝绸之路经济带"的核心区，在开拓中亚市场中发挥重要的"窗口"作用，各领域合作成效显著。新疆企业应抓住机遇加快实施"走出去"战略，使在中亚国家的谋篇布局取得长足发展。2015 年，新疆企业境外分支机构数量达到 340 个，其中包括境外投资主体企业 251 家，居全国第 21 位，在西北五省排名第一，① 说明新疆企业国际化进程随着新疆经济社会的发展总体呈上升趋势。但同时也存在国际化深度尚浅，境外子公司较少，国际化速度较慢等问题，自治区企业总体选择了一条渐进式的国际化发展道路。

中亚市场是我国新疆企业最为重要的投资方向。截至 2015 年底，新疆企业在中亚五个国家均设立了境外分支机构，在地域分布广度上位居全国之首，且数量占新疆境外机构总量的 3/4，在全国中亚机构总量中的占比也超过了 40%。因此，可以说新疆企业的国际化总体上就是面向中亚国家的国际化，新疆企业成为我国企业走向中亚国家的投资主体。2014 年，新疆 33 家国家级重点企业中，有 13 家企业通过农产品、食品等出口走出国门，贸易额近 3000 万美元。新疆企业在中亚五国的布局，按投资金额与规模计算，哈萨克斯坦所占份额最大，其后依次为塔吉克斯坦、吉尔吉斯斯坦、乌兹别克斯坦、土库曼斯坦，这些国家的投资领域和投资份额各有侧重。中国在哈的中资企业达 3000 家，新疆在中亚各国投资的企业达 130 多家，以股份制企业和民营贸易企业为主，成为我国投资中亚的主力军，国内大企业大集团

---

① 《境外投资企业（机构）名录》，商务部网站，2015 年 5 月 6 日。

抢滩海外市场的传导效应逐渐在新疆显现。新疆企业因日益重视中亚国家的市场潜力，直接投资领域已经逐步涉及资源开发、工业制造、农林牧渔、基础设施建设等众多领域，并形成以金风科技、美克、广汇、野马、华凌集团等大型股份制或民营企业为代表的跨国企业，这些企业成为开拓中亚市场的主力军。亚洲开发银行、国家开发银行新疆分行面向中亚国家的支持力度不断加大，哈萨克斯坦已成为中国海外投资第三大目的国。截至 2013 年，乌兹别克斯坦与亚行合作项目共 29 个，资金总额超过 38 亿美元，在拉动区域经济整体发展中的作用不断增大。

目前，新疆 14 个对外开放一类公路口岸已经拥有公路运输线路 44 条，一个以乌鲁木齐为转运中心，以国道省道为主体框架，东连青海、甘肃，南接西藏，西出中亚、西亚各国的四通八达公路交通网络已经形成。自 1985 年新疆航空公司成立以来，新疆目前已经拥有机场 12 个，其中乌鲁木齐国际机场已经成为中国第四大国际航空港，航线总里程达 14 万公里。同时，中国—亚欧博览会、哈萨克斯坦—中国商品展销会、喀什对外贸易洽谈会等新疆众多向西开放平台已经形成，为新疆优质企业走进中亚提供了重要的支撑和平台。

二 新疆企业进入中亚市场需要解决的
几个问题

在"丝绸之路经济带"核心区建设背景下，新疆企业所面临的机遇千载难逢，拓展中亚市场也取得了稳步发展。但是，由于新疆地处我国西部相对落后地区，企业发展本身仍存在诸多问题。加之中亚国家投资贸易环境不太稳定等因素，新疆企业走进中亚市场会遇到政局不稳、政策多变、大国博弈、资金缺乏、金融风险等诸多方面的问题。这些问题将给企业发展、区域合作，甚至是"一带一路"建设造成障碍。

1. 新疆企业自身建设亟待加强

第一，新疆企业缺少核心技术，技术创新能力薄弱。企业的核心能力是可持续发展，同时可持续发展必须依赖企业的不断创新。新疆企业大多属于劳动密集型产业，自动化、机械化程度不高，自主创新能力薄弱，大多数中小企业没有掌握核心技术，产品往往处于技术链中下游。新疆企业缺乏技术创新的信息支持，且研发经费投入严重不足，企业技术改进和创新受到严重阻碍，企业持续竞争能力被削弱，导致国际竞争能力不足。企业的发展取决于自身的运行机制，制度创新动力不足是症结所在。同时，优势资源转化能力不足也是新疆企业发展必须突破的瓶颈。新疆自然资源优势得天独厚，新疆企业对资源的依托较大，增长方式也过度依赖初级加工和输出原料，与资源直接相关的采掘业占整个新疆地区工业部门的比重较大。在区域资源后备储量不足的情况下，这种情况在很大程度上影响能源工业的持续发展，对新疆企业外向型发展较为不利。

第二，经营管理水平相对落后。经营管理能力是企业核心竞争力的直接体现，企业如果不能将所属资源整合为企业的核心竞争力，那么拥有再多资源都是一种浪费。新疆企业大多属于粗放式管理，缺乏成熟、有效的培养、选拔、激励和约束机制。管理观念陈旧、缺乏创新意识、绩效评定制度落后、关心眼前利益等，都制约着新疆企业核心竞争力的构建。[①] 同时，企业缺乏现代市场所需的营销理念。在新旧体制转轨过程中，企业过度依靠政府权力这种非市场行为，管理者尚不能从现代企业经营理念和竞争模式来认识营销。企业营销策略照搬硬套的现象较为普遍，基于新疆文化和本土化视角下的营销理论不多。此外，新疆企业风险管理的意识淡薄，在拓展中亚国家市场时，对市场调查和相应信息收集不足，对当地市场的消费需求、竞争状况等市场因素缺乏长期、系统的了解，了解不充分或了解片面会导致判断错误引发经营风险，并且规避风险手段单一。新疆企业内部普遍缺乏风险预警机制，在风险产生后缺乏应急预案将造成风险危害和损失的扩大。

第三，企业人员素质亟待提高，缺乏高素质的复合人才。新疆企业走出

---

① 金碚：《竞争力经济学》，广东经济出版社，2003。

去需要高素质的各类人才，除了一般企业人员所具备的素质以外，还应掌握外语，熟知国际规则和国际惯例，了解目标国的市场信息、法律法规、税收政策、劳动力素质、风土人情等情况。目前，新疆缺乏跨国经营人才，职工学历层次不高、人员素质低下，特别是外贸领域的业务人才、管理人才和相关技术研发人才非常匮乏，成为新疆开拓中亚市场面临的主要问题。这种情况主要由新疆经济发展滞后、用人机制与人才培养机制欠佳、信息不畅等因素造成的，人才流失使得新疆外向型经济受到猛烈冲击，成为制约新疆经济发展的现实因素。

第四，企业文化建设有待加强。企业文化是企业核心竞争力的外在表现，企业的动力和凝聚力均来自企业文化。但是，新疆不少企业在企业文化构建上具有鲜明的唯意志色彩，且具有血缘性、情缘性和地缘性特征，使经营管理中的非理性和落后性特征明显。由于缺乏现代企业的文化特质，员工的企业认同感和归属感很难形成，从而难以形成持续的竞争优势。特别是企业在海外所面临的压力和风险巨大，为了获得发展空间，少数海外企业恶性竞争，竞相杀价，甚至通过不法手段获取市场份额。① 这不仅影响到中国海外企业的自身发展，而且严重损害国家的正面形象。此外，新疆一些企业的信誉问题也是影响自身发展的重要因素。中国产品具有一定的价格优势，但这种低质低价的商品也严重影响了新疆企业在中亚市场中的商誉。

第五，新疆中小企业融资难，成为一直困扰新疆企业发展的瓶颈。新疆中小企业的资金来源主要凭借私人交情、口头承诺等，同时银行贷款也更为看重企业有形资产，而不是企业的品牌、信誉和创新能力等。大多数中小企业资金短缺，规模偏小，融资渠道不畅，从国内银行获得境外投资项目的资金借贷难度也较大。此外，新疆一些企业在财务方面先天不足，使其融资变得更加困难。这种状况极大地制约了中小企业的发展，造成市场风险的承受能力较低，阻碍了新疆企业对中亚市场的开拓。

---

① 宁二、吕友清：《国家形象是最大的国家利益》，《南方都市报》2014 年 7 月 13 日，第 A18 版。

2. 中亚国家投资环境存在隐患

政治风险。政治风险指由于中亚国家政治形势、政策、国家政治体制、经济管理体制等方面的调整与变化对新疆企业造成的不利影响。中亚地区基本稳定的政局下，仍然蕴藏着一些不稳定的因素。与发达国家相比，中亚各国政治、法律以及社会等方面的不稳定因素给新疆企业带来各种不确定性，使其开拓中亚市场时面临多种困扰。其中，哈萨克斯坦的政治环境相对其他四国更加稳定。中亚国家均面临"强人政治"、领导人老龄化等问题，政局不稳往往导致经济运行不畅、社会秩序混乱，给跨国经营带来不确定的风险。政治不稳定也会导致国家各项政策出现诸多变化，影响国家经济政策和投资政策的连续性和稳定性，使新疆企业进入中亚市场面临巨大的潜在风险。

经济、市场风险。宏观经济环境风险指宏观经济环境的变化使中亚居民消费水平受到影响，增加了新疆企业蒙受营销损失的可能性。金融危机以来，中亚各国经济回暖并仍然保持稳定增长，社会发展水平明显提高且发展潜力巨大。但是，中亚市场本身正处于转轨阶段，市场经济体制还没有完全建立，金融体系和信用体系不够完善，出口坏账风险有加剧可能，这也和全球大环境密切相关。从历史上看，中亚国家政局长期以来大都不够稳定，还没有完全建立与现代市场经济相配套的流通体系，市场秩序相对混乱，其法律制度、知识产权保护、合同签订与履行等方面漏洞较多，并且政策透明度和执行力度也有待加强。除吉尔吉斯斯坦以外，其他中亚四国还没有加入WTO，市场开放程度不高，制度也不够规范。有些新疆企业在中亚市场的经营活动往往忽略目标市场宏观经济环境变动对消费水平的影响，这对企业海外经营非常不利。中亚各国社会经济还处于恢复阶段，管理不规范、法律法规不健全、行业管理和监督不完善等因素会给企业带来巨大损失。此外，西方发达国家势力的渗透，以及大国博弈等因素，导致国际市场环境瞬息万变，使新疆企业面临巨大的经营风险和竞争压力。

政策、法律风险。法律风险是指由于新法律、法规的出台，使原有的法律法规变动或企业不能及时了解新法或不适应新法的，引发企业蒙受损失的可能性。目前，中亚国家正处于转轨阶段，适应市场经济的新体制在建设中，法律体系不健全、法制手段不规范等问题仍然突出，针对外国企业的各种限制性法律出台频繁，并且经常发生变化，行政机构对企业随意干预较多，对本国产业和市场采取保护政策，形成贸易投资壁垒和非关税壁垒。例如，有的国家新的矿产资源管理法律法规的出台，对境外企业投资矿业构成实质性障碍；严格限制外国劳务移民，并强制进行有偿分配管理。随着中亚各国工业化和城市化的发展，环境污染问题越来越成为关注的焦点，绿色贸易壁垒逐渐盛行，控制污染成为在中亚发展企业的硬性指标，使新疆投资企业海外拓展成本不断增加。有的中亚国家在司法制度和公民自觉等方面较西方发达国家有很大差距，行政执法透明度较低，索贿、行贿等腐败现象严重，极大影响了市场的公平竞争，外国企业也常因当地司法不公正而遭受重大损失，增加了新疆企业跨国经营成本和风险。①

中亚国家在政治、经济及社会等方面与我国存在较多差异，而且新疆缺乏境外投资风险评估机构，企业难以有效判断投资风险，投资盲目性较大，跨国经营的复杂性使新疆企业面临巨大的潜在风险。因此，加强海外经营风险研究、强化企业管理、加强人才培训是实现新疆企业国际化经营和可持续发展的必然选择。

3. 新疆企业走进中亚的路径不够畅通

外汇汇率风险。汇率风险主要体现为：若本国货币升值，将导致出口蒙受外汇汇兑损失，但有利于降低进口成本和发展对外投资；若本国货币贬值，出口营销将受益，但进口和对外投资则受损。在中国新疆与中亚国家的贸易中，外贸顺差尤为突出。2005 年以后，由于人民币大幅升值给新疆企业出口贸易带来不小压力。目前，越来越多的企业开始关注外汇风险，特别是从 2014 年第二季度开始，市场汇率波动给企业现金流造成的确定性急剧加大，应提前做好风险预判并采取相应措施。

---

① 陈杰军：《浅析中亚市场的投资风险》，《伊犁师范学院学报》（社会科学版），2007 年 1 月。

出口坏账风险。出口坏账风险是由于不能及时足额收回出口货款企业造成重大损失的情况。目前中国出口坏账率是发达国家的 10 ~ 20 倍[①]。信用体系不健全、银行监管能力弱、市场秩序混乱等问题一直困扰中亚市场，特别是金融危机导致中亚企业及个人支付能力下降或由于主观道德原因，赖账、拖欠等问题突出，而且新疆几乎没有为企业提供专门资信调查的机构，给新疆企业境外投资造成巨大损失。

腐败问题。近年来，中亚一些国家的腐败现象尤为严重，特别是海关人员滥用职权现象非常突出。由于人员更替频繁、关税不明朗等因素，中国企业办理签证的程序非常复杂，且所需费用高昂，索贿、行贿等腐败行为盛行。影子经济在中亚市场上普遍存在，主要包括"隐瞒的"、"非正式的"和"非法的"三种形式。中亚国家的影子经济约占各国 GDP 总量的 1/3，如哈萨克斯坦约占 40%，吉尔吉斯斯坦已占全国 GDP 的一半以上。[②] 影子经济使企业在中亚市场上难以公平竞争，"灰色通关"等腐败现象也增加了跨国企业的营销成本，这种现象在中亚市场仍将长期存在。

同时，我方企业违规操作行为也时有发生。例如，部分企业以私人名义在海外注册或投资参股，且未办理产权归属的法律手续，卷款外逃事件时有发生，导致国有资产流失。有些项目企业公关手段不当，贿赂当地官员以获取项目，使企业形象蒙受损失。虽然我国对商业贿赂行为已经加大了打击力度，但该现象仍然偶有发生，使市场资源难以得到合理配置，客观上助推了假冒伪劣产品的滋生，使企业形象蒙受损失，技术创新和产品升级受到阻碍，制约了企业的可持续健康发展。

文化问题。新疆作为"丝绸之路经济带"上东西方文化的汇聚之地，与中亚国家开展区域合作具有一定的人文优势。但是，中亚民众的价值观、信仰、语言、风俗习惯等各异，跨国企业很难准确把握当地消费者的喜爱偏

---

① 郑岚、刘万岚：《我国外贸企业高坏账率的成因分析及对策研究》，《国际商务》2007 年第 2 期，第 66 页。

② 王海艳：《吉尔吉斯斯坦经济发展模式选择与策略》，《俄罗斯中亚东欧市场》2008 年第 4 期，第 29 页。

好,造成市场定位不准,提供的产品无法有效满足当地目标群体的需求,给新疆企业市场拓展带来不小难度。此外,语言也是企业开发当地市场的阻碍所在。中亚各国民族众多、语言各异,为新疆企业造成了较大的语言障碍,语种、语义使用不当都会对双方交流产生影响,致使跨国营销风险和损失发生。

三 新疆企业走进中亚的对策建议

企业跨国经营不可避免地要遇到一些困难和挫折。企业也应以此为契机,深度剖析自身在体制和管理上存在的问题,谋求自身发展与完善,进一步做好海外机构本土化工作,使新疆企业跨国经营进入良性的发展轨道。依托"一带一路"核心区战略地位,充分调动疆内外企业地缘优势,发挥各级政府宏观调控职能,加强产业项目对接和招商引资工作,重视龙头企业培养和人才援疆,为新疆企业走进中亚创造良好条件。

1. 充分发挥地方政府的宏观职能

新疆维吾尔自治区各级政府应发挥指导和协调职能,制定境外投资总体规划和产业指导政策,在引导投资领域、绕开贸易壁垒、减少经营风险、扩大市场范围上下功夫,在参与国际经济合作的广度和深度上下功夫,以此促进企业海外经营健康有序的发展。保障海外企业合法权益是新疆自治区政府维护我国海外利益的具体体现。完善保护新疆企业海外利益相关的法律保护政策,继续健全《海外投资法》《海外投资保险法》等相关法规,使海外投资能够有法可依、有章可循。此外,政府可以成立全区域性的涉外投资保险机构,专门负责为中国的涉外投资企业提供社会、经济等类型的保险。当新疆企业在中亚国家的经贸活动受到侵害,利益无法保障时,除企业自身应该积极寻求自我保护外,政府应进行必要干预。政府在任何情况下都应成为我国海外投资企业的坚强后盾。近年来,在上合组织框架内,新疆自治区政府为鼓励新疆企业开拓中亚市场出台了一些制度安排，并提供了有力的政策支持。

新疆自治区政府对企业开拓中亚市场具有审批权和监管权，特别是对与中亚国家的大型能源合作项目负有政策、审查、管控、激励等宏观职能。规范的市场需要完善的法律制度，更需要法律制度得到真正有效的贯彻和执行。这也是各级地方政府的重要职能所在。新疆自治区政府应通过监督、检查、惩处等手段和途径，为企业进入中亚市场创造一个稳定、公开、公正、透明的环境氛围，不仅可以激发企业创新和活力，降低经济交易成本，而且还能营造收益大、风险小的市场环境。自国家沿边开放战略实施以来，新疆各级政府的服务功能也在日益强化。首先，中央在方针政策和资金支持上，为本地企业进入中亚市场提供咨询服务。其次，新疆自治区政府通过与中亚国家及地方政府建立合作友好关系，为新疆企业供了便利条件。此外，积极推进信息化建设，建设覆盖全疆各地、州（市）和相关口岸的信息网络服务平台，提高企业开展工作和处理业务的工作效率。

2. 加强新疆企业自身建设

面对全球竞争激烈的市场环境，要改变以往小规模、分散化的企业经营局面，通过联合、重组等方式，积极发展以资本、生产、技术为一体的现代企业集团作为境外投资主体，以便更好防范各种境外投资风险。中亚国家市场环境较为复杂，新疆涉外企业必须具备强大的核心竞争力，才能应对目标市场既有的和隐藏的各种风险。技术创新能力是企业核心竞争力的首要体现，掌握核心技术是企业生存和发展的根本要素。因此，新疆企业应重视科学技术的创新能力，通过引进与自主创新相结合，或是通过技术改造促进升级换代等方式，努力加强自身优势，为"走出去"并能够"走进去"奠定坚实基础。[①]

管理作为企业经营的重要内容，也是企业核心竞争力的重要因素。管理体制创新是当今企业成熟发展的必然要求。企业应通过管理水平提升去支持企业高效运营，企业的发展过程，其实质就是管理水平和创新管理机制不断

---

① 张晋东：《培育核心竞争力应该注意的几个问题》，《技术经济与管理研究》2002 年第 3 期，第 34～36 页。

完善的过程，因此提升管理水平是新疆企业永恒的主题。企业管理机制的完善，先要解决人的问题。人员配置主要涉及选拔、培养、安排、配合和考核等内容，其知识结构、年龄结构、地域结构应成为考察重点。从长远来看，管理人员本土化是跨国企业稳定发展的必经之路，应有计划地选拔和培养当地人才，避免文化差异产生的矛盾，使企业生存基础稳固牢靠。加强外派人员的培训和教育，鼓励新疆企业积极参与国际人才竞争，允许企业从国际人才市场上发掘既熟悉国内法规又知晓国际惯例、懂经营、善管理的国际专业人才，从而加强人才储备，为开展国际经营打好扎实的人才基础。同时，制定严格的行为准则以规范中方人员在外行为，增强员工的凝聚力和主人翁意识，树立"企兴我荣、企衰我耻"的道德规范。同时要重视驻外人员的业余文化生活，倡导积极、健康、向上的文化娱乐生活，自觉树立中国企业和中国人的良好形象。

3. 重视电子商务体系建设

各级地方政府和企业应适应时代变化，紧跟时代潮流，充分认识信息时代电子商务对企业发展的优势作用。政府可以制定相应政策，多方面扶持新疆中小企业电子商务的发展，完善电子商务法律环境，科学系统地规划电子商务建设体系，为新疆企业海外拓展提供良好的信息保障环境。虽然目前新疆电子商务应用水平相对较低，该地区却有发展电子商务的各种有利条件。首先，新疆拥有成熟的网络销售渠道，新疆丰富、独特、品质优良的网货资源，成为电子商务应用重要的优势资源之一。其次，新疆网民数量近1000万人，占全疆人口数量近一半，高于全国平均水平，且网民素质较高，构成了新疆电子商务应用的良好氛围。此外，新疆电子商务的应用具有有利的外部条件。因为新疆远离内地市场，在信息不畅、交易成本高等问题突出的情况下，电子商务的应用会使问题得到很好解决。

另外，在"一带一路"建设的战略背景下，沿线国家信息服务保障体系的建立亟待加强。由于中亚市场环境较为复杂，建立健全信息网络服务体系，加强与各企业、各机构、各部门之间的信息交流，建立政策、法规风险预警机制显得尤为重要。首先，加强企业信息平台互联互通建设，加快信息技术创新和普及，积极推进云计算等新技术在信息网络、贸易合作中的应用。其次，应加快"一带一路"沿线国家信息数据平台建设，支持以先进技术为支撑、线上线下深度融合的电子商务交易网络。此外，要在信息传输、网络营销支付、网络交易信用体系以及口岸电子信息平台建设上加大建设力度，以提高通关能力和口岸工作效率，努力打造新疆企业"走出去"的信息服务保障体系。

4. 制定科学的品牌发展战略

新疆企业要树立正确的品牌战略意识，根据地区特色并结合企业自身情况，制定符合本企业发展的品牌发展目标，使企业利用有限资源以发挥最大效益。新疆地产丰富，拥有数百种在国内外都享有盛誉的特色经济作物，为新疆企业打造个性化品牌带来更多的发展机遇。短期内，新疆企业应主动承接东部产业转移，大力发展加工贸易，贴牌出口将为企业带来新的机遇。同时，新疆企业应大力实施产业集群战略，推进本地商品出口基地的建设，打造本地自主出口品牌。目前，新疆自主品牌出口仅占出口总额的30%左右，这种经济结构显然不能适应新疆地区的经济结构调整和产业升级，不能使新疆的企业在国际贸易激烈竞争的大环境中立于不败之地。近年来，随着中亚国家经济好转，居民消费需求结构与层次都逐渐发生改变，新疆原来低价商品的竞争优势正逐步丧失，品牌、质量等因素越来越成为主导因素。因此，创建和强化自有品牌建设，成为开拓中亚市场的必然选择。

企业是品牌的创造者、宣传者和受益人，要从企业发展整体战略的高度来认识品牌战略，做实促进品牌发展的各项政策，为品牌战略的实施构建整体框架、指引好方向。企业品牌的推广应体现消费者、政府、媒体、学者和企业间的互动。在此过程中，企业应该始终处于中心地位。新疆要将企业打造成具有知识产权的自主品牌，就要制定品牌战略总体规划，明确产品定位，提升产品质量及品牌价值，以品牌整合社会和企业各方面资源，树立企业良好品牌形象，提升企业知名度，进而为新疆企业走进中亚打牢民意基础。

B.14
中吉经济走廊跨境
通道安全对策研究

陆 钢[*]

摘 要： "一带一路"倡议为中吉关系注入了新的动力。三年多来，
在"一带一路"建设的热潮中，中吉经济走廊方向取得了扎
扎实实的成果。双边经济合作迎来新局面。但在取得成绩的
同时还应看到，鉴于中亚地区复杂的地缘政治形势，中吉经
济走廊跨境通道仍然存在着严重的隐患。目前这些隐患不足
以影响中吉经济走廊的建设大局。然而，倘若对这些隐患缺
乏足够重视，没有采取切实措施进行应对，那么中吉经济合
作会出现问题，甚至是意想不到的波折，进而影响丝绸之路
经济带的布局。本文基于上述背景对中吉经济合作的战略对
接、经济走廊跨境安全环境和跨境建设面临的安全风险与挑
战进行比较深入的分析，并提出相应的应对措施，以确保中
吉经济走廊跨境建设的顺利进行。

关键词： 经济走廊 跨境通道 安全对策

中吉跨境区域合作在"一带一路"建设中具有独特的地缘经济战略地
位。《推动共建丝绸之路经济带和 21 世纪海上丝绸之路的愿景与行动》中

---

* 陆钢，华东师范大学国际问题研究所所长，中国"一带一路"智库合作联盟理事、上海国际
战略研究会常务理事。

明确指出新疆是"丝绸之路经济带"核心区。新疆的独特性在于其发挥着"向西开放重要窗口作用",而吉尔吉斯斯坦又是中国通往欧亚内陆地区的必经之路。借助吉尔吉斯斯坦通道,中国的商品可以通往中亚地区、中东地区和其他独联体地区。因此,尽管吉尔吉斯斯坦在中亚五国中是个小国,却是中国连接丝绸之路经济带的重要门户。

一 中吉经济合作战略规划对接

1. "一带一路"下的中吉战略对接

"丝绸之路经济带"是"一带一路"的重点战略方向。这条"经济带"把中国与中亚及俄罗斯等国家紧密地联系在一起。自 20 世纪 90 年代以来,依靠大量双边及多边的合作机制特别是上海合作组织机制,中吉之间的政治互信和经济往来有着坚实的基础。"一带一路"下的中吉经济合作从开始就得到两国高层领导的重视和关心,两国经济合作战略规划实现了对接。

在两国高层的积极推动下,中吉双方从中央到地方、从政府到企业纷纷签订各项合作协议,以实现两国"一带一路"合作的战略对接。

2. 跨境经济合作推进

经过 20 多年的发展,中吉经贸合作的基础非常扎实。即便在外贸形势不利的情况下,吉尔吉斯斯坦对华贸易也是逆势上扬,颇为可观。除独联体国家外,中国是吉尔吉斯斯坦最大的贸易伙伴,双方贸易额约占吉贸易总额的1/3。中国商品在吉市场上的占有率约为40%。自"一带一路"倡议提出以来,中国对吉尔吉斯斯坦的直接投资也成倍增长,达到 1.06 亿美元。中吉已经达成了将中国富余产能转移到吉尔吉斯斯坦的口头协议,总共有40 个合作项目,包括大批交通、能源和矿产领域的项目。吉尔吉斯斯坦方面非常欢迎中国富余产能的转移,认为这是本国的一个战略发展机遇。[①]

---

① 参见《王毅同吉尔吉斯斯坦外长阿布德尔达耶夫举行会谈》,外交部网站,2016 年 5 月 22日。另参见徐惠喜《产能合作成为中吉合作新的增长点》,《经济日报》2016 年 11 月 2 日。

中国与吉尔吉斯斯坦地方政府的合作也有大手笔。中方建议伊塞克湖州政府启动卡拉科尔重建项目。该项目帮助吉尔吉斯斯坦拥有了一座保障国内航线和国际航线的机场与现代化航站楼。此外，中吉还计划发展跨境电子商务的合作，以优化双边贸易格局。中国提出了吉尔吉斯斯坦的"海外仓计划"，定于 2018 年上半年正式投入运行。"海外仓计划"将为中国企业参与跨境电商活动提供理想的平台。①

3. 跨境通道建设状况

吉尔吉斯斯坦在中国通往中亚地区的经济走廊中发挥着过境通道的重要作用。目前主要跨境通道是中吉铁路和中吉公路，其中铁路作为中吉乌铁路线的一部分尚在谈判和规划中。承担中吉跨境通道主要任务的是国际公路运输线。现有 21 条国际道路客货运输线路，连接了吐尔尕特—图噜噶尔特口岸和伊尔克什坦—伊尔克什坦姆口岸。为了落实"一带一路"建设，中方与吉方协商开通比什凯克－吐尔尕特－乌鲁木齐和奥什－伊尔克什坦－乌鲁木齐国际公路运输线的事宜。中方还本着国际主义的精神，为吉尔吉斯斯坦修建贯穿南北的陆路大动脉。中国路桥公司承建的南北公路项目计划于 2020 年竣工，这条公路能将中吉乌公路与中吉塔公路连接起来，形成以吉尔吉斯为中转站，贯通整个欧亚大陆的公路网络体系。

中吉跨境通道中的重中之重是中吉乌铁路。这条铁路是中国搭建亚欧大陆桥南线的重要环节。1997 年，中吉铁路职能部门举行会议，成立了联合委员会和联合专家组。2005 年 12 月，吉方恳请中方同意并尽快签署关于建设中吉乌铁路的三方政府间协议，中国和乌兹别克斯坦也积极回应，三国完成了《中－吉－乌铁路修建的可行性报告》的汇编工作。随后十年里，虽然中吉乌铁路迟迟没有上马，但中国始终表态予以支持。虽然中吉两国高层对中吉乌铁路修建积极支持，但效果不尽如人意，其原因有以下几个方面。①内部政治斗争。2005 年和 2010 年，吉乌两国先后爆发大规模的社会骚乱和暴力冲突事件。②造价和融资问题。起初中吉铁路估价 9 亿美元，但

---

① 参见《吉尔吉斯斯坦希望跨境电子商务优化集中贸易格局》，央视新闻网，2016 年 11 月 24 日。

2013 年飙升至 65 亿美元。原来吉方打算通过置换矿产地获得中方资金，但引起朝野反弹，不得不放弃这一做法。③轨道宽度的分歧。中国坚持采用欧洲标准的 1435 毫米，吉尔吉斯斯坦则坚持采用俄罗斯标准的 1521 毫米。①

中吉乌铁路一路走来，好事多磨，至今未能修建完成，但三国并没有放弃。2016 年 12 月 19～20 日，在比什凯克举行的中吉乌铁路三方联合工作组第二次会议中，主要讨论了项目融资、吉尔吉斯斯坦境内段技术标准等。另外，2016 年 6 月 22 日，中吉乌铁路（乌境内）"安格连－帕普"铁路隧道项目竣工通车，习近平主席出席了视频联系活动。②

二　吉尔吉斯斯坦安全环境评估

1. 政治安全环境

吉尔吉斯斯坦政治安全环境总体上是比较稳定的，一是国家安全威胁基本上消除，吉得到了国际社会的承认和中美俄大国的保护。美国曾在比什凯克的近郊租用了玛纳斯空军基地，作为援助阿富汗美军的中转站。俄罗斯于 2003 年也在比什凯克的郊区建立了坎特空军基地，部署了近 20 架军用飞机。中吉为了打击恐怖主义也曾多次举行双边或多边的联合军演。另外，吉尔吉斯斯坦参加集体安全条约和上合组织。这些因素足以保障吉尔吉斯斯坦不受外来势力的武装入侵。二是政治体制基本架构健全，各项政治功能正常运行。吉尔吉斯斯坦独立后实行立法、司法、行政三权分立，总统为国家元首，享有很大的权力。后来吉民众发现总统制有较大的弊端，无限的权力导致在任总统滥用职权，引发了 2005 年和 2010 年的两次政治风波。经过反思，吉尔吉斯斯坦主要政治力量决定通过公决修宪，将总统制改变成议会制。2010 年公决通过了修宪，吉宣布实行议会制。2016 年阿坦巴耶夫签署了加强议会制的公决决议。吉尔吉斯斯坦的政治权力从总统转移到议会和政

---

① 参见廖成梅、王彩霞《制约中吉乌铁路修建的原因探析》,《国际参考研究》2016 年第 5 期。
② 新华社 2016 年 6 月 23 日电。

府总理。吉尔吉斯斯坦国内政治的这些变化利于其走向现代政治，维持国内社会结构的稳定。

中国是吉尔吉斯斯坦的近邻，历史上通过古丝绸之路双方建立了亲密的经济文化联系。在两国政府各种健全的合作机制保障下，跨境通道建设的政治环境处于相对安全状态。放眼未来，只要中美俄关系保持平衡，那么即使吉尔吉斯斯坦国内政局发生变化，也不会对跨境通道建设产生重大损害。

2. 经济安全环境

吉尔吉斯斯坦的地缘经济环境较为艰苦，远离海洋和港口，远离繁华的国际都市，周边地区大部分极端贫困落后，国内多山地，自然资源贫乏。因此吉尔吉斯斯坦选择了对外开放的战略：搭上经济全球化的便车，享受大国和国际社会提供的公共产品和经济援助；建立民主政治和自由市场环境吸引外来投资。这个战略获得了回报，它是中亚唯一的 WTO 成员，也是上合组织中唯一被西方承认的市场经济国家。

"一带一路"倡议给吉尔吉斯斯坦带来了机遇，为其经济发展环境提供了动力。中吉签署的很多大项目，改变了吉尔吉斯斯坦的经济结构，使它逐步从农牧业国家向现代工业化国家过渡。中国对比什凯克热电站的改造项目是中吉经贸合作的标志性项目，负责这个项目的是中国龙头企业特变电工公司，该公司还承接了"达特卡－克明"500 千伏输变电工程，该工程于 2015 年 8 月 28 日胜利竣工。这个项目有助于改变吉尔吉斯斯坦南北不通电的局面，构建了国家电网的南北主干线。这样，吉南部丰富的水资源转化的电力可以输送到缺电的北部地区，特别是首都比什凯克。阿坦巴耶夫总统高度评价该工程对促进本国经济社会发展的重大意义。[①] 总之，"一带一路"下的中吉经济合作环境是健康的，以后将会变得更加安全与稳定。

3. 跨境通道安全环境

随着中吉经济合作的深入与扩大，跨境通道的方式也变得多元化。除了

---

① 参见《自治区人民政府史大刚副主席出席特变电工"达特卡－克明"500 千伏南北输电工程竣工仪式》，新疆商务厅网站，2015 年 9 月 10 日。

公路网和拟议中的铁路线外，中吉跨境通道还涉及电力运输网络、天然气管道、跨境电子商务、跨境经济合作园区和边境口岸等。2013 年 9 月 11 日，中吉两国政府签署了关于中吉天然气管道建设运营的合作协议。这条运输管道是中亚天然气管道 D 线的一部分，吉境内全长 215 公里。管道建成后，不仅能解决吉尔吉斯斯坦的能源供应，而且将延伸进入中国新疆乌恰，与西气东输五线相接，对于中国国家安全具有特殊的战略意义。① 不久前，新疆喀什开通了到比什凯克的国际航线，这是中国深化"一带一路"倡议的有力举措，为相互交往的两国游客提供了便利。

值得注意的是，虽然吉尔吉斯斯坦的政治安全环境和经济安全环境比较良好，但是跨境通道的安全环境不那么乐观，主要威胁来自三方面：人口贩卖、跨境贩毒和恐怖分子的回流。人口贩卖主要集中在吉南部地区，"伊斯兰国"采取强制手段将吉男女公民贩运到伊拉克和叙利亚一带，参加"伊斯兰国"的"圣战"。跨境贩毒现象也日益严重，据吉尔吉斯斯坦国家缉毒总局局长曼别塔利耶夫透露，2015 年吉共查获约 28.6 吨毒品，比 2014 年增加约 61%。喀什地区也查获来自巴基斯坦的大宗毒品。② 毒品之所以屡禁不止，是因为中亚地区已经成为阿富汗与俄罗斯、中国和欧洲的毒品贩运通道和中转枢纽。

恐怖分子回流是一个普遍性的国际现象。国内一些极端分子前些年利用各种途径前往叙利亚和"伊斯兰国"，接受极端思想的灌输和恐怖袭击的培训。现在他们陆续回国潜伏，伺机发动恐怖袭击。吉尔吉斯斯坦是回流中国的一个重要通道。2013 年 1 月 23 日，一伙身份不明的武装分子在接近中吉边境的伊塞克湖州袭击吉边防军人，双方发生激烈交火，11 名武装分子全部被击毙。③ 虽然不能确定这些武装人员就是回流到中国的恐怖分子，但是

---

① 参见《走进吉尔吉斯看中亚点绕气管道 D 线建设》，《中国石油报》2015 年 4 月 3 日。

② 参见岳文良《吉尔吉斯斯坦 2015 年共查获毒品超过 28 吨》，国际在线网站，2016 年 2 月 25 日。

③ 参见《吉军方披露击毙武装分子细节》，《新京报》2014 年 1 月 25 日。另据中新社阿斯塔纳 2016 年 9 月 6 日电，吉尔吉斯斯坦安全部门在比什凯克击毙一名涉恐分子。

眼前发生的事实提醒人们，中吉跨境通道仍然面临恐怖主义的威胁，跨境通道的安全环境有待加强。

三 跨境通道建设安全风险挑战

1. 极端主义势力挑战

2016 年 8 月 30 日，中国驻吉尔吉斯斯坦首都比什凯克的大使馆突然遭到汽车炸弹袭击，造成三名使馆人员受伤。这是 2002 年后第二起恐怖袭击中国驻吉尔吉斯斯坦外交官的事件。当年中国领事王建平在吉境内被枪杀的恐袭事件震惊中外。因此，对于中吉跨境通道安全风险，需要引起高度重视并有足够的思想准备及应变措施。

在中亚国家中，进入 21 世纪后，吉政权更迭频繁，极端主义势力利用该国政权基础不稳和经济发展滞后的弱点，频频发动恐怖袭击或制造社会骚乱。吉尔吉斯斯坦总统阿坦巴耶夫明确表示国内形势非常严峻，正面临恐怖主义的威胁。[①] 2015 年 7 月 16 日，吉安全部门在一次清剿行动中击毙了 6 名"伊斯兰国"分支机构的成员。[②] 吉尔吉斯斯坦局势的复杂性在于恐怖主义、宗教极端主义与民族分裂主义等"三股势力"交织在一起，共生共长。

目前，在吉尔吉斯斯坦策划发动恐怖袭击事件的主要是"伊斯兰国"和"伊斯兰解放党"这两个极端组织。"伊斯兰国"是新生的极端势力。他们在全世界招募"圣战者"到叙利亚培训，再将其遣返母国发动恐袭。"伊斯兰国"在吉尔吉斯斯坦发展很快，近年来发动了多起恐袭事件，引起吉尔吉斯斯坦政府的高度关注。"伊斯兰解放党"（俗称伊扎布特）则是老牌的跨国伊斯兰组织，总部设立在伦敦，它是中亚地区最活跃和成员最多的极端组织。他们在吉的活动范围除了首都比什凯克外，还集中在南部的贾拉拉

---

① 参见岳文良《吉尔吉斯斯坦总统：继续加强打击恐怖主义和极端主义》，国际在线网站，2015 年 8 月 26 日。

② 参见《吉尔吉斯斯坦击毙 6 名与"伊斯兰国"有关恐怖分子》，中国新闻网，2015 年 7 月 18 日。

巴德和奥什地区。南部地区不仅有宗教极端势力，还有民族矛盾冲突，当地乌兹别克族与其他民族之间的关系一直处于紧张状态，进而波及吉乌两国，影响了相互间正常的经济合作。比如，中吉乌铁路一拖再拖，其中一个重要的原因是 2010 年 "奥什" 事件造成吉乌两国高层的政治不信任。①

在如此敏感复杂的局势下，中国工程项目的高调介入，必然引起各方力量的博弈。其中极端主义势力不愿意看到中吉跨境通道建设的成功，因为它会给吉尔吉斯斯坦带来政治稳定和经济繁荣，会提高吉尔吉斯斯坦民众的文化水平，从而抽去极端主义势力的社会基础。因此，极端主义势力千方百计地谋划破坏跨境通道的建设，散布 "中国威胁" 的言论，阻碍中国进入中亚地区的步伐。② 极端主义势力对中吉跨境通道建设安全的威胁是对 "一带一路" 倡议落实的一个严重挑战，对此要有应对措施。

2. 腐败挑战

吉尔吉斯斯坦虽然是贫穷的小国，但国内腐败现象严重，这对于中吉跨境通道建设安全也是一种威胁。2014 年 12 月 9 日，阿坦巴耶夫总统在国际反腐败日表示，吉尔吉斯斯坦存在体制性腐败，但正在通过综合治理打击腐败现象。③

一般而言，在吉尔吉斯斯坦承接跨境通道建设项目的中国大型国企，背靠政府保护，自己又有实力，可以抗拒腐败的干扰。但若是普通中国商人，则容易受到腐败之风的危害。对华商来说，吉尔吉斯斯坦无处不在的勒索和腐败是司空见惯的现象。这些现象损害了吉尔吉斯斯坦的国际形象，破坏了当地的投资环境，增加了中国与吉尔吉斯斯坦经济合作的成本和风险。吉尔吉斯斯坦政府意识到了这个问题的严重性，专门颁布了反对商业贿赂的

---

① 参见《吉尔吉斯斯坦陷入种族战争 奥什数千人死亡》，中国新闻网，2010 年 6 月 16 日。据报道，奥什大街小巷遍布尸首，数以万计难民逃离家园。另参见艾莱提·托洪巴依《吉尔吉斯斯坦奥什骚乱评析》，《新疆社会科学》2011 年第 2 期。
② 参见《大国接踵而至，中亚 "来者不拒"》，《国际先驱导报》，转引自新华网，2015 年 11 月 17 日。
③ 参见《吉尔吉斯斯坦总统说正通过综合治理打击腐败》，新华网，2014 年 12 月 9 日。

《反腐败法》并发誓一定要消除腐败的根源，对腐败现象采取零容忍的态度。[1]

3. 特殊利益集团挑战

奥尔森曾经将特殊利益集团定义为不关心提高社会生产率，只想坐享其成的"分利集团"，其特点是垄断性、排他性和狭隘性。[2] 在吉尔吉斯斯坦能够体现上述特点的特殊利益集团往往是与政治权力紧密结合的政治同盟。吉尔吉斯斯坦建国不久，其政治经济制度发育不足，没有达到现代化的政治标准，因此，吉尔吉斯斯坦具有明显的家族特征，这是特殊利益集团构成的主体。吉尔吉斯斯坦存在七大集团，分布在南部和北部。双方势力博弈激烈，但遵守一定的游戏规则。一般而言，吉尔吉斯斯坦的总统和总理分别由南方势力和北方势力轮流担任。一旦这个平衡被破坏，就会引起政治动荡。

总统比总理更有权势。因此任何一方利益集团的代表担任总统后，会全力扩大自己的势力范围，在权力要害部门安插本集团的家人、亲信。这些家族势力利用手头权力垄断市场价格，捞取经济利益。

在林林总总的反对力量中，亲西方组织、宗教极端势力和南部少数民族部落等三方利益集团表现活跃。它们尽管价值观、社会基础和利益诉求有所不同，但在反对吉现政府上高度一致。如此特殊利益博弈的格局对于中吉跨境通道建设是一种严重的挑战，这是因为吉政府是中国合作的主体。所有的大型项目都是与吉政府签订并由吉政府督促落实，一旦吉境内的各种特殊利益集团图谋从中国工程项目中谋取利益，它们会站在各自的立场

---

[1] 商业部文件百度文库注释吉尔吉斯斯坦关于反对商业贿赂行为的《反腐败法》。腐败行为指：非法干预其他国家机关或法人业务。利用个人权力为本人、亲属谋取利益。在执行公务时为个人或单位谋取利益而收受其钱财和不动产等。接受邀请参加由本国或外国公民或法人出席的国内外旅游活动等。惩罚：撤职、没收非法收受的财产，严重的将追究其刑事责任。

[2] 商业部文件百度文库注释吉尔吉斯斯坦关于反对商业贿赂行为的《反腐败法》。腐败行为指：非法干预其他国家机关或法人业务。利用个人权利为本人、亲属谋取利益。在执行公务时为个人或单位谋取利益而接受其钱财和不动产等。接受邀请参加由本国或外国公民或法人出席的国内外旅游活动等。惩罚：撤职、没收非法接受的财产，严重的将追究其刑事责任。

介入跨境通道建设。代表政府一方的特殊利益集团可能谋求从中国项目中抓取利益，而站在政府对立面的特殊利益集团可能设法搅黄中吉的合作项目。吉尔吉斯斯坦国内利益集团的政治恶斗给跨境通道增加了建设成本和未知风险。

四　保护中国安全利益的对策建议

1. 双边司法制度协商

中吉双方建立了战略伙伴关系，两国高层对于"一带一路"跨境通道建设具有高度一致的认识。尽管如此，在实践中，中国的安全利益主要依赖于吉尔吉斯斯坦提供完善、可靠和机制性的法律保障。应该看到中吉两国的文化差异性以及国情的不同，况且吉尔吉斯斯坦的自我发展历史较短，国家各方面的制度建设尚待加强，因此，两国在一些具体问题认知和处理上自然会存在分歧。例如：如何共同界定"三股势力"；如何保护中国企业在吉尔吉斯斯坦的投资安全；如何排除特殊利益集团对中吉跨境通道建设安全的干扰。这些问题都需要有具体的法律、法规予以规范，以免两国司法人员在处理这些问题时因无法可依出现争执。中国应该积极主动地与吉尔吉斯斯坦司法部门协商沟通，对于中吉跨境通道建设的安全问题进行深入研究。在此基础上，双方能够形成有针对性的法律法规，为两国跨境通道的安全提供司法保障机制。

2. 多边安全合作协调

跨境通道的安全涉及别国的社会制度和司法实践。中吉两国的协调首先需要有战略互信基础。此外，多边安全合作协调也可提供一道安全防护屏障。中吉共同参与多个国际组织和区域合作组织，其中影响最大的是上合组织。上合组织设有秘书处和反恐机构，以协调成员国的相关事务。

吉尔吉斯斯坦经过两次政权更迭后，"当地的一些激进极端组织变得更加活跃"。因此，中国应充分利用以上合组织为核心的多边安全架构，围绕跨境通道安全保护的议题，设计一些更有针对性的安全论坛，吸收中吉基层相关人员参与。安全论坛的议题可依据跨境通道建设中遇到的具体问题来设计，议题除了反恐外还可以包括反腐败、投资环境保护、环境安全以及金融安全等。

3. 企业安全意识提高

中国企业到吉尔吉斯斯坦投资办厂、开设商店、参加跨境通道的建设，对于促进两国的经贸关系起重要的作用，同时他们也承担了很大的安全风险。特别是吉尔吉斯斯坦是后发国家，虽然其是中国的近邻，也比较开放和包容，但国内安全环境缺乏稳定性，激进极端势力十分猖獗，政权的社会控制力较差。特殊利益集团的博弈激烈，容易损害中国企业的海外利益。面临复杂多变的形势，中国企业的安全利益保护更需要由自己亲自维护，而企业高层管理者是关键因素。

从目前情况来看，尽管存在某些不安定因素，但吉尔吉斯斯坦在上合组织和两国政府的努力下，国内宏观环境还是比较安全的，其主要威胁可能来自某些突发性的、孤狼式的恐怖袭击。因此，只要中国企业主要是大型国有企业的高层管理者高度重视，采取得力措施，包括编制企业安全手册、对企业职工进行安全培训、委托第三方提供安全咨询，并与当地政府司法部门密切互动，是可以将安全威胁拒之于门外的。

大型国有企业的安全自保能力较强，中小民营企业以及个体商人在吉尔吉斯斯坦的安全保障却是个问题。因为有些安全威胁不一定来自极端恐怖势力，有可能来自当地的腐败分子和特殊利益集团的敲诈勒索。这些安全威胁事件由于涉及面小，不一定能够引起政府高层的关注，而当地的中国使领馆也可能难以处理。这样，一旦事件发生，中国商人一般忍气吞声，基本上通过金钱解决，反而助长了当地某些势力的恶行。遇到这类情况，我们可以发展第三方机构，为中小企业和商人在吉尔吉斯斯坦的经商行为保驾护航。

4. 第三方机构保驾护航

参与跨境通道安全保护的第三方机构主要有商会、行会和安保公司。商会或行会的优势在于它们的关系网络。这些关系网络能够覆盖吉尔吉斯斯坦各个角落，其"神经末梢"可触及吉尔吉斯斯坦的大部分地方和领域。构成这些关系网络的基础是它的成员以及成员社会关系。国内大部分海外国有企业都参与了商会或行会组织。中国的商会或行会是政府与企业沟通的桥梁和平台。商会或行会具有组织优势，它们比个别大型国企的视野更为开阔，更加了解中吉跨境通道及其周边的安全形势，它们可以及时向企业成员发出安全预警信息，可以利用半官方背景与当地政府及其他机构进行交涉，为企业成员争取利益，提供安全保护。

至于提供专业性的安全保护的第三方机构则是安全保护公司。目前来看，中吉跨境安全形势基本稳定，少数恐怖威胁可以由两国强力部门在上合组织安全框架下的通力合作予以对付。企业方面的常规安全保护则由商会或行会负责，它们上通下达，了解中央的政策，熟悉企业成员在跨境通道建设中遇到的具体情况，与国内安保公司形成密切的协作关系，随时可根据企业的需要和请求提供必要的安全咨询和安全保护。然而，若要做到对跨境通道建设安全环境的精准定位，实现反恐、防恐的零容忍，并在跨国交涉中恰当地把握两国的相关政策，则需要建设安全大数据系统。

5. 安全大数据系统建构

习近平主席提出"一带一路"软力量建设，安全大数据就是软力量建设的重要部分。中吉跨境通道建设特别需要安全大数据的支撑。有了安全大数据，中国可以对跨境通道周边安全形势做到胸有成竹，方寸不乱。安全大数据为中国企业在吉尔吉斯斯坦的工程建设和商业活动提供预警决策功能。它能使中国企业身处异域却像在家里一样，能熟悉当地的投资环境和建设环境，了解当地的自然环境和民情风俗，洞察当地政府官员、合作伙伴和利益集团的个性动机、行为模式和利益诉求，从而做出正确的判断和决策，避免商业风险和安全威胁。吉尔吉斯斯坦是一个小国，建构安全大数据相对容易。

安全大数据系统建设可分两种模式。一种是应用型数据系统，商会或行会是建设该系统的主体，其经费部分来自政府和商会或行会，部分来自商业性收入。商会或行会主导安全大数据建设的优势在于数据的获取，商会或行会的成员可供大部分数据。由于商会或行会的安全大数据系统直接服务于其企业成员，为其跨境通道建设提供实时的咨询和预警服务，因而企业的积极性较高，愿意为了自己的切身利益共同参与安全大数据的建构。另一种是基础型数据系统，高校和科研机构是建设主体。该系统主要收集吉政权建设和社会发展的宏观数据，包括定期的政权选举和官员任命、各地方人口结构与经济发展的统计数据、各利益集团的基本构成与利益诉求、外部势力（外交机构、非政府组织、教育机构、媒体和跨国公司）的基本数据等。应用型数据系统与基础型数据系统可以集成为一个更大的系统。大数据可供国内各方分享，同时国内相关方也共同参与数据系统的维护。大数据系统利用地理信息系统和人工智能等技术，对用户的咨询、搜索和输入而形成的数据群进行自动处理，以便及时发现跨境通道及其周边环境的各种奇点和危点，保证决策者在第一时间将危险消弭于萌芽中。

中国—中南半岛
经济走廊建设安全研究

Security Studies on China-Indochina Economic Corridor

B.15
中国—中南半岛经济走廊建设：
现状、风险与对策

卢潇潇*

摘　要： 自建设中国—中南半岛经济走廊的倡议提出3年多以来，该经济走廊的建设逐渐从愿景走向现实，各个项目进展顺利，取得了一系列显著的成果，但同时也面临许多风险和挑战。本报告先解读中国—中南半岛经济走廊建设的现状及进展，然后分析建设过程中可能存在的政治风险、经济风险与安全风险，并据此提出风险应对的建议与思考。

关键词： 中国—中南半岛经济走廊 风险应对

中南半岛是南亚三大半岛之一，位于中国与南亚次大陆之间，背靠亚欧大陆，西临孟加拉湾、安达曼海和马六甲海峡，东临太平洋的中国南海，连接着东亚与印度洋上的诸多群岛，曾是古代南方丝绸之路与"海上丝绸之路"的必经之地，交通十分便利，加上半岛内各类资源丰富，是集地缘政治与地缘经济为一体的重要地区，并且随着近几年世界经济重心转移至亚洲，中南半岛更是成为全球瞩目的中心。对中国而言，中南半岛与之毗邻、双边关系交好、有着紧密的经济联系和较强的互补性，双方合作发展潜力巨大，因此，建设中国—中南半岛经济走廊不仅将中国与中南半岛的合作落到了实处，而且，作为"一带一路"倡议的重要内容，建设中国—中南半岛经济走廊将带动半岛内国家与地区的共同发展，同时对深化中国与中南半岛乃至整个东盟的互联互通、区域整体经济合作也将发挥积极的作用。

一 建设中国—中南半岛经济走廊的提出与现状

中国—中南半岛经济走廊是一条"以中国云南昆明和广西南宁为起点，以新加坡为终点，纵贯中南半岛的越南、老挝、缅甸、柬埔寨、泰国、马来西亚等国家"的国际大通道，是沟通太平洋与印度洋的陆上桥梁，也是陆上丝绸之路和"海上丝绸之路"的关键连接，还是中国和东盟海陆统筹的跨国运输大动脉。中国以"中国—东盟博览会""中国—东盟商务与投资峰会""中国—东盟自贸区及其升级版建设""大湄公河次区域合作"等平台为依托，积极加强与中南半岛国家的政策沟通、设施联通、贸易畅通、资金融通和民心相通，促使中国—中南半岛经济走廊的建设取得了显著成效。

以建设跨国经济走廊来推动中国与中南半岛国家合作的设想由来已久，2006 年召开的首届泛北部湾经济合作论坛就提出了建设"中国（南宁）—

新加坡经济走廊",这一经济走廊几乎覆盖了中南半岛的全部国家,它在将地缘经济的整合效应扩展的同时也与大湄公河次区域合作形成相互补充,建设中国—中南半岛经济走廊雏形初现。2014年9月13日,多国专家学者在广西南宁提出了携手共建中国(南宁)—新加坡经济走廊的"南宁共识",建设中国—中南半岛经济走廊的框架得到学界的认同。同年12月20日,中国国务院总理李克强在大湄公河次区域经济合作第五次领导人会议上发言指出,要着眼于次区域经济合作方向和重点,发掘中国与中南半岛国家新的增长动力和合作模式,共同规划建设全方位交通运输网络和产业合作项目、打造融资合作的新模式、促进经济社会可持续与协调发展。此时,建设中国—中南半岛经济走廊开始进入国家顶层的具体规划。2015年9月18日,中国—中南半岛经济走廊(南宁—新加坡)合作发展圆桌会议重点围绕基础设施建设、通关与投资贸易便利化、跨国跨境经贸园区建设、促进走廊区域及半岛内城市合作发展等方面进行研讨,中国—中南半岛经济走廊建设开始进入政策落实阶段。2016年5月26日,中国—中南半岛经济走廊发展论坛正式发布《中国—中南半岛经济走廊建设倡议书》,签订了中国—中南半岛跨境电商结算平台、中国—东盟云计算及大数据中心、中国龙邦—越南茶岭跨境经济合作区试点建设项目、南海国际邮轮母港及航线工程、缅甸中国农业示范区等9个价值784亿元人民币的项目,中国—中南半岛经济走廊高层次、全方位的建设也得到了区域各方高度认同与大力支持,达成了提升中国—中南半岛经济走廊经贸合作层次、水平、投资规模及人文交流的共识,合作领域得到了全面拓展,中国—中南半岛经济走廊建设工作进入全面落地实施阶段。

二 建设中国—中南半岛经济走廊面临的风险与挑战

近年来中国与中南半岛国家的合作取得了显著的成果,但作为一项大型国际合作倡议,双方合作才刚刚起步,更重要的是,中国—中南半岛经济走廊涉及国家众多、所面临的自然条件与人文情况错综复杂,其建设进程必然不会一帆风顺。随着建设中国—中南半岛经济走廊行动的全面推进，各种固有的和伴生的政治风险、经济风险和安全风险势必会一一浮现，成为中国—中南半岛经济走廊建设过程中必须理性认识和审慎应对的重大课题。

（一）政治风险

从本质上看，建设中国—中南半岛经济走廊是政治属性的倡议，所以来自政治方面的挑战尤其不能忽视，据《中国企业国际化报告（2014）》，发生于2005～2014年的120起"走出去"失败案例中，有25%是政治原因，其中有17%又是在运营过程中因东道国政治动荡、领导人更迭等遭受损失，其余8%则是在审批环节因东道国政治派系力量阻挠而失败。现阶段，重大战略性和示范性工程项目是中国—中南半岛经济走廊建设的主要载体和形式，对任何大型投资项目来说，一国政权与局势、政策执行的连续性、政府的歧视干预等都是潜在的威胁。

1. 政权不稳，局势动荡

中南半岛的多数国家正处于新旧体制转轨、民主改造探索的转型期，由民主体制不健全、移植西方民主"水土不服"、旧体制惯性强大等问题引发的政权更替、政局动荡甚至是政治危机等时常发生，这些都被视为中国—中南半岛经济走廊建设过程中面临的极大挑战。

（1）军人干政，政变频发。泰国历来就有军人干政的传统，为典型的军人政治，虽然实行民主选举，但民主根基不稳，政治体制比较脆弱，国家的稳定和团结很大程度上依赖于"克里斯马"式的领袖权威，因此领导人的更替就容易诱发政治不稳定，2016年10月13日泰国国王普密蓬的病逝就引起了"泰国的未来恐怕会陷入一段长期的不稳定"的恐慌。事实上，普密蓬国王在位期间就经历了20多次政变，泰国是世界上军事政变最多、权力更替最频繁的国家之一，由此可见，泰国政治受军人集团影响较大，军事政变时有发生。除此之外，泰国国内长期存在不同阶层和地域的政治力量之间的尖锐对立，以城市中产阶级为主体的"黄衫军"和以广大农民为主体的"红衫军"频繁地以大规模街头抗议的激进方式寻求政治变革，截然对立的阶层利益和政治诉求，加上彼此互不妥协的"零和博弈"一直搅动着泰国的政局。

（2）民主根基不稳，党派纷争白热化。从根本上说，马来西亚民主体制是英国殖民"遗留"的产物，因此马来西亚的民主实则在自由权威主义与有限民主之间摇摆，根基也不甚牢固，加之2016年的"一马公司案"引爆党派纷争进入白热化，马来西亚整个国家的政治建设藏着不确定性。具体而言，长期执掌马来西亚政权的国民阵线联盟（以下简称"国阵"）在历次大选中也都能稳操胜券，但这一绝对优势从2008年开始就受到了极大的冲击：国阵在第12届大选中丧失了36.9%的议席和13个州中的5个，在第13届大选中赢得了133席，人民阵线联盟（以下简称"民联"，即现在的希望联盟，以下简称"希联"）为89席，"国阵"最后通过议席的巧妙设置才涉险过关，但这一做法掀起了反对联盟大范围的攻击浪潮，并且越来越多的社会群体及人士也认为"国阵"以舞弊的方式窃取了"胜利果实"，全国性示威游行以及抗议不公平选举的运动开始大范围爆发。除此之外，华裔与印度裔不再如往常般支持"国阵"中由华裔主导的"马来西亚华人公会"和印度裔主导的"印度人国大党"，马来西亚土著的精英阶层基于对现状的不满也纷纷要求改革，三大族裔的选票开始流向反对党联盟，反对派的力量日渐强大，政权争夺趋于白热化。2014年，马来西亚政府在"MH370客机失事"和"MH17客机坠毁"两起空难中，因搜救低效、信息混乱等应对不力的行为引发外界种种质疑，同时也将其国内日益激烈的党争充分暴露，这种斗争最终在2015年随着"一马公司案"的爆发和不断发酵而全面引爆，马来西亚也随之陷入由政治乱象引发的经济与货币信心低迷的困局之中，总理纳吉布的民众支持率下降至独立以来的最低点，执政党面临前所未有的掌权危机。随着第14届大选的日益临近，马来西亚国内原本已十分白热化的党争更显胶着，执政党和反对党基于不同的政治诉求开始将中国的投资项目作为利益交换筹码，或者进行阻挠干扰，或者单方面宣布搁置，中马合建的碧桂园"森林城市"项目就是最好的例证。

2. 政策变动，执行连续性差

政策变动风险是指因东道国政策变更给外国投资企业所造成的不利影响。一般而言，这种变更可能是由于东道国社会经济形势出现了新情况而打破政策的连续性，特别体现在东道国认为外国投资企业存在明显或潜在的不利于本国的动态从而有意在政策上做出调整，这种政策上的调整又具体分为国家政府主动调整与国家政府迫于民间压力被动做出改变。

（1）政府主动调整政策。2005年5月底，浙江吉利控股集团与马来西亚IGC集团签署了在马来西亚合作建厂的协议，按照协议，双方将在马来西亚制造、组装和出口吉利汽车，但当生产准备工作一切就绪并准备年底正式开工时，马来西亚政府出于保护本国汽车产业的目的，突然宣布新进入的汽车品牌在该国生产的汽车不能在该国销售，必须100%出口，这一政策变动使吉利公司蒙受巨大损失。泰国方面，泰国政府更是因贷款利息等因素在中泰铁路项目中"变卦"，单方面决定不再向中方贷款并缩短中泰铁路的建设里程。

（2）迫于民间压力被动改变。缅甸密松水电站历经周折却仍旧复工无望，其所带来的巨大损失成为中国投资缅甸之殇，舆论普遍认为此项目被搁置的主要原因是破坏环境，但实际控制水电站所在位置的克钦发展网络集团直言"军政府和中资公司不跟我们商量就拿水电站项目去赚钱是项目无法推进的根本原因"。虽然2010年后缅甸转型为民选政府，但其国内的民族和解还远未实现，中央与地方在利益分配问题上的分歧与矛盾更是难以调和：在克钦人看来，密松水电站是中资企业与缅甸军政府不顾及当地人意愿而联手的项目，他们在克钦人土地上建坝、淹没克钦人的土地（其中有接近一半是独立武装克钦军控制的地盘）、驱逐克钦当地人民，而且每修一坝，缅甸军政府还以保护工程为名派军队进攻。"民地武"本来就与缅甸军政府积怨颇深，再加上享受不到密松水电站所带来的红利，克钦独立组织自然会以环境、宗教、移民条件等各种理由来坚持抵制项目的推进。密松水电站不断受到克钦独立组织等缅甸非政府组织的批评和指责，2011年9月30日，缅甸人民院议长吴瑞曼代表总统正式宣布，由于民意反对，在吴登盛任期内密松水电站停建。总而言之，当中方项目在当地的利益分配存在争议，或项目选址、路线无法兼顾各方利益时，某些民间力量常常以此对中国企业进行控诉，并在外国媒体和非政府组织的推波助澜下，最终导致政府出面搁置乃至取消项目。

3. 历史与现实交织，歧视性干预屡见不鲜

歧视性干预风险，即由于历史与现实中某些因素的影响，东道国或因历史误解或因现实顾虑而非正常使用本国政策、法律，给外国投资企业造成的不利影响，具体体现为"中国威胁论"、"资源民族主义"和"经济民族主义"等情绪的不断高涨，导致中方投资计划更改、在建项目被迫中止的事件时有发生。这类风险犹如一把高悬的"达摩克利斯之剑"，对中国—中南半岛经济走廊建设的推进是一种常态化的威慑。

（1）历史争议，"中国威胁论"膨胀。西方学界与中南半岛国家的部分学者对于中国与中南半岛的历史仍然存在误读，其中最典型的就当属泰族起源问题，部分由西方编著且在国际上颇有影响力的东南亚研究著述将南诏史作为早期泰族的历史，他们的错误观点被不少中南半岛国家的学者视为定论或者当作研究结论加以转述。他们对于历史的误读导致中国的国家形象在中南半岛地区并未得到客观、公正的展现，甚至还存在相当程度的扭曲。

虽然"冷战"后中国与中南半岛国家的关系开始进入历史最好时期，但这种"最好关系"并不排除领土主权与海洋权益争端的延续。中国与中南半岛国家的领土领海纷争集中体现在南海主权问题上，其中越南与马来西亚对整个南沙群岛或部分岛礁及海域都有主权要求。南海局势发展的不确定性加重了中南半岛国家"两面下注"的心态，尤其表现为以煽动民族主义情绪为推手大肆鼓吹"中国威胁论"，极力将共同应对南海问题标榜为保持内部团结的旗帜。除此之外，中南半岛国家内部之间也有不同程度的过往恩怨，如越柬之间的"富国岛归属"争议、泰柬之间的"柏威夏寺"纠纷等。

中国与中南半岛国家之间的关系被不正确解读，涉及领土主权和领海权益的争端一直延续，这些都在一定程度上对彼此的关系造成了负面影响，进而影响中国—中南半岛经济走廊建设工作的顺利开展。

（2）现实顾虑，"资源民族主义""经济民族主义"抬头。中南半岛国家多为小国，在分享中国—中南半岛经济走廊建设带来的福利的同时，又难免心存顾虑。过去，由于许多发展中国家都面临资金短缺的困难，中国企业在当地的项目或建设经常采取"资源换项目""贷款换石油""金矿换公路""基础设施建设—资源能源开发—金融合作"的合作模式，然而这种合作模式所承受的负面指责不少。随着"经济民族主义"情绪的上升，中国倡导的国际产能合作也面临真正落地和接受的问题。此外，一些沿线国家"资源民族主义"不断抬头，中国在当地的资源能源开发或基础设施建设项目，很容易被贴上"资源掠夺""新殖民主义""环境破坏"的负面标签，进而使得这些国家财税法律变更频繁，增大了中国企业的风险成本，类似的资源国有化政策还将持续并对中国能源企业经营产生负面影响。

（二）经济风险

中国—中南半岛经济走廊的建设在很大程度上是依靠中国与半岛内国家的各个投资项目进行的，由于中国—中南半岛经济走廊建设涉及国家众多，所需资金量巨大，投资周期较长，因此半岛内国家间的经济增长情况、金融市场稳定性、货币政策等经济因素都会对投资项目的成败产生直接影响，最终影响中国—中南半岛经济走廊建设进展与质量。

1. 基础设施项目投资收益率

基础设施建设为中国—中南半岛经济走廊建设的重点内容，众所周知，基础设施投资需要体量巨大的资金支持，而这种支持又以一定的投资收益为前提。基础设施投入最大的收益是为沿线国家当地的交通便利性带来巨大的改善的同时伴随有土地价值的增长，这恰好是我国不能够享受的投资收益，这就造成了我国巨额的投资长期在国外消耗，收益率较低，倘若我国政府与企业试图依靠在东道国进行土地转让获利，势必又会遭到当地民众的反对。因此，投资收益较低是中南半岛经济走廊建设的症结所在。

2. 汇率风险

资金的汇率风险指的是由于汇率波动导致货币升值或贬值而引发的风

险，这类风险直接影响投资资金的价值及收益。由于中国—中南半岛经济走廊涉及七个国家，其各自的货币、经济和金融系统稳定性都有很大的差异，与此同时，由于中国—中南半岛经济走廊建设所进行的项目投资时间跨度大，收益受汇率波动的影响就更加显而易见。而且在很多情况下，美元是中国在与中南半岛国家进行交易的过程中普遍使用的中间货币，在双重汇率的影响下，风险系数将会大大增加。

3. 资金可持续性风险

中国—中南半岛经济走廊所涉及的国家多为发展中国家或新兴经济体，基础项目实施所需的投资资金十分缺乏。由于基础设施建设的周期长、收益慢且还有较多的安全隐患，私人资本参与投资的可能性就大大降低。基于私人资本投资缺乏积极性的现实，由中国政府牵头的金融机构（如中国国家开发银行、亚洲投资银行、丝路基金）就理所当然地成为中国—中南半岛经济走廊建设资金的主要来源，如此一来，政府就承受了巨大的出资压力，因此，仅由政府单方牵头投资缺乏可持续性，极有可能造成项目停滞，甚至投资的损失。

4. 劳工制度和工艺标准差异的成本风险

中南半岛部分国家对于工程承包项目中外籍劳工数量都设定了严格的比例，有的甚至禁止外籍普通劳工进入本国劳动力市场，但东道国的劳工素质、工作习惯及效率都与中国的工程管理要求相距甚远，特别是一些专业要求很高的工程。为保证工程的进度和质量，中方企业不得不花钱买"进入指标"，人力成本随之大幅提高。此外，有的国家还专门针对外国劳务设定工作许可证制度，即只有持有劳工部门签发的工作许可证并在规定的单位工作方为合法，否则劳工和雇主都将受到惩罚。

在国际工程中，技术标准也是一项非常重要的内容，它直接决定了工程的所有施工细节。目前，中国企业普遍采用的是国际标准或中国标准，而有的中南半岛国家除了本国的规范外，有的使用"美标""英标""欧标"，甚至有的还采用两种以上的规范，因此在施工过程中就需要结合工程的要求和现场条件严格把握技术标准的适用性。另外，由于中国标准尚未获得广泛的国际认可，中国物美价廉的设备和材料在走向世界的过程中依然面临不小的障碍。虽然我国大量的设备和材料已能满足国际市场的要求，但国际通行认证证书的缺乏使得中国工程承包企业的施工难度和成本大幅增加。

（三）安全风险

安全风险分为传统安全风险和非传统安全风险，上文所述的政治风险就是传统意义上的安全风险，因此本部分着重论述中国—中南半岛经济走廊建设所面临的非传统安全风险，包括跨界民族武装冲突、生态保护与毒品疾病隐患。

1. 跨界民族武装冲突

中国—中南半岛经济走廊所覆盖的地区为全球跨界民族最多的区域之一。以缅甸为例，中缅边境居住着10多个跨界民族，复杂的民族关系和动荡的国内局势使得缅北成为矛盾集中之地，跨界武装组织超过70个，成员有30000余人，武装冲突频繁。虽然缅甸政府一直致力于缓和冲突，但缅甸中央政府与跨界民族武装的关系依旧剑拔弩张，缅甸政府与跨界民族武装长期对峙的局面不仅会对缅甸本国的安全局势造成威胁，而且假若二者再次爆发武装冲突，不单会威胁中国与缅甸边境地区的安全稳定，对于中缅贸易、中国—中南半岛经济走廊的建设也十分不利。

2. 既有环境约束与潜在环保难题

地处热带季风气候区的中南半岛在不稳定的西南季风的作用下，干旱、洪涝、泥石流和山体滑坡等灾害频发，这一方面会影响中国—中南半岛经济走廊建设的进度、质量及建设者的安全，另一方面也会给项目竣工后的运行和维护造成诸多不便，这不仅会造成财富流失，还将损害中国—中南半岛经济走廊的声誉。同时，中国—中南半岛经济走廊部分沿线国家生态环境脆弱，并且极度缺乏治理的经验和技术，一旦发生环境破坏，破坏性强，影响范围广。例如：公路铁路建设需要深入人迹罕至的地区，这一方面可能影响野生动物的生存空间，另一方面公路司机、乘客丢弃的垃圾日积月累也会造成污染，粗放型的开矿也可能会破坏土地造成粉尘、废水和废渣污染，盲目开垦森林、盲目建造大型农业项目等都可能破坏当地的生态环境。特别需要注意的是，环境保护问题引发政治风险的可能性非常大，如东南亚一些流经多国的河流遭到污染，进而造成跨国性问题。

3. 毒品及艾滋病的负面影响

"金三角"始终是中南半岛无法回避的敏感区域，这个由跨界民族武装控制的毒品生产区在生产扩散效应下又成为毒品的消费区，生产与消费产生的毒品通道加剧了毒品向周边泛滥。随着吸毒人数的增加，艾滋病病毒的感染人数呈上升趋势。据亚洲银行统计，中南半岛艾滋病患者所造成的经济损失已由 2003 年的 29 亿美元增加至 2015 年的 31 亿美元，严重影响了中南半岛社会经济的发展。

三 应对中国—中南半岛经济走廊建设风险的几点思考

（一）增强国别分风险评估，提前防范风险

一国政治风险的大小与主权国家因素密不可分，因此，在进入一个特定主权国家时要预先对其进行国别风险评估。国别风险评估主要注重对一个主权国家的因素进行详细的剖析，包括对其政治体制、政局形势、党派竞争、经济发展、社会概况、外资引进的法律制度、贸易法律制度、工程建设法律制度、土地管理法律制度和行业监管体系，安全生产法律制度、环境保护制度、劳动保障制度和税收法律制度做全面的解读。就操作层面而言，跨国投资企业可借助国际知名机构（如世界银行、经济学人智库）和国内知名机构（如商务部、中国出口信用保险公司、中国社会科学院）的国别评估、报告、介绍来积累和丰富自己的风险识别储备，以此为基础，在锁定明确的进入国家后就开始全面加强对该国家内部政治、经济、文化、宗教、民族形势、央地关系、外部大国因素、对华态度等进行实时追踪，还可支持相关商会、企业、高校、科研院所等对目标锁定国的各类安全风险进行辅助动态评估。

（二）增强国际交流，增信释疑，共同发展

加强与中南半岛各国的战略对接和沟通协调，不仅需要加强政府间合作，积极构建多层次政府间宏观政策沟通交流机制，积极达成合作共识，而且还需要发展与其国内其他政治势力的友好关系，确保任何一方势力都不会影响项目的正常推进。通过深入的交流，让半岛内国家的各阶层、各党派在对具体项目予以认可的同时，也充分了解中国一贯秉承的互利共赢共建原则，中国绝不会因为自己的发展而成为各国的威胁，在历史问题和领土争端上，中国希望与各国妥善管控分歧。以此为基础，半岛内各国才能在充分信任的前提下，开展有关中国—中南半岛经济走廊建设的探索研究与科学论证，共同探讨发展规划蓝图，并加紧制定和启动国家层面的"中国—中南半岛经济走廊建设规划"，用以指导和推动走廊的具体建设和推进工作。

（三）推动人民币结算

由于中南半岛经济带建设的汇率风险较大，在美元汇率波动较大的当下，为了规避货币互换过程中出现双重汇率风险，寻找一种通用的互换货币是多方的共识，人民币结算就成为统一、安全、高效的选择。如此一来，不仅能够摆脱双边交易对于美元的依赖，减少了货币互换中的折算成本，而且减少了折算环节，避免了较多的汇率风险，使得企业能够更容易锁定收益，促进更多的企业投资。由于中国政府在亚洲金融危机中坚持人民币不贬值的行为，已经为人民币在区域和国际上建立了负责任的货币形象。2016 年，人民币正式加入货币篮子，加快了人民币的国际化进程。在中亚、西亚很多国家和地区与中方的贸易中，用人民币直接结算越来越多，其中，在阿联酋这种直接结算更是约 70%。推动人民币直接结算，对中国—中南半岛经济走廊的建设是十分有利的。

（四）优化边检，完善公共卫生预警系统

中缅边境毒品经济和跨界民族武装等违法活动的长期存在已经使得许多

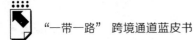

贩毒分子和跨界民族武装组织成员对中国的语言及政策情况了如执掌，这就在一定程度上加大了边检机构的甄别难度，因此建立新型、有效的身份甄别机制就成为当务之急。建议预先对身份证件、指纹信息及面部特征等信息进行采集，随后建立起涵盖人员信息的智能化识别系统，进而实现自助通关，此举的意义不仅在于提高通关速度，而且更是为了实现精准识别以有效防止缅北地区的跨界民族武装分子、贩毒分子以及艾滋病毒携带者以难民身份进入中国。除此之外，对边境地区运输行业必须制定严格的规范，禁止跨境营运的司乘人员私自夹带物品过境，最大限度地降低毒品过境的可能性。

为了完善公共卫生预警，很有必要在中国与中南半岛国家之间建立公共卫生信息共享网络，指定联络渠道，定期对各国的公共卫生安全现状及动向进行通报，定期交换防范、治理的信息并总结经验。与此同时，严格遵循对等原则，确定信息联系机构与方式，从而逐步形成稳定的信息交换网络。除此之外，还应确立例会制度，定期对区域内可能出现的疫情进行筛查与分析，以便及时掌握边境地区疾病的最新动态，并据此制定相应的防疫控制措施。

B.16
大湄公河次区域构建
安全机制的必要性

钮菊生　许　正*

摘　要：　大湄公河次区域位于中国与南亚次大陆和东南亚岛国之间，
地理上称为"中南半岛"，也被称为"陆上东盟"，是连接中
国与南亚和东南亚的枢纽地带，东濒南中国海，南连马六甲
海峡，西接安达曼海和孟加拉湾，北靠中国大陆，地理位置
十分重要。次区域水资源和矿产资源丰富，具有极大的经济
开发潜能，数百年来一直是大国争夺和博弈的重点区域。次
区域既有的双边或多边合作机制无论是内容还是效果都难以
应对区域内日益严重的各类安全问题。因此，构建一个覆盖
大湄公河次区域六国的安全合作机制具有迫切性。

关键词：　大湄公河　次区域　安全机制

"冷战"时期，大湄公河次区域被视为"叛乱的地区"、"东方巴尔干"
和"多米诺地区"。区域内各国大多是第二次世界大战以后新独立的民族国
家，经济基础薄弱、政治凝聚力差，后殖民时期国家之间产生的领土纠纷、
获得独立后意识形态的两极化、有组织的跨国犯罪、猖獗的地区分离主义和
薄弱的抵御经济风险的能力，构成了次区域既落后又动荡的原因与特征，不

---

* 钮菊生，苏州大学教授、博士生导师，江苏省高校国际问题研究中心——苏州大学老挝—大
湄公河次区域国家研究中心首席专家；许正，苏州大学国际政治专业博士研究生。

仅危及一些国家政权的存亡，而且对该地区的整体安全带来严重威胁。次区域既有的双边或多边合作机制无论是内容还是效果都难以应对区域内日益严重的各类安全问题。因此，构建一个覆盖大湄公河次区域六国的安全合作机制具有迫切性。

一 大湄公河次区域安全形势

（一）湄公河航运安全问题

长期以来，湄公河因其特殊的地理位置，又流经多国，各国交界处无明确责任制，治安状况较差，使得这一地区常常发生劫船事件，航运安全问题日益严峻。除此之外，湄公河航道的不断增多，船舶吨位的不断升级带来的经济诱惑，使湄公河上的犯罪问题日益突显。次区域地理位置特殊——靠近贩毒活动猖獗之地——"金三角"，湄公河沿岸多为高山密林，流经之处大多人烟稀少、荒凉偏僻，形成沿岸各国管辖的真空地带，给跨国犯罪提供了可乘之机。据有关资料，近年来，湄公河流域发生的抢劫、敲诈、勒索航运船只的事件近百起之多。犯罪活动的猖獗，给湄公河的航运安全造成了严重威胁。2011 年 10 月 5 日，中国船员在湄公河金三角水域的遇害事件（又被称为湄公河惨案），敲响了湄公河航运安全的警钟。此事件造成"华平号"上的 6 名中国船员和"玉兴 8 号"上的 7 名中国船员遇难，1 人失踪。

（二）毒品犯罪

毒品犯罪是湄公河次区域最严重的非传统安全问题。"金三角"地区自 20 世纪 90 年代以来，毒品犯罪活动从未停止过。各国政府除了一如既往地使用军警力量对武装贩毒集团进行打击外，也同联合国和其他国际组织在罂粟种植区内展开大规模的罂粟替代种植行动。此外，在"9·11"事件后，以美国为代表的西方国家开始关注"金三角"地区的毒品犯罪问题，从外交和司法两个方面认定缅甸佤邦联合军为恐怖组织，此举给该地区各民族武装团体极大的压力，缅甸政府为削弱民族武装团体的势力也借机强烈要求其禁止种植罂粟。该地区的罂粟产量在替代种植计划和境内外的政治压力下一度有所减少，但是各民族武装出于对制毒贩毒的强大经济依赖，始终坚持"以毒养军，以军护毒"的政策，毒品犯罪活动以更为隐蔽的形式继续存在。近年来，毒品犯罪出现了以下新的特点。

1. 罂粟种植面积和海洛因产量减少，苯丙胺类人工合成毒品（冰毒）产能提高

一方面，"9·11"事件后，国际社会开始加大对"金三角"毒品问题的关注。中国政府从 2005 年开始实施为期三年的"禁毒人民战争"行动，加大了对中缅边界毒品的打击和境外缉毒的力度。缅甸政府借机向缅北民族武装施压，迫使佤邦联军在 2005 年 6 月宣布全面禁毒，其他武装组织也纷纷效仿，该地区的毒品犯罪活动进入低潮。另一方面，2005 年与 2006 年第一季度，云南共破获苯丙胺类人工合成毒品（冰毒）案件 938 起，缴获冰毒 3.15 吨，同比破案数和缴获量分别上升了 1.1 倍和 1.54 倍，表明缅北地区苯丙胺类人工合成毒品产量正在上升，毒品生产的类型已经逐渐由海洛因等鸦片类毒品向冰毒等人工合成类毒品转变。人工合成毒品不需要以罂粟为原料，并且生产周期短、生产技术简便，比鸦片类毒品更难进行查禁。

2. 贩毒路线发生变化

此区域的贩毒活动在区域内各国政府的打击下，不断开辟新的毒品运输通道。由于通过中缅边境运毒的难度加大，贩毒分子开始通过老挝北部和越南西北部将毒品绕道运入中国广西与云南红河、文山地区。

3. 涉毒对象范围广大

近年来，大湄公河次区域的制毒贩毒活动呈蔓延之势。一是种植人群广。长期以来，受地理条件限制和经济开发不力等因素的影响，"金三角"地区的掸、佤、苗、瑶、拉祜等少数民族已习惯种植罂粟。据不完全统计，整个"金三角"地区以种植罂粟为生的人口约 60 万人，其中缅甸近 30 万人。二是制毒贩毒人员众多。受毒品产生的暴利驱使，众多不法分子参与其中。三是吸毒人数不断攀升。

（三）泰国南部地区分离主义运动

泰南地区的冲突原因是多方面的，它是政治、经济、文化与宗教信仰等多重因素引发的。泰南地区冲突有一个长期的历史发展过程，进入 21 世纪以来，泰南民族分离主义主要表现为恐怖主义的形式。与此前相比，泰南地区的分离主义运动逐步融入了新时期国际恐怖主义特征，斩首、屠杀和自杀性袭击等"伊斯兰圣战"运动的标志，成为泰南分离主义运动发展的主要特征。

（四）武器走私

"冷战"时期，大湄公河次区域是美苏两个超级大国在全球进行对抗的前沿阵地之一，长期的军事对峙和冲突使得大湄公河次区域各国囤积了大量武器装备。"冷战"结束后，该地区曾经被掩盖的各种矛盾重新浮出水面，各国政府在"冷战"时期储备的轻型武器，成为各个反政府武装团体和犯罪集团争相购买的目标。因此，自 20 世纪 90 年代以来，大湄公河次区域的武器走私市场便开始形成和发展起来。

有关资料显示，泰国与老挝、柬埔寨与缅甸的交界处长期活跃的各个反政府武装团体成为购买非法武器的最大客户；武器走私的泛滥给大湄公河次区域各国带来了较大的负面影响，助长了地区分离主义、恐怖活动和各类刑事犯罪行为，破坏了经济发展进程，严重危害社会稳定。

（五）非法移民

大湄公河次区域同样面临较为严重的非法移民问题。20 世纪 90 年代之后，大湄公河次区域各国都开始奉行对外开放政策，各国间的经济发展差距逐渐增大，经济相对发达的国家开始从相对落后的国家引入大量移民，次区域内部移民数量逐渐增多。同时，更多经济相对落后的民众选择以非法手段进入中国与泰国等国。总体而言，大湄公河次区域非法移民问题的产生主要有以下两个原因。

首先是经济发展不平衡。中国、泰国和越南、缅甸、老挝、柬埔寨等国家相比，在经济发展水平和居民收入方面均处于领先地位，再加上中泰两国相对稳定的政治环境，对于其他四国民众产生了吸引力，导致了大量非法移民的产生。其次是历史遗留问题。自 2014 年 11 月以来，大量来自越南中部地区的蒙塔格纳德人偷越边境进入柬埔寨。蒙塔格纳德人在第一次印度支那战争和越南战争期间曾长期协助法国和美国与越南人民军进行作战，在战后一直受到越南当局的打压，因此不断有蒙塔格纳德人逃亡柬埔寨寻求避难。此外，2015 年 6 月以来，来自缅甸北部的少数族群罗兴亚人也大量偷渡进入泰国。

（六）经济安全问题

除中国外，大湄公河次区域其他各国在全球的整体经济竞争力普遍较弱，都处于全球产业链的低端，并且各国国内经济体系抵御国内外各种威胁的能力也较差。大湄公河次区域各国普遍追求经济的高速增长，盲目扩大本国对外开放的领域，在国内相关配套设施尚未完善的情况下，这种过度的对外开放政策，与当事国国内的经济发展水平不符，其国内经济体系抵御外部金融风险的能力也大为削弱，其中，泰国和越南两国最具代表性，两国分别在 1998 年与 2008 年遭遇了严重的金融危机，之前取得的经济发展成果在短时间内受到不小损失。

二　大湄公河次区域安全机制构建的迫切性

（一）领土争端问题长期无法解决

领土争端问题是大湄公河次区域在"冷战"结束后面临的最严重的安全问题，殖民主义者在统治时期任意划分各国的势力范围，为各国今天的领土争端埋下了祸根，中国和越南在南海的主权争端，泰国和柬埔寨对柏威夏寺归属权的争夺，老挝与柬埔寨、柬埔寨与泰国、泰国与缅甸之间的陆上和海上边界的争端至今没有得到妥善解决。由于缺乏健全的区域争端解决机制，各国在进行双边主权争端谈判时往往无法取得共识，个别国家将争端问题提交至联合国和国际法院也无法取得实质性的进展。

（二）非传统安全问题加剧

1. 能源安全问题

虽然次区域的越南等国曾将部分能源出口至亚洲其他国家，但是随着越南等国走出金融危机，其经济复苏且呈现增长势头。因此，这些国家对能源的需求也日益强烈，加上地区石油资源储量的有限性，极大地限制了这些国家向次区域其他国家出口石油以缓解本地区能源短缺的行为。进入21世纪，大湄公河次区域已成为石油净进口区，年消费量达上亿吨。总体而言，次区域自身的能源无法满足其经济发展的需求，能源供给日益依赖进口，尤其是石油。对海外石油的高度依赖，使得次区域各国共同面临着以下几个相互关联的能源安全问题：第一，能源来源单一，高度依赖中东地区；第二，石油运输路线单一，运输安全堪忧；第三，缺乏战略储备，难以应对突发事件。

2. 环境安全问题

大湄公河次区域由于地势高差大，地质结构复杂，特别是澜沧江中上游生存条件恶劣，故生态环境极为脆弱。联合国在2007年发布的一份题为《大湄公河流域环境展望》的报告中指出，"湄公河流域地区作为世界上经济增长最为快速的地区之一，经济发展提高了许多国家和地区的收入和福利水平，但同时也带来日益严重的多种形式的环境恶化、土地退化、空气和水污染严重，以及生物多样性损失等是这一地区所面临的重要环境问题"。

3. 跨国拐卖妇女儿童犯罪猖獗

大湄公河次区域6国间的政治经济发展水平不平衡、人口性别比例失衡，以及受历史、民族和宗教文化等因素的影响，加之20世纪90年代以来大湄公河次区域各国相继开放边界，在带来了显著的经济效益的同时，也为跨国拐卖人口的犯罪活动提供了机会，近十年来，跨国拐卖妇女儿童犯罪活动发展迅速。联合国儿童基金（UNICEF）认为，湄公河次区域各国一些边境地区是拐卖人口犯罪的重要流出、流入和中转地，该地区拐卖人口形势严峻，不容乐观。

4.毒品犯罪问题难以彻底解决

世界三大毒品生产地之一的"金三角"就位于大湄公河次区域，毒品给当地社会的和谐、稳定带来了巨大的危害。现在的"金三角"地区已不再是单纯的罂粟种植的"鸦片王国""海洛因帝国"，而是集"生产、加工、输出"为一体的"多元毒品帝国"。毒品犯罪难以根除的原因有：毒品生产和交易带来的巨大利润；由于美国等国将精力集中在阿富汗的反恐上，在一定程度上忽视了对"金三角"地区毒品问题的关注，使得当地的毒品犯罪集团有机可乘；老挝政府由于财政困难，执法力度不足，使得境内的毒品犯罪再度兴起。另外，受大国平衡外交和替代发展模式认同的影响，缅甸政府将罂粟种植最多的掸邦东部和南部的替代发展交予联合国和泰国实施，导致中国政府的境外纵深地区铲毒和替代发展工作难以得到有效开展。

三　大湄公河次区域安全机制的构建路径

（一）各国加强政治互信与安全合作

从建立多边安全机制的顺序来看，首先要建立政治互信措施，其次在此基础上发展预防性外交机制，最后建立解决冲突的多边安全机制。从大湄公河次区域滞后的安全机制建设来看，目前的首要任务是"建立和促进信任，进而建立信任机制的探讨"。从相互关系的维度来看，"信任既是合作的前提条件，也是成功合作的产物"。"新的国际机制的创设也许由旧机制所培育出来的相互信任感而得到促进。"因此，尽管构建安全机制面临一定的不确定性，但着眼于具有共同收益的具体议题，比如经济领域内议题的合作，显然能在一定程度上增进次区域各国间的信任，也能为安全机制的构建奠定良好的基础。

（二）各国定期会晤，加强沟通与联系

随着冷战的结束和国际政治经济形势的发展，大湄公河次区域具有了地缘政治和区域经济合作双重内涵，在地缘政治合作因结构性障碍而无法推进的情况下，通过地缘经济层面的合作，不仅有利于次区域各国间开展对话，而且也有助于推进地缘政治层面的合作。着眼于具有共同收益的具体议题，各方均能从具体的合作中获得收益，因此，次区域各国自然有了充分的动力进行定期会晤，各国间的沟通渠道自然会通畅。如此一来，在讨论、辩论和谈判的过程中将促进各国对其他国家信息、意图和信念的更多了解，减少误判和错误的认知，逐渐实现观念和偏好趋于一致，进而为塑造"我们共有"集体身份创造基础。各国在会晤的过程中，可以就各自的安全顾虑进行公开讨论，为双边或多边安全问题的化解提供平台，并为消除敌意和猜疑带来了可能，最终必将逐渐缩小次区域各国间的分歧和矛盾，实现"共同安全"的目标。

因此，尽管构建安全机制面临一定的不确定性，但只要着眼于具有共同利益的具体议题，如经济领域内议题的合作，就能在一定程度上增进次区域各国间的互信，为安全机制的构建奠定良好的基础。

（三）积极推动次区域国家间的经贸合作

从根本上讲，无论地区多边安全合作机制是否能够建成，各国开展经贸合作都是十分必要的，并且这种合作必然会促进地区安全合作的加深，乃至地区安全合作机制的建立。从目前状况看，至少可以推动以下一些议题的合作。一是加大推动大湄公河次区域经济走廊建设的力度。二是推动交通运输走廊与产业、贸易、投资合作的结合，并尽早形成四通八达的公路交通网，加强泛亚铁路建设方面的合作，争取使东线早日贯通。三是拓宽融资渠道，进一步发挥亚投行的融资作用，鼓励发展伙伴，为大湄公河次区域各国下一

阶段合作吸纳更多的资金支持。四是保护生态环境，继续深化次区域环境合作，执行好"生物多样性保护走廊"项目，并以此为框架开展生态恢复与扶贫、森林生态系统与生物多样性保护等方面的合作。

在以上几大议题开展合作的基础上，重点经营与泰国、老挝和柬埔寨的关系。当前，越南因为南海问题对与中国的合作有所顾忌；缅甸正式开启政治和经济转型进程后，中缅之间的合作存在一定的不确定性。中国与泰国、老挝、柬埔寨一直保持较好的政治基础和战略互动，以"中路突破带动两侧"应该是中国与湄公河次区域国家进行安全合作的一个较为合适的选择。首先，在原有的中老经贸合作基础上，进一步向老挝开放更多的市场，让老挝享受到更多的出口中国的优惠待遇，促进中老两国经济优势互补，便利贸易投资和人员往来。将老挝作为中国的全面战略合作伙伴加以经营，推进"中老友好合作条约"的谈判与签署，以经贸合作带动安全合作，以此给次区域其他国家树立榜样，在条件成熟时将相关模式一直深入到与柬埔寨和泰国的关系中，并最终覆盖到缅甸和越南。这些更为密切的经贸合作势必对地区安全提出更高要求，从而带动地区安全合作的开展和地区安全合作机制的建立。

（四）开展次区域其他方面的合作

1. 推进湄公河流域安全执法合作

目前的湄公河河道并非全程安全和适合航行，湄公河水域跨国犯罪行为依旧猖獗，2011 年 10 月 "湄公河惨案" 的阴影至今没有消散，湄公河上的船舶货物和人员安全依旧存在隐患。2011 年 12 月，中老缅泰四国在湄公河流域的执法安全合作机制建立后，有效维护了湄公河航道的安全与稳定。但是，因为合作涉及复杂的国际法问题和主权国家授权问题，各国在执法合作方面还有较大的保留，如泰国很难主动接受中国武装力量的介入，禁止中老缅三国的执法队伍进入泰国水域，严重制约了中老缅泰四国湄公河流域执法安全合作机制作用的发挥。面对湄公河流域复杂的安全形势，需要次区域各国在既有的警务合作机制下投入更大的人力、物力和财力，不断完善执法合

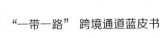

作机制，扩大合作范围，推动湄公河流域执法安全合作向综合执法合作升级转型，早日建立覆盖整个大湄公河次区域的联合执法区。

2. 探索展开次区域金融合作

应加强次区域金融合作与交流，探索政府间、国际以及民间的金融合作机制，探讨制订次区域金融合作的未来发展路线图，建立维护次区域经济安全的机制。争取扩大双边本币互换的规模和范围，扩大跨境贸易本币结算试点，以降低次区域内贸易和投资的汇率风险和结算成本。

3. 深化次区域产能合作

缅甸、老挝和柬埔寨等国都处在工业化初期，基础设施建设需求旺盛。中国在基建方面积累了丰富的经验，在钢铁、水泥、电力、交通和造船等方面设备先进、技术成熟、产能充盈、性价比较高。中国可根据各国发展规划，兼顾中国与次区域国家经济转型的双重需求，有针对性地开展产能合作，帮助相关国家实现自身经济结构的转型与升级。目前，大量中资企业纷纷进驻大湄公河次区域，并且在五个国家都建有工业园区，在水泥、钢铁、服装、光伏和电子商务等领域展开合作。因此，应把加强中国与次区域国家产能合作作为推动和扩大相互投资规模、开展安全合作的抓手。

4. 加强学界和人文交流

当前学界对大湄公河次区域安全合作机制问题的研究还比较欠缺，尤其是各国学者相互间对各国利益的了解还不够充分。因此，有必要建立"大湄公河次区域安全合作论坛"，或在"大湄公河次区域合作对话"的基础上广泛邀请次区域各国学者、专家和官员，对各国在本地区的利益及其对地区安全的诉求、对地区安全合作的构想进行充分的交流与对话，集思广益，寻找克服困难的办法，为各国政府决策提供切实可行的意见和建议，推动次区域安全机制的构建。

结　语

综上所述，大湄公河次区域是当今世界地缘政治和大国战略相互作用较为集中的地区之一。但是该地区自民族国家出现以来，至今尚未建立一个全方位的安全机制保障地区安全。当前大湄公河次区域政治、经济和安全形势的发展，使得在该地区建立某种形式的安全机制的必要性日益被次区域各国所认同。大湄公河次区域各国应当抓住 21 世纪初期难得的战略机遇，进一步加强彼此之间在政治、安全、经济和文化等领域的合作。同时，构建大湄公河次区域安全机制，必须从强调政治和军事目的的传统安全观向"综合的合作安全观"转变，更加注重在非传统安全领域的多边协商与合作。随着次区域 6 国在经济合作方面取得的长足进步，政治安全合作也必须跟上经济合作的步伐。因此，构建一个覆盖大湄公河次区域 6 国的安全机制势在必行。

B.17
西藏融入"一带一路"的国际挑战 与战略选择

——兼论中尼印经济走廊的可行性

刘宗义*

摘　要：　西藏自治区在我国"一带一路"倡议中占据重要地位。"一带一路"倡议对内和对外的双重内涵决定了西藏融入"一带一路"建设有对内发展和对外开放两个方向。西藏的发展与开放是大势所趋，不可逆转。但同时，西藏也是重要的国家安全屏障、重要的生态安全屏障、重要的战略资源储备基地、重要的中华民族特色文化保护地，是我国同西方敌对势力和境内外敌对势力、分裂势力斗争的前沿，因此西藏在发展与开放过程中不得不面对一些国际战略与安全问题。因此，西藏融入"一带一路"建设应以对内融入为主。同时，我国政府应积极主动塑造有利的国际环境，而西藏需要脚踏实地地做好加强与南亚国家互联互通的准备。

关键词：　"一带一路"倡议　国际挑战　战略选择

西藏的发展与开放是大势所趋，不可逆转，但西藏也是重要的国家安全

---

* 刘宗义，上海国际问题研究院副研究员，主要研究方向为印度经济和外交、南亚问题、二十国集团和金砖国家等。

屏障、重要的生态安全屏障、重要的战略资源储备基地、重要的中华民族特色文化保护地,是我国同西方敌对势力和境内外敌对势力、分裂势力斗争的前沿,因此西藏在发展与开放过程中不得不面对一些国际挑战和障碍。这些因素决定了西藏在融入"一带一路"建设的过程中必须立足自身现实条件,厘清主要矛盾和次要矛盾,根据内外环境的发展变化慎重选择区域发展和对外开放路径。

一 西藏在"一带一路"中的地位与作用

自 2013 年我国领导人相继提出"丝绸之路经济带"和"21 世纪海上丝绸之路"构想之后,国内就出现了关于丝绸之路起点和范围的争论,许多省、自治区和直辖市纷纷考证本地区是否丝绸之路起点,或者是否应该属于"一带一路"所涵盖的范围,其中也有很多关于西藏的考据和论证。一些学者和官员提出西藏在历史上属于南方丝绸之路、茶马古道、唐蕃古道和"尼婆罗道"的重要节点,是中国通往南亚的重要门户。"一带一路"倡议使西藏成为面向南亚"内联外接"的桥头堡、基础设施互联互通的重点地区和国家构建全方位开放格局的前沿地带,因此西藏应该属于"一带一路"的范围。①

西藏属于"一带一路"的范围确定无疑,这不仅是由西藏独特的战略位置决定的,而且也是由"一带一路"的性质决定的。现在对外我们一般将"一带一路"称为"倡议",但实际上,"一带一路"具有双重内涵,不仅是我国提出的对外发展合作倡议,也是国内经济调整与区域发展战略。对内,"一带一路"旨在改变我国产业发展不均衡、区域发展不均衡,中西部地区参与全球市场的程度不高,经济发展相对滞后的状况,通过促进中西部地区与沿线国家的互联互通,提高中西部地区的经济开放水平,使之融入全

---

① 毛阳海:《"丝绸之路经济带"与西藏经济外向发展论》,《西藏大学学报》(社会科学版) 2014 年第 2 期,第 3 页。刘永凤:《"一带一路"建设带给西藏新的愿景》,《光明日报》 2016 年 7 月 9 日,第 7 版。

球分工和价值链体系；对外，"一带一路"倡议是新时期中国对外开放和经济外交的顶层设计，是中国针对世界和平发展问题提出的解决方案，它是一项开放、包容、平等的国际合作倡议，希望得到沿线国家的支持和参与，也希望能够与沿线国家和地区的发展计划和地区经济一体化计划对接。"一带一路"建设与京津冀协同发展、长江经济带区域发展战略并列为从总体上优化和协调我国区域发展格局的三大战略。① "一带一路"建设通过经济纽带将各个板块联系在一起，通过市场的力量促进区域之间的互动。从这个意义上讲，中国的每一个省市都在"一带一路"的范围之内。

"一带一路"倡议的双层内涵决定了西藏在"一带一路"中的地位和作用。2015 年 3 月 28 日，国家发改委、外交部、商务部联合发布了《推动共建丝绸之路经济带和 21 世纪海上丝绸之路的愿景与行动》白皮书，提出"推进西藏与尼泊尔等国家边境贸易和旅游文化合作"。在 2015 年 8 月召开的中央第六次西藏工作座谈会更进一步明确指出，要"把西藏打造成为我国面向南亚开放的重要通道"。这是党中央审时度势做出的科学判断，明确了西藏在"一带一路"建设中的地位和作用。

进一步说，"一带一路"建设与西藏和新疆等西部边疆地区是一对相辅相成的关系："一带一路"建设的目标之一是促进西藏、新疆等边疆地区的发展和开放，从而促进这些地区的稳定；同时西藏和新疆等边疆地区的稳定与繁荣对"一带一路"的顺利实施至关重要。② 党中央对西藏的长治久安特别重视，2013 年 3 月 9 日，习近平总书记在参加十二届全国人大一次会议西藏代表团审议时明确提出"治国必治边、治边先稳藏"的重要战略思想。发展是解决西藏所有问题的基础，切实贯彻"治边稳藏"的战略思想，就是要扎实有力地推进西藏经济社会发展。

---

① 李克强：《政府工作报告——2016 年 3 月 5 日在第十二届全国人民代表大会第四次会议上》，http：//www.gov.cn/guowuyuan/2016 – 03/05/content_ 5049372. htm。

② "Tibet：An Ancient Threat to Modern China," July 16, 2015, https：//www. stratfor. com/sample/analysis/tibet-ancient-threat-modern-china? amp%3Buuid = 8117048f – c7b0 – 4f50 – 9fdc – ed1f151a6457&id = %2A%7CLIST%3AUID%7C%2A.

"一带一路"倡议构想为快速发展的西藏提供了战略契机,使西藏有了更加清晰的发展方向,而西藏的发展必将为西藏和平稳定创造必要条件,同时也将为"一带一路"整体倡议的顺利实施提供战略和安全保障。

二 西藏融入"一带一路"的两个方向

"一带一路"倡议具有对内和对外双重内涵,因此决定了西藏融入"一带一路"建设也有对内发展和对外开放两个方向。在对内发展方面,西藏可以通过北向、东向发展融入"一带一路",特别是"丝绸之路经济带"建设。西藏与新疆有新藏公路相连,将来可能还要建设新藏铁路。通过青藏铁路,西藏与青海在经济上基本已呈现一体化态势,和甘肃、陕西的经济文化交往也很密切。如果建成甘藏铁路,将形成"陕甘青藏经济带"。西藏与四川和云南分别有公路相连,川藏铁路已经开工,滇藏铁路已提上日程,西藏与云贵川渝等西南省市也早已存在协作机制。不管是争取加入"丝绸之路经济带",还是借助"丝绸之路经济带"发展自己,西藏都需要进一步强化北向发展和东向发展两个方向。

在内联外接及对外开放方面,西藏既可以直接联结"一带一路",也可以间接联结"一带一路"。在直接联结方面,主要是推动环喜马拉雅经济合作带建设,构建对内对外开放型经济新格局。西藏拥有与缅甸、印度、不丹、尼泊尔等国山水相连的地理优势。中尼印经济走廊是重点方向。2015年5月印度总理莫迪访华期间,中国领导人曾提出中印共同帮助尼泊尔灾后重建和探讨建立中尼印经济走廊,莫迪总理对此做出积极回应,并提议建立联合研究小组探讨中尼印经济走廊倡议。印度外长斯瓦拉杰后来也曾表示,印方对中尼印经济走廊倡议持积极态度,愿通过建立联合工作组,探讨和推进这一进程。[1]尼泊尔早在2013年中国提出孟中印缅经济走廊时就表示希

---

[1] 王毅:《中印就共同参与尼泊尔重建以及探讨中尼印三国经济走廊达成共识》,新华网,http://news. xinhuanet. com/world/2015-06/25/c_ 1115727074. htm,2015年6月25日。

望加入，对中尼印经济走廊更加欢迎。

在间接联结"一带一路"方面，西藏既可以向东经川滇接入孟中印缅经济走廊，也可以向北经新疆接入中巴经济走廊；或者经新疆、甘肃等西北省区联结通往中亚和中东的丝绸之路经济带。

三 西藏参与"一带一路"面临的国际战略和安全挑战

西藏的发展与开放是大势所趋，不可逆转。如何处理好西藏通道作用和屏障作用的辩证关系是中央和西藏必须面对的一个问题。

首先，印度对"一带一路"的态度不利于西藏对外融入"一带一路"建设。印度是"一带一路"沿线大国中唯一未公开表态支持的国家。仔细观察印度在"一带一路"倡议提出后的外交政策和行动，就可以发现印度政府对"一带一路"倡议各个组成部分的态度已经非常明确，大致可以分为三类。一是有条件地支持和参与。随着印度成为上海合作组织的正式成员，印度对新亚欧大陆桥、中国—中亚—西亚经济走廊这样与印度存在一定地缘、历史和文化联系的经济走廊，不仅希望可以从中获益，而且希望借机扩大印度在沿线的政治、经济、文化影响。二是反对和对冲。对于中巴经济走廊，印度方面是坚决反对，对于"海上丝绸之路"，印度也基本持反对态度，怀疑"海上丝绸之路"是中国化解印度对所谓"珍珠链"战略担忧的一种手段，印度对中巴经济走廊和"海上丝绸之路"采取"对冲"战略。三是消极拖延，同时加快印度自己的地区合作倡议的进度。孟中印缅经济走廊（BCIM）从1999年就开始讨论，自李克强总理正式提出后，四国成立了工作组，迄今共举行了四次会议，但实际成果不大。印度前外秘萨兰认为，BCIM可以使中国直通印度洋，这实际上是"海上丝绸之路"的组成部分。中印边界问题没有解决，印度东北部还存在分离主义，因此BCIM即使作为地区经济合作倡议，印度也不能忽视其战略和安全意涵。如果中国真的希望与印度共建BCIM，中国应与印度平等谈判实现和平互利，同时必须解决边界问题，以增强与印度的战略互信。① 现在印度在积极推动印度次大陆国家经济合作协议（BBIN，包括不丹、孟加拉国、印度、尼泊尔），并希望与美日合作推动所谓"印太经济走廊"的建设。对于直接通过西藏铁路联结印度，由于印度对西藏一直怀有的特殊情结，以及印度对中国军事优势的担忧，印度根本不会考虑。

由此可见，印度对地缘政治的考虑优先于对地缘经济的考虑。印度方面一直怀疑中国在"一带一路"背后隐藏地缘政治图谋。在"一带一路"问题上，印度战略界与经济界之间存在分歧，经济界更倾向于与中国合作。但在对外政策决策中，印度对地缘政治的考虑优先于对地缘经济考虑的事实说明，虽然莫迪在大选中受到经济界的大力支持，但受传统的官僚体制影响，在莫迪政府的对外决策方面，印度战略界的影响仍远大于经济界。印度提出的"对冲"计划军事战略意味突出，印度也加强了与美国、日本、澳大利亚、越南等国家的战略协调和国防军事合作。这一态势在短期内很难改变。

其次，中印之间边贸较少，严重影响西藏对外贸易。在历史上，印度一直是西藏地方对外贸易的主要对象。虽然随着中印两国关系的不断推进，中印双方恢复了经由西藏普兰县和印度北阿肯德邦库马盎地区的里普列克山口、西藏阿里札达县与印度喜马偕尔邦金瑙县之间的什普奇拉山口，以及西藏亚东仁青岗与印度锡金邦昌古之间的乃堆拉山口的边境贸易通道，但三个边贸市场贸易量却极其有限，如今中印两国主要的双边贸易，依然通过上海、广州、加尔各答和孟买等主要海港展开。在毗邻印度的西藏自治区，九成以上的国际贸易是通过4400公里之外的天津港完成的。② 中印边贸规模较小主要有几个方面的原因。首先，受当地气候环境、道路运输能力的限制。特别是在印度一侧，许多口岸的基础设施建设严重滞后，而且与主要枢纽城市之间缺乏有效的交通联系。其次，边贸开放时间很短。在正常交易期

① 刘宗义：《印度对"一带一路"倡议的反应、特点和发展趋势》，载郭业洲主编《"一带一路"跨境通道建设研究报告（2016）》，社会科学文献出版社，2016，第264~272页。
② 陶郁：《中印边贸：挑战重重，前景光明》，《青年参考》2013年5月22日，第3版，http：//qnck. cyol. com/html/2013-05/22/nw. D110000qnck_20130522_1-03. htm。

185

间，每星期四个交易日、每个交易日工作八个小时，短暂的贸易时间越来越难以满足两国人民日益增长的边贸需要。再次，边贸受两国政治气氛的影响严重。由于在两国边境地区印度方面的发展远远落后于中方，印度担心放开边民往来会对其边境地区的统治产生不利影响，且印度军方以安全为由，一直对边贸物品进行严格限制。目前中印边贸的收益集中在少数交易者手中，但这些人往往并非边境地区的居民。最后，印方不愿放开边贸，还存在中国商品将大规模涌入的担忧。由于两国边贸清单上所允许的商品种类有时无法与边境两侧居民的实际需求有效匹配，于是一些非法贸易滋生，对正常边贸秩序造成一定影响。但这也正好说明两国边贸仍有很大的增长空间。

再次，尼泊尔政局动荡对中尼铁路等互联互通建设存在不利影响。尼泊尔是西藏实行对外开放条件最好的方向。面对印度实施的四个半月贸易封锁，尼泊尔政府决策层深感修建中尼铁路的紧迫性。2016 年 3 月，尼泊尔奥利总理访华时曾强调此行负有"特殊使命"，旨在寻求亲善和支持，与中国加强友好关系，学习中国经验，搭上"一带一路"的快车。奥利总理访华之后，连接中尼两国的跨喜马拉雅铁路规划开始加速推进。尼泊尔政府在新财年预算中宣布要启动拉苏瓦加蒂—加德满都—蓝毗尼的铁路网研究报告，并称该铁路项目将在两年内动工开建。现在至少有中工国际工程股份有限公司和中国铁建股份有限公司表示有意修建连接中尼两国的铁路网。[1] 但我们必须认识到，由于地理、政治、经济、历史、宗教、文化等方面的原因，印度对尼泊尔的影响远远大于中国，尼泊尔不可能在短期内摆脱对印度的经济依赖。印度战略界长期以来以南亚霸主的姿态、以地缘政治的眼光看待其与周边邻国的关系，将尼泊尔、不丹等小国看作其势力范围。这种态度在莫迪总理上台之后不仅没有减弱，而且有所加强。以前，印度一些战略界人士曾表示，如果"一带一路"是从西藏经尼泊尔直接通到印度本土人口稠密地区，不涉及领土争议问题，印度将非常欢迎。[2] 但印度强势介入尼泊尔"宪

① 《两家中国企业有意建设尼泊尔铁路网》，商务部网站，http://www. mofcom. gov. cn/article/i/jyjl/j/201607/20160701353233. shtml，2016 年 7 月 5 日。
② 根据笔者 2015 年 10 月 10 日与印度人民党智库印度基金会研究人员 P Stobdan 大使的会谈。

法危机",对尼实行"边境经济封锁",使印、尼关系恶化之后,印度对于中尼之间的合作非常忌惮,特别担心中尼铁路修通之后将使尼泊尔对印度的经济依赖减小。对于中、尼建设铁路的计划和中尼印经济走廊,印度战略界仍以地缘政治竞争的零和思维,而不是以地缘经济合作的共赢思维看待。同时,印度长期积累起来的影响力渗透尼泊尔政界的方方面面,这是任何其他国家无法相比的。虽然尼泊尔大多数民众对印度的经济封锁深恶痛绝,但族群分裂使得他们无法团结起来改变现状。2016 年 7 月奥利总理的下台只是这一现状的反映。继任者尼共(毛)主席普拉昌达与中国关系良好,他第一次担任总理时曾将中国作为首次出访的目的地。但第二次担任总理后,普拉昌达却将印度定为首访目的地说明印度对尼泊尔内政影响之大。尼泊尔政局持续动荡,这种状况不利于中尼之间合作关系的稳定。另外需要重点指出的是,中国一向不干涉别国内政,并且由于与尼泊尔相邻的西藏自治区经济比较落后,交通不甚发达,中国方面不能为尼泊尔提供人民生活所需的各种物资。尼泊尔并非像印度媒体所说的那样,对"一带一路"毫无兴趣,而是因为顾忌印度的态度,不敢加快推进前总理奥利与中国达成的互联互通和经济合作协议。

最后,我国与分裂及恐怖主义势力的斗争将对西藏南亚大通道建设产生一定影响。西藏是我国同西方敌对势力和境内外敌对势力、分裂势力斗争的前沿。它既是"一带一路"的重要组成部分,同时也对"一带一路"能否顺利实施影响巨大。西藏的特殊矛盾决定了十四世达赖喇嘛集团不会停止分裂活动,西藏的战略地位决定了西方敌对势力不会放弃把西藏作为分化我国的突破口,西藏始终处在维护祖国统一的前沿阵地。以十四世达赖喇嘛为首的分裂势力一直没有停止分裂祖国的活动,且印度以及一些西方国家也一直或明或暗地给予支持。由于十四世达赖年事已高,时日无多,分裂和反分裂斗争可能会更加激烈。在其身后,流亡藏人团体中不赞同十四世达赖所谓"中间道路"的人将可能对我国采取军事斗争的手段,① 可能会产生恐怖主

---

① "Tibet: An Ancient Threat to Modern China," July 16, 2015, https://www.stratfor.com/sample/analysis/tibet-ancient-threat-modern-china? amp%3Buuid = 8117048f − c7b0 − 4f50 − 9fdc − ed1f151a6457&id = %2A%7CLIST%3AUID%7C%2A.

义威胁。印度及美日等西方国家也会以人权、民主、宗教、生态等种种借口干涉西藏事务，在国际上歪曲中国的形象。分裂势力和国际敌对势力不希望西藏实现现代化，因此将采取各种手段破坏南亚大通道的建设。另外，随着南亚大通道建设逐步进展，将为境内外人员往来提供更多便利，但也会带来一些负面影响，必须通过技术手段加以控制和解决。

四 西藏融入"一带一路"的战略选择

相对而言，西藏对外融入"一带一路"面临很多不利因素。在目前技术条件下，青藏高原特有的高寒地理环境所造成的技术问题并不是主要的障碍，主要障碍在于国际政治，这主要是由于印度对西藏的特殊情结，以及印度对中国的战略疑虑造成的。在西藏的对外通道建设中，只有中尼互联互通是最有可能在中短期内实现的，但仍然会受到尼泊尔国内政局动荡及印度的影响。西藏社会的主要矛盾和特殊矛盾决定了西藏工作既要立足当前，又要着眼长远，坚持慎重稳进的方针，不跟风、不攀比、不急躁，多管齐下、久久为功，扎实推进宏伟目标的实现。因此，西藏融入"一带一路"建设应以对内融入为主，将与国内其他地区实现经济一体化置于融入全球价值链之上，同时积极主动塑造有利的国际环境，并脚踏实地地做好加强与南亚国家互联互通的准备，"把西藏打造成为我国面向南亚开放的重要通道"。

首先，西藏必须大力加强互联互通基础设施建设。西藏无论是对内还是对外融入"一带一路"，基础设施都是薄弱环节。应推动建设铁路、公路、航空等综合一体的立体交通网络，实现交通、贸易、金融、能源和现代物流业等领域的跨越式升级，拉近与周边省市以及相邻南亚国家在能源、电信、商贸以及物流等领域的交流合作联系。铁路建设是战略重点。铁路快捷的运输速度、巨大的运输能力、低廉的客货运价、优良的环保特性、突出的网络优势，使其在缩短时间距离和大幅提升运输规模上对改善西藏的可达性具有不可替代的作用，因此铁路是重构西藏时空格局、根本改变其孤岛状态的决定性交通方式。[①] 国家应加大投入，重点扶持青藏铁路扩能改造建设，推动川藏、滇藏、新藏铁路以及日喀则至吉隆（或樟木）、日喀则至江孜、亚东的口岸铁路等"两横两纵"铁路网络[②]建设，争取尽早建成。

但由于铁路所经地区多为高寒山区，铁路建设需要克服许多技术障碍，周期较长，因此在大力推进铁路建设的同时，也应大力推动边境公路建设区内高等级公路建设。

在铁路和高速公路建设短时期内难以实现突破的情况下，应大力开辟空中航线。逐步提高拉萨贡嘎机场、林芝米林机场、日喀则和平机场、阿里昆莎机场、那曲达仁机场的航运能力，完成昌都邦达机场的改造升级工作，并推动与周边省区的康定机场、亚丁机场、香格里拉机场等的互联互通，力求形成安全、方便、快捷的空中交通网络体系，支持通用航空发展，推进应急救援基地建设。

同时，加强对边境口岸基础设施的建设和改造工作。西藏目前有樟木、普兰、吉隆、日屋、亚东五个国家级边境口岸。为全面推动南亚贸易陆路大通道建设，西藏自治区确定了"建设吉隆口岸，稳步提升樟木口岸，积极恢复亚东口岸，加快发展普兰和日屋口岸"的口岸建设思路。现在主要的边境口岸基本都一改一道铁丝网加上一个铁栅栏门的状态。今后，不仅需要不断加强边贸市场和边境贸易通道等基础设施硬件建设，而且需要通过加快推动跨境经济合作区、重点开放开发试验区等措施提升边境口岸的市场软环境建设。

其次，要"把西藏打造成为我国面向南亚开放的重要通道"需要做好对印度的工作。在可以预见的未来，在对华政策上，印度经济界的声音超过安全和战略界的可能性不大。由于长期的敌对宣传和教育，即使印度经济界

---

① 荣朝和：《青藏铁路在西藏交通时空结构演变中的作用》，《中国藏学》2016 年第 2 期，第 62～71 页。

② "两横两纵"铁路网络是西藏自治区中长期铁路建设规划。"两纵"是指青藏铁路—拉日铁路—相关口岸铁路是一纵，另外一纵是玉树至昌都铁路—川藏线昌都至波密—波密至察隅铁路；"两横"是指阿里地区的狮泉河至那曲铁路—那曲至昌都铁路—川藏铁路一，第二横是新藏铁路—拉日铁路—拉林铁路—滇藏铁路。

人士在思考国家战略时也带有地缘政治思想。当前,印度许多人对"一带一路"并不了解,认为这只是中国的一个单方计划,而不是一个包容的、开放的倡议。这说明我国在"一带一路"问题上对外宣介有待加强。目前国内对"一带一路"的宣传很火,但在对外宣介的力度、方式和方法上仍有改进之处。国际上,特别是在像印度这样对中国抱有很深成见的国家,已经出现很多歪曲"一带一路"的声音,中国应该多组织一些代表团到印度等沿途国家,召开研讨会,特别是做好当地经济界和商界人士的工作,阐明"一带一路"的宗旨,特别是阐明中巴经济走廊对地区经济一体化的意义,让印度人看到切实的利益,从而能与他们探讨如何进行战略对接。现在,随着我国"一带一路"的推进,印度一些智库和学者建议印度政府加入"一带一路",但他们提出的要求很高,同时印度政府也尚未采纳他们的建议。①

在与印度中央政府开展战略对接谈判和协商的同时,应重点推进与印度地方邦政府的合作,以及与印度大企业的合作。邦政府对于地缘政治的考虑远小于中央政府,商界对于地缘政治的考虑远小于战略界。地方政府很希望推动本地经济发展,地方政府首脑也很希望做出政绩。为吸引境外企业对当地进行投资,印度一些邦政府已经纷纷来到中国举行投资路演,这是"一带一路"倡议在印度落地,实现与印度发展战略对接的捷径。

再次,中国应该成为尼泊尔真正靠得上、靠得住的朋友。虽然尼泊尔政局持续动荡,但相对而言,尼泊尔仍是西藏对外开放和进行互联互通建设条件最为成熟的方向。即使普拉昌达第二次执政将印度作为首访国,但尼泊尔追求大国平衡外交的努力不会停止。从20世纪90年代以来,"平衡外交"已经成为尼泊尔对外战略的基本原则,并且这一原则是建立在尼泊尔民族主义和"反印"情绪之上的。印度强势介入尼泊尔"宪法危机",对尼实行"边境经济封锁",已经使得尼泊尔多数民众失去了对印度的幻想,只是由于印度对尼泊尔政治、经济、宗教、文化等方面的影响过大,同时尼泊尔族

① Ananta Aspen Center, India International Center, "India – China Economic Ties: A Way Forward," Published by Ananta Center, (March 23, 2016).

群分裂和国内政治分歧使得他们无法团结起来改变现状。中国并不是要与印度争夺在尼泊尔的影响力,中国只是希望包括尼泊尔在内的周边国家能够从中国的发展中获益,希望尼泊尔成为中印之间的桥梁,希望通过推动中尼印经济走廊建设以促进中国、尼泊尔、印度的共同发展和繁荣。中国要想与尼泊尔实现互联互通,建设面向南亚的大通道,那么在今后的对尼泊尔政策上就应该让尼泊尔感觉到中国是靠得上,并且在关键时刻靠得住的朋友。为此,中国不仅需要大力加强西藏等边疆地区的经济发展和基础设施建设,继续加强与尼泊尔的经济和基础设施建设合作,而且应该多多加强与尼泊尔的政治和人文交流。

另外,在加强环保的同时,大力发展本地特色产业。西藏经济"一产弱、二产散、三产带动不明显",如果西藏要成为"一带一路""内联外接"的重要节点,必须加快发展第一、第二产业,特别是农畜林产品、藏医药、天然饮用水等西藏特色产业的水平。由于西藏是重要的国家生态安全屏障、重要的战略资源储备基地、重要的中华民族特色文化保护地,因此西藏在发展经济的同时必须统筹兼顾,特别是将生态安全和特色文化保护放到重要位置。在注重生态文明建设和保护西藏自然遗产和文化遗产的同时,将旅游业打造成为第三产业中的主导性产业。另外,应促进西藏金融业的发展,发挥西藏在人民币对南亚走出去过程中的特殊地理和人文优势。

最后,西藏融入"一带一路"必须重视民心相通。这分为三个方面。一是藏族人民与祖国其他各族人民民心相通。包括汉族、藏族、回族在内的各民族成员必须尊重国家法律,在法律面前真正做到人人平等,相互尊重各自文化传统,相互包容和融合。二是加大对海外藏族群众的工作力度。尽力帮助海外藏族群众解决一些事关切身利益的问题,欢迎海外藏族群众回国定居;同时加强涉藏外宣和传播能力、话语权建设,积极开展涉藏国际斗争,挤压达赖集团活动空间。三是积极开展对周边国家的民心相通工作。特别是利用西藏圣山圣湖圣水的优势,针对印度宗教人士和信众的朝圣之旅做好工作,为改变印度社会及军政高层对华态度累积力量。

中巴经济走廊建设安全研究

Studies on the Security of China-Pakistan Economic Corridor

B.18
中巴经济走廊安全环境探析

王世达*

摘　要：　自2013年5月中巴经济走廊正式提上日程以来，中巴双方均
对其寄予厚望。鉴于中巴系全天候战略合作伙伴，双边关系
历经过去半个多世纪国内外局势风云变化而岿然不动，中巴
从双边层面推动走廊建设存在得天独厚的优势，域内外国家
因此高度关注走廊建设进度，将其视为"一带一路"倡议落
地和推进的关键风向标。随着中巴经济走廊的迅猛推进和深
入开展，其在内政、安全、经济、地缘等方面面临的挑战日
趋明显，能否妥善因应考验中巴双方的智慧。

关键词：　中巴经济走廊　安全环境　风险防范

---

* 王世达，中国现代国际关系研究院，南亚东南亚及大洋洲研究所副所长。

一 中巴经济走廊顺利推进

中巴经济走廊倡议规划与巴基斯坦"2025 年远景规划"高度契合，可谓为巴基斯坦量身定做，着眼于解决巴基斯坦经济发展面临的结构性问题。在能源方面，巴基斯坦面临严重的电力短缺，全国日均电力缺口高达 400 万千瓦时，严重影响其纺织、皮革等产业的发展，成为巴政府提振经济发展的重大障碍。此外，巴能源结构非常不合理，其本身即为油气匮乏国家，却又过度依赖油气发电。据路透社报道，在中巴经济走廊框架下，中国政府和银行将提供 456 亿美元用于巴基斯坦的基建与能源建设，其中基础设施建设领域投资 118 亿美元，能源项目投资 338 亿美元。[1] 根据走廊倡议规划，能源合作是中巴经济走廊四大合作领域之一，也是中巴经济走廊建设优先发展的领域。能源电力项目不仅从投资规模上占走廊全部建设的 70% 以上，而且还有 16 个发电和输电项目被专门列入早期收获清单以确保在 2018 年夏季用电高峰前完工。[2] 例如，由中国电力建设集团有限公司旗下的中国电建集团海外投资有限公司和卡塔尔王室控股的 AMC 公司共同投资的卡西姆港燃煤应急电站项目（简称卡西姆火电站）于 2015 年 5 月 7 日在巴基斯坦南部城市卡拉奇的卡西姆港工业园正式开工。卡西姆火电站总投资 20.85 亿美元，规划装机容量 1320 兆瓦，计划 2017 年底实现首台机组发电。卡西姆火电站被列在中巴经济走廊能源类项目优先实施清单的首位。[3] 再如，2016 年 1 月 10 日，由中国长江三峡集团公司投资的卡洛特水电站主体工程在巴基斯坦东北部的卡洛特地区正式开工。主体工程由大坝、溢洪道及控制闸、引水发电系统及地面厂房组成。目前，主体工程建设进展顺利。卡洛特水电站是丝路基金首个

---

[1] "China Commits $45.6 Billion for Economic Corridor with Pakistan"，路透社网站，http://in. reuters. com/article/2014/11/21/pakistan – china – idINKCN0J51BS20141121。

[2] 《中巴经济走廊越走越宽》，新浪网，http://finance. sina. com. cn/roll/2016 – 08 – 08/doc – ifxuszpp3099681. shtml。

[3] 《中巴经济走廊重点建设项目巡礼：能源篇》，新华网，http://news. xinhuanet. com/world/2016 –07/14/c_ 129145804. htm。

对外融资项目。该项目总投资 16.5 亿美元，规划装机容量 72 万千瓦，年发电 32 亿度，计划 2020～2021 年分期投入运营，运营期 30 年，到期后将无偿转让给巴基斯坦政府。这些项目投产后将有效缓解巴基斯坦电力短缺的状况。① 除了传统能源项目之外，中巴经济走廊倡议规划还包括众多新能源项目。由中国长江三峡集团公司在巴基斯坦南部信德省贾姆皮尔地区投资建设的风电二期工程（简称巴风二期）和风电三期工程（简称巴风三期）已经开工。风电项目建设周期短、见效快，可为严重缺电的巴基斯坦解决燃眉之急。②

在基础设施建设方面，基建是中巴经济走廊框架内继能源项目之后的另一大类项目。走廊框架下交通基础设施项目按需设计、因地制宜。目前，喀喇昆仑公路二期改扩建工程（哈维连至塔科特段）、拉合尔至卡拉奇高速公路（木尔坦至苏库尔段）、瓜达尔国际机场和瓜达尔港东湾公路"两大两小"四个项目位于早期收获项目清单内，其中"两大"公路项目进展较快。例如，2016 年 5 月 6 日，中巴经济走廊倡议框架下的最大交通项目——白沙瓦至卡拉奇高速公路项目（苏库尔至木尔坦段）开工仪式在巴基斯坦信德省苏库尔地区举行，这标志着中巴经济走廊交通基础设施领域合作取得重大进展。白沙瓦至卡拉奇高速公路全长 1152 公里，其中，苏库尔至木尔坦段全长 393 公里，按照双向 6 车道、时速 120 公里的标准设计，工期 36 个月，总合同金额折合人民币约 184.6 亿元。③

在瓜达尔港建设方面，瓜港项目可谓中巴经济走廊"明星工程中的明星工程"，担负着走廊由海上陆、由陆入海的战略枢纽角色。同时，瓜港产业园区将极大拓展瓜港经济纵深和腹地，为真正盘活瓜港、建成巴基斯坦乃至西南亚地区的贸易枢纽打下牢固基础。港口货物处理能力建设、与外界的道路联通建设以及经济特区自身建设是瓜港建设的优先内容。目前，港区道

① 《中巴经济走廊重点建设项目巡礼：能源篇》，新华网，http://news.xinhuanet.com/world/2016-07/14/c_129145804.htm。

② 《中巴经济走廊重点建设项目巡礼：能源篇》，新华网，http://news.xinhuanet.com/world/2016-07/14/c_129145804.htm。

③ 《中巴经济走廊最大基建项目开工造福 1.38 亿人》，新浪网，http://business.sohu.com/20160507/n448268078.shtml。

路以及码头装卸装备的维修和更换工作已经完成，瓜港恢复全面港口功能。2016 年 11 月 13 日，巴基斯坦总理谢里夫、巴陆军参谋长拉希勒以及中巴各界代表为瓜达尔港首次向海外大规模出口集装箱纪念碑揭幕。此前，由 60 多台车辆组成的中巴经济走廊联合贸易车队于 10 月 29 日从新疆喀什出发，经过帕米尔高原和兴都库什山，翻越喀喇昆仑山和红其拉甫达坂，穿过巴基斯坦西部地区，全程跨越 3115 公里，于 11 月 12 日抵达走廊最南端的瓜达尔港。这意味着中巴经济走廊自 2013 年正式上升为国家意志以来，双方真正实现货运车队贯穿走廊，中巴经济走廊"一走廊，多通道"的理念逐步成为现实。正如中国驻巴基斯坦大使孙卫东表示，中巴经济走廊建设进入全面实施阶段。

另外，负责将港口与巴基斯坦其他地区连接的东湾快速路也有望在 2018 年底完工，实现瓜港港区与麦赫兰沿海公路的无障碍对接。在经济特区建设方面，瓜达尔按照规划共设有南北两个自由区，占地面积约 923 公顷。其中，自由区南区为一期工程，将以现有码头为依托，建设商贸物流发展区，以商品展销、中转、贸易为主导功能。自由区北区为加工制造区，分三期开发，主要发展日用品及小家电制造、渔产品加工、石材加工、运输机械设备制造、金属加工等产业，同时利用自由区免税政策，发展保税物流。2015 年 11 月，巴基斯坦当局正式将 152 公顷瓜达尔港自贸区土地的使用权移交给中国海外港口控股有限公司（下称中海港控），租期 43 年。自贸区内对企业免税 23 年，自贸区进出口零关税政策将持续 40 年。

二　未来建设面临多重挑战

（一）非传统安全挑战更加严峻

2014 年 6 月以来，巴军在北瓦济里斯坦展开"利剑行动"，清剿藏匿在此地的"巴基斯坦塔利班"、"乌兹别克斯坦伊斯兰运动"和"东突厥斯坦伊斯兰运动"等极端组织。巴军通过空中打击和地面推进并举的方式，稳打稳扎，整体推进，取得了较好的战果。同时，巴政府通过了强化反恐的"国家行动计划"，对恐怖分子采取恢复死刑、将恐怖主义案件和涉恐犯罪嫌疑人交由军事法庭审判，并且切断恐怖活动资金链等措施。此后，巴安全形势整体好转。统计显示，2015 年，巴基斯坦共发生 625 起恐怖袭击，同比下降 48%；袭击共导致 1069 人死亡，同比下降 38%；另有 1443 人受伤，同比下降 54%。2016 年第二季度，巴暴恐伤亡共 788 人，其中 545 人死亡，243 人受伤，较第一季度下降 40%。纵观 2016 年全年，巴基斯坦全境暴恐袭击频率及袭击致死伤人数同比持续下降，这表明巴基斯坦军政当局的反恐措施取得了积极效果，保持了巴基斯坦安全改善势头。

但必须指出，作为走廊必经之地的瓜达尔港所在地俾路支斯坦省安全形势却不容乐观，其成为 2015 年以来巴基斯坦安全形势最糟糕的地区。2016 年 11 月，巴基斯坦当局表示，俾路支斯坦省首府奎达暴恐袭击数量飙升，1 ~ 10 月高达 325 人死于暴力袭击。特别需要说明的是，2016 年以来俾路支斯坦省大案要案频发，"伊斯兰国"与当地暴恐组织狼狈为奸。

综合各方面数据，2016 年，俾路支斯坦省共发生 151 起恐怖袭击，占巴基斯坦总袭击数的 34%，同时也是恐怖袭击造成伤亡人数最多的地区：共 412 人死亡，702 人受伤，占总死亡人数的 45%，受伤总数的 43%。其中，"真主派"、巴塔以及"强戈维军"制造了若干重大恐怖袭击。[①]

（二）内政因素干扰仍在

首先，走廊线路之争仍未平息。目前，巴基斯坦媒体时常可见有关走廊东线和西线之争的报道。具体说来，巴基斯坦设有 4 个省（旁遮普省、信德省、俾路支斯坦省、开伯尔省）、首都伊斯兰堡直辖区、巴控克什米尔地区和联邦直辖部落区。其中，无论在人口数量、经济体量，还是政经资源分配方面，旁遮普省都最为突出。小省指责执政的穆斯林联盟（谢里

---

① "Pakistan Security Report 2016", p. 11.

夫派）将走廊资源向旁遮普省倾斜，巩固其政党票仓。位于巴基斯坦西部的俾路支斯坦省和开伯尔省认为，中巴两国政府商定的走廊规划主要惠及旁遮普和信德两个东部省份，忽视了西部省份，因此要求优先推动西线。该线从瓜达尔港出发，经过俾路支省的南部和东部进入旁遮普省和开伯尔省，随后经过自由克什米尔和吉尔吉特—巴尔蒂斯坦到达红其拉甫。为了凝聚国内共识，为走廊建设营造良好氛围，谢里夫总理于 2015 年 5 月召开"全体政党大会"，就优先修建西线项目达成了共识。然而，在开伯尔省执政的正义运动党不断批评中央政府没有落实承诺，仍将主要走廊资源投入旁遮普省。2016 年 11 月 7 日，开伯尔省议会向白沙瓦高级法院提交申诉，指责走廊西线项目进展缓慢，表示该省没有收到联邦政府有关走廊的文件。从巴基斯坦内部各派就走廊资源分配的东线、西线之争可以看出，巴基斯坦自建国以来就存在的国家认同相对较弱、地域主义观念盛行的局面仍没有改变。此外，目前执政巴基斯坦的穆斯林联盟（谢里夫派）虽然在议会中占据半数以上席位，但其势力主要位于旁遮普省，信德省和开伯尔等省则由巴基斯坦人民党、正义运动党和伊斯兰促进会等政党掌握。巴基斯坦当前这一政治格局再次强化了地方政权与联邦政府之间的矛盾。展望未来，巴基斯坦各省围绕走廊资源投入和利益分成的争论仍将继续，不排除持续干扰走廊建设的可能性。

其次，尚需深刻认识中巴经济走廊与整个地区的密切关系。在"一带一路"倡议框架下，中巴经济走廊是地区互联互通及经济一体化的有机组成部分。巴基斯坦的经济前景也有赖于充分发挥其沟通中亚、南亚和中国，连接陆上和"海上丝绸之路"的地缘经济优势。然而，部分巴基斯坦上层精英纠结于固有矛盾。例如，2016 年 11 月 16 日，在巴基斯坦参议院计划与发展委员会会议上，部分议员担忧中国通过走廊与印度阿姆利则等地之间修建公路和铁路，强化与印度西部省份的经济联系，导致中印贸易对中巴贸易的差距继续拉大。还有议员称，如果俾路支斯坦省、开伯尔省、联邦直辖部落区以及信德省落后地区的民众没有收益，那么只能拿起武器维护自身利益。

（三）地缘博弈趋于激烈

自走廊倡议正式提出以来，中国和巴基斯坦反复强调走廊并非排他性双边项目，而是面向地区国家和整个国际社会。两国也反复强调走廊是经济属性，而非军事和战略属性。然而，巴基斯坦地缘位置特殊，是沟通中亚、西亚、南亚和中国新疆地区的关键枢纽，可谓中亚国家进入印度洋的便捷通道之一。瓜达尔港更是印度洋北部地区的天然良港，其战略意义和潜在军事价值巨大。此外，部分国家仍然坚持传统"冷战"思维，倾向于地缘政治和零和博弈视角看待中巴经济走廊和瓜达尔港建设。

印度公开反对中巴经济走廊建设，指责走廊途经印巴尚存在争议的克什米尔地区，有损印度对整个克什米尔地区的主权声索。整体看来，印度反对中巴经济走廊虽然有所谓克什米尔地区主权声索因素，但更是长期冷战思维的继续和延伸。印度始终忌惮中巴关系的深入发展，倾向于从安全视角看待中巴经济走廊，担心中国将瓜达尔港建设成为在印度洋腹地的军事基地。据媒体报道，印度情报机构已经开始干扰走廊建设。2016 年 3 月，巴方在境内抓捕印度间谍，后者已经承认旨在搞乱俾路支斯坦省和卡拉奇。此外，瓜达尔港潜力一旦充分释放，其配套的自由区和自贸区必将形成巨大的经济活力，有望成为地区贸易和转运枢纽，乃至南亚和整个地区的经济增长点。在这种情况下难免对已有的地区港口构成竞争威胁，相关国家产生顾虑在所难免，因此需切实防范瓜达尔港因为商业利益竞争而遭干扰可能性。

美国对中巴经济走廊态度暧昧，其内部不乏自相矛盾的声音。在中巴经济走廊议题上，尽管美国有一些官员和学者提议以此为抓手将美国"新丝绸之路"计划与中国"丝绸之路经济带"倡议对接，联手推动中亚、南亚地区的互联互通和经济一体化，但也有一些势力仍在发挥消极作用，如夸大走廊对巴基斯坦生态环境造成的负面影响，要求巴基斯坦当局放缓中巴经济走廊建设配合其"新丝绸之路"计划，指责中巴经济走廊项目招投标和资金使用不够透明等，试图通过软的手段给走廊建设制造麻烦。

（四）经济风险不容小觑

从本质上而言，中巴经济走廊是战略合作框架下的一个商业合作项目。商业项目自然就存在赢利和亏损的问题，这既与参与走廊建设的中巴具体企业直接相关，又离不开巴基斯坦的整体商业环境。根据世界银行《2016年营商环境报告》，在189个经济体中，巴基斯坦排名第138名，较上年下降两位，多个分指标出现不同程度下滑，反映了巴基斯坦在营商环境上多个方面的不足。而世界经济论坛（WEF）《全球竞争力报告2015~2016》，巴基斯坦在统计的140个经济体中排第122名，较上年上升3位，营商环境中前五大不利因素依次是腐败、税率、通胀、融资渠道和低效。根据巴基斯坦媒体2016年10月29日报道，巴基斯坦投资委员会（BOI）称，由于缺乏具体行动方案，巴基斯坦为投资人提供"一站式服务"和减少税收方面的改善营商环境举措难以推行。主要原因有：BOI管理层人员更替频繁、国内外改革阻力大、BOI缺乏管理权、没有实施改革的具体行动方案等。国际货币基金组织（IMF）报告指出，巴基斯坦的营商环境是阻止私人投资者进入和经济发展的重要障碍。[1]

此外，走廊框架下的资金既有无偿援助和赠款，也有政策性贷款和商业贷款，这就涉及走廊建设资金的偿还问题。巴基斯坦长期依赖外援和国际组织贷款发展经济和维持经常项目平衡，外债压力本来就比较沉重，中巴经济走廊框架下若引入大量贷款和投资，未来偿还问题值得仔细考虑。亚洲开发银行也致函巴基斯坦政府，表示其多个在巴项目资金利用效率较低，可能导致项目效用降低和巴基斯坦还款成本的增加。亚洲开发银行指出，目前其在巴基斯坦的26个项目中，有20个进度基本正常，5个项目面临潜在问题，1个项目面临较大困难，问题项目主要为国家贸易走廊高速公路投资项目、FATA地区水处理项目、发电项目、俾路支斯坦省高速公路项目和输电改善投资项目。[2]

---

① 《巴基斯坦改善营商环境举措难以推行》，http：//pk. mofcom. gov. cn/article/jmxw/201610/20161001538678. shtml。
② 《亚洲开发银行多个巴基斯坦项目面临困难》，驻巴基斯坦经商参赞处，http：//pk. mofcom. gov. cn/article/jmxw/201611/20161101693111. shtml。

小　结

如上文所述，在中巴全天候战略合作伙伴关系的保驾护航之下，中巴经济走廊建设整体推进顺利，早期收获项目有望按时完成，中远期项目规划看好。与此同时，随着走廊建设加速进行，各类风险挑战不断凸显。地缘政治博弈、非传统安全挑战、内政因素和经济风险等交织共振，增加走廊建设的难度，甚至不排除特定矛盾一时激化，干扰甚至迟滞走廊建设的可能性。特别需要指出，尽管历史已经不断提醒人们，利用各类宗教极端势力、地方分离势力等非国家行为实现地缘政治目的无异于"与虎谋皮"，但总有些势力幻想利用巴基斯坦或者地区内部一些极端势力搞乱走廊建设。

展望未来，中巴经济走廊作为在新的历史机遇期强化中巴全天候战略合作伙伴关系的核心抓手以及"一带一路"倡议的"旗舰项目"，无论是巴基斯坦举国上下、朝野内外，还是中国政府和民众，对这条走廊都寄托了高度期望。正因为如此，中巴双方才必须更认真考虑风险，详细谋划风险应对方案，为中巴经济走廊建设的顺利实施保驾护航。

B.19
巴基斯坦政治安全局势分析及对
中巴经济走廊建设的影响

王玉主　周　嫱*

摘　要： 自中巴经济走廊（CPEC）建设的计划提出三年多以来，该计划逐渐从愿景走向现实。巴基斯坦的政治安全形势对走廊建设继续深入推进影响重大。本报告就巴基斯坦政治、安全和外交形势进行分析，并预测巴基斯坦局势走向及对中巴经济走廊建设可能产生的影响。

关键词： 巴基斯坦　政治局势　安全局势　中巴经济走廊

自中巴经济走廊（CPEC）建设的计划提出 3 年多以来，走廊建设一步步从愿景走向现实。中巴双方对此都给予了高度重视。在走廊建设进程中，巴基斯坦的政治安全局势对走廊建设影响至关重要。本报告就巴基斯坦政治、安全和外交局势进行分析，并预测巴基斯坦局势走向及对中巴经济走廊建设可能产生的影响。

一　中巴经济走廊建设概况

建设中巴经济走廊的战略构想是李克强总理于 2013 年 5 月访问巴基斯

---

* 王玉主，中国社会科学院亚太与全球战略研究院研究员、博导，中国亚洲太平洋学会副秘书长，研究方向为区域合作、东盟合作、中国东盟关系，主要著作有《中国东盟关系中的相互依赖与战略塑造》（论文）、《中国东盟自贸区的影响分析——经济利益战略关系》等；周嫱，广西大学中国—东盟研究院 2015 级中国—东盟区域发展专业博士研究生。

坦期间首次提出的，旨在增进中巴两国在交通、能源、海洋等领域的交流与合作，加强两国互联互通，以期实现两国共同发展的美好愿景。中巴经济走廊起点在中国新疆喀什，终点在巴基斯坦瓜达尔港，北接"丝绸之路经济带"，南连"21世纪海上丝绸之路"，是贯通南北丝路的关键枢纽，是一条包含公路、铁路、油气管道及光缆覆盖的"四位一体"贸易走廊，更是"一带一路"建设推进"试点区"、成效"示范区"以及实践"创新区"。2015年4月，中巴双方正式确定了"1+4"合作布局，即以走廊为中心，以瓜达尔港、能源、交通基础设施、产业合作为重点，由此中巴经济走廊建设翻开了崭新的一页。当前，中巴经济走廊建设在许多方面均取得了积极进展，经济走廊成果日渐凸显。2016年11月13日，举行了由中国投资的瓜达尔港开航揭幕典礼，这标志着中巴经济走廊进入全面实施阶段。2016年12月29日，中巴经济走廊远景规划联合合作委员会第六次会议在北京举行。会上，巴基斯坦计划发展和改革部部长阿赫桑·伊克巴尔公开表示中巴经济走廊在带动巴相对发达地区经济的同时更为巴欠发达地区的发展提供了难得的机会。中巴经济走廊建设的成果将惠及巴基斯坦的每个角落。诚然，中巴经济走廊的建设不仅惠及中巴两国、整个亚洲，更大范围的地区合作都能享受到由此带来的经济红利和社会红利，但面临的风险和挑战也是复杂多样的，尤其是巴基斯坦的政治安全局势对经济走廊建设有着十分直接且重要的影响。

二 各方矛盾摩擦不断，国内政局总体可控

（一）党派纷争持续，激烈程度稍小

巴基斯坦实行多党制，现有政党200个左右，派系众多。长期以来，巴基斯坦党派竞争激烈、联邦（中央）与各省份权力博弈复杂。目前全国性大党主要有巴基斯坦人民党、巴基斯坦穆斯林联盟（谢里夫派）、巴基斯坦穆斯林联盟（领袖派）和统一民族运动党。

2013年6月，谢里夫第三次出任巴基斯坦总理一职。执政之初，谢里

夫政府受到国内反对党的多次"逼宫",执政之路可谓是危机重重、跌宕起伏,在艰难度过政局极度动荡的 2014 年之后,近年来通过大力发展国民经济,提升巴基斯坦的国际地位,谢里夫政府对巴国内政局的掌控能力大为提高,但其间执政党与反对党的争斗依然持续。2016 年 4 月,"巴拿马文件"风波出现后,反对党请求巴基斯坦最高法院启动对文件中涉及谢里夫及其家族海外资产的司法调查。谢里夫政府在反对党压力下曾同意启动司法调查,但各方对司法调查的工作大纲一直存在分歧。巴正义运动党主席伊姆朗·汗认为这是政府在此事上的有意拖延,宣称正义运动党及其支持者将于 11 月 2 日举行封锁伊斯兰堡的示威游行活动,以使政府瘫痪,作为对政府无视"巴拿马文件"调查要求的抗议。为避免事态进一步恶化,巴基斯坦最高法院宣布对此事正式启动调查,反对党遂取消示威游行活动,改为当日举行百万人的感恩真主活动。危机虽暂时化解,但后续各方将围绕调查继续角力,如最高法院不能满足反对党的深入调查要求,局面恐仍将出现反复。2016 年 6 月,谢里夫政府发布新财年预算案,遭到反对党及智库等方面的批评,反对党称将予以抵制。在推动中巴经济走廊建设过程中,巴基斯坦反对党领袖、正义运动党主席伊姆朗·汗及其任命的巴基斯坦西北部省份开伯尔-普赫图赫瓦省(简称 KP 省)首席部长卡塔克在巴基斯坦电视、报纸以及国际议会上多次公开批评总理谢里夫和巴基斯坦计划发展和改革部部长阿赫桑·伊克巴尔,指责他们在执行中巴经济走廊建设规划中私心作祟,有失公允。譬如偏袒执政党控制的省份旁遮普,忽略 KP 省等西部及反对党控制的省份的利益等。尽管围绕中巴经济走廊建设路线规划(巴境内)等问题各党派始终未达成一致共识,但可以肯定的是,没有一个政党反对中巴经济走廊建设。综观全局,因党派争斗造成的负面影响较此前大为减弱,巴国政局总体可控。

(二)政军关系缓和,加强合作

对于有着"军人干政"历史的巴基斯坦而言,军政关系直接影响巴基斯坦政局动向。对内,巴军政双方在打击恐怖主义、中巴经济走廊建设等事宜上达成一致默契。2014 年巴政府与巴塔和谈失败后，巴军方随即发起了打击恐怖分子的"利剑行动"。几年来，"利剑行动"收效显著。2016 年 3 月 16 日，巴基斯坦最高法院下令政府解除对前军方领导人穆沙拉夫的旅行禁令，为其离开巴基斯坦铺平道路，缓解了军方与谢里夫总理间的摩擦。2016 年 11 月 13 日，中国直通中东出海口的瓜达尔港开航，巴基斯坦总理谢里夫、陆军参谋长拉希勒等政界、军界领导人前往瓜达尔港，共同见证第一艘中国商船出发。谢里夫总理表示，巴基斯坦军队已设立一支特别部队，保障这条新贸易路线及港口的安全。对外，巴军政双方对待印度、阿富汗的立场一致。巴总理谢里夫自上任以来，一直积极改善巴印关系，巴军方对此并未阻止。2016 年 10 月，巴基斯坦联邦规划与发展部长在接受《美国之音》采访时表示，巴基斯坦欢迎阿富汗参与中巴经济走廊建设。此前，阿富汗驻巴大使表示其有兴趣参与 CPEC。可由于历史等原因，巴基斯坦和印度、阿富汗的矛盾很深，短期内无法有效化解，2016 年巴印、巴阿间的冲突依旧。2016 年 4 月，巴基斯坦军方总司令拉赫利·谢里夫指印度试图破坏中巴经济走廊项目建设，事件的直接导火索为巴方在俾路支省逮捕了一名疑为印度调查分析局的间谍。印方证实该男子是印度的前海军官员，却否认其是间谍。巴方指责印度在资源丰富的俾路支省支持分裂叛乱活动以及在卡拉奇市加剧冲突的行为。2016 年 9 月中旬以来，巴印在克什米尔地区冲突不断，紧张局势逐步升级，双方均有人员死伤。同年 11 月，谢里夫总理前往巴印边境地区观看了一次军事演习并借此发表警告印度的言论。2016 年 6 月，"围栏计划"引发巴阿边境冲突，造成多人伤亡，巴阿关系紧张。面对巴印、巴阿冲突，巴基斯坦军政双方立场一致，互相支持，维护巴国利益。

三　反恐行动成效初现，安全形势依然严峻

（一）利剑反恐行动取得一定成效

自谢里夫政府与巴塔和谈失败后，巴军方随即展开"利剑"反恐行动。

行动开展两年多来，成效明显。2016 年 6 月，巴基斯坦三军公关部发言人巴杰瓦在新闻发布会上宣称，巴军方在该国北部瓦济里斯坦部落地区开展"利剑"行动两年以来，清除了该地区超过 3600 平方公里范围内的 3500 名武装分子，摧毁了 992 个武装分子藏匿点，缴获了 253 吨炸药和大量火箭弹，关闭了 7500 个爆炸装置制造窝点。①

根据巴基斯坦智库安全研究中心发布的报告，2016 年巴基斯坦全国因恐怖袭击和激进活动等暴力事件造成的伤亡人数大幅下降。报告认为，暴力事件死亡人数的下降说明巴政府在境内展开的反恐行动特别是在北瓦地区展开的军事行动取得了明显成效，但是恐怖分子和激进组织仍然有能力在各地发动零散袭击。②

（二）国内暴恐事件屡禁不止

尽管"利剑"反恐行动现已取得积极成效，有力打击了恐怖分子，有效保护了巴国人民人身安全和财产安全，但巴基斯坦仍旧是世界上遭遇恐怖主义最为严重的国家之一。伦敦经济与和平研究所 2016 年发布的《全球恐怖主义指数报告》（Global Terrorism Index）显示，巴基斯坦在全球受恐怖主义影响最严重的国家中排名第四，仅次于伊拉克、尼日利亚和阿富汗。③ 在阿富汗和平进程仍未取得实质进展的情况下，位于巴阿边境的恐怖组织仍会源源不断地向巴基斯坦输送袭击队伍。与此同时，伊斯兰国势力也在不停地向南亚地区渗透，企图通过制造恐怖袭击来壮大声势。

由此可以判断，短期内巴基斯坦要想从根本上解决恐怖主义问题是不可能的。即便巴军方"重拳出击"，恐怖分子仍是"无孔不入"，巴基斯坦安全形势的彻底好转仍是困难重重。

---

① 《巴基斯坦"利剑行动"取得重大进展》，http：//world. huanqiu. com/hot/2016 - 06/9051327. html。

② 《2016 年巴基斯坦恐怖袭击事件死亡人数减少》，http：//pk. mofcom. gov. cn/article/jmxw/201701/20170102495591. shtml。

③ 《2016 全球恐怖主义指数报告出炉！新西兰安全程度高》，http：//mt. sohu. com/20161122/n473831248. shtml。

（三）巴塔实力削弱但威胁仍存

随着"利剑"行动的推进，巴基斯坦境内的塔利班日渐分裂式微。2016 年 6 月 20 日，巴基斯坦当局证实，6 名巴基斯坦塔利班头目于 20 日向政府军投降，其中包括原巴塔头领哈基穆拉·马哈苏德的一个兄弟和一名叔叔。2016 年 6 月，巴陆军参谋长拉希勒在会见美国官员时提出，要求美国将阿富汗境内的巴基斯坦塔利班武装组织及其领导人作为打击目标。7 月，美国方面证实，巴塔一名高级领导人丧生于一架无人驾驶飞机在阿富汗发动的空袭。据报道，2014 年，巴基斯坦一所学校遭遇塔利班武装分子恐怖袭击，那次袭击是巴国史上发生的最为恐怖的袭击之一，而上述的巴塔高级领导人就曾参与其中。塔利班头目的投降、死亡使得巴塔的势力被大大削弱。早前，2016 年 3 月 27 日，旁遮省首府拉合尔发生自杀式炸弹袭击，造成至少 63 人死亡，306 人受伤，当中大部分是妇孺。这是巴基斯坦 2014 年 12 月以来死伤最惨重的袭击。[①] 塔利班分支"自由者大会"宣布对此次袭击负责，并叫嚣下一步针对学校、政府和军方的袭击将陆续而来。这次公园袭击表明巴塔恐怖疑云仍未散去，他们依旧对当局的打击实施疯狂报复。

（四）"伊斯兰国"(IS)渗透不容忽视

"伊斯兰国"（IS）的崛起和扩张之迅猛令世人震惊。近年来，在各国共同联合打击"伊斯兰国"的情势下，该极端组织的收入和控制区域减少，但对其层出不穷的渗透破坏行为各国仍应时刻保持警惕并积极应对。尽管巴军方宣称巴基斯坦挫败了"伊斯兰国"极端组织想要进入其境内的行动，但事实是，"伊斯兰国"从未停止在巴基斯坦境内的活动。2016 年 10 月 24 日，巴基斯坦俾路支省首府奎达的警察培训学院遭遇恐怖袭击，袭击造成

---

① 《巴基斯坦拉合尔自杀式袭击死亡人数升至 63 人》，http://news.xinhuanet.com/world/2016-03/28/c_128838441.htm。

60 人死亡，另有 165 人受伤。①"伊斯兰国"和巴塔分支"羌城军"均宣称对袭击负责。此番"伊斯兰国"和"羌城军"双双认领袭击，或意味着这两个组织已结盟。11 月 12 日，"伊斯兰国"在俾路支省境内的伊斯兰教苏菲派圣殿制造炸弹攻击，造成至少 52 人死亡和超过 100 人受伤。② 可见，巴基斯坦仍需继续加大对"伊斯兰国"的打击力度，寻求国际合作并展开持续性行动。

四　未来巴基斯坦政治安全形势走向及对中巴经济走廊建设的影响

南亚区域是我国"一带一路"倡议的首要方向之一，中巴经济走廊是"一带一路"旗舰项目，走廊建设的顺利推进需要一个和平稳定安全的局势环境。巴基斯坦的政治安全形势走向与中巴经济走廊建设以及南亚局势利益攸关。巴基斯坦政治安全形势虽然总体可控，但其中的风险和威胁不少。可以说，中巴经济走廊建设能否取得最终的成功，很大程度上取决于巴基斯坦的安全问题能否得到较好的处理和解决。

（一）巴基斯坦国内政治安全局势总体可控但风险仍存

一方面在反恐问题上谢里夫政府与反对党达成了共识，加上谢里夫政府一直主打"经济牌"以及中巴经济走廊建设取得的良好进展，巴国内经济增长动力和商业信心大为增强。2017 年 1 月世界银行发布的最新经济展望报告中称继续看好巴基斯坦未来经济发展前景，上调巴经济增速预测，预计 2017 财年巴经济增速可达到 5.2%，2018 财年经济增速再提高到 5.5%，相比世界银行 2016 年 6 月份做出的预测，对两个财年的预测均上调了 0.7 个

---

① 《武装分子血洗巴基斯坦警察学院 IS 为袭击负责》，http：//world. huanqiu. com/exclusive/2016－10/9600241. html。

② 《巴基斯坦苏菲派圣殿大声爆炸》，http：//world. chinadaily. com. cn/2016－11/13/content_27359921. htm。

百分点。① 经济增长使得谢里夫政府大获民心，甚至有反对党中的一些成员因此重拾对政府的信心，愿意放弃反叛活动。为此，短期内大规模的反政府抗议活动预计不会发生。当然摩擦、冲突是在所难免的。另一方面巴军政双方对中巴经济走廊建设秉持同样的高度支持的态度。2017 年 1 月 23 日，巴基斯坦宣布成立中巴经济走廊特殊安全部队（SSD），专责中巴经济走廊项下项目及中方人员安全②。

同时，巴基斯坦打击恐怖主义的"利剑"行动仍在继续。2017 年 1 月，巴反恐部队在旁遮普省击毙了 4 名非法武装分子，其中包括"羌城军"头目里兹万。1 月 30 日晚，巴内政部下令对恐怖组织"达瓦慈善会"头目哈菲兹·赛义德实施软禁。巴内政部通告显示，抓捕行动是依据巴相关反恐法实施的。虽然巴新年反恐开局良好，但离彻底清除国内恐怖分子的目标还很遥远，反恐形势依然严峻。恐怖组织"唯恐天下不乱"之心不死，仍在不断策划更大规模的恐怖袭击。更甚者，一些遭受重挫的恐怖组织加入"伊斯兰国"，使巴反恐斗争再添新障碍。同时，随着巴反恐斗争的不断深入，政府、社会内部和军政关系中一些潜在已久的深层次矛盾逐渐显露，成为制约巴反恐继续深入的阻碍。此外，巴基斯坦若想彻底清除全部恐怖分子，必须加强地区合作尤其是与阿富汗的合作。早在 2007 年，阿巴两国对外公开宣称将共同打击塔利班和"基地"组织武装人员，以对抗武装人员对安全造成的威胁。可实际上阿巴之间严重缺乏互信，双方边境冲突不断，非法武装分子跨境流动难以控制，双方经常为此互相指责，合作打击恐怖分子更多时候成了一句空话。更令人担忧的是，"伊斯兰国"继续活跃，无孔不入的渗透和扩张，对巴基斯坦安全形势而言无疑是雪上加霜。

（二）巴基斯坦政治安全形势走向将影响中巴经济走廊建设的进程

毋庸置疑，巴基斯坦未来的政治安全形势走向对中巴经济走廊建设进程

---

① 《世界银行上调巴基斯坦 2017 和 2018 年经济发展预测》，http://intl.ce.cn/specials/zbjj/201701/16/t20170116_19637266.shtml。

② 《巴基斯坦内政部宣布成立中巴经济走廊特别安全部队》，http://intl.ce.cn/specials/zbjj/201701/26/t20170126_19895714.shtml。

至关重要。巴国政局总体可控、政军关系密切在一定程度上为中巴经济走廊建设的顺利推进提供了安全保障。2017 年 2 月 6 日，中巴举行了高级别反恐会谈，会谈聚焦中巴经济走廊的安全问题，巴方称将全力保障所有项目。而巴国依旧严峻的反恐形势又令中巴经济走廊建设蒙上了一层挥之不去的阴影。中巴经济走廊要实现预期愿景任重而道远。

1. 走廊贸易投资环境遭破坏

世界经济论坛《2016～2017 年全球竞争力报告》显示，在参评的 138 个经济体中，巴基斯坦排名第 122。① 巴基斯坦恐怖主义无疑是导致其经济发展滞后的关键原因之一。面对令人堪忧的安全形势，外国投资者难免"望而却步"。巴基斯坦官方信息显示，开普尔－普什图省、俾路支省以及联邦直辖部落区域等地区为高风险区域。固然巴政府已经意识到"三股势力"会严重阻碍其对外国投资的引进，遂增加了安全部队的数量。但是，一旦"到巴基斯坦投资不安全"成了大众共识，外国投资者将会重新评估投资风险，甚至可能因此放弃到巴基斯坦的投资计划。

多年来，中巴两国"中国出口巴基斯坦多，而巴基斯坦出口中国少"的贸易失衡局面一直存在。究其原因，一是两国经贸关系的结构性问题，二是巴基斯坦国内恶劣的安全形势。通过观察比较近年来中巴两国的双边贸易额可发现，中巴双边贸易发展与巴国安全形势呈现非标准的正相关，即巴国安全形势较好时，中巴双边贸易往来频繁，贸易成交额较大；巴国安全形势恶化时，中巴双边贸易减少，贸易成交额较小。

2. 走廊能源合作与开发项目遇阻

中巴经济走廊在建项目尤其是不少能源合作与开发的重大项目途经俾路支省和开普尔－普什图省，而恰恰这两省的安全形势比较紧张。俾路支长期存在分离主义势力，其中既包括民族党（NP）、俾路支民族党（BNP）、俾路支和共和党（BRP）及俾路支学生组织（BSO）等温和型政党，也包括俾路支解放军（BLA）、俾路支联合军（UBA）、俾路支斯坦军（Lashkar-e-

① 《全球竞争力排名 2016～2017》，https：//sanwen8. cn/p/49cmbhg. html。

Balochistan)、俾路支共和军（BRA）以及俾路支解放阵线（BLF）等武装团体。温和型政党支持中巴经济走廊，但认为俾路支人的政治权利和经济利益在其中未能得到充分尊重和保护。武装团体则公开反对中巴经济走廊。认为中巴经济走廊项目开采和利用俾路支省当地的自然资源，但俾路支省人在利益分配时却处于弱势的一方，利益更多地被政府用于补贴原本就相对富裕的信德省和旁遮普省等地区，本省作为资源占有地却较少享受到相关福祉，这将进一步拉大巴国各地区间的贫富差距。为此，俾路支省的政党领袖们频频向巴基斯坦政府抗议施压，要求保护俾路支省的既得经济利益，甚至提出"自治"的政治诉求。具有民主主义倾向的恐怖分裂分子趁势而上，多次袭击基建设施、合作项目和政府机关，公然搞叛乱分裂。此外，该地区毗邻高度自治、地形复杂、外人难进的联邦直辖部落区，是巴基斯坦"塔利班"的势力范围。据称巴塔与"东突厥斯坦伊斯兰运动"和"乌兹别克斯坦伊斯兰运动"等极端组织沆瀣一气，再加上"伊斯兰国"的不断渗透，时刻威胁该地区的项目和人员的安全。

3. 中方人员遇险

随着中巴经济走廊建设的深入，越来越多的中国人到巴基斯坦投资，参与建设。一些中国人对当地的习俗文化禁忌宗教信仰等不了解，与当地一些部族造成冲突和摩擦，另外一些中国人的素质不高，给当地人留下坏印象等，引发俾路支等省的民主主义者对中国人的仇恨与敌视心理。此外中巴经济走廊的不少项目远离市区，地处人烟稀少、僻静荒凉之处，地理位置上的偏僻给恐怖分子提供了可乘之机。参与经济走廊建设的中国工程技术人员、工人等极易成为宗教及民族极端主义者的攻击对象。中国在巴工作人员遇袭甚至因此丧命的事件不时发生。

更甚者，一些极端组织和民族分裂组织对中巴铁杆关系心存不满，为达到反政府的目的，将袭击目标的范围从参与走廊建设的中方工程技术人员扩大到来巴基斯坦进行投资贸易的中国商人。屡屡发生的恐怖袭击事件无疑给中方人员造成不小的心理阴影，即使巴基斯坦政府为确保中方人员安全做出各种努力，但恐怖主义的恶劣影响短期内是无法根除的。

五 几点思考和建议

（一）建立官民并举的风险管控模式

一方面要充分发挥中国驻巴使领馆的积极作用。中国驻巴使领馆可定期发布及提供巴基斯坦全国或特定地区的风险事件与安全局势研判报告，充分利用领事保护条约及外交渠道，积极整合企业、智库、风险咨询公司和安保公司等机构的力量，为他们的交流合作搭建平台。另一方面驻巴的中资企业内部可考虑设立专业的风险控制与安全调查分支机构，以实时对本企业进行风险监测、评估，应对风险的具体措施则可委托相应的风险管理公司、安保公司等机构去实施完成。

（二）加强对中巴经济走廊重点项目的风险分析研判、预警、监控和防范

中巴经济走廊重点项目在各个建设阶段都可能面临各种风险，我们可提前进行分析梳理并据此建立一个专门的冲突风险模型和监测指标群，以期对中巴经济走廊重点项目可能面临的风险做到早起预警、事前预防和事中控制。这项业务工作可以由中国驻巴使领馆牵头发起，或由具体企业内部设立专门机构开展，亦可外包给第三方智库或专业风险咨询公司承担。

（三）增进与巴基斯坦智库、媒体和政党的交流

中方应增进与巴基斯坦智库、媒体和政党的交流。一是可以掌握更多的第一手真实资讯，从而对和中巴经济走廊相关的巴主要利益集团的立场及其行为、走廊项目所在社区利益攸关方的态度与风险进行调查研判。二是借用智库和媒体的影响力来强化中国的正面形象。三是可以通过巴的亲华党派来增进当地人对中国的认同感和亲近感，争取获得他们对中巴经济走廊建设的大力支持。

（四）中巴在国际舆论斗争中开展合作

美国、印度的 NGO（非政府组织）以及达赖集团分裂势力指责中国在巴基斯坦援建水电站的行为破坏了喜马拉雅地区的生态环境。对此巴国智库和媒体已经给予美国和印度以有力回击。例如卡拉奇能源研究所对于印度军队经常炮击锡亚琴冰川造成的环境灾难发布的报告，巴媒体对印度火电站造成巴基斯坦多个城市严重污染和雾霾的报道等。因此，在环境问题和环境舆论战领域中巴应加强合作，充分发挥巴英文媒体在伊斯兰世界影响力的优势，为中国境外能源项目正名，维护在环境议程领域的合法权益。

（五）重视教育等软实力建设

当前，中巴经济走廊重心在于能源、交通基础设施等"硬实力"建设，而教育交流合作等"软实力"建设明显落后。事实上，"软实力"建设对于"硬实力"建设而言是不无裨益的。比如制定教育培训规划战略规划。一是通过宣传教育，去除巴境内某些部族的武装暴力思想，播种和平种子。二是在当地开设技能学校，培训为中巴经济走廊建设服务的技术工人，这将对增加就业和保持社会稳定发挥积极作用。三是加强双方外语人才的培养。当前，中巴双方熟悉对方语言的外语人才不多，如能加大对外语人才的培养，对于增进沟通和相互了解，加强合作是十分有利的。

孟中印缅经济
走廊建设安全研究

Security Analysis on the BCIM Economic Corridor

B.20

孟中印缅经济走廊建设安全研究报告

陈利君*

摘　要：　孟中印缅经济走廊是孟中印缅四国共同推进的重大项目，该项目不仅将对四国开放合作及经济发展产生重要影响，而且将对本区域乃至亚洲的经济发展产生重要影响。目前，孟中印缅经济走廊正在积极推进之中，但要更好地推进和落实相关项目，需要高度重视安全问题。由于孟中印缅地区的安全问题十分复杂，且在短期内难以完全解决，四国要长期关注安全问题，并积极探索解决的办法，使孟中印缅经济走廊建设在一个更加安全的环境下展开。同时，在总体安全问题没有完全解决的情况下，也要在条件成熟、环境较好的地方务实推进一些合作项目，并在发

---

* 陈利君，云南省社会科学院南亚研究所所长、研究员。

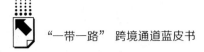

展中逐步解决有关安全问题。只有这样，孟中印缅经济走廊建设
才能早见成效，更快造福本地区各国及各国人民。

关键词：　孟中印缅经济走廊建设　安全合作

　　孟中印缅四国山水相连，资源禀赋各异，合作交流的历史源远流长。2013
年5月，中国总理李克强访问印度，双方倡议建设孟中印缅经济走廊，随后孟中
印缅四国在推进经济走廊建设方面做了大量工作，并取得了显著成效，但同时
也应看到，在推进孟中印缅经济走廊建设的过程中还存在许多问题，其中安全问
题就是一个重要方面。如果不能有效缓解各国对安全问题的担忧，就将制约孟中印
缅经济走廊建设的推进。为此，我们不仅要关注孟中印缅经济走廊建设的安全问
题，而且要积极采取有效措施应对，以加快推进孟中印缅经济走廊建设。

一　孟中印缅经济走廊建设安全风险状况

　　孟中印缅经济走廊建设安全具有区域和国际因素，各国在追求安全时既
需要关注本国利益及安全，又需要加强合作，共同应对彼此面临的不安全问
题。根据2010年8月26日商务部印发的《对外投资合作境外安全风险预警
和信息通报制度》，境外安全风险种类分为政治风险、经济风险、政策风
险、自然风险和其他各类风险①。本报告也借鉴其分类方法，探讨孟中印缅
借鉴走廊建设的安全问题。

1. 政治风险

政治风险是指一个国家或地区由于各种政治力量的斗争使其投资经营环
境发生巨大变化而影响外国企业投资的状况。近年来，涉及孟中印缅经济走

---

① 商务部印发《对外投资合作境外安全风险预警和信息通报制度》，http：//www.mofcom.gov.cn/aarticle/ae/ai/201009/20100907121684.html。

廊建设的孟印缅三国政治局势发生显著变化，导致孟印缅三国在政策的连续性和执行性上都不是太好，要高效推进孟中印缅经济走廊建设十分困难。

印度虽政治架构比较成熟，政局基本稳定，但其国内政局已今非昔比。过去印度国大党一党独大，长期执政，但随着近年来印度国大党执政业绩不佳、候选人竞争力弱、腐败丑闻频发，以及失业率居高不下等因素，其在印度的势力已大大减弱。2014 年大选时期，国大党惨败，印度人民党领导的全国民主联盟在 543 个议席中夺得 334 席，获得压倒多数，纳伦德拉·莫迪出任总理。尽管莫迪本人比较强势以及人民党获得多数席位，但莫迪政府仍然是一个多党联合政府。执政党与反对党之间的博弈持续存在，目前，莫迪仍然与各党派特别是与国大党的博弈十分激烈。只要政府的政策一触及一些人利益就会招致反对，以前政府没有解决的制约外资进入的僵化的土地、劳工、就业等制度仍然没有取得大的进展。随着中期选举的到来，印度各党派之间的政治角力加大，留给莫迪政府改革和出台新政策的时间已不多，政府面临没有足够时间和精力来改善投资环境和批准更多投资项目的问题，这使得其出台的政策没有得到很好落实。特别是印度联邦制下的权力十分分散，要与反对党形成合力十分困难，再加上地方政府权力大及法律法规和政策各异，再出台大的政策也面临执行难的问题。

缅甸的政治局势近年来正在发生较为激烈的变化，政府、军方、议会、反对党、民族地方武装等之间的博弈比印度还激烈。尽管缅甸全国民主联盟（简称民盟）在 2015 年 11 月 8 日的大选中获得压倒性的胜利①，在联邦两院以及省（邦）议会中都占绝对优势，行政、立法、司法权都掌控在民盟手中，为缅甸的稳定打下了良好的基础。但民盟和昂山素季仍然面临许多问题，目前，缅甸政治风险包括国内族群冲突、民众不满与抗议、政府治理能力不足等，这些风险使缅甸成为世界上少有的集多种矛盾、冲突、风险于一体的国家。一是各方利益协调难，经济发展受制约。缅甸经济落后，民众希

---

① 民盟总共获得 886 个席位，其中在联邦议会人民院获得 255 席，在民族院获得 135 席，在省邦议会获 496 席；而执政党——联邦巩固与发展党（巩发党）共获得 118 个席位，其中在人民院获 30 席，在民族院和省邦议会分别获得 12 席和 76 席。

望加快经济发展，但各方利益难协调。二是政府与军方关系复杂。无论是以前的联邦巩固与发展党（简称巩发党）还是现在的民盟，政府都需要在军方支持下才能保持政局基本稳定。三是国内族群矛盾大，民族和解难度大。少数民族的地位与话语权在缅甸是一个敏感问题。昂山素季在选举时承诺要把民族和解作为未来"最优先的工作"，还提出了实现民族和解的三个步骤：在全国范围内全面停战；召开解决政治性问题的协商会议；给予各民族平等权与自治权，共建真正联邦制。这三个步骤被认为在2015年缅甸大选中对国内民族和解有利，对中缅边境安定有益（边境安全压力缓解），不过，2016年之后的情况说明缅甸实现民族和解依然任重道远。在大选结束后不久，政府军与克钦独立军爆发冲突。这不仅给中国边境安全带来巨大压力，而且说明缅甸的民族矛盾并未消除，仍然存在少数民族武装组织与中央政府对抗的问题。其原因是民地武认为，真正意义上的联邦制、地方与国家共享资源开发权益等问题没有解决。四是与罗兴亚人的矛盾难以妥善处理。在靠近孟加拉国边界地区的缅甸若开邦生活着上百万罗兴亚人，但1982年奈温政府颁布的《缅甸公民法》拒绝授予罗兴亚人缅甸公民权，使其成为非法滞留在缅的孟加拉裔人。罗兴亚人多信奉伊斯兰教，而缅甸95%的人口信奉佛教，这使得双方关系长期紧张。五是与华人矛盾有所上升。在缅甸，华人与缅族人也有矛盾。20世纪60年代缅甸就发生过大规模"排华"事件。随着近年来缅甸政治改革进程的推进，对华矛盾、误解有所上升，甚至出现一些极端的反华行为及负面舆论。一些人认为"反华就是民主"，一些人指责前军政府与中国签订的合作项目不透明、破坏环境等。六是外国投资经常受到冲击。缅甸不仅政府治理能力相对较低，而且民众对外国投资的重大项目经常表达不满，不断发生集体抗议事件。这些都说明缅甸民主道路还存在很多不确定性。

孟加拉国也基本是民族主义党和人民联盟两党轮流执政。尽管其总体对外政策基本一致，但由于不同的人执政，其政策有时亲印度多一些，有时亲中国多一些。由于各种因素影响，孟加拉国两党对立，水火不容。2011年执政的人民联盟主导通过宪法修正案，废除了看守政府制度。但反对党担心大选的公正性而激烈反对，不断发动集会、罢工，要求废除该修正案。2014 年由于民族主义党拒绝参选，执政的人民联盟赢得了议会选举。值得注意的是，近年来孟加拉国境内与极端组织有关的暴力事件和恐怖袭击事件的数量有上升趋势，特别是极端伊斯兰势力渗透严重，成为重要安全隐患。

2. 经济风险

经济风险是指东道国经济和市场因素变化导致的损失风险，如价格风险、汇率风险等。经济风险是企业对外投资面临最多、情况也最为复杂的风险。近年来，孟印缅经济快速发展，成为重要的新兴国家，特别是印度创造了经济增长的又一个奇迹。但孟中印缅经济走廊建设面临的经济风险仍然较多。一是经济管理体制问题。目前，孟印缅的经济管理体制不太完善，管理效率低，与其协调沟通难。二是经济结构性矛盾突出。2008 年世界金融危机发生后，孟中印缅四国经济发展都遇到了一些困难，GDP 增速放缓，但总体状况较好。特别是 2015 年以来，经济发展速度提升，通货膨胀也得到了较好的控制。但这并不意味着投资孟印缅三国的经济风险就大幅度下降。印度农业、制造业较为落后，有近 25% 的贫困人口，经济基础设施差。长期存在的财政赤字与经常账户赤字的"双赤字"现象仍然持续，目前印度财政赤字占 GDP 的比重仍然超过 4%。同时，印度国内经济改革进展也远不如预期的成效，投资便利化远未实现。在敏感的零售、航空、广播电视等行业的多项经济改革政策都遭到了印度民众、反对派的反对。电力、电信等产业对外资设置了众多的经济壁垒。孟加拉国、缅甸与印度类似，存在基础设施差、能源短缺、财政长期赤字等问题。三是价格风险。由于信息不对称及缺乏对投资国的了解，有的收购目标出价过高或过低，要么不能获得收购目标，要么需要付出更大代价。有的可能是原材料、设备、技术价格过快上升或下降，让投资者利益受损。四是利率汇率风险。金融是推动现代经济发展的核心，金融的健康平稳发展是保障一个国家或地区经济持续健康稳定发展的重要前提条件。汇率风险是指不同货币相互兑换或折算过程中因汇率变动导致的收益损失。自 20 世纪 70 年代以来，世界金融危机、金融风波、汇率动荡频发，金融风险大大增加。例如2008年爆发的世界金融危机，导致孟印缅汇率大幅度波动，使企业投资面临巨大的汇率、价格风险。五是信用风险。主要是指签约者或交易方不能或不愿完全履行合同规定的条款而导致的损失。目前，孟印缅三国都存在招标容易执行难的问题。六是政策风险。主要是东道国经济政策变动带来的损失。目前，孟印缅都在不断扩大开放，政策经常发生变化。例如缅甸，尽管政局逐渐稳定，政府积极推动市场化改革，经济发展势头较好，但在民族和解、宪法改革、发展经济、改善民生等方面仍然存在许多问题，新政府可能因这些压力而改变政策。另外，对于企业对外投资来讲，还有资金运作风险、内部管理风险等。

3. 法律风险

法律风险是指东道国立法不完备和执法歧视，投资国相关法律制度不健全，信息服务滞后，投资者法律意识不强，投资企业内部管理和治理制度不完善等导致的损失。由于孟中印缅四国历史、文化、政治制度等原因，法律制度各不相同，需要投资者全面了解，但许多投资者并不了解，从而引发投资风险。其中，最常见的劳资纠纷，主要是企业对东道国的劳工、工会、福利、保险等法律以及失业状况不了解或不遵守而导致。

印度、孟加拉国尽管法律法规相对健全，但执行效果并不理想。一是其官僚主义严重，机构臃肿，经常出现相互推诿扯皮现象，政府的行政效率偏低。二是办理事务的程序复杂、手续多、花费时间长，手续也比较繁杂。有人士表示，目前，印度累积的法律案件要完全解决需要几百年。例如其法律已放开外汇管制，但实际操作中政府对资本流动仍有诸多限制。又如税收，印度的税收制度仍然是世界最复杂的税收制度之一。孟加拉国不仅经济正在转型，法律、政策不断变化，而且法律、政策执行同样存在许多问题。这使得其营商便利指数仍然较低。缅甸近年来虽然政治经济转型较快，但是法律法规及政策仍不健全。2016年10月5日，缅甸国民议会通过了新的《缅甸投资法》，将2012年颁布的《缅甸外商投资法》与2013年颁布的《缅甸国民投资法》合并，并进行了补充修订，但其仍未正式颁布，而且新的公司法尚待议会审批。

4. 社会文化风险

社会文化风险是指投资国与东道国因为语言、风俗习惯、价值观、宗教信仰等方面的差异给企业对外投资带来的负面影响。由于孟中印缅四国国情不同、文化不同、员工价值观不同、企业管理理念不同，对外投资企业与当地企业文化融合有一定难度，与其员工沟通成本较高，这会影响投资合作的成败。据统计，在全球范围内，资产重组的成功率只有43%左右，在那些失败的重组案例中，有80%以上的案例直接或间接起因于新企业文化整合的失败①。

孟印缅都是多民族国家，印度、缅甸有上百个民族，孟加拉国也有20多个民族。由于民族众多，语言、文化、风俗习惯、饮食习惯多种多样。从语言看，虽然三国官方及高层人士都讲英语，但地方性语言多。在印度，没有一种语言可以通行无阻，英语、印地语都约占全国人口30%。从宗教看，孟加拉国和缅甸相对单一，但印度复杂，除80%人口信仰印度教外，还有大量伊斯兰教、基督教、锡克教、耆那教等的信徒。从风俗习惯看，三国也不同。例如，印度素食主义者较多，许多人喜欢辛辣及伴有咖喱的食物，印度教教徒和锡克教教徒不吃牛肉，伊斯兰教徒不吃猪肉，耆那教教徒忌杀生，忌食肉食等。这使得孟印缅社会文化的多样性突出，也使得外国投资者与当地的文化融合有障碍。

5. 安全形势风险

安全包括传统安全和非传统安全。传统安全主要指军事、政治和外交冲突带来的威胁。非传统安全是除传统安全以外的威胁，主要包括恐怖主义、武器扩散、跨国犯罪、商品走私、非法移民、贩卖人口、贩毒、海盗、洗钱、严重传染性疾病蔓延以及经济安全、金融安全、生态环境安全、信息安全、资源安全等。由于国际政治秩序长期不公正，经济发展长期失衡，自然环境长期失谐，国际防范危机机制不健全等，世界非传统安全问题不断上升。

目前，孟印缅都存在安全方面的风险，特别是各种暴力活动、恐怖主

---

① 侯钧：《试论跨国并购企业的文化整合问题》，《中外企业家》2013年第18期。

义、地方冲突、罢工等较多，影响投资环境。例如，印度就存在恐怖主义袭击、克什米尔和东北部暴力冲突、纳赛尔武装活动等安全问题。目前，印度东北部、克什米尔地区的极端势力仍然突出，骚乱时常发生，死亡人数在上升。孟加拉国、缅甸虽然暴力袭击较少，但仍然存在。缅甸北部也经常发生民族冲突，而且冲突后的毒品问题、绑架问题、难民问题等又可能会卷土重来，并波及中国。如果从非传统安全看，孟中印缅毗邻地区此种情况更突出，存在大量非法移民、毒品、走私等问题。

6. 自然灾害风险

自然灾害风险是指因自然原因导致的威胁和损失风险，如地震、洪水、风灾、火灾以及各种瘟疫等。自然灾害风险一般是不可控的风险，有的有一定周期性，且影响和损失往往很广。

7. 舆论风险

舆论风险又称国际舆论风险，是指境外投资企业的投资行为或引发的事件成为国际舆论焦点而带来的风险，是传统风险衍生出来的风险，具有生成机制复杂、可控性低、扩散性强、消极影响大等特点。近年来，随着中国经济的崛起，西方舆论不断抛出"中国威胁论"或"中国崩溃论"，甚至将中国列为全球最大风险因素之一[①]。他们认为，中国未来的风险既来自来经济层面，又来自地区安全层面，而且后者越来越占上风。这些言论给中国的对外投资带来了不小的负面影响。目前，孟印缅三国对中国的投资看法虽然并不一致，但是也在一定程度上存在"中国威胁论"。印度对中国的防范心态更为明显，其"中国威胁论"更为流行。

二 孟中印缅经济走廊建设面临的具体风险

目前，孟印缅三国情况比较复杂，在总体上呈现以下特点：一是人力资源丰富，但人口总体素质不高。孟印缅人口多（约15亿人），人力资源丰

---

① 如美国智库、知名风险咨询公司欧亚集团就将中国列为2012年全球十大风险之一。

富，但成年人识字率较低。二是经济发展较快，但总体实力还不强。近年来，孟印缅经济增长速度快，但经济总量还不够大，竞争力不强，与我国经济有较大差距。特别是毗邻地区是世界发展最落后的地区之一。三是对外开放不断推进，但开放程度不高，保护意识较强。例如印度，近年来新贸易保护主义和以安全为由的民族保护主义有所抬头。四是虽然参与区域合作机制多，但大多层次不高。孟印缅三国近年来参与了许多区域、次区域合作机制，但许多合作组织进展并不理想。五是基础设施建设加快，互联互通的愿望强烈，但缺乏资金。除此之外，四国在推进孟中印缅经济走廊建设中还存在许多问题，主要有以下几个方面。

1.线路选择没有形成共识

尽管孟中印缅四国都认同经济走廊建设，但各国对线路的选择各不相同。中国希望依托中缅油气管道尽快启动昆明至胶漂铁路、公路建设，孟加拉国希望通过南部的吉大港进入缅甸伊洛瓦底江然后进入中国的线路，或者通过孟缅友谊公路进入缅甸然后到达中国。印度则希望率先启动其直接进入中国西藏的公路，或者走孟中印缅汽车集结赛的中线，其目的是避开其东北部问题，对中国西藏发挥更大影响力。缅甸主要看谁会更多帮助缅甸而进行线路选择，其线路选择不会支持通过若开邦和克钦邦，因为前者涉及罗兴亚人，后者涉及民地武问题。这使得四国线路问题上存在博弈，要达成共识比较困难。

2.利益诉求各不相同

尽管四国都看到孟中印缅经济走廊建设对各方都有利，都希望建设，但各自对利益的理解大不相同。中国的重要目的是深化经济合作、发展友好关系。印度的目的是吸引中国投资，搭乘中国经济快车，防范中国扩大影响力。孟加拉国的目的是吸引中国投资，搭乘中国经济快车。缅甸的目的是吸引中印投资、待价而沽、打压国内地方势力。在各方都追求利益最大化的情况下，形成合力十分困难。

3.安全诉求各异

中国对孟中印缅经济走廊建设的安全诉求考虑较少，主要是防范投资风险。印度一方面担心其东北部的安全问题，另一方面又担心中印领土争端、中国进入印度洋等问题。因此，在推进孟中印缅经济走廊时，印度要么提出解决领土争端问题，要么提出等待解决东北部的安全问题，甚至提出进入中国南海问题。孟加拉国一方面担心印度进入带来的安全问题，另一方面担心缅甸的罗兴亚人问题。缅甸一方面担心民地武问题，另一方面担心与孟加拉国、印度的边境安全问题。由于安全问题始终存在，要彻底解决十分困难。

4. 整体建设方案难对接

由于孟中印缅四国不同的利益诉求，在整体方案上难以达成共识。从总体上，孟印缅三国都在等待中国出台方案，看看中国是否考虑了三国的利益诉求，能给自己带来多大利益。但具体看，三国目的又各异：印度希望中国与其加强沟通协调，共同制定方案，以便将自己的利益充分考虑其中，特别不希望中国自行决定建设方案；孟加拉国希望方案的制定更多考虑其利益，不能忽视小国的作用，对经济走廊建设希望快速推进，甚至提出可以排除不够积极的印度，先在孟中缅三国启动，另外，孟加拉国还希望经济走廊落实到项目上，特别是其国内项目要多一些；缅甸希望建设方案在考虑其经济利益的同时，充分考虑其战略安全利益，不能因为孟中印缅经济走廊建设影响其国内稳定。对于建设方案，缅甸至今没有充分研究，主要是看中印的方案行事。由于各自在经济走廊建设中的地位不同，要寻找到利益平衡点十分困难。

5. 资金筹措与分配困难

孟中印缅经济走廊建设需要大量资金，但孟中印缅四国经济实力悬殊，经济发展状况各不相同，在资金筹措与分配方面难以达成共识。一方面孟印缅三国在看中国到底要出多少资金，另一方面在看其能分配到多少项目和资金。其中中国希望通过项目来广泛筹集资金；印度希望中国加大投资力度，但其至今又没有明确建设项目，更没有具体的资金支持；孟加拉国和缅甸由于资金缺乏，筹资能力有限，主要看中印出多少资金。如果孟中印缅四国要筹集共同基金来支持孟中印缅经济走廊建设，不仅需要谈判，而且需要时间，特别是在前期研究资金都缺乏的情况下，要筹集更多资金十分困难。

6. 域外大国干扰多

孟中印缅经济走廊建设不仅涉及孟中印缅四国利益，而且涉及其他国家的利益，这使得孟中印缅建设受到域外大国的干扰比较多。美国希望拉住印度，使其与自己战略利益保持一致；希望拉住孟加拉国，使其不倒向中国；希望通过支持缅甸改革开放，使其接近西方。日本积极支持打造"美日印澳"同盟遏制中国，并加大对印度、缅甸、孟加拉国的支持力度，与中国争夺影响力。在这种情况下，孟中印缅经济走廊建设受到域外大国干扰较多，一些国家还故意引入域外力量争取利益。

7. 人口红利并不如想象的大

孟印缅虽然人口众多，而且年轻、廉价，潜力巨大，但人口素质并不高。例如，印度人口数量世界第二，劳动力人口（15~64岁）占总人口的比重60%以上，但印度受教育程度低，医疗水平不高，贫困人口多，人口素质并不高，15岁以上成人识字率73%，劳动参与率56.4%，其中妇女劳动参与率仅为28.5%，而且印度劳动法严苛，企业解雇员工困难重重。另外，工会力量强大，这导致劳动生产率低下，隐性成本偏高。孟加拉国、缅甸高素质劳动人口占比也不高。因此，要获取理想的人口红利比较困难。

8. 一些国家专门针对中国投资设限

在孟印缅三国中，缅甸、孟加拉国虽然欢迎中国投资，但有的项目仍然要考虑平衡关系。印度对中国投资限制较多。一是从法律和政策方面限制。例如，2010年5月印度政府声称"出于国家安全考虑"，要求国有电信运营商BSNL不要购买中国电信设备用于中印边境的敏感地区。二是不断发起对中国的反倾销。印度是世界上发起反倾销调查和实施反倾销措施最多的国家，也是向中国发起反倾销诉讼最多的国家。特别是化工、石化、钢铁、纺织品、日用品等行业经常被印度发起反倾销，案件数量多、金额不断增加。三是签证障碍。目前，印度对中国公民颁发的签证有旅游、商业、就业、项目、学生等类型，表面上印度对中国签证限制不多，但实际上对中国人的签证申请审查时间较长，有些种类的签证较难获得。例如，中国企业和个人赴印度投资的商务签证、工作签证和项目签证都不易获得，特别是工作签证十分困难，且时间短，一般为三个月。

三 加强风险防范、加快推进 孟中印缅经济走廊建设的建议

尽管孟中印缅经济走廊建设已取得了不少成绩，但其潜在的安全风险较多，需要中国政府及企业认真对待。但总体上机遇大于挑战，今后要加大协调沟通力度，共同努力，不断推进务实合作，实现互利共赢和促进共同发展，才能更好防范各类风险。

1. 通过完善国际合作机制应对风险

高水平的合作机制是推进孟中印缅经济走廊建设和防范风险的重要保障。尽管四国已建立了推进孟中印缅经济走廊的合作机制，但由于孟中印缅经济走廊建设是一项复杂的工程，需要协调的内容很多，面临的风险与挑战也很多，需要四国政府进一步加大协调力度，建立更高水平的合作机制，特别是风险防范机制来协调和推动，才能更好控制风险。例如，可建立部长级协调机制、沿线地方政府部门协调机制、产业合作机制、商会（企业）合作机制、民间交流合作机制、风险预警机制等，以更好推进孟中印缅经济走廊建设。

2. 通过完善国内法律法规应对风险

完善国内法律法规不仅是防范对外投资风险的重要举措，而且是推动中国企业更好"走出去"的保障。面对复杂的孟中印缅环境，中国要修订相关涉外法律法规，尽快建立和完善境外投资的法律体系，加大支持企业"走出去"的力度。特别是要帮助企业克服物流交通、基础设施、外汇、银行、投资等方面的障碍和困难，努力促进投资贸易便利化。一是要制定实施孟中印缅经济走廊建设投资规划，包括总体规划、国别及地区规划、产业结构规划等，在宏观上给予中国企业以指导和建议，减少企业的盲目性。二是

要完善相关法律法规及政策，依法保障中国企业投资孟中印缅经济走廊的权益。三是以市场需求为导向。整合资金、技术、人才等资源，以市场需求为导向进行项目投资。四是规范政府、企业的行为与活动，增强政策的透明度。五是更好发挥竞争优势，有效抑制恶性竞争行为，确保海外市场份额的扩大。六是完善相关监管体系，对"走出去"企业进行科学有效的监督，减少对外投资损失。七是加大资金支持力度。完善金融支持体系，进一步放松对企业的金融控制和外汇管制，赋予"走出去"企业必要的海内外融资权，进一步完善国际投资担保体系，鼓励企业在国际金融市场上灵活运用发行股票、债券及国际信贷等多种方式融资，并降低申请程序的难度，简化审批过程，减少企业的成本。八是完善对外直接投资信息咨询和服务体系。高度重视孟中印缅经济走廊信息的收集、整理与发布工作，构建以政府服务为基础，科研机构、中介机构和企业积极参与的信息网络，为投资孟中印缅经济走廊的企业及时提供全面的投资信息。

3. 共商、共建、共赢经济走廊

推进孟中印缅经济走廊建设不仅中国企业要获得利益，而且其他国家也要获得利益。因此，在建设孟中印缅经济走廊过程中要充分考虑各方利益，与孟印缅三国共商、共建，实现互利共赢、共同发展。同时，加大直接投资力度，引导投资流向多元化，为当地政府提供更多税收，为当地人民提供更多的就业岗位，促进当地经济取得更大的增长。

4. 通过改善关系防范政治风险

良好的关系是防范风险的重要条件。尽管近年来孟中印缅四国关系取得了快速发展，但仍然存在许多问题，使得彼此间的政治互信程度还不够高，这对建设经济走廊、防范风险形成了制约。为此，要把发展友好关系作为重要任务，进一步增加高层交往，形成定期会晤机制，切实增强双边关系的稳定性，加深政治安全领域的互信。要着眼大局、包容互谅、搁置争议、管控分歧，通过对话、协商与合作化解误解和矛盾，协调利益关系，增进互信。同时，要与孟印缅谈判商签已有的贸易投资保护协定，加强对中国企业利益的维护。

5. 通过多元合作防范风险

防范投资风险的一个重要举措是实行多元化投资。建设孟中印缅经济走廊也要推进四国多层次、多元化的合作，使其成为一条互利合作共赢的经济带。为此，四国要进一步加强在相互投资、贸易、基础设施建设等领域深化合作，加深利益融合，提升多边合作水平，以防范风险。一是要不断扩大孟中印缅贸易规模。目前，孟中印缅贸易基数低、规模小、比重轻、发展不平衡。中国特别是云南省要不断优化贸易结构，进一步扩大与孟印缅的贸易规模，提高贸易渗透度与依存度。二是进一步扩大开放，深化区域经济合作。制定相互优惠的经贸合作政策，放宽对外商投资的领域，加大相互投资合作力度。尤其是要加强在基础设施、农业、矿产资源、水电、新能源等重点领域中的合作，为经济走廊建设创造条件。三是在落实已经确定的具体项目的基础上，加大磋商力度，达成更多共识，不断提出新的合作思路、合作目标、合作项目。特别是要将提出的项目和建议具体化，以更加务实地推进合作。四是合力建设 BCIM 官方网站或商务门户网站，加强商务信息沟通，促进经贸、投资合作。五是推动贸易投资便利化。协调完善各种法律法规及标准，简化经贸合作和人员往来手续，积极推动各方在对方国家设立官方或民间贸易促进机构。

6. 通过夯实民意基础防范风险

经济走廊建设是全方位的，既包括"硬件"，也包括"软件"。"硬件"主要指基础设施和交通运输领域的互联互通，"软件"主要指制度（法律法规、政策）、技术、人文和情感等领域的互联互通，这些都是影响投资的重要因素。当前最重要的是在加快交通基础设施建设、降低物流成本的同时，要加快信息、政策、教育、人文等领域的互联互通，使交通走廊向经济走廊转化。一是继续发挥四国在资源、产业、市场等方面的互补优势，营造更加透明、稳定和开放的政策环境，在加强经贸合作的同时，大力推进文化、教育、新闻媒体以及信息、软件、金融、农业、环境保护、新能源、反贫困等领域的合作。二是加强人文交流，使四国人民互相加深了解、增进友谊，达成更多共识，促进发展。三是加强与沿线国家在经济法律法规、技术标准与程序以及物流、科技、知识产权、法律咨询、商务咨询、会计服务、信息服务等领域的合作。同时，加强沿走廊中心城市的政治、经济、教育、文化、科技、旅游等方面的合作与交流。四是加强信息交流。目前，各国在信息技术合作方面较为滞后，今后要加强信息交流，推进电子商务平台的应用，促进贸易便利化。五是加强感情上的互联互通。通过民间友好组织加强交流合作，加深彼此了解，夯实双方睦邻友好的社会基础。

7. 通过多渠道筹集资金防范风险

建设孟中印缅经济走廊经费是关键，有了经费的支撑，不仅可以深化对经济走廊建设的统筹协调，加大推进力度，而且还可以加快一些项目的进度，持续推动四国产业合作与对接，防范资金不足带来的风险。因此，四国必须从国际及国家层面考虑建设资金问题，采取多种方式筹集建设资金，以突破资金瓶颈，推进走廊建设。一是孟中印缅四国政府要增加投入或提供优惠贷款，特别是中国和印度要为经济走廊建设提供更多的资金支持。二是要吸引国际社会、国际组织以及民间资本参与建设。孟中印缅毗邻地区是经济相对落后的地区，交通基础设施落后，依靠自身的力量在短期内难以完成经济走廊建设。四国要共同寻求国际机构和组织的支持和援助，尤其是要吸引世界银行（World Bank）、国际货币基金组织（IMF）、亚洲开发银行（ADB）、亚太经社会（ESCAP）、亚太经合组织（APEC）等的支持来推进基础设施项目。对于产业投资项目，可更多利用商业银行贷款、私人投资和买方信贷。对其中的一些项目可考虑用资金换产权的方式吸引私营部门前来投资。三是充分利用亚投行、丝路基金等推动通道建设、产业发展、民生改善等。四是建立投资风险基金。为降低投资孟中印缅经济走廊企业的风险，需要从国家层面建立海外投资风险基金，实行保险与担保制度，对符合国家经济发展战略但风险较高的海外投资给予适当扶持，分散其风险。

B.21
孟中印缅经济走廊建设：
共识、争论与地缘效应*

杨鲁慧　刘雨辰**

摘　要： 随着"一带一路"倡议的实施，孟中印缅经济走廊建设已成为中国、印度、孟加拉国和缅甸四国政府次区域合作的共同议程。目前，各国在经济走廊建设的收益预期、议题设置、机制建设与合作障碍等方面都取得了基本共识，使孟中印缅经济走廊建设实现了从愿景到现实行动的转变。在经济走廊建设过程中，四国在主导权竞争、通道线路选择、安全利益的敏感性认知等方面出现一定分歧，这些分歧成为影响孟中印缅经济走廊建设的主要障碍。建设孟中印缅经济走廊是在亚太出现新地缘政治变局的背景下，各国坚持开放性区域主义的理性选择，对推进"一带一路"建设，重塑我国周边地缘政治生态以及构建亚洲命运共同体等方面具有重要现实意义。

关键词： 孟中印缅经济走廊　"一带一路"　次区域合作　地缘政治

* 本报告为山东省社会科学规划研究项目《习近平总书记外交战略思想研究》（16CZLJ02）和教育部重点研究基地山东大学当代社会主义研究所资助项目《中国周边地缘政治格局与"一带一路"国别政策研究》的阶段性研究成果。
** 杨鲁慧，山东大学亚太研究所所长、教授、博士生导师；刘雨辰，山东大学政治学与公共管理学院博士研究生，济南大学政法学院讲师，研究方向为东亚政治。

2013 年 5 月，李克强总理出访印度，与时任印度总理辛格共同倡议建设孟中印缅经济走廊（BCIM Economic Corridor），旨在加强该地区互联互通，推动中印两个大市场更紧密连接，同时这项倡议也得到了孟加拉国和缅甸两国政府的积极响应。2015 年 3 月中国政府公布《推动共建丝绸之路经济带和 21 世纪海上丝绸之路的愿景与行动》，明确指出，"中巴、孟中印缅两个经济走廊与推进'一带一路'建设关联紧密，要进一步推动合作取得更大进展"。① 至此，孟中印缅经济走廊建设正式成为我国"一带一路"倡议的重要组成部分，这一横跨中国、东南亚和南亚等次区域间的合作项目成为"一带一路"建设的先行先试项目，孟中印缅经济走廊由此引起了国际社会的高度关注。

一　孟中印缅经济走廊建设：次区域合作的新议程

经济走廊（Economic Corridor）是区域经济学中的一个概念，主要是指若干个行政区在其相邻地区，以交通要道建设为主轴，拉动贸易、商品、投资以及生产活动的流动和增长，从而在交通要道沿线形成富有活力的狭长经济地带，这一地带被经济学界称为经济走廊。孟中印缅经济走廊是一种横跨多国国境的经济走廊，地理范围包括从印度东北部的加尔各答经过孟加拉国的达卡、吉大港、缅甸的曼德勒至中国云南的昆明等几个关键节点，此一狭长地带全长 2800 公里，区域涵盖面积大约为 20.8 万平方公里，人口大约 4.35 亿人，② 建设该经济走廊旨在改善区域内各国的经济关系，促进基础设施、能源、资源、农业、贸易和投资的发展，并将在政府的适当引导下，由道路、铁路、水路和航空构成的交通网络把印度的东北地区、孟加拉国、缅甸和中国云南省连接在一起，从而使四国形成一个次区域经济合作发展的新增长极。

---

① 国家发改委、外交部、商务部发布《推动共建丝绸之路经济带和 21 世纪海上丝绸之路的愿景与行动》，《人民日报》2015 年 3 月 29 日，第 4 版。

② Laishram Rajen Singh, The Kunming Initiative: Prospects for Sub-regional Cooperation, http://www. asianscholarship. org/asf/ejourn/articles/rajen_ sl. pdf, 访问日期：2016 - 10 - 30。

孟中印缅经济走廊不是四国政府头脑发热、心血来潮的产物，而是经过了中国、缅甸、孟加拉国和印度四国中央政府、地方、民间以及学界智库长期酝酿与探索，才最终成为现实的。从概念到倡议，从民间"二轨"上升到政府"一轨"，从美好愿景到现实行动，经济走廊建设可谓是顺理成章，水到渠成，孟中印缅四国的次区域合作终于迈开了坚实的一步，实现了新的跨越，为次区域合作发展注入了新的动力，勾勒了新的地缘政治图景。

二 基本共识：次区域合作的动力

虽然四国的社会制度不同，国情各异，发展道路与模式千差万别，发展水平也存在较大差别。但是四国也存在共同性：都是发展中国家；都渴望和平发展；都肩负改善民生的任务，希望尽快能够使沿线地区摆脱贫困。经过长期探讨和沟通，四国在孟中印缅经济走廊建设与发展问题上取得了诸多共识。

（一）收益预期

互利共赢往往是各国开展合作的主要动力。各国都已经充分认识到，孟中印缅经济走廊建设可以为沿线国家带来合理的收益预期，可以产生溢价效应，收获经济社会发展、对外贸易和整体脱贫的红利，使各国都能在项目推进过程中受益，因此最终同意实施倡议。

一是发展红利，由于四国发展水平不同，互补性较强，通过经济走廊建设，各国可以带动本国边境地区的经济发展，实现改善民生，增加就业，提高福利的目的。孟中印缅经济走廊建设是我国"一带一路"倡议重点打造的六大经济走廊之一，与其他经济走廊一起成为"丝绸之路经济带"的"陆地骨架"。[①] 从中可以看出，四国国情虽然差异巨大，但是优势互补，经

---

① 这六大经济走廊分别是中蒙俄经济走廊、中巴经济走廊，孟中印缅经济走廊、新亚欧大陆桥经济走廊、中国 – 中亚 – 西亚经济走廊、中国 – 中南半岛经济走廊。参见胡健《"一带一路"划定重点打造六大经济走廊》，中国经济网，2015 年 7 月 24 日，http：//www. ce. cn/macro/more/201507/24/t20150724_ 6024410. shtml，访问日期：2016 – 11 – 15。

济走廊建设可以为四国获得发展红利，既能加快经济发展速度，增强产业竞争优势，实现综合国力的提升，同时也能增加边境地区民众收入，改善生活水平，稳定边境秩序。可以说，项目尽早推进，各国尽早受益，这一点已是不争的事实。

二是贸易红利与和平红利。虽然中国、印度、孟加拉国、缅甸四国陆地总面积占全球的9%，但是人口占40%。与四国人口规模不相称的是，四国跨区域贸易的比重相当低，2012年成员国跨境贸易只占到四国贸易总量的5%左右,[1] 2014年四国在经济走廊区域内贸易总额为2221.6亿美元，但是四国的贸易总量为51862.2亿美元，经济走廊区域的贸易比重只占四国贸易总量的4.3%，约占全球贸易总量的0.59%,[2] 因此四国在边境地区经贸合作潜力巨大。

三是脱贫红利。对四国而言，都面临繁重的发展任务，其中最棘手的是减少贫困人口的数量。孟中印缅经济走廊地带基本上都是各国发展滞后的最落后地区，交通不便，基础设施差，贫困人口较多。现实因素的影响，在这一地区的四国民众生活质量总体不高，人类发展指数偏低。经济走廊建设可以带动政府投资，促进企业发展，增加就业机会，提高收入水平，同时交通基础设施的完善也可以改善生活环境和运输条件，方便民众出行，增强与外部世界的联系，摆脱贫困落后的长期困扰。

（二）议题设置

孟中印缅经济走廊的建设主要是围绕经济合作议程进行的。四国认为，贸易和投资便利化、交通基础设施、旅游、人文、能源安全等方面将是合作的重点议题，而且这些议题更能够获得成效。

贸易和投资便利化方面，四国都认为现有的通关措施存在较大的问题，比如手续烦琐，效率低下，关税较重，不利于过境贸易的发展，各国应该采取有

---

① Pravakar Sahoo and Abhirup Bhunia, BCIM Corridor a game changer for South Asian trade, 18th July, 2014, East Asia Forum.

② 李艳芳：《推进孟中印缅经济走廊贸易投资的战略意义与可行性分析》，《太平洋学报》2016年第5期，第61~70页。

效措施，以促进贸易和投资便利化。对此，各国应该在市场准入、消除关税壁垒、贸易便利化措施、过境海关基础设施发展、支持投资以及私人部门和企业更多的交流，也包括举办更多的商品交易展览会等方面提高现有的水平。

交通设施联通方面，四国都强调，经济走廊建设必须以交通基础设施建设为重点。交通设施差，路况条件不好，运输通行效率不高是困扰四国进行经济合作的主要障碍，因此，孟中印缅四国在次区域合作上可以借助公路、铁路和水路组成的交通网络而联系起来，把历史上形成的南方丝绸之路建设好，利用好，为各国进行贸易和物流运输创造良好的条件。

旅游合作方面，众所周知，孟中印缅经济走廊地区旅游资源丰富，山川河流、森林草场、野生动物、宗教场所、多元的文化以及漫长的海岸线都是宝贵的旅游资源，拥有巨大的发掘潜力。

人文交流等方面，各国都认为，努力推动教育、体育、科学、文化和社会交流，开展扶贫，借助举办孟中印缅公路汽车集结赛，可以扩大人文交流，增进社会文化联系，增进各国人民相互理解。

在能源安全方面，四国经济的快速发展对能源的需求日益增长，各国都认为要加强电力、石油、天然气管道建设，以满足经济发展的需要。孟中印缅四国都共同面临着能源供应的问题，在能源开发领域存在一定的竞争性，但合作的基础更为紧迫，尤其从全球能源市场格局和大能源发展的视角来看，各方合作的可能性远远大于竞争性。[1]

孟中印缅经济走廊建设能源安全保障成为一项重要合作议题，主要内容有：修建以中缅石油天然气通道、缅甸到印度的石油天然气输送管道；加大合作勘探开发孟加拉湾和安达曼海近海石油天然气资源，以及缅甸和孟加拉国陆地石油、天然气和煤炭等能源力度；合作建设孟中印缅地区国际电力输送网络；推动缅甸东中部和中国云南省水电资源的开发以及向泰国、孟加拉国和印度等东南亚、南亚国家输电，实现东南亚、南亚地区电力的统一并网。[2]

---

[1] 潘一宁：《马六甲海峡安全与国际合作》，《东南亚》2005 年第 2 期。

[2] 彭靖里、王崇理、谭海霞：《推动孟中印缅国际能源大通道建设的战略与对策》，《东南亚纵横》2007 年第 9 期。

（三）机制建设

孟中印缅经济走廊建设依赖于国际机制的构建与推动。国际关系学界虽然对国际机制的定义存在不同的说法，但是新自由制度主义学者基欧汉、鲁杰和克拉斯纳等人认为，它是指在特定时期内在国际行为体之间就特定问题达成的具有明示或者暗示的一系列规则、原则、规范和程序的总称，[①] 它有助于促进国际合作与交流。在孟中印缅经济走廊建设中，四国强调，政府间的对话与协调机制对走廊建设具有重要意义，可以增加信息沟通，促进交流，增进信任，降低谈判成本。孟中印缅四国政府深刻认识到，推进经济走廊建设，必须建立和完善有效的工作机制。但是从目前的情况来看，孟中印缅地区的合作机制建设还存在供给不足的情况（见表1），影响了孟中印缅经济走廊建设的进程。

表1　作为基层制度环境的孟中印缅地区性国际公共产品供给现状评估

类别	内涵	需求情况	供给情况
区域对话与合作机制	合作组织和统一的行政与法律平台	高	不足
传统安全和非传统安全	减少内部冲突、增加政治互信、对跨境犯罪问题的治理等	高	不足
公共服务	包括交通网络在内的基础设施建设、教育、社会保障、公共设施	非常高	不足
区域市场	管理或调节经济的机制，包括促进一体化的贸易便利化、投资优惠安排和跨境经济区等一系列措施	高	不足
地区认同	以统一身份参与对外的国际事务	一般	不足

资料来源：杨怡爽《区域合作行为、国家间信任与地区性国际公共产品供给》，《印度洋经济体研究》2015 年第 6 期。

---

① 有关国际机制的定义，请参见 Keohane，Robert. "Neoliberal Institutionalism." *Security Studies*: *A Reader* （2011）. Ruggie，John Gerard. "Multilateralism: the anatomy of an institution." *International organization* 46. 03 （1992）: 561 – 598. Koremenos，Barbara，Charles Lipson，and Duncan Snidal. "The rational design of international institutions." *International organization* 55. 04 （2001），pp. 761 – 799.

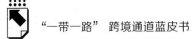

为了推进孟中印缅甸经济走廊建设，改变机制供给短缺的状况，四国政府在协商一致的基础上，就工作机制议题达成了高度共识，同意创设联合工作组，以协调推进经济走廊建设，加快建设进程，让项目早日落实，尽早发挥效益，造福四国边境地区民众。目前，孟中印缅经济走廊联合工作组已经成立，主要由各国中央政府和地方政府有关部门、研究机构和企业代表组成。联合工作组的成立，成为孟中印缅经济走廊建设的重要机制，对于落实领导人共识，协调项目进展，推进走廊建设，具有重要意义。除了中央政府之间的机制外，孟中印缅四国的地方政府合作论坛也是一个非常重要的工作推进机制，是经济走廊建设的重要补充，发挥了积极作用。

除了政府间机制外，四国的非政府机制也相继应运而生，这些机制分布在学界、交通、电信、商业、旅游、金融、人文等领域。像前面提到的孟中印缅经济合作论坛（BCIM Economic Cooperation Forum）这一既有的民间机制继续存在，并没有因为政府间联合工作组机制的成立而终止运作，该机制自建立以来，先后举行了十多次会议。在其他领域，像孟中印缅经济走廊商会联盟、互联互通论坛、旅游合作论坛、孟中印缅产业协调互动机制、孟中印缅教育、文化交流、新闻媒体等领域的对话平台都已经建立，机制的广泛覆盖充实了孟中印缅甸经济走廊建设的内涵，同时机制供应的增多，使经济走廊建设的制度化和规范化得到了重要保障，从而可以有效地进行信息传输，降低了交易成本，也促进了四国政府与人民的友好合作，增进了相互理解和相互尊重。

（四）合作障碍

前面三种共识都是一些正向性共识，具有积极意义，在实务层面上，还存在一种负向性共识，即四国对合作障碍的共同认知，这些障碍会带来消极影响，是孟中印缅甸经济走廊建设必须要认真重视和着力解决的。

四国深刻地认识到，孟中印缅经济走廊建设并不会一帆风顺，这是因为现实中存在一些这样或那样的障碍，影响了四国的合作。这些障碍包括以下几个方面：其一，各国国情差异较大，体制和机制不同，决策模式和决策程序各异，从而会影响到政府决策的效率；其二，各国企业在成员国中开办困难，获得信贷的难度较大，所在国在税收和国民待遇等方面政策不够完善，合同执行困难，外资企业往往面临不公平的竞争环境；其三，四国在投入经济走廊的建设资金面临较大短缺，有机构评估认为，孟中印缅经济走廊建设可能将面临 600 亿~800 亿美元的基础设施建设的巨额资金缺口，这些资金的筹集到位程度将直接影响经济走廊内各国基础设施互联互通。另外，也要看到四国政府在推进走廊建设中，也会面临管理和协调经验不足的现实问题，这些问题增加了孟中印缅经济走廊建设的推进难度，导致政治风险、法律风险、经济风险和社会风险上升，从而对经济走廊建设的前景带来了极大不确定性。因此，要推动孟中印缅经济走廊建设，四国政府都认为，要确保孟中印缅经济走廊建设获得预期成功，各国必须要团结一致，共同努力，采取联合行动，逐步消除发展障碍，推进项目顺利实施。

三　主要分歧：次区域合作的障碍

当然，孟中印缅四国政府在次区域合作问题上，虽然对经济走廊建设具有战略性共识，但并不意味着四国之间不存在分歧和争论。事实上，四国之间的分歧与争论依然没有消失，在跨境交通、路线选择、主导权分配以及安全认知等问题上没有达成共识，这些分歧对孟中印缅经济走廊建设带来了消极影响，许多项目至今都无法有效实施，进展缓慢。

其一，跨境交通线路分歧。在经济走廊国际公路大通道路线问题上，拟议的线路有三条：第一条是南线方案，从昆明经大理、保山到瑞丽，出境后经缅甸腊戍至曼德勒，继续向西南到皎漂，经孟加拉国吉大港、达卡，最后到达印度加尔各答；第二条是中线方案，从昆明到瑞丽，出境后到缅甸曼德勒，向西北到缅甸德木口岸，经印度因帕尔到孟加拉国达卡，最后到达印度加尔各答；第三条是北线方案，从昆明到保山腾冲，出境后到缅甸密支那，经印度雷多、因帕尔到孟加拉国达卡，最后到印度加尔各答。在线路选择上各个国家各自有打算，缅甸和孟加拉国希望实施中线，中国则倾向南线，而印度想推进北线。这种分歧对经济走廊的建设不利，增加了经济走廊建设的不确定性，尤其在各国内部及外部地缘环境急剧变化的情况下，旷日持久的谈判必将对各方推动与建设经济走廊的耐心与信心产生不良的影响。①

另外，在跨境交通方面，有些国家在史迪威公路的修复和启用上存在不同看法，内部不统一。中印公路又称史迪威公路（Stiwell Road），在历史上这是一条很重要的国际交通要道，并在第二次世界大战期间为战胜日本法西斯做出了重要贡献。但由于印度内部对这一跨境公路的启动存在争议，中央政府对这一公路存在战略安全的担忧，而"印度东北地区各邦的态度和专家学者们的意见倾向积极，但中央政府并不支持，至少热情不高"。② 因此，启动史迪威公路，完善交通基础设施的互联互通建设阻力较大。

其二，国家安全认知分歧。在孟中印缅经济走廊建设中，各国在一些重要的安全问题上存在认知分歧。国家安全议题历来都具有战略性和敏感性，沿线国家内部以及各国之间存在各种安全问题，势必对经济走廊的建设带来不利影响。

其三，主导权分歧。除了上述显性分歧外，还有一种隐性分歧。这种分歧在于这一项目的主导性动力来源是谁。换句话说，就是在四国合作中，由哪一个国家来主导和协调各国的政府间合作进程。在涉及的四个国家中，总体来看各国力量对比差距较大，其中中国与印度是大国，孟加拉国与缅甸是小国，大国与小国力量发展不对称，也不平衡，在项目实施中难免会出现主导权分配的问题。特别是在中印两个大国之间，这个问题更加敏感。这一问题如果不及时进行处理，可能会形成孟中印缅经济走廊建设的合作隐患，不利于项目的深入推进。

尽管孟中印缅经济走廊建设已经提上议事日程，但由于涉及的地区国家多，情势较为复杂，面临的各种风险因素及不确定性也比较多。从风险角度来看，一是地缘文化属性造成的风险，二是四国固有的内部风险，三是国家

---

① 杨思灵、高会平：《孟中印缅经济走廊建设问题探析》，《亚非纵横》2014 年第 3 期。

② 张力、彭景：《孟中印缅地区合作机制：推动因素与制约因素》，《南亚研究季刊》2005 年第 1 期。

关系造成的风险，四是民间舆论的影响，五是其他需要关注的风险包括技术成本及人才风险等。① 各类风险广泛存在，不确定性因素复杂多变，增加了经济走廊建设的难度，这些风险给孟中印缅甸经济走廊建设带来巨大挑战。

许多学者和政府官员对孟中印缅经济走廊建设的未来前景存在两种声音，既有乐观论者，也有悲观论者，既有积极态度，也有消极态度。印度中国研究所学者帕特里夏·优伯奥伊（Patricia Uberoi）对走廊的前景持有一种消极态度，他认为，孟中印缅经济走廊未来存在一种不确定性，这种不确定性的前景是由诸多因素累积造成的。② 由于不确定因素太多，有学者对经济走廊建设的前景展望是持悲观态度的。分歧的存在可能会成为孟中印缅经济走廊建设的障碍，影响项目推进的进程和效率，甚至破坏四国合作发展的大局，对此，我们不容忽视。各国政府应该要对分歧进行有效管控，加以适度引导，避免不必要的争论，力争扩大共识，积极倡导合作，构筑共同利益，确保孟中印缅经济走廊建设能够顺利实施和推进，争取早日惠及四国民众。

四 地缘效应：次区域合作的地缘政治评估

孟中印缅经济走廊建设是新时期次区域合作的新图景，它的地缘政治效应是显著而深远的。它的建设对于我国推进"一带一路"倡议、亚洲命运共同体建设、次区域一体化进程以及中国国际形象的提升都具有重要的地缘政治意义。

首先，它是我国"一带一路"建设的重要地缘支撑，可以增强我国的地缘政治影响力。众所周知，经济路径往往对地缘政治的塑造具有重要的意义。随着全球化的快速发展以及各国经济联系的日益密切，国家利益的地理

---

① 杨思灵：《孟中印缅经济走廊建设风险分析与评估》，《南亚研究》2014 年第 3 期。
② Patricia Uberoi, The BCIM Economic Corridor：A Leap into the Unknown? the Institute of Chinese Studies working papers, 2014 – 11 – 1, http：//www.icsin.org/uploads/2015/05/15/89cb0691df2fa541b6972080968fd6ce.pdf, 访问日期：2016 – 11 – 02。

边界已经被打破，地缘政治影响力的拓展更多地通过经济途径来实现。"经济途径拓展利益空间是运用经济联系（如投资和贸易等），通过增强经济上的依赖性来谋求在全球经济体系和区域经济体系层次上的优势地位。"① 孟中印缅经济走廊建设就是一种影响我国周边地缘政治的经济路径，它可以重塑地缘政治版图，提升我国的影响力。

其次，它为构建亚洲命运共同体提供了新的共同政治想象，推动次区域合作迈向新阶段。走廊建设是亚洲互联互通梦想的落实，是构建亚洲命运共同体具体落实。走廊建设以中国梦带动亚洲梦，以合作实现共赢，以经济带动政治，从而化解冲突，增进信任。走廊建设有利于亚洲构建政治经济与安全合作的新秩序，从而推动亚洲命运共同体建设迈向新的历史阶段。走廊建设是独具特色的亚洲合作方式，是迈向地区一体化的重要尝试。这一宏大梦想，需要亚洲地区共同努力打造，特别是需要积极推进中国与各个次区域之间的密切合作。其中，孟中印缅经济走廊建设，就是中国提出的与南亚和东南亚区域合作的新样本，对于构建亚洲命运共同体具有重要现实意义。

再次，它深刻地重塑了我国周边的地缘政治生态，可以有效缓解我国的地缘安全压力。一般来说，国家安全同周边地缘安全环境有着极为密切的关系。一个和平安宁的周边环境有利于国家长治久安和持续健康发展，一个矛盾重重、危机四伏的周边环境则会对国家的生存与发展构成严重威胁。因此，为中国的和平崛起和中华民族的振兴营造一个有利的周边环境就显得格外重要，中国需要在世界政治格局发生变迁的进程中，重塑周边地缘政治生态，为和平发展创造良好的安全环境。从政治地理的视角来看，我国周边地缘政治环境的基本态势具有以下特征：北部地缘政治关系紧密，地缘经济发展较快；西部地缘政治关系持续发展，地缘经济合作前景广阔；西南部为地缘政治破碎带，地缘经济极具潜力；南部地缘政治与地缘经济关系总体良好，但南海问题是不稳定因素；东部地缘政治热点问题敏感复杂，地缘经济

---

① 曹原、葛岳静、王淑芳、胡志丁：《经济途径对地缘政治格局的影响机制及其空间表现研究进展》，《地理科学进展》2016 年第 3 期。

结构相对稳定。①

最后，它为中国国家形象的塑造与传播提供了新的机会，使中国在国际秩序的转型中敢于担当国际责任，拓展中国的地缘政治空间。孟中印缅经济走廊建设是中国提出的加快次区域经济合作的一个新倡议，体现了"中国智慧"，也将为四国人民带来普遍红利和实惠。也要看到，孟中印缅经济走廊建设是"亲、诚、惠、容"周边外交理念的体现，也是中国向亚洲提供的区域性国际公共产品，彰显了中国特色大国外交的责任与义务，表明中国与亚洲邻国乃至世界共同发展，共享繁荣的决心。中国正在向广大发展中国家提供经济发展的动力，也欢迎它们积极搭乘中国经济增长的便车，这是中国的责任担当，展现了中国的大国气度，表明中国有能力也有意愿承担国际秩序引导者和管理者的责任。在国际责任的担当上，中国将被赋予一个历史的新角色，孟中印缅经济走廊是向亚洲和世界提出"中国方案"，中国应该把握历史机遇，努力讲好"中国故事"，传播"中国好声音"。孟中印缅经济走廊建设，将有助于提高中国与沿线国家的合作互利水平，进一步为国家和平发展拓展新的地缘政治空间。

五　结语

经过较长时间的酝酿和讨论，孟中印缅经济走廊实现了从概念到现实、从愿景到行动、从民间探讨到政府推动、从地方政府参与到中央政府主导的转变，历经艰辛，来之不易。虽然这个过程长达 14 年，其中充满了曲折，但是应该要看到，这是一个四国共识凝聚的过程，也是对亚洲命运共同体认知和接受的过程，酝酿的时间越长，说明问题的复杂性越大，但是各国政府最终在预期收益、议题设置、机制建设与合作路径等方面达成了基本共识，做出了理性选择，使孟中印缅经济走廊建设落地生根，推动了东亚、南亚和东南亚的区域互联互通，为次区域合作和一体化进程加速提供了新的动力。

---

① 毛汉英：《中国周边地缘政治与地缘经济格局和对策》，《地理科学进展》2014 年第 3 期。

大国互信是关键。孟中印缅经济走廊建设，中国和印度是关键，两国都是新兴国家，又是金砖国家的成员，人口众多，经济规模较大，在世界上的地位举足轻重，影响力日益提升。两国的态度对于孟中印缅经济走廊建设有重要影响。因此，把这一惠及南亚国家的合作项目顺利推进，并落实好，需要中国与印度两国的政府间合作机制，需要两国提高战略互信，共同把孟中印缅经济走廊建设推向一个新水平，使其成为中印合作的新范本。

需要强调的是，孟中印缅经济走廊建设不是大国唱独角戏，而是四国的集体"大合唱"，不分主角，不分配角，四国应平等相待，共谋合作发展，努力实现互利共赢。实际上，只有各国坚持开放的区域主义，并且团结一致，携手努力，联合行动，才能一点一点积累政治信任，一个持续和平、稳定、发展和繁荣的新亚洲图景才有可能出现。

海上港口及国际通道
建设安全研究

Security Studies on Seaports and International Sea Lanes

B.22

"21世纪海上丝绸之路"建设地缘
安全的挑战及应对

张江河*

摘　要：　"21世纪海上丝绸之路"建设因交通走势、地理目标、节点重点和产能合作等引起复杂的地缘安全感知问题，由此使中国面临不同地缘安全考验和挑战。用问题导向看，其考验包括诸如东海、南海和台湾问题、陆海统筹、区域协调、边海与远洋护航等，其挑战包括地缘安全知觉与政治互信、点线面以及区域联通、利益关切与力量匹配、安全困境与民心相通等。应对考验和挑战，"21世纪海上丝绸之路"建设在地缘安全上必须做到：科学评估地缘条件和力量、遵循地理地

---

* 张江河，暨南大学珠海校区地缘战略研究所所长。

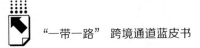

缘地法则处理关系、量时度力相机运行、重用人才发挥智能、海陆空天网协同并行、从民心相通相向到文化认同等。

关键词：　21世纪海上丝绸之路　地理意向　地缘安全　地缘政治

迄今，"丝绸之路经济带"和"21世纪海上丝绸之路"建设，得到世界上100多个国家和国际组织的积极响应和支持，中国同沿线40多个国家和国际组织签署了合作协议，同30多个国家开展机制化产能合作。2014～2016年，中国同"一带一路"沿线国家贸易总额超过3万亿美元，投资累计超过500亿美元。[①] 这是以共商、共建、共享为原则的"一带一路"建设，在促进沿线各国经济繁荣与区域合作，打造命运共同体和利益共同体，造福于世界各国人民的业绩证明，必然是得道多助，世济其美。但是，应该清醒地看到，在中国正在推进具有许多新的历史特点的伟大斗争中，在错综交织的地缘政治因素演变加快和复杂多变的国际形势不确定性加大的条件下，现今推进"一带一路"建设，存在各种程度不同的安全挑战和考验。安全的内涵和外延非常广泛和丰富，"一带一路"建设的安全问题亦不例外。在此，我们对"21世纪海上丝绸之路"的地缘安全风险作以预判，祈望对其在探索中前进、在发展中完善、在合作中成长，具有现实的针对性和有效的应用性。

一　"21世纪海上丝绸之路"的地缘安全考验和挑战

"21世纪海上丝绸之路"建设之地缘安全，是指中国在其所经地理空间范围内享有通畅、和平、协调、友好、稳定的建设环境及与此相应的心理保

---

① 习近平：《携手推进"一带一路"建设——在"一带一路"国际合作高峰论坛开幕式上的演讲，2017年5月14日》，《人民日报》2017年5月15日。

障感。由于中国的发展在国际上面临的地缘战略关系错综复杂，中国建设"21世纪海上丝绸之路"的时空领域比历史上任何时候都要宽广，因此，其地缘安全的内涵和外延比历史上任何时候都要丰富，内外因素比历史上任何时候都要复杂，各种可以预见和难以预见的风险因素明显增多，特别是各种威胁和挑战联动效应明显，[①] 这即迫使我们必须以清醒的头脑，客观预判"21世纪海上丝绸之路"建设中的地缘安全问题。"21世纪海上丝绸之路"建设，是中国统筹国际国内两个大局的深远决策，因此，我们对其地缘安全的预判，也从其面临的内部考验和外部挑战做起。

（一）"21世纪海上丝绸之路"面临的地缘安全考验

预判"21世纪海上丝绸之路"建设的地缘安全，先从中国自身面临处理四对关系的能力做起，具体如下。

其一，东海、南海以及台湾问题的地缘安全关系。在中国沿海区域，国家"支持福建建设'21世纪海上丝绸之路'核心区"[②]。以此核心区为坐标面向大海，在其对面存有海峡两岸待统一的台湾问题；在其左侧（北部）是东海和黄海，在东海存在与日本的钓鱼岛之争，在黄海与韩朝关系复杂多变；在其右侧（南部）的南海，存在与毗邻国家的主权争议。尽管中国历来申明中国对钓鱼岛和南海具有无可争议的主权，台湾是中国神圣领土不可分割的一部分，中华民族对维护国家主权和领土完整有着坚定的决心，[③] 但由于历史原因和现实利益所致，上述问题至今仍处于争取解决的奋斗中。这致使"21世纪海上丝绸之路"建设在中国的海域内如何解决地缘安全平衡问题，即如何破解东海、南海、台湾问题"联动效应"的挑战和考验，联结与协调齐进，维权与维稳互济，以保持东海、

---

① 参见《习近平谈治国理政》，外文出版社，2014，第2084页。
② 参见国家发展改革委、外交部、商务部（经国务院授权发布）《推动共建丝绸之路经济带和21世纪海上丝绸之路的愿景与行动》，人民出版社，2015，第17页。
③ 中华人民共和国国务院新闻办公室：《钓鱼岛是中国的固有领土》，人民出版社，2012，第15页。

南海和台湾问题处于稳定可控的发展态势中。在地缘安全战略上，此谓四两拨千斤，它考验着中国对地缘安全的运作和应对力。

其二，海陆统筹的地缘安全关系。从中国的地理版图与周边关系看，中国现今在地缘安全上呈现出"米"字形态势。① 这反映到"21世纪海上丝绸之路"建设中，就是如何保持海陆关系平衡和稳定的统筹问题。因为在新疆这个陆上"丝绸之路经济带的核心区"和"向西开放的重要窗口"，以及西藏这个"向南亚开放的重要通道"中，② 存在"疆独"、"藏独"等恐怖主义、分裂主义、极端主义"三股势力"，其活动既有肆行不轨、乘间伺隙的特点，又有里勾外联、此起彼动的表症。因此，在21世纪海上丝绸之路建设中，中国面临在维护东部海上的地缘安全时，如何保证西部陆土地缘安全稳定的考验。

其三，区域协调的地缘安全关系。按照国家区域发展总体规划，"21世纪海上丝绸之路"建设，与京津冀协同发展、长江经济带发展同为引领。"21世纪海上丝绸之路"建设作为系统工程，面临如何保证中央政令畅通与创造性地发挥区域相对优势、比较优势和互动优势的考验，如何避免区域间无序竞争的考验，这不仅关乎"21世纪海上丝绸之路"建设的统筹能力，而且考验着中国对自身边海空防地缘安全的管控能力。

其四，边海与远洋护航的地缘安全关系。"21世纪海上丝绸之路"，不论是岸基、海基、节点、港口、湾区等建设，还是海上运输、航行、捕捞、搜救、维权和探测等，都需要以安全稳定的护航力为保障。特别是中国从近海走向远洋，从海洋大国向海洋强国的奋进中更是如此。在"21世纪海上丝绸之路"建设中，依据现有综合国力预判，中国海上地缘安全，首先面临着提升护权、护防、护航三大任务能力的考验；其次面临着海上管控的信息系统建设和运行的超前、主动、准确能力的考验；再次面临着海上控制和

---

① 张江河：《未来中国和平发展的地缘政治选择》，参见于洪君主编《当代世界研究文选（2013～2014）》，党建读物出版社，2014，第157页。

② 参见《中华人民共和国国民经济和社会发展第十三个五年规划纲要》，人民出版社，2016，第98页。

发展的利器制造及其创新能力的考验；最后面临着包括海军在内的各军兵种和武警部队以及军民之间协同能力的考验。

（二）"21世纪海上丝绸之路"建设面临的挑战

研究"21世纪海上丝绸之路"建设，只有跳出固有对象形象预设的思维窠臼，以强烈的问题意识为抓手，以重大问题为导向，抓住重大问题、关键问题研究思考，才能找出答案。[①] 搞清了这个基本思维方法，我们来看"21世纪海上丝绸之路"建设面临的地缘安全挑战。

其一，地缘知觉安全与政治互信关系的挑战。在推进"21世纪海上丝绸之路"建设中，互信与知觉是互为因缘的。只有知觉感到安全了，彼此才可能实现互信；只有彼此相信对方真诚可靠，才可能产生知觉安全效应。"21世纪海上丝绸之路"事实上面临的地缘安全知觉和政治互信的现实挑战。

其二，点、线、面和区域中难点问题的挑战。对"21世纪海上丝绸之路"建设，中国在规划中虽然没有明确预设经由哪些国度或区域，但以重点方向、节点和通道为建设重点，"以点带面，从线到片，逐步形成区域大合作"为系统运作机制，则是明确的。[②] 这在现实运作中遇到的地缘安全挑战表现为以下两点。

第一，从海上联通节点来看，"21世纪海上丝绸之路"的节点，如码头、泊地、港湾等的选择和建设，要么与被选设节点的国家发生地缘利益关系，要么与原已设有经济或军事基地的域外政治主体发生地缘利益关系，要么引起相关地缘政治力量实体的利益关切，要么与积极主张扮演世界海洋战略节点的国家产生地缘安全认同关系，等等，如何在诸如此类犬牙交错的关系中保障"21世纪海上丝绸之路"的地缘安全，则对中国的综合国力和游刃有余的应对能力提出了严峻挑战。

---

① 《习近平：深化改革要有强烈的问题意识》，《人民日报》2013年11月4日，第1版。
② 《习近平谈治国理政》，外文出版社，2014，第289页。

第二，从海上航运线来看，"21 世纪海上丝绸之路"在地缘空间中包括太平洋航线、印度洋航线、大西洋航线等；在远洋航线中有东行航线、西行航线、南行航线、北行航线；在产业领域上有中国集装箱出口运输航线，有石油、天然气、铁矿石等的进口航线。① 在上述航线中，对"21 世纪海上丝绸之路"地缘安全而言，最为重要的是西行航行，因为这里既有太平洋与印度洋的连通，又有环接大西洋的通道，特别是位于亚洲、非洲、大洋洲和南极洲之间，在世界航运中起着"海上走廊"作用的印度洋，尤因波斯湾的石油产储和运输牵一发而动全局。同时，其沿岸 20 多个国家因宗教、民族、历史、文化和现实利益的纠缠而战火频起，加之域外势力明暗插手，争夺地缘政治势力范围等，所以，如何保障中国海上丝绸之路建设沿线国家由线到面，坦诚合作，互利共赢，面临不可预测的安全挑战。

第三，从海上通道来看，在宏观层面，通道是人类开辟海洋连接世界的航道，有时其域面很广，如将印度洋比作世界航运的"海上走廊"就是如此。② 在微观层面，海上通道指船舶由甲地到乙地经由的海洋路线。③ 对中国"21 世纪海上丝绸之路"来说，通道主要有三种：一种是以峡湾海河在内的天然意义上的海洋通道，如马六甲海峡、波斯湾、红海、苏伊士运河等；一种是海陆兼具的通道，如中巴、孟中印缅经济走廊和中国 - 中南半岛经济走廊即属此列；一种是群岛国家的通航海域，如印度尼西亚和马尔代夫等。有人提出想通过瓜达尔港等破解诸如"马六甲困局"等海上通道的滞阻问题，对此愿望无可挑剔，但于解决海上通道困局和安全未必有补。因为要经过别人的地盘，不论是哪种通道，主动权和管辖力永远掌握在别人手里，都会面临通道能否畅顺的地缘安全问题。因此，"21 世纪海上丝绸之路"的通道安全，面临保障自由畅顺通行、通道利益攸关方彼此精诚合作相助、通道主权方自身安稳且有力真心相助的地缘安全挑战。

第四，从海陆联通的大局来看，中国对"21 世纪海上丝绸之路"中海

---

① 参见陈月英、王永兴编著《世界海运经济地理》，科学出版社，2011，第 33～35 页。
② 俞坤一、马翠媛：《新编世界经济贸易地理》，首都经济贸易大学出版社，2012，第 75 页。
③ 杨明杰：《海上通道安全与国际合作》，时事出版社，2005，第 46、51 页。

陆统筹的区域联通的规划有两点:一点是把六大走廊与周边国家和亚洲各次区域以及亚非欧联通起来建设基础设施网络;① 一点是建设"从波罗的海到太平洋、从中亚到印度洋和波斯湾的交通运输走廊"②。将此两点联系起来分析,可以发现其实质是以"21世纪海上丝绸之路"为贯穿全球化发展的经纬线,这也意味着今天世界或区域中发展的重大热点问题,都直接或间接地与中国有关。因此,中国"21世纪海上丝绸之路"建设面临的地缘安全挑战肯定不少。

其三,利益关切与力量匹配关系的挑战。从人类命运共同体而言,海洋环境、生态、渔业、捕捞、海上走私、贩毒、海盗、武器贩运、核扩散,海洋科学考察、探测和研究等,均与各个地缘政治主体之间的共同利益攸关。③ 对此,中国郑重声明没有也"不会重复地缘博弈的老套路",④ 由此而来,中国"21世纪海上丝绸之路"在地缘安全利益关切与实力能力匹配之间面临如下挑战。

第一,产能合作中能源输入的利益关切面临挑战。据统计,中国的对外贸易90%左右都是由海运完成的。⑤ 特别是在能源输入中,油气净进口量逐年明显攀升,如原油净进口量由2011年的2.51亿吨逐年扩大至2015年的3.33亿吨,增幅率为32.67%,天然气同期净进口量由0.23亿吨逐年增至0.53亿吨,增长率为130.43%。况且,石油、天然气进口排名前10位的国家中有8位是"21世纪海上丝绸之路"沿线国家。⑥ 如此而来,中国面临着长期、或明或暗、盟约式或松散式的海上封锁与反封锁实力较量的挑战,面临修路与断路博弈的挑战。于是,中国有无能力维护和应对利益关切的挑

---

① 《中华人民共和国国民经济和社会发展第十三个五年规划纲要》,人民出版社,2016,第128页。

② 《习近平谈治国理政》,外文出版社,2014,第341页。

③ 参见张海文等《21世纪海洋大国海上合作与冲突管理》,社会科学文献出版社,2014。

④ 习近平:《携手推进"一带一路"建设——在"一带一路"国际高峰论坛开幕式上的演讲》,《人民日版》2017年5月15日。

⑤ 张诗雨、张勇:《海上新丝路——"21世纪海上丝绸之路"发展思路与构想》,中国发展出版社,2014,第220页。

⑥ 国家信息中心:《"一带一路"大数据报告(2016)》,商务印书馆,2016,第147~152页。

战，值得未雨绸缪。

第二，从经略海洋的发展利益来看，"21世纪海上丝绸之路"，不论是在浅海还是在深蓝海域建设，中国现今面临科技创新能力竞争、造船质量提升、经济实力支撑、信息获取与保密、地理地缘条件匹配、指挥与协调并行、水面水下空中融为一体等能力的挑战，因为与世界上的海洋大国和强国相比，一个不争的事实是中国的海洋能力仍需要在波涛汹涌的海路中经风云见世面。①

第三，从地缘安全利益保障来看，中国"21世纪海上丝绸之路"既面临海域排他化又遭遇到陆海平衡化的挑战。中国在这些节点性的国家如何稳固中国的海洋利益，面临意测不到的风险和挑战。

第四，安全困境与民心相通问题挑战。"21世纪海上丝绸之路"建设，中国将民心相通作为重要内容和关键基础。② 特别是近几年来"中国政府每年向相关国家提供了1万个政府奖学金名额，地方政府也设立了丝绸之路专项奖学金，鼓励国际文教交流。各类丝绸之路文化年、旅游年、艺术节、影视桥、研讨会、智库对话等人文合作项目"③ 对彼此相识、拉近民心无疑具有积极的示范作用，但是，这些活动形式能否上升到民心相通的境界仍有待时间和实践的检验。如印度面对"一带一路"心有不爽，④ 有的海湾国家看"一带一路"心态复杂等，⑤ 均说明中国在突破安全困境与实现民心相通中，面临地缘安全上的心理挑战。

上述对"21世纪海上丝绸之路"建设地缘安全考验和挑战的预判，客观上是否科学公正，仍有待实践发展来检验。但主观上企望在有限的探测范畴内，完全精准地把握其地缘安全脉搏，可能是一种超出现实的预期或奢望。

---

① 〔美〕安德鲁·S. 埃里克森等：《中国走向海洋》，海洋出版社，2015，第311~407页。
② 《习近平谈治国理政》，外文出版社，2014，第317页。
③ 习近平：《携手推进"一带一路"建设——在"一带一路"国际高峰论坛开幕式上的演讲》，《经济日报》2017年5月15日，第3版。
④ 《参考消息》2017年5月25日，第1版。
⑤ 《参考消息》2017年5月26日，第14版。

二 应对"21世纪海上丝绸之路"地缘安全的政策建议

在现实意义上，上述预判或认识问题是为了应对和处理问题，现统筹国内国际两个大局，就"21世纪海上丝绸之路"地缘安全应对提出如下应对筹策。

其一，以知彼知己为基础，以问题导向为指引，以客观科学为宗旨，以精深细密为作风，内外统筹，有的放矢，分门别类地做好"21世纪海上丝绸之路"的地缘安全环境和互动关系的评估。评估的内容非常丰富，不同的评估者可依据不同的需要和特定的标准，操控评估运行。在此，以"21世纪海上丝绸之路"建设开放性系统性需要，建议中国的战略评估：在时间上应与时俱进，灵活迅速地做好近期评估、中期评估、远期评估。在过程中，应做好对机遇和风险的事先评估、对运行正异状态的事中评估，对投入收益的事后评估。在质量检测中，必须对速度与效益做客观评估，特别要注意量化的误区问题。无量化评估则无科学决策依据，但量化评估绝不是数字堆砌，而是要依数据观测出其动态关系和趋向。在标准上，在依普遍原则的基础上具体问题灵活处置，做好"21世纪海上丝绸之路"所经之域综合实力的评估，否则，用同一标准评估不同特色区域的建设成效，则本身是非科学的。在监控中，必须对评估机构的构成、运行和效果进行监理，力争评估的科学公正。且防评估者既是运动员又是裁判员，使评估者接受平等的监控，这是对评估的真正负责。

其二，以地理环境为条件，以地缘法则为循理，切实应对"21世纪海上丝绸之路"的地缘安全问题。对21世纪丝绸之路建设而言，当前亟须运用地理认知，遵循地缘法则从探析沿线国家区域的地理环境条件入手，把握其地缘格局及其发展变化。研究世界海洋史发现，人类都是以地理开拓为先导，以地缘活动为基线，以地缘收益为归宿谱写地缘博弈盛衰演变史诗的。且不说对"21世纪海上丝绸之路"建设沿线国家地理地缘的了解，就中国本身来说，需要了解学习的地理、地缘知识不知有多少。由此可见，掌握地理条件和地缘关系法则对"21世纪海上丝绸之路"具有多么重要的现实价值。那么，对"21世纪海上丝绸之路"建设而言，需要掌握哪些地理条件和地缘法则呢？

从地理条件来说，在宏观层面，人们至少应对自然地理中的地域分异、自然区划、地貌特征、水文气候特征、土壤冰川特征、植物动物分布、化学医学地理系统等有所掌握；对人文地理中人口人种地理、聚落文化地理、经济地理中资源地理、农业工业商业地理、交通运输地理和旅游地理需要系统掌握；对政治地理中的行政区划、主权领土范围、军事地理布局、地名变异、边疆与首都，以及中心城市的地理区位等，要特别掌握。在中观层面，人们对海洋地理的学习，至少应掌握"21世纪海上丝绸之路"所经流之域的海洋形态、陆海分布、海岸划分、海水性质及运动、海洋资源和生态与环境变化、海洋开发与利用、海洋争端与安全、海洋规约等。在微观层面，人们对航运、贸易地理以及交通经济学的学习，至少应掌握"21世纪海上丝绸之路"途经的海岛、海峡（咽喉要道）、运河、海角、半岛、重要海域等的水文、气候、泊位、吨位、物流甚或护航后勤保障用途等。[1]

在地缘法则领域，第一，人们至少应该了解"21世纪海上丝绸之路"所经国家的地理位置及其形态构成，其中包括与此相连的天然生产力和气候，领土范围、人口数量、民族特性、政府特征，其中包括国家机构的运行规律等。[2] 第二，人们至少应从掌握海洋四大属性即资源属性、交通属性、信息交流属性和疆土属性，领悟影响国际地缘安全关系中合作与冲突参数和法则。[3] 第三，人们至少应学习实证辩证思维，以统筹融通海权、陆权、空权、天权、网权、金权之妙，保证"21世纪海上丝绸之路"建设的地缘安全达到心神安泰之境。

其三，以量时度力为前提，以权衡轻重为贯通，以相地而动为运行，努

① 刘继贤、徐锡康：《海洋战略环境与对策研究》，解放军出版社，1996，第21～53页。
② 〔美〕马汉：《海权论》，萧伟中、梅然译，中国言实出版社，1997，第25页。
③ 〔英〕杰弗里·蒂尔：《21世纪海权指南》（第二版），上海人民出版社，2013，第29页。

力使21世纪海上丝绸之路建设的地缘安全沿持续健康的轨道前行。在世界经济前景不明确的状态下，现在最需要的是较析"21世纪海上丝绸之路"建设前后国力投入与收益的异同状况，保障"21世纪海上丝绸之路"地缘安全所用力量与国力发展的效用比率，处理"21世纪海上丝绸之路"地缘安全关系难点问题效能得失的大小，维护"21世纪海上丝绸之路"地缘安全轻重缓急需要与力量投送远近长短大小的支撑力度问题等。千万注意自身的扩展心与承受力、他国的认同心与协同力之间的关系，对"21世纪海上丝绸之路"建设的地缘安全的效应问题。① 借此建议，"21世纪海上丝绸之路"地缘安全之运筹发力引以为戒。

其四，以人才建设为关键，以智能锻炼为要务，以克艰制胜为标准，切实使"21世纪海上丝绸之路"建设在地缘安全上拥有丰富的高精尖的人才资源。现今，对"21世纪海上丝绸之路"建设而言，无论是以产能合作和贸易畅通为内容和重点的地缘"商业外交"，② 还是抵御海上侵略，保卫中国海洋权益，开发利用海洋资源，建设海洋强国，实现海上地缘安全，建设一支强大的现代化的海军是要中之要。值得强调的是，海军是战略性军种，"是由水面舰艇、潜艇、航空兵、岸防部队、陆战部队等组成的军种。它涉及的科学技术复杂，武器装备复杂"。"知识密集和技术密集，是海军的一个显著特点。人与武器相结合，在海军中是一个非常复杂的问题。"③ 因此，在维护"21世纪海上丝绸之路"建设地缘安全中，培养、发现和使用能熟练"统筹机械化和信息化建设，统筹近海和远海力量建设，统筹水面和水下空中力量的建设，统筹作战力量和保障力量建设"人才，④ 能熟练指挥和使用现代化军事装备的海上安全各种类型、各个层次的人才，是关乎中国海洋强国建设和安全的战略问题。因此，本报告建议从人才来源抓起，在

---

① 《普京文集》(2002~2008)，中国社会科学出版社，2008年4月第1版，第180页。
② 〔美〕威廉·W. 凯勒、托马斯·G. 罗斯基：《中国的崛起与亚洲的势力均衡》，刘江译，上海人民出版社，2010，第89~92页。
③ 《刘华清军事文选》(上)，解放军出版社，2008，第422~428页。
④ 《习近平在视察海军机关时强调：努力建设一支强大的现代化海军为实现中国梦强军梦提供坚强力量支撑》，《人民日报》2017年5月25日，第1版。

海上原有航行和军用人力资源来源的基础上，从大专院校广泛选拔和使用优秀人才，并选拔优秀的有志愿的高考生大量投入海事和海上力量的培养，甚或可以在普通高等教育中加强海洋强国有关知识，既在人才源头上拔高起始点，又在用人智能上不设临界点，还在鼓励人才创新中没有局限点，从而为"21世纪海上丝绸之路"建设地缘安全提供丰富的高端的人才支撑。

其五，以实现中国海洋权益为动力，以协同海陆空天网的管控权为核心，以超强的信息、心理、网络、智能为效用，保障"21世纪海上丝绸之路"地缘安全建立在牢靠的竞争力和威慑力之上。中国宣示"21世纪海上丝绸之路"是和平、繁荣、开放、创新和文化之路，[1] 但在世界迅猛发展的军事变革中，在复杂多变的地缘政治不测风云中，"21世纪海上丝绸之路"的地缘安全，如果"从战略高度观察和判断问题"，[2] 那么在军事竞争领域中建议解决如下问题。

一是要坚定不移地抓好协同问题。这在战略上包括海陆空天网诸军种行动的协同，蕴含着军民在海洋权益维护和军事科技发展中的融合耦合，覆盖着信息化条件下海上实战能力与威慑效力的协力，蕴含着海上军事战略、军事技术、作战力量、组织体制和军事管理创新的协和，这不是中国独领风骚，而是对世界军事变革倒逼势头之回应。因为美、俄、日、印、英、法、德等国现今都在突出联合作战或统合作战、一体作战，都在强调军事战略的进攻性、军事对抗的主动权、军备竞赛的制高点等。[3] 因此，一定要彻悟中国对海军提出"四个统筹"的深远的战略意义。[4] 统筹在操作意义上就是协同。

二是激发海洋军事科技领域创新的能力，缩短与世界海洋强国于此之差

---

① 习近平：《携手推进"一带一路"建设——在"一带一路"国际高峰论坛开幕式上的演讲2017年5月14日，《人民日报》2017年5月15日。

② 《刘华清回忆录》，解放军出版社，2004，第719页。

③ 参见王卫星《当前世界军事形势与发展特点》，《学习时报》2017年2月2日。

④ 《习近平在视察海军机关时强调：努力建设一支强大的现代化海军为实现中国梦强军梦提供坚强力量支撑》，《人民日报》2017年5月25日，第1版。

距。现今，特别要在前沿信息技术、无人系统技术、网络竞争博弈技术、海洋空间对抗技术、智能制胜武器技术、融合创新技术等方面，[①] 抓住机遇，协同创新，跨越发展，并且要千方百计保证培养出的人才能万无一失地用好军事科技的成果和产品，从而实现人与技术高度一体化，在地缘安全上使"21世纪海上丝绸之路"建设搏击风浪，平稳运行。历史告诉人们，造船不易，修码头不易，但造就人才更难。

三是以机动灵活的方式，积极参与各种地缘安全合作组织和运作机制就海上合作与冲突管理的活动，注重建设"21世纪海上丝绸之路"节点、区域和线路等的安全保障和后勤供给保障，特别是要预防和警惕某些岛屿国家因内外需要和变化所引起的地缘安全问题，既万事皆备又游刃有余，满足中国建设海洋强国的需要。

四是建立超前快速准确的信息情报系统，甄别"21世纪海上丝绸之路"建设的障碍到底是国家还是非国家对手所致，抑或是两者的合谋；是偶然举动还是谋划的联动，是纯粹的经济动机还是掺和着政治动机等，这不仅对保障"21世纪海上丝绸之路"建设的地缘安全，而且对中国海洋强国建设，具有生死存亡的现实价值。

五是以民心相向为愿景，以文明互鉴为标识，以文化认同为启行，促进"21世纪海上丝绸之路"建设具有地缘心理的安全感。在人类历史进程中，文明多样化非今天才有。今天的问题是，在文明的语境中，各个国家和民族彼此在心理上能否推己及人，互信相处。这是当今世界最难办之事。要实现"21世纪海上丝绸之路"建设中的民心相向，建议在国家原有规划的基础上，在民心相通操作过程中，首先做到推己及人，设身处地地理解丝绸之路建设沿线国家的境况和选择，用地缘政治心理的话说，即是"一个人要采取理智行动，必须预测其他人怎样行动。如果他希望影响别人，就需要预测别人对自己可能采取的不同政策会做出什么反应，即便他自己的行动不会影响别人的行动，他也需要知道别人采取什么样的行动，以便有针对性地调整

---

① 孔净、高跃群：《世界军事科技发展趋势及重要影响》，《求是》2015年第5期，第59页。

自己的行动"。① 将这种认知用在国际地缘安全主体的互动中，即是知彼知己，相机而行；开心见诚，人安己安。唯有如此，才有可能超越所谓"安全困境"和"修昔底德陷阱"历史窠臼。其次，在地缘安全标识上，要真诚高扬文明互鉴的旗帜，向沿线国家和民族学习，实现彼此的接容。② 再次要以文化的共通性为切入点，寻求和创设文化认同，实现民心相向。"21 世纪海上丝绸之路"建设不知要与多少国家和民族进行经贸文化合作交流，而每一个国家和民族都有其独特的历史、语言、宗教、风俗、习惯、性格及生活方式，不仅要与其求同存异，而且更要学会从异寻同，如从语言、神话、典故和现实事例中追寻共鸣，以亲诚惠容的姿态让沿线国家的人民感到真实亲诚，唯有如此，"21 世纪海上丝绸之路"建设才可能会有地缘安全的民意基础。

最后要深切周详地把握好媒体舆论传播艺术，真正营造出"21 世纪海上丝绸之路"建设从民心相通到民心相向的地缘安全心理氛围。这需要用炉火纯青的艺术，以公正客观、善解人意的态度，理智平和地报道别人对"21 世纪海上丝绸之路"的观点，切莫用过头的或贬斥性的话语刺激别人的态度，切记地缘安全的最高境界是能化敌为友、化险为夷、化害为利、化干戈为玉帛，不能重蹈那些自以为是而遭孤立的国家的历史覆辙，要以清醒的头脑在前行中逐渐总结负责任大国担当的经验和提升担当责任的能力。

综上所述，"21 世纪海上丝绸之路"地缘安全是，路漫漫其修远兮，以中华心之所善兮，恩惠四方之安兮。

---

① 〔美〕罗伯特·杰维斯：《国际政治中的知觉与错误知觉》，秦亚青译，上海人民出版社，2015，第 34 页。

② 美媒报道：《文化冲突困扰中企在美投资》，《参考消息》2017 年 6 月 12 日，第 5 版。

B.23
保障"海上丝绸之路"
通道安全的政策建议*

李晶 吕靖 官晓婷**

摘 要: 自从"一带一路"倡议实施以后,"海上丝绸之路"通道安全就备受关注。针对当前"海上丝绸之路"通道面临的安全威胁和我国保障海上通道安全举措中存在的问题,本报告建议:设立我国海上通道安全高层领导机构,将海上通道安全保障工作与国家领土安全保卫放在同等重要地位;整合国内外多方信息资源,构建"海上丝绸之路"通道安全评价、预警及应急反应平台;以和谐共享的理念主导构建治理"海上丝绸之路"非传统安全威胁新模式,预防有关国家以新规则为手段对我国"海上丝绸之路"通道的安全形成的新威胁;进一步提升我国海上安全保障力量建设;引导港航企业海外投资区域选择;推动建立国家安全船队,平时参与商业运输,紧急状态下服从国家统一调动,承运应急物资。

关键词: 海上丝绸之路 通道安全 政策保障

---

* 本报告由教育部人文社会科学规划基金项目《"海上丝绸之路"非传统安全威胁治理模式研究》(16YJAZH030)支持。

** 李晶、交通运输管理学院教授;宫晓婷,大连海事大学交通运输管理学院讲师。大连海事大学交通运输管理学院副教授;吕靖,大连海事大学。

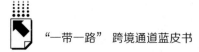

古代"海上丝绸之路"兴起于汉，兴盛于唐、宋，因其较路上丝绸之路具有更加安全和便利的特点而成为陆上丝绸之路的重要补充和替代通道。"21世纪海上丝绸之路"是连接我国与东盟、南亚、西亚、非洲乃至欧洲、拉美国家的海上贸易通道，是我国重要的海上战略通道。"海上丝绸之路"战略通道安全是我国社会、经济发展的重要基础，是我国"一带一路"建设成功实施的重要保障。

一 "21世纪海上丝绸之路"通道现状

海上通道是指长距离、大运量、走向大体相同的海上航线的集合，海峡、运河是海上通道内部的关键节点。基于海上通道的界定，"海上丝绸之路"通道可以具体分为大西洋方向的欧洲通道、印度洋方向的美非通道、太平洋方向的澳洲通道。

（一）欧洲通道

欧洲通道由我国外贸运输中的欧洲线、地中海线、中东线、东南亚线、黑海线等具体的海上航线集合而成。从我国沿海港口出发，途经南海、安达曼海、阿拉伯海、阿曼湾、波斯湾、亚丁湾、红海等海域，抵达东南亚、中东、黑海、地中海、西欧及北欧港口。途经的海峡和运河主要包括台湾海峡、巴士海峡、马六甲海峡、霍尔木兹海峡、曼德海峡以及苏伊士运河等，该通道是我国途经海峡、运河等关键节点最多的一条海上通道。

东盟地区是我国"海上丝绸之路"建设的重要合作伙伴，中国已经连续四年成为东盟的第一大贸易合作伙伴，东盟也连续六年蝉联我国贸易合作伙伴排名的前三位。欧盟也是我国主要的贸易合作方，从进出口商品分类看，机器、机械器具、电气设备及其零件等是我国与欧洲之间的主要贸易商品。此外，我国还向欧洲地区出口纺织原料及纺织制品，进口车辆航空器、船舶及有关运输设备等。欧洲通道上承运的货物价值约相当于我国进出口贸易总额的 1/4，其中我国进口原油的 40% 由该通道运输，是我国"海上丝绸之路"中重要的通道之一。

（二）美非通道

美非通道由非洲航线和南美东海岸航线汇集而成，该通道从我国沿海港口出发，经海南海、安达曼海、阿拉伯海，印度洋，抵达非洲东海岸港口，或经过非洲南端的好望角抵达非洲西海岸港口，或继续跨越大西洋抵达南美洲的东海岸港口。该通道在太平洋海域与欧洲通道基本重合，经过的海峡主要包括台湾海峡、巴士海峡、马六甲海峡等，该通道是我国海上运输距离最长的一条战略通道。

非洲、南美国家经济属于传统资源型经济，其外贸出口中，矿产品占有很大的比重。另外，南美洲国家的农产品在全球经济中占有很强的优势，是全球最大的冷箱货源地之一。进口的货物则以纺织品、鞋类、电子产品等日用及机电产品为主。该战略通道是我国原油和铁矿石进口的重要通道，其中原油进口量占我国原油进口总量的 30%。

（三）澳洲通道

澳洲通道从我国沿海港口出发，途经我国东海和南海到达澳洲大陆东西两岸的港口，经过的海峡主要包括民都洛海峡、马鲁古海峡、托雷斯海峡等。澳大利亚是中国第七大贸易进出口对象，澳大利亚港口与中国港口之间存在巨大的海运贸易量。该通道是我国铁矿石进口的主要通道，该通道与美非通道两条战略通道铁矿石运输量占我国铁矿石进口总量的 70%。

二 "海上丝绸之路"通道面临的安全威胁

第一，传统安全的新威胁。以国家为单位的局部利益争夺是当前"海上丝绸之路"在传统安全领域面临的新威胁，这种威胁主要集中在南海、马六甲海峡和印度洋，利益争夺的主要的参与者是美国、日本、印度和澳大利亚。美国通过双边安全条约在马六甲海峡部署军事力量，以期达到控制海峡的目的，并以盟友和合作的名义巩固在东南亚的地位，在南海问题上美国更是从幕后走到了台前。日本、澳大利亚也借南海问题加强在东亚的军事活动。日本、印度借助维护安全的名义加强对马六甲海峡事务的参与度。在印度洋区域，印度试图通过美国的支持和与澳大利亚的合作达到控制印度洋的目的。这些都严重影响了我国"海上丝绸之路"通道安全。

第二，非传统安全威胁。"海上丝绸之路"通道面临的直接的非传统安全威胁是海盗和海上恐怖袭击。据统计，2015 年"海上丝绸之路"重要节点马六甲海峡发生五起海盗和武装力量袭击船舶事件，其他关键节点如曼德海峡、霍尔木兹海峡、民都洛海峡、望加锡海峡各发生一起。与船舶通过海峡的数量相比，民都洛海峡、望加锡海峡船舶遭袭概率明显上升，值得进一步关注。另外，海洋生态破坏是当今世界面临的重要海上非传统安全威胁，海上船舶航行产生的溢油、事故等对海洋生态具有一定程度的破坏，因此为了减少海上生态破坏对海上运输进行立法和制度调整，这些新的制度安排对"海上丝绸之路"通道安全也产生了间接的影响。

三　我国"海上丝绸之路"通道安全保障工作存在的主要问题

"海上丝绸之路"是我国重要的海上通道，近年我国政府对海上通道安全保障工作日益重视，但与海上强国相比，目前我国"海上丝绸之路"通道安全保障工作仍需进一步加强。

第一，管理机构缺失。"海上丝绸之路"通道安全不仅关乎我国贸易安全，更是关系到国家安全的战略性问题，需要国家层面的协调决策和综合管理，但我国尚未设立统一的保障海上通道安全的管理机构，不同的海上安全威胁由不同部门解决。当前我国"海上丝绸之路"通道面临的传统安全新威胁,不仅威胁海上运输,而且威胁国家领土安全,需要国家从全局和战略的角度加以谋划。另外,治理"海上丝绸之路"通道上的非传统安全威胁需要形成新的全球治理模式,我国作为全球海运贸易大国应该尽早建立一个管理机构,以便代表我国在国际组织中发挥重要作用。

第二,预警与应急机制亟待加强。我国"海上丝绸之路"通道风险复杂、多变,但当前我国尚未形成有效的海上通道各种风险综合预警及应急机制。首先,缺乏海上通道安全预警信息监测机制,尚未形成从日常安全信息收集到对外信息发布的一整套预警机制。其次,分级预警与应急尚待加强,现有的日常安全预警分级缺乏,《国家海上搜救应急预案》也未能给出具体的应急分级标准。最后,预警与应急反应的衔接机制缺乏,延长了保障工作的反应时间。

第三,保障力量仍需强化。我国海上通道保障的重要装备明显不足,保障力量尚不能有效覆盖沿海水域,更无法对远洋水域起有效的保障作用。目前,大吨位、具有远航能力的船舶配备不足,很难在第一时间到达近、远洋水域开展应急行动。同时,现有的保障力量缺乏必要的海外基地支持,难以实现从"绿水"迈向"蓝水"的目标。另外,我国现有的保障队伍标准不统一,也为应急工作带来了困难。

四　国外海上通道安全保障措施的启示

第一,海上通道安全保障组织体系完备。海上通道安全保障事务属于国家海洋战略和海洋安全问题,海上强国往往具有协调完善的海上通道安全保障组织体系,并将海上通道安全保障工作置于高层的统一协调决策和综合管理之下。美国海上通道安全保障主体除美国政府运输管理部门外,美国国防部下属的海军和国土安全部下属的海岸警卫队是重要的保障主体,尤其为了提升海上通道安全保障的等级和效率,将海岸警卫队从原来的运输部调整到国土安全部管理,这些措施使得美国海上通道安全保障工作上职责分明,层次清晰，分工合作共同保障美国海上通道安全。

第二，拥有完备的海上通道安全保障法律体系。国家海洋战略是涉及法律、军事等多领域的综合战略，其实施离不开相关海洋法律法规的保障，而且这些海洋法律法规又是实施国家海洋战略的重要途径。依法行政是一国的治国之本，也是保障海运通道安全的重要措施。美国出台了《2001 年港口和海上安全法》，以加强海上通道中的重要节点——港口的安全保障；制定了美国历史上第一部专门规定防范海上恐怖主义威胁的法律——《海上运输反恐法案》，以保障美国管辖水域内海上运输通道、船舶和港口安全。英国针对不同的海上安全威胁，制定了《英国海洋法》《恐怖主义法》《海上安全法》《交通运输法案》《国际船舶和港口设施安全条例》等，以立法的方式将海上通道安全保障上升到国家层面。

第三，海上通道安全保障资源投入巨大。海上安全保障资源是一国海上通道安全保障的重要组成部分，是维护海洋权益、保障海上通道安全的重要资源，也是实现国家海洋战略的关键。因而，加大海上通道安全保障资源的投入，有利于维护国家海洋权益，有利于保障国家海上通道安全，有利于海洋强国的建设和国家海洋战略的实施。美国建立了强大的海军，在全球建立了众多海军基地，就是为了保护其海洋权益、实施海洋战略。我国是濒海国家，要实现保障海上通道安全、维护海洋权益、发展海洋强国的目标，必须有强有力的海上军事力量做后盾。

第四，主导或参与海上通道安全合作。合作是世界发展的主题之一，海上通道安全保障亦是如此。建立海上通道安全保障合作机制有助于多国间的协调和合作，有利于制定出一套各国认同并遵循的原则、章程、制度。例如美国一直积极推动海上通道安全保障的多边合作机制。北约是以美国为主导和核心的多边安全合作联盟，在美国亚太海洋战略中，其也积极在东亚推进安全合作，将安全合作作为美国亚太海上战略的基础。再如，日本也一直将其与包括东盟在内的亚太国家的双边和多边安全合作作为构筑"综合机动防卫力量"的组成部分。英国通过加入或主导成立一些国际涉海组织，如国际海事组织、国际海事卫星组织等，取得在这些国际组织中的话语权，主导一些海上通道安全相关国际规则、公约等的制定。

第五，海上通道安全保障预警应急制度健全。海上通道安全保障事务是一个庞大的系统，其中建立预警应急制度是海上通道安全保障工作的重要内容。预警应急等海上通道安全保障制度的完善，有利于国家更好地保障海上通道的安全与畅通。目前，美国已经建立了十分完善的海上通道预警应急制度，能够针对不同的威胁，从不同层面进行事前、事中、事后的预警应急处理，并且美国还不断加强预警应急的演习与演练，以提高海上通道安全预警与应急能力。

五 保障"海上丝绸之路"通道安全的政策建议

多举措并重保障"海上丝绸之路"通道安全是我国成功实施"海上丝绸之路"战略的必要条件。为此，我们提出如下建议。

第一，设立我国海上通道安全高层领导机构。建议以"海上丝绸之路"建设为契机，以当前的海上搜救部际联席会议制为基础，建立我国海上通道安全高层领导机构，将海上通道安全保障工作与国家领土安全保卫放在同等重要地位。近期可以考虑在国务院直接领导下，由定期召开的部级联席会议协商解决"海上丝绸之路"通道安全威胁问题，统筹管理我国"海上丝绸之路"通道安全。此外，建议推动建立国家海上通道安全管理机构，整合我国沿海通道安全保障力量，归入该管理机构，与国家海军一道共同保障"海上丝绸之路"通道及我国其他重要海上通道的安全。

第二，整合现有信息资源构建"海上丝绸之路"通道安全评价、预警及应急平台。建议整合现有的船舶动态信息、港口海峡等关键节点信息，来自相关国际组织共享的海盗、海上恐怖主义等非传统安全威胁信息，以及国家海洋气象信息等多种信息资源，构建"海上丝绸之路"重要节点及重点海域风险信息数据库，对该通道重点区域实行动态监控和即时管理。建立风险信息评级系统，确立海上通道安全预警分级标准，对实时更新的海上通道安全信息进行有效评价，判断该通道重点区域风险等级，及时发布安全预警信息。建立突发事件风险信息传递机制，在突发事件来临前发出准确预警，最大限度地遏制突发事件发生，在突发事件不可避免时准确评估危害程度和发展趋势，运用不同保障力量进行分级响应。

第三，推动构建"海上丝绸之路"非传统安全国际合作新机制。建议以和谐共享的"海上丝绸之路"发展理念，构建"海上丝绸之路"非传统安全威胁治理新模式。通过以国际海事组织关于反海盗、联合海上搜救演习等国际合作为基础，加强与"海上丝绸之路"沿岸国家在海上运输安全领域的合作，扩大与相关国家在海上搜救等领域合作的范围，更加积极地参与国际海事组织反海盗、保护海上船舶安全的国际规则制定，充分展示我国新时期和平发展、共享安全的新理念，扩大我国在应对海上非传统安全威胁问题上的影响力。除将航运大国的角色发挥应有作用外，还应以世界最大货主国家的身份，参与船舶海上安全和防止海洋污染方面新规则的修订，最大限度地预防有关国家以新规则为手段，对我国"海上丝绸之路"通道安全进行威胁。

第四，加强"海上丝绸之路"通道安全保障力量建设。建议首先发展政府远洋公务力量。重点发展远洋公务船队，扩大海上救助等公务力量的辐射范围。大力建设万吨级多功能巡视船。完善相应的综合保障基地布局和功能，实现公务力量岸基共享，为"海上丝绸之路"通道应急行动提供支持。其次，扩大远洋综合补给船、多功能大吨位舰艇队伍的规模，加强远洋护航力量，重点提升海军在太平洋、印度洋区域的远程投送能力和补给能力。拓展海军远洋训练，提高远洋机动作战、远洋打击海盗和海上恐怖主义等非传统安全威胁的能力。

第五，支持和引导我国港口及航运企业的海外投资。建议运用优惠政策引导港航企业对外投资的地点选择，兼顾港航企业的商业利益和我国海外保障基地整体布局与建设，强化我国"海上丝绸之路"通道安全保障能力。在投资地点选择上建议重点针对关键节点和敏感水域附近港口、主要贸易对象国港口，主要海上通道的替代港口，将其发展成为"海上丝绸之路"通道安全保障的海外支持基地。在支持政策上，建议出台我国港航企业对外投资的区域和规模指导手册，并给予在鼓励地区和项目上进行投资的港航企业贷款利息、年限等方面的优惠。

第六，贯彻"平战结合"方针推进国家安全船队建设。近年来，在备受关注的马航搜救以及郭川横渡太平洋落水搜救中，我国远洋运输船舶均第一时间赶到，在搜救工作中发挥了重要的作用，产生了积极的社会影响。事实证明远洋运输船舶平时是国家对外贸易的重要支撑，特殊时期是一支重要的海上保障力量。在我国"海上丝绸之路"倡议实施过程中，海上运输船舶依然具有双重重要的作用。建议推动我国安全船队建设，并将其作为海运安全法的一部分写入法律，依靠法律的强制性、规范性和长效性保证该方案的实施。建议国家安全船队计划依托大型国有航运企业，选择船龄、吨位适当的船舶组建国家海运安全船队，国家每年对选入安全船队的船舶给予适当财政补贴。船舶归企业所有，平时从事正常的海上运输，遇到威胁海上通道安全的突发事件，国家有权对其进行征用以支持国家的紧急行动，运载应急物资，保障国家利益。

B.24
"21世纪海上丝绸之路"
港口建设投资风险研究

黄庆波 李 焱*

摘 要： 港口建设是"一带一路"设施联通的基础。目前，"21世纪
海上丝绸之路"沿线港口建设普遍存在基础设施不完善、资
金短缺等问题，严重制约了"一带一路"倡议的实施。因
此，分析沿线重点港口投资风险状况，掌握我国对这些港口
的投资动向，提出规避投资风险的对策，对于我国更好参与
"21世纪海上丝绸之路"港口建设具有重要意义。

关键词： 投资风险 "21世纪海上丝绸之路" 投资环境

一 "21世纪海上丝绸之路"港口投资环境分析

"21世纪海上丝绸之路"是通过沿线港口及其城市合作机制建立起来
的经贸合作网络，是中国开放型经济的组成部分和构建多元平衡开放体系
的重要方式。对投资环境分析可以帮助企业准确了解投资背景，采取行之
有效的投资行动。本报告从优势、劣势、机会和威胁四个方面对投资环境
进行分析。

---

* 黄庆波，大连海事大学交通运输管理学院教授，研究方向为国际贸易政策、国际投资；李焱，
大连海事大学交通运输管理学院副教授，研究方向为国际贸易理论与政策、运输经济。

（一）优势

1. "21世纪海上丝绸之路"规模庞大

"21世纪海上丝绸之路"涵盖东南亚、南亚、西亚、非洲、太平洋岛国、欧洲等六大区域，占全球总人口的57.6%，占全球总面积的42.5%，已成为一个"全球贸易网"，呈现全球化和网络化特征，反映世界各国的经贸合作关系。

2. "21世纪海上丝绸之路"是联结亚、欧、非各国的纽带

"21世纪海上丝绸之路"是一条由沿线节点港口互联互通构成的，辐射港口城市及其腹地的贸易网络和经济带，把亚、欧、非各个有关国家的内陆与沿海港口连接起来。

（二）劣势

1. 沿线部分地区自然条件较差

自然条件对港口投资项目具有较大影响。不同地域的自然条件各不相同。例如：新加坡、马来西亚等国气候炎热，施工作业时间短；印度尼西亚等国受火山、地震、洪水、海啸、泥石流影响较大。

2. 部分港口基础设施建设有待完善

"21世纪海上丝绸之路"沿线国家在基础设施建设方面参差不齐，存在运输瓶颈与通道短板，一旦在某一港口发生滞港，对后续运输都将造成延误。

3. 建立港口集疏运系统较为困难

"21世纪海上丝绸之路"沿线各国的港口集疏运系统建设普遍较慢，部分港口公路的运输承载能力以及铁路和内河的建设层次较低，难以形成整体的港口集疏运系统。

（三）机会

1. 沿线贸易及运输需求旺盛

当前，"21世纪海上丝路"沿线国家市场消费潜力非常大，其中南亚地

区人口约 16 亿人，潜在市场规模明显；东南亚岸线资源丰富；非洲地区同样拥有相对庞大的人口规模和一定的岸线资源；大洋洲不仅资源丰富，而且岸线及水域开阔，贸易货源亟待开发。

2. 沿线港口的建设投资迅速增加

近年来，港口建设问题日益成为各国交通建设的焦点问题，无论是发达国家、新兴国家或是发展中国家，都在持续加大对港口建设的投资。鉴于港口的特殊地理位置，无论是京津冀一体化、长江经济带、自贸区、各经济圈的建设，还是亚投行的建设项目都将促进港口经济的发展。

3. 我国内部资本及要素需要"走出去"

港口作为基础性、先导性资源，具备承载"一带一路"建设的使命。21 世纪之初，我国便已"走出去"开展港口项目合作。发展至今，随着我国港口企业在数量和规模上的不断壮大，在港口规划、设计、建设、运营、管理等方面积累了丰富的资本、经验和人才，具备对外投资能力。

（四）威胁

1. 沿线港口之间存在竞争

在开拓货源和开发运输市场的过程中必然会引起对港口市场的争夺，特别是随着全球交通事业的发展，交通更为便利，原有港口固有的传统腹地被打破，形成了一个腹地承接多个港口的现象，腹地重叠交叉加上经济业务相同，港口之间也就必然产生竞争。

2. 相关国家及组织间的利益博弈

"21 世纪海上丝绸之路"倡议提出后，对一些国家的战略产生了较大影响，相关国家采取了不同程度的响应行动，有的国家采取中立，甚至消极阻挠的态度，严重制约了沿线港口建设。

二　"21世纪海上丝绸之路"港口投资风险现状

港口基础设施建设以及与之相联系的运输通道的贯通，对促进经济增长的作用巨大。然而，"21世纪海上丝绸之路"沿线国家大多属于欠发达地区，面临突出的政治转制、经济转轨、社会转型的艰巨任务，国内政治经济的成熟度和稳定性较差。因此，沿线港口、主要航线分布以及陆上通道是否顺利建成都是影响港口投资的因素。

（一）港口与航线现状

1. 沿线港口空间分布

（1）东南亚地区港口

东南亚地区是"21世纪海上丝绸之路"经过的重要地区，是"21世纪海上丝绸之路"发展的核心区域之一。在该区域内分布着新加坡港、巴生港、丹戎不碌港、林查班港、胡志明港、马尼拉港、丹戎佩拉港、曼谷港和帝力港等主要港口。东南亚地区港口基础设施完善、港口资源丰富，大多处于国际干线。

（2）南亚地区港口

南亚地区在国际航运网络中占据重要的地理位置，是"21世纪海上丝绸之路"的重点区域之一。虽然南亚地区的国家数目较少，但是该地区内坐落着孟买港、尼赫鲁港、科伦坡港、加尔各答港、金奈港、坎德拉港、吉大港、卡拉奇港等港口。南亚地区港口液体散货泊位以及散杂货泊位较多，集装箱泊位较少，该地区港口基础设施相对薄弱。

（3）中东及北非地区港口

中东及北非地区是"21世纪海上丝绸之路"沿线的重要地区之一，区域内石油资源丰富，坐落着重要原油码头，集装箱运输能力突出，中东地区有全球重要的集装箱码头迪拜港、吉达港、加沙港等，北非地区有塞得港、亚历山大港等集装箱装卸大港。从港口发展水平看，中东地区高于北非地区。

（4）地中海沿线港口

地中海是欧洲货物进出口的重要门户，该区域内涵盖马赛港、巴塞罗那港、阿尔赫西拉斯港、巴伦西亚港、热那亚港等主要港口。该区域内的港口基础设施良好，有众多天然的深水港。作为亚洲与欧洲联系的桥梁，地中海沿线港口有高水平的基础设施，对于"21世纪海上丝绸之路"的建设发挥了重要的作用。

（5）南太平洋地区港口

南太平洋航线是中国与南太平洋诸多岛国之间经贸联系的通道，具有重要的经济意义与战略价值。目前，该区域内的主要港口有莱城港、苏瓦港、阿皮亚港、努库阿洛法港等，这些港口规模都相对较小，基础设施建设也相对落后。

2.沿线主要航线概况

（1）东南亚地区航线

东南亚是"21世纪海上丝绸之路"空间范围内距离中国最近并与中国联系最紧密的部分，是"21世纪海上丝绸之路"建设的重中之重。东南亚航线涉及的国家包括越南、菲律宾、马来西亚、文莱、印度尼西亚、泰国、新加坡、柬埔寨、缅甸等国。新加坡港在整个网络航线中所挂靠的航线数众多，各大班轮公司航线挂靠新加坡港的数目已超过60条，是整个航线网络中最重要的枢纽节点，也是货物运输最重要的中转节点。

（2）南亚地区航线

南亚航线位于"21世纪海上丝绸之路"的中段，面向印度洋，是世界商贸的水上要道，它是东南亚和东亚连接非洲、中东、欧美的必经之路。该航段地处西亚、中亚和南亚交汇处，南濒印度洋，无论是陆路还是海洋，南亚和印度洋都是中国的重要出海通道。

（3）波斯湾及红海航线

波斯湾和红海航线区域内主要为阿拉伯国家联盟，该区域承担了大部分海上石油运输量，是能源进出口贸易的生命线。

（4）地中海航线

地中海南北两岸的主要港口有敖萨港、康斯坦萨港、瓦尔纳港、伊斯坦布尔港、威尼斯港、热那亚港、马赛港、巴塞罗那港、突尼斯港等。由于该航线比经过好望角行程更短而且更安全，因此在中欧日益增加的海上贸易运输中发挥了重要的作用。

（二）主要陆上通道及对港口投资风险的影响

1. 中巴经济走廊

巴基斯坦位于连接欧亚及非洲大陆的战略地理区位，中巴经济走廊的顺利建成也会促进南亚、中亚、北非等地区的国家在各个领域的合作，也会提升瓜达尔港的投资回报率。

2. 孟中印缅经济走廊

孟中印缅经济走廊可以通过缅甸的曼德勒、孟加拉国的吉大港和达卡，将中国的昆明和印度的加尔各答联系起来，同时会推动南亚、东南亚、东亚三大经济区域的联动发展。一定数量港口的建设投资有利于开展转口贸易，促进人员、货物和投资的跨境流动，因此孟中印缅经济走廊一旦建成，将会促进该区域内一定数量的港口的投资，对中国在斯里兰卡的港口项目及科伦坡港口城、吉大港、皎漂港等港口项目起到一定的推进作用。

3. 中国—中亚—西亚经济走廊

中亚和西亚国家是宗教极端势力、民族分裂势力、国际恐怖势力的重灾区，港口项目的投资风险大，不利于国际合作项目的推进。同时，由于受到资源富集程度、经济发展阶段等因素的影响，中亚、西亚大多数国家还处于工业化初级阶段，经济结构单一，阻碍了与其他国家的贸易往来，因此中国—中亚—西亚经济走廊的顺利建成，将有利于提升该地区经济发展水平，促进港口投资。

4. 中国—中南半岛经济走廊

中国—中南半岛经济走廊是中国连接中南半岛的大桥，也是中国与东盟合作的跨国经济走廊，该条经济走廊一旦建成，将进一步促进中国与中南半岛国家的合作，对该区域内港口投资和建设产生一定影响。该经济走廊的建成也将促进中国与马来西亚关丹港扩建合作项目的顺利进行，同时也有利于中国惠州港与关丹港开展港口合作。

5. 新亚欧大陆桥经济走廊

新亚欧大陆桥以横跨亚欧大陆的铁路运输系统为中间桥梁，把大陆两端的海洋连接起来，实现海陆联运。鹿特丹港是"一带一路"沿线中新亚欧大陆桥西边的终点，也是"丝绸之路经济带"与"21世纪海上丝绸之路"的交汇处，同时中国已经连续四年成为荷兰第二大外商投资国，鹿特丹港务局也表示欢迎中国到鹿特丹进行投资。

三 "21世纪海上丝绸之路"港口投资风险识别

在"21世纪海上丝绸之路"沿线六大区域中，除太平洋岛国外，中国均参与了其中一些国家的港口投资。由于港口建设项目本身是一个复杂的系统，影响它的风险因素很多。因此，在进行"21世纪海上丝绸之路"港口建设项目投资风险防范与管理之前，有必要对存在的和潜在的风险因素进行分类识别与评价，以便在众多的风险种类中抓住主要矛盾，做好项目风险防范。

（一）东南亚区域港口投资的风险

东南亚各国对"一带一路"建设的响应积极热情，政府出台对中方投资给予较多的鼓励与优惠政策。东南亚地区水文和地质状况良好，有利于港口建设的质量保证以及后续的长期稳定经营。但东南亚地区位于板块交界地带，地壳运动活跃，容易遭受地震、海啸等自然灾害。大部分东南亚国家经济结构单一，应对市场风险能力较弱，在投资合作的道路上加剧了风险的产生。

除了部分东南亚国家由于深化政治转型可能造成的地区局势动荡，为港口投资带来安全风险以外，宗教、传统、语言差异等也可能导致中国投资企业出现各种不适应或违反当地风俗习惯的行为。此外，在东南亚部分地区还存在宗教极端主义带来的恐怖主义威胁和潜存的反华、排华势力。

由于东南亚地区普遍由发展中国家构成，法律体系不成熟，法律法规体系和执法环境与我国差异较大，在投资过程中可能会遇到来自司法、执法的公正性、争端解决机制有效性的挑战。因而对这一区域沿线港口投资面临无法回避的法律风险。

（二）南亚区域港口投资的风险

虽然中国提出的"一带一路"、孟中印缅经济走廊和中巴经济走廊建设与南亚各国的发展形成了对接，得到了南亚许多国家的积极回应；但这一地区政治局势动荡较为明显，民族宗教矛盾、国家间对立以及恐怖主义威胁曾仍是较为严重的风险因素。此外，由于港口建设项目涉及一国经济、政治安全等敏感问题，被投资国家可能会为了维护本国安全利益而采取违背市场经济的政府决策，将经济问题政治化，影响中国企业对其开展投资活动。例如印度为防止"21世纪海上丝绸之路"建设影响其在印度洋地区的势力范围，可能会采取一系列干扰行为。南亚地区是世界上安全风险较高的地区之一，恐怖主义和分裂势力严重威胁地区安全。

南亚国家普遍面临经济增速缓慢、基础设施严重不足、能源短缺、货币疲软、通货膨胀压力居高不下等问题。政府财力较弱，政府资金相对短缺，因此对于大型基础设施项目的偿付能力较差。对于我国投资者而言，在这种情况下可能面临较大的融资压力和较高的融资成本，从而影响投资收益的周期和回报率。

（三）西亚区域港口投资的风险

这一地区国家政治局势风云多变，未来发展趋势也充满不确定性。除却少数海合会成员国如阿联酋社会政治风险较低外，西亚大多数国家都因较高的社会政治风险成为中国海外投资风险的高危区域。

西亚地区普遍存在水资源短缺和基础设施建设落后的问题，自然环境条件与港口周边配套设施状况劣势较为突出。西亚大部分国家，特别是受政治安全局势动荡影响的国家基础设施建设落后，港口周边的配套设施不完善，为了形成配套的投资环境，投资者势必要追加投资，导致投资成本增加。

安全风险是西亚地区最主要的风险之一。该地区民族众多、宗教林立、各区域之间历史遗留问题多，社会无序、暴力冲突不断，地区持续性动荡对港口投资建设项目带来严峻挑战。

（四）非洲区域港口投资的风险

非洲地区由于军事政变、内战和边界冲突相对频繁，使得国家政策的制定和执行往往缺乏连续性和可预见性。并且由于近年来中国在非洲地区的经济和外交影响力迅速发展，一些西方国家制造"中国威胁论"恶意诋毁中国，给在非洲的中国投资者造成巨大的舆论压力。

非洲作为世界上贫困国家最集中的地区，经济基础薄弱，经济结构单一，基础设施滞后，市场发育不健全，易受到国际经济形势变动的影响。部分国家限制外汇流出，甚至金融体系尚未融入全球金融体系，这些情况对在这些国家进行港口建设项目投资存在巨大的经济风险。中国企业在非洲进行港口建设项目投资也面临十分突出的安全风险。这一地区政权不稳、政局动荡，战争、内乱、暴力事件频发，是目前世界上最不稳定的地区之一。

（五）太平洋岛国区域港口投资的风险

大部分太平洋岛国政局相对稳定，政治动荡发生的可能性较小，但由于部分国家没有与中国建立外交关系，没有双边投资保护协定的保障，企业进行港口建设项目投资可能会存在一定政治风险。同时，太平洋岛国政府的效率普遍比较低下，投资监管严格，加之土地制度混乱，管理权益不明确，加剧了这一地区投资项目的政治风险。

太平洋岛国自然环境脆弱，气候变化引起的自然灾害等都会给岛国社会、经济活动带来重大的负面影响，可能对港口建设项目长期发展造成潜在威胁。太平洋岛国经济发展总体水平低下，金融市场发展滞后，对政府投资和外来援助依赖性强，为这一区域的港口投资带来一定的经济风险。但这一地区地理位置独特，自然资源种类丰富，经济发展潜力较大，在港口等基础设施建设方面存在较大的投资潜力。

（六）欧洲区域港口投资的风险

欧洲的地缘政治形势复杂，是大国利益的汇聚点，也是冲突的交汇点。此外，欧洲国家的政府实行贸易和投资保护主义政策较为常见，由此可能带来投资风险增加、投资成本增长。

欧洲地区的自然环境优越，气候、地形、水文状况良好，沿海地区多优良港口。特别是西欧与南欧的国家经济发展历史悠久，城市基础设施建设状况良好，有利于港口投资。

（七）主要港口投资风险判别

依据以上对六大区域的风险分析，结合投资环境评价基本方法，以资本抽回、外商股权、对外商的歧视、货币稳定性、政治稳定性、给予关税保护的意愿、当地资金的可供程度、近5年的通货膨胀率为主要指标，对六大区域主要港口的投资风险进行打分测评（见表1）。从中可以看出，东南亚、西亚和欧洲港口投资环境良好，而非洲、南亚投资环境比较复杂，面临不确定性较大。

表1　六大区域港口投资状况评价

单位：分

区域	港口名称	港口风险状况评分								
		资本抽回	外商股权	对外商歧视	货币稳定性	政治稳定性	关税保护意愿	资金可供程度	近5年通货膨胀率	总分
东南亚	新加坡港（新加坡）	12	12	12	20	12	6	10	12	96
	巴生港（马来西亚）	12	8	12	20	12	4	10	10	88
南亚	科伦坡港（斯里兰卡）	12	6	10	20	10	4	10	10	82
	蒙德拉港（印度）	8	10	10	20	10	4	10	10	82
西亚	瓜达尔港（巴基斯坦）	12	12	12	20	10	4	10	10	90

区域	港口名称	港口风险状况评分								
		资本抽回	外商股权	对外商歧视	货币稳定性	政治稳定性	关税保护意愿	资金可供程度	通货膨胀	总分
非洲	塞得港（埃及）	12	6	6	12	8	4	10	4	62
	德班港（南非）	12	12	10	14	8	8	10	10	84
太平洋	莫尔兹比港（巴布亚新几内亚）	12	12	6	20	8	4	6	8	76
欧洲	哥德堡港（瑞典）	12	12	12	20	12	4	10	12	94
	比雷埃夫斯港（希腊）	12	12	6	20	4	4	10	12	80

四 我国对沿线港口投资的风险防范对策

海外港口建设项目投资金额巨大、投资回报期长，在规划、建设和运营阶段都存在着一定的风险。为了规避和防范"21世纪海上丝绸之路"港口建设投资过程中的各种风险，需要从宏观层面和微观层面共同努力。

（一）宏观层面

1.加强政府间对话与合作

第一，我国政府应该积极与"21世纪海上丝绸之路"沿线国家谈判，签署双边或多边投资保护协定，将港口投资保护工作纳入国际保护体系。第二，我国应该加强与沿线国家的友好往来，努力营造和平的国际环境，尽量避免我国企业在海外港口投资过程中遭受政治风险和安全风险。

2.构建风险预警管理机制

第一，要对沿线港口建设实行全程监测，对大量的信息进行分类、整理和存储，并将这些监测信息及时准确地传入下一环节。第二，要利用指标评价体系对监测信息进行分析，以识别港口建设项目各类投资风险的征兆，判断项目处于正常、警戒还是危机状态。第三，要通过技术手段分析已被识别的各种风险因素的成因、过程及发展趋势，明确危害性大的风险因素。

3. 完善海外投资保险制度

第一，我国立法机关要制定海外投资保险制度的基本法，扩大海外投资保险法的覆盖范围，改善海外投资保险法层次多、效力不一致的局面，做到有法可依，并逐步建立起一套完善的、系统的海外投资保险法律体系。第二，国家应该选择适合我国的海外投资保险制度，采取"双边保证为原则，单边保证为例外"的混合模式，实现防范与补救相结合。

4. 推进港口投资金融支持

第一，要加快银行业跨国经营的步伐，积极给港口投资企业的海外投资提供融资便利，比如融资担保和信贷优惠。第二，国家政策性银行要与各商业银行展开合作与对接，合力为港口投资企业提供融资保障，降低投资风险。第三，政府要适度放松金融管制，赋予港口投资企业必要的海内外融资权利和担保权利，鼓励其在国际金融市场上筹资。

5. 培育风险管理专业人才

第一，加大对高校的财政支持力度，鼓励对投资风险进行专业化研究。注重高校师资力量的建设，定期开展培训活动，鼓励教师参加海外研修，加设投资风险管理相关专业，培育高素质的专门人才。第二，在高校内设立"21世纪海上丝绸之路"研究基地，对沿线港口的投资风险进行针对性、系统性的研究。第三，国家应鼓励投资风险管理咨询和培训机构的建立，为港口投资企业提供风险管理方面的咨询服务以及专业的应对和解决方案。

（二）微观层面

1. 加强风险预测与分析

第一，在企业决定对某一港口的建设进行投资之后，要对项目可能存在的风险进行预测，并对影响项目进展的各风险因素进行细致、深入分析，找出更加紧急、更加关键、危害性更大的风险因素，然后根据各风险因素的紧急程度、危害程度确定风险防范的优先次序，制定切实有效的防控策略，进而规避风险。第二，港口投资企业应该善于利用风险预警机制，随时掌握可能给所投资的港口建设项目带来影响的外部风险因素，以及企业内部生产经营过程中存在的内部风险因素，并对各风险因素进行分析与评价，为采取适当的风险预控对策奠定基础。

2. 及时购买投资保险

第一，在应对"21世纪海上丝绸之路"沿线国家的汇兑限制、征收、战争及政治暴乱、政府违约等风险因素时，港口投资企业应该及时购买海外投资保险。第二，企业还可以购买一些商业保险作为规避风险的有效补充，如建筑工程一切险、安装工程一切险、建筑意外伤害险以及针对人员的团体保险等，用以防范自然灾害、意外事故等不可预见的风险。

3. 设立风险管理机构

第一，要在企业内部设立风险管理部门，专门履行风险管理职能，负责拟定风险管理的总体目标和基本策略，制定风险管理工作报告、重大决策评估报告和重大风险解决方案。第二，在"21世纪海上丝绸之路"港口投资项目下设立投资风险评估小组，对其所负责的投资项目实施风险识别和评估，预防潜在风险，并在面临突发事件时制订应急预案，采取有效的防控手段。

B.25

"一带一路"倡议与海合会战略
对接及安全评估分析

潜旭明*

摘　要：　海合会成员国是西亚的主体，这几个国家蕴藏着丰富的石油和天然气资源，在世界政治和经济舞台上都占有一定地位。海合会六国是"一带一路"倡议中的重点区域，近年来，中国与海合会成员国在资源禀赋和贸易结构上互补，经贸关系发展迅速。本报告分析了中国与海合会自贸区谈判的重要意义、中海自贸区谈判的进程及前景，认为双方要积极行动，进一步密切双方的对话机制，尽早重启中海自由贸易区谈判，尽快达成双赢协定。

关键词：　海合会　中海经贸关系　中海自贸区　能源合作

海湾阿拉伯国家合作委员会是海湾地区最主要的政治经济组织，简称海湾合作委员会或海合会。海合会地处亚洲西端，总面积267万平方公里，人口约3400万人，是中东地区重要的区域性组织。海合会成员国是西亚的主体，这些国家蕴藏着丰富的石油和天然气资源，在世界政治和经济舞台上都占有一定地位。历史上这一地区就是丝绸之路的通达之地，海合会六国是"一带一路"倡议中的重点区域，近年来，中国与海合会六国的双边贸易额

＊　潜旭明，法学博士，上海外国语大学中东研究所伊朗项目执行主任，副研究员，主要研究方向为中东国际关系、中东能源关系、地缘政治、中美关系、国际关系理论等。

不断上升，并取得丰富成果。中国和海合会国家尽管有不同的利益需求，但双方存在巨大的合作空间。中国应积极沟通，大力开展公共外交，有针对性地做争取、整合工作，加强在人文领域的交流。

一 中国与海合会经贸关系的现状

海合会成立于 1981 年 5 月，总部设在沙特阿拉伯首都利雅得，成员国包括阿联酋、阿曼、巴林、卡塔尔、科威特和沙特阿拉伯 6 国。海合会国家目前已探明的石油总储量约占世界石油总储量的 29.3%（见表 1）。[①]

表 1　2015 年海合会国家的石油储量

国家	储量（亿吨）	占世界百分比（%）
沙　特	367	15.7
阿联酋	130	5.8
阿　曼	7	0.3
科威特	140	6.0
巴　林	/	/
卡塔尔	27	1.5
合　计	671	29.3

资料来源：BP，"*Statistical Review of World Energy*"，June 2016，bp. com/statisticalreview。

中国与海湾地区分别处于亚洲的东西两端，但古丝绸之路把双方连在一起，友好交往源远流长。进入 21 世纪，建立在相互尊重、合作共赢基础上的中阿关系得到跨越式发展，经历了国际风云变幻、金融危机以及地区部分国家政局严峻动荡的考验，成为战略合作伙伴。

海合会国家传统的主要石油出口市场是西方国家。目前，西方国家特别是美国正在大力推进石油来源多元化和开发替代能源，大规模开采页岩气，对海合会石油的需求相对降低。海合会国家想要加大力度开拓新的市场，迫

---

① 根据 BP 统计数据计算。

切需要深化与中国的能源合作。我国与沙特、阿曼、也门、卡塔尔、阿联酋等国签订了长期进口原油合同，中国与海合会自由贸易区的建立将有利于海合会找到稳定的石油出口市场，确保海合会的石油安全。

双方经济互补性强，经贸往来历史悠久，务实合作成效显著。海合会国家向中国出口的主要为石油和天然气，中国主要向海合会国家出口机电产品、纺织产品等。沙特阿拉伯是我国在西亚非洲地区的第一大贸易伙伴，也是我国的第一大原油供应国。

海合会国家主要工业为石油工业和石化工业，其他轻、重工业均不发达，经济建设所需要的农用机械、工业设备、建筑材料等都需要进口。随着经济的高速增长，中国的制造业发展迅速，已成为"世界工厂"，对外部市场和资源的需求日益迫切。中国已成为世界第一能源消费大国，第二石油进口国，为海合会国家的石油及石化等产品提供了巨大的出口市场。

海合会国家目前已探明的石油储量约占世界石油总储量的42%。目前，在世界十大石油生产国中就有3个海合会国家（见表2），除巴林外，海合会的其他五个国家已探明的石油储量均排在世界的前30位。根据美国《石油情报周刊》，沙特的阿美公司已成为世界上最大的石油公司。

表2　世界十大石油生产国

单位：百万吨，%

排名	国家	产量	占世界比重	排名	国家	产量	占世界比重
1	沙 特	568.5	13.0	6	伊 拉 克	197.0	4.5
2	美 国	567.2	13.0	7	伊 朗	182.6	4.2
3	俄罗斯	540.7	12.4	8	阿 联 酋	175.5	4.0
4	加拿大	215.5	4.9	9	科 威 特	149.1	3.4
5	中 国	214.6	4.9	10	委内瑞拉	135.2	3.1

资料来源：International Energy Agency, *2013 Key World Energy Statistics*, 2016, p. 10。

中国与海合会国家的贸易结构表现出明显的互补性。海合会国家向中国出口的主要为石油及天然气产品。中国向海合会国家主要出口机电产品、纺织产品等。沙特阿拉伯是我国在西亚、非洲地区的第一大贸易伙伴，也是我第一大原油供应国。

海合会国家的经济均为单一的石油经济，生产和生活用品大都依赖进口。近年来中东、北非局势动荡对我国和海合会的经贸关系并没有产生很大的影响，主要原因有以下几方面：首先，海合会国家经济实力相对雄厚，政治上相互支持，政局相对稳定；其次，我国出口到海合会的产品多为基本生活用品，价格需求弹性较小，需求相对稳定；再次，海合会积累了大量的石油美元，政府有能力实施宏观调控对交通、通信、工业和其他市政等基础设施进行改造和建设。

近年来，中国与海合会成员国的经贸关系发展迅速，贸易进出口额在双方对外贸易总额中所占的比重不断上升。1999～2004年，中国与海合会成员国双边贸易额年均增长率超过40%，2004年双边贸易额达247.36亿美元。① 2004～2008年，海合会连续五年成为中国的第八大贸易伙伴。2011年中国与海合会6国贸易额为1338亿美元，占中阿双边贸易总额的68.3%。② 2012年，中国与海合会6国贸易额为1550亿美元，占中国与整个阿拉伯国家贸易额的近70%（见表3、表4）。③

表3　2009～2015年中国向海合会国家出口

单位：万美元

国家	2009年	2010年	2011年	2012年	2013年	2014年	2015年
沙 特	897745	1036644	1484971	1845685	1873981	2057524	2161293
阿联酋	186318	2123534	2681285	2957561	3341130	3903451	3702016
阿 曼	74750	94450	99818	181168	190084	206538	211639
巴 林	47527	79950	88001	120290	12389	123178	101185
科威特	154285	184859	212841	209025	267551	342872	377267
卡塔尔	87211	85544	119876	120512	171091	225401	227564

资料来源：根据国家统计局、海关信息网数据整理。

---

① 中国驻沙特使馆：《中国与海湾合作委员会进行首轮自贸区谈判》，http：//wcm.fmprc.gov.cn/pub/chn/pds/wjdt/zwbd/t438846.htm。

② 诚诚：《张燕生：中国发展与海合会合作"三步走"》，《中国产经新闻报》2012年8月2日，第A03版。

③ 白纯、左江、唐亚蒙：《中国—海合会国家经贸合作论坛召开》，新华网，http：//www.nx.xinhuanet.com/2013-09/17/c_117405856.htm。

表4　2009~2015年中国从海合会国家进口

单位：万美元

国家	2009 年	2010 年	2011 年	2012 年	2013 年	2014 年	2015 年
沙　特	3254839	4319549	6431724	5491662	5345071	4850803	3002150
阿联酋	2122688	2568689	3511922	1081664	1282353	1576336	1151403
阿　曼	615873	1072372	1587466	1695245	2104061	2379586	1504742
巴　林	68650	105142	120585	34837	30518	18396	11154
科威特	504354	855695	1130362	1045291	958664	1000496	749707
卡塔尔	225387	331128	589307	725486	846335	833673	461437

资料来源：根据国家统计局、海关信息网数据整理。

中国与海合会国家的资本合作主要包括互相投资、工程承包、劳务合作和设计咨询等。近年来，双边的资本合作更加密切，并表现出继续发展的良好势头，海合会对中国的直接投资逐年增加。2008 年，海合会对中国的直接投资额为 37173 万美元，2010 年海合会对中国的直接投资额为 59608 万美元，受中东变局的影响，2011 年海合会对中国的直接投资额减少为 9632 万美元（见表5）。

表5　2007~2013年海合会国家对中国直接投资

单位：万美元

国家	2007 年	2008 年	2009 年	2010 年	2011 年	2012 年	2013 年
沙　特	12265	27524	11365	48397	2394	4987	5851
阿联酋	10080	9381	10273	11003	7140	12963	4381
阿　曼	52	—		5			—
巴　林	190	205	360	105		79	—
科威特	29	63	54	47	25		69
卡塔尔	—	—	7	51	73	2760	1771

资料来源：根据国家统计局数据整理。

中国对海合会国家的直接投资也不断增长。2003~2010 年，中国对海合会的直接投资由 1066 万美元增长到 16.75 亿美元，短短 7 年时间增加了约 156 倍。中国对海合会国家直接投资的存量增长十分迅速，增长速度都在 50% 以上。2011 年中国对海合会国家的直接投资额为 22.275 亿美元（见表6）。

表6　2008～2015 年中国对海合会国家的直接投资存量

单位：万美元

国家	2008 年	2009 年	2010 年	2011 年	2012 年	2013 年	2014 年	2015 年
沙　特	62068	71089	76056	88314	120586	174706	198743	243439
阿联酋	37599	44029	76429	117450	113678	151457	233345	460284
阿　曼	1422	797	2111	2938	3335	17473	18972	20077
巴　林	87	87	87	102	680	146	376	387
科威特	296	588	5087	928	8284	8939	34591	54362
卡塔尔	4979	3628	7705	13018	22066	25402	35387	44993

　　资料来源：商务部、国家统计局、国家外汇管理局发布《2015 年度中国对外直接投资统计公报》，2012 年 8 月。

　　海合会国家多年来积累了巨额的石油美元，近年来，加大了对外直接投资的力度，同时积极开展对外招商引资工作。为了能够快速实现经济多样化，减少对国际石油市场的过分依赖，海合会国家实施经济多元化战略以增加非石油产业的比重，海合会国家欢迎中国企业对其进行投资，并为中国资本的进入提供了便利条件。中国也制定了一系列吸引外资的优惠政策，在投资领域进行了更加优化的结构性调整，启动了大规模的石油开采项目，为海合会扩大在中国的投资创造了条件。① 中国与海合会在投资领域的发展潜力极大，中国与海合会之间一旦建立自由贸易区，将极大提升双方贸易与投资的规模与水平。

　　中国与海合会国家的工程承包和劳务合作也得到迅速发展。近年来，为促进经济结构多元化，海合会国家一大批交通、通信、基础设施建设、经济特区等发展项目纷纷上马，中国正在大力实施"走出去"战略，具有强大的承包能力和先进经验，使得双边的工程投资不断攀升。劳务合作是双方经贸合作的又一大亮点，海合会国家普遍缺乏技术、管理人才和熟练的劳动

---

① 孟芸：《中国－海湾合作委员会自由贸易区的经济效应分析》，硕士学位论文，中国海洋大学，2010，第 29 页。

力，而中国人力资源丰富，这样一来，双方在劳务合作领域存在巨大的发展潜力和互补优势。2011 年，中国对海合会国家承包工程完成营业额为 86.8926 亿美元（见表 7）。到目前为止，中国企业已经累计签订承包工程合同 713 亿美元，涵盖了房建、路桥、港口、电站和电信等多个领域。[①]

表 7 2009~2015 年中国对海合会国家承包工程完成营业额

单位：万美元

国家	2009 年	2010 年	2011 年	2012 年	2013 年	2014 年	2015 年
沙 特	359158	322705	435846	462231	588411	594713	701812
阿联酋	354167	297160	193825	154369	133959	115007	153943
阿 曼	27113	45627	58892	29681	24229	30408	44939
巴 林	6853	8873	1519	179	533	265	27
科威特	21018	40754	65926	72217	104947	140063	128114
卡塔尔	42364	104330	112918	151785	166010	156402	136173

资料来源：根据国家统计局数据整理。

二 中国与海合会的自由贸易区谈判

海合会成立后不久，中国就与其建立了联系。从 1990 年开始，中国外长每年都利用出席联合国大会的机会，与海合会 6 国外交大臣及海合会秘书长举行会晤。1996 年，中国与海合会建立了经济、政治磋商机制。2004 年 7 月，海合会秘书长和六国财长联合访华，中国与海合会签订了《经济、贸易、投资和技术合作框架协议》，并宣布启动建立自由贸易区的谈判。2004~2006 年中国与海合会共进行了 4 轮谈判，随后因种种原因谈判一度中断。2009 年 6 月，双方在沙特重启自由贸易区谈判，迄今为止，已在货物贸易谈判大多数领域达成了共识，并启动了服务贸易谈判。双方经贸合作取得了

---

① 张亮、杨静：《中国和海合会国家推进务实合作谋求双赢》，新华网，2013 年 09 月 16 日，http：//news. xinhuanet. com/fortune/2013 –09/16/c_ 117387538. htm。

很大的进展，2013 年，中海双方贸易总额达到 1770 亿美元，中国企业在海合会国家新签承包劳务合同总额达 100 亿美元，对海合会国家直接投资流量达 8.5 亿美元，实际利用海合会国家对华投资 1.2 亿美元。2013 年，中国向海合会直接投资总额达到 40 亿美元，海合会方面对华实际投资累计达 27 亿美元。海合会已成为中国最大的原油进口来源地，中国也成为海合会国家最大的贸易伙伴之一。双方在金融、航空、新能源、旅游等领域的合作同样呈现快速发展的势头，显示了巨大的潜力。

2010 年 6 月 4 日，中国—海合会战略对话首届部长级会议在北京举行，双方强调愿意继续加强在各领域的合作，双方签署了《中华人民共和国和海湾阿拉伯国家合作委员会成员国关于战略对话的谅解备忘录》。① 2011 年 5 月 2 日，中国与海合会第二轮战略对话在阿布扎比举行。双方认为应尽快召开专家会议，为落实上述框架协议和谅解备忘录在贸易、投资、能源、文化、教育、科研、环境、卫生等领域的内容制订行动计划，确定具体时间表。双方同意继续加强磋商，尽早完成自由贸易区谈判。②

2014 年 1 月 17 日，中国与海合会第三轮战略对话在北京举行，中国外交部长王毅和海合会现任轮值主席国科威特第一副首相兼外交大臣萨巴赫共同主持。海合会秘书长扎耶尼、下任轮值主席国卡塔尔外交大臣助理鲁梅黑以及其他海合会成员国外交部负责人或外长代表参加。③ 双方就中国和海合会的关系以及如何在各领域深化和发展这一关系进行了探讨，双方还讨论了共同关心的国际和地区问题。双方对中国和海合会第二轮战略对话以来双方关系取得的进展表示满意，回顾了双方各领域合作取得的丰硕成果。双方一致同意致力于建立中国和海合会战略伙伴关系，认为加强双方对话与互信，提升双边合作水平，符合双方的共同利益，愿意在对话的机制框架下继续努

---

① 王慧慧：《中国与海合会举行首轮战略对话》，《人民日报》2010 年 6 月 5 日，第 3 版。
② 安江：《中国与海合会举行第二轮战略对话》，新华网，2011 年 5 月 3 日，http://news.xinhuanet.com/2011-05/03/c_121370255.htm。
③ 《中国-海湾合作委员会第三轮战略对话在北京举行》，外交部网站，http://www.fmprc.gov.cn/mfa_chn/zyxw_602251/t1120026.shtml。

力深化双方友好合作关系。双方一致通过并签署了《中华人民共和国和海湾阿拉伯国家合作委员会成员国战略对话 2014 年至 2017 年行动计划》，确定了双方在政治、经贸、能源、环境保护和气候变化、文化、教育、卫生、体育等领域的合作目标。双方强调加快中国和海合会自由贸易区谈判进程，认为中国和海合会国家经济互补性强，建立自由贸易区符合双方的共同利益。双方一致认为，中东海湾地区战略地位重要，维护该地区的和平稳定符合地区国家和国际社会的共同利益。双方商定于 2015 年在卡塔尔国召开中国和海合会第四轮战略对话。[①]

2016 年 4 月 25 日，中国与海湾合作委员会在京举行战略对话政治工作组高官会。中国外交部亚非司司长邓励与海合会轮值主席国、沙特外交部海合会司司长沙姆拉尼，海合会助理秘书长欧维什格共同主持。双方就新形势下推进中海集体合作、中海自贸区谈判及中东和平进程、叙利亚、也门、反恐等共同关心的问题深入交换了看法，并达成广泛共识。[②]

三 "一带一路"倡议与海合会战略对接及安全评估

2013 年，中国国家主席习近平提出建立"丝绸之路经济带"和"21 世纪海上丝绸之路"构想，为全面提升中海合作关系发展提供了新前景，创造了互利共赢的新机遇，堪称新时期提升双方合作的新引擎。"一带一路"倡议也得到海湾国家的广泛关注和积极响应。

2014 年 1 月国家主席习近平会见海合会代表团，他表示，自中国和海合会建立关系以来，双方关系持续健康发展。双方是政治互信高、经贸合作实、人文交流密的好兄弟、好朋友、好伙伴。中方将一如既往同海合会发展长期友好关系。双方要加强规划和设计，突出合作重点，丰富合作内涵。中

---

① 《中国和海合会第三轮战略对话新闻公报（全文）》，中国新闻网，http：//www.chinanews.com/gn/2014/01-17/5751728.shtml。

② 《中国与海合会举行战略对话政治工作组高官会》，人民网，http：//top.chinadaily.com.cn/2016-04/27/content_24881255.htm，2016 年 4 月 27 日。

方愿同海方共同努力，推动"丝绸之路经济带"和"21世纪海上丝绸之路"建设。① 在此后接待沙特王储萨勒曼亲王和科威特首相访华时，共建"一带一路"都是双方探讨的重要话题，对方都做出了积极回应。2014年6月初在北京举办的中阿合作论坛第六届部长级会议上，习近平主席提出中阿双方本着"共商、共建、共享"的原则，合作共建"一带一路"的重要倡议，并提出了"1+2+3"的中阿合作格局："1"是以能源合作为主轴，深化油气领域全产业链合作，维护能源运输通道安全，构建互惠互利、安全可靠、长期友好的中阿能源战略合作关系；"2"是以基础设施建设、贸易和投资便利化为两翼，加强中阿在重大发展项目、标志性民生项目上的合作，为促进双边贸易和投资建立相关制度性安排；"3"是以核能、航天卫星、新能源三大高新领域为突破口，努力提升中阿务实合作层次。在高新领域合作方面，习主席提出了"三个中心"的合作设想，即探讨设立中阿技术转移中心，共建阿拉伯和平利用核能培训中心，研究中国北斗卫星导航系统落地阿拉伯项目。②

2016年1月，习近平主席在访问沙特时会见了海合会秘书长扎耶尼，希望双方凝聚更多契合点，推动互利合作更多惠及双方人民。中国愿成为海合会国家长期、稳定、可靠的能源供应市场，构建上下游全方位能源合作格局；欢迎重启中国－海合会自由贸易区谈判，支持海合会国家为维护地区和平稳定所做的努力；希望地区国家本着相互尊重、互不干涉内政、睦邻友好原则，通过对话和合作，共建共享中东海湾和平发展。③

显然，在习近平主席提出的各项合作中，海合会国家都处在重要的地位，双方有很大的合作潜力。合作共建"一带一路"，成为新形势下中国与海合会国家合作的主线，将带动双方经贸、能源、基础设施建设、高新科技等领域

---

① 李伟红：《习近平会见海合会代表团》，《人民日报》2014年1月18日，第1版。
② 杜尚泽、焦翔：《习近平出席中阿合作论坛第六届部长级会议开幕式并发表重要讲话》，《人民日报》2014年6月6日，第1版。
③ 丁蕾：《习近平主席出访开启中国中东合作新里程 中国－海合会自由贸易区谈判将加速》，《中国产经新闻》2016年1月23日，第2版。

合作迈上新台阶。中方愿意将中国与海合会国家的未来发展对接起来，把中国的优势产能与海合会国家的比较优势对接起来，在完善中国对外开放布局的同时，也给海合会国家带来更稳定的能源收益、更完善的基础设施条件、更先进的科学技术水平，实现共同发展、共同繁荣。中海共建"一带一路"将引领双方战略合作关系未来发展，为双方关系不断提升增活力、添动力。①

中国和海合会国家尽管面临不同的困境，但双方存在巨大的合作空间。海合会国家是全球最大的资本输出地，在全球有两万亿美元的资本输出，海合会六国是世界石油储量最丰富的地区，石油开采与加工仍然在海合会国家的经济活动中占绝对统治地位，超过半数的就业人口仍在石油生产部门。海合会六国是中东地区重要的工程承包市场，也是全球重要的劳务市场。中国加入 WTO 之后，努力适应国际经济交往中的游戏规则，争取"双赢""共赢""多赢"已成为中国人参加对外经济活动的准绳，成为中国与海合会国家合作的坚实基础。

中海自贸区是我国正在谈判中一个重要的未来自贸区，这一自贸区的谈判和建设之于我国今后的经济社会等发展有着重要意义，主要体现为以下几个方面。

第一，有利于维护国家能源安全。随着经济的发展，中国对能源的需求量越来越大，中东地区已成为中国重要的能源来源地，与海合会经济合作的全面提升可有效保障中国在中东地区的政治经济利益，提升中国在该地区的话语权。中海自贸区的建立可与上海合作组织相配合，成为中国向西开放的地缘经济支轴。海合会国家不仅是中东地区最为活跃的政治经济力量，沙特、科威特、卡塔尔也是 OPEC（石油输出国组织）的核心成员，与海合会政治经济关系的紧密和提升将有助于提高中国在国际能源体系中的影响力，有利于维护中国的能源安全。

第二，有利于建立经贸合作大平台。中国与海合会经济互补性强，发展贸易符合各方的利益，建立中海自贸区有利于促进投资便利化，推动双向投

---

① 吴思科：《"一带一路"框架下的中国与海合会战略合作》，《阿拉伯世界研究》2015 年第 2 期。

资增长、带动中国企业"走出去"。海合会国家石油美元雄厚,中国也拥有巨额的外汇储备,在双向投资领域,双方均具有较大潜力。海合会地区是全球最大的工程承包和劳务市场之一,也是中国的传统市场。中海自贸区将为中国企业在海合会国家开展工程承包和劳务合作创造更多的机会。[①]

第三,有利于中国抢占先机,防止被边缘化的风险。签署中海自贸区协议,可有效规避贸易转移产生的负面效应,以防在区域化竞争中被边缘化。自贸区的制度性安排有助于中国企业提高参与海合会市场竞争的能力,推动政治对话和人员交流,使中国在中东地区发挥积极影响,为未来双边关系的进一步发展做好铺垫。自贸区的制度性安排不仅有利于中国扩大对海合会国家出口,而且可以进一步将其作为开拓大中东市场的前沿基地。

中国和海合会互为重要政治、经贸、能源合作伙伴。双方应该建立紧密、全方位友好合作关系,这符合彼此共同利益。[②] 近年来,中国与海合会关系不断发展,并取得丰硕成果。双方要积极行动,进一步密切双方的对话机制,尽早重启中海自由贸易区谈判,尽快达成双赢协定。具体来讲,中国要做好以下几方面。

(1)在经贸领域深化相互依存。中国和海合会国家之间的经贸合作有很大的互补性,双方的经贸联系也越来越紧密。中国现已成为世界第二大经济体,拥有广阔的国内市场,拥有巨额的外汇储备。海合会及其成员国不仅拥有丰富的油气资源,而且还持有大量石油美元,基础设施建设方兴未艾,建筑等工程技术和劳工的需求旺盛,中国与海合会之间的合作空间极大。中国和海合会应着力构建一种相互依赖的经济关系,积极拓展海合会市场,大力发展对海合会的服务贸易,鼓励中国的企业到海合会国家投资,尤其加大在生活用品、建材、制造、餐饮等领域的投资,出台政策吸引海合会国家投资中国的石化产业,形成"你中有我、我中有你"的格局。

---

① 佘莉、杨立强:《中国—海合会 FTA 对双边贸易影响的 GTAP 模拟分析》,《亚太经济》2012 年第 6 期。

② 吴乐珺:《习近平同巴林国王哈马德会谈 愿共同推动重启中海自贸区谈判 李克强会见哈马德》,《人民日报》(海外版)2013 年 9 月 17 日,第 1 版。

（2）对海合会采取重点突破。中国正与海合会就建立自贸区开展谈判，但近来进展缓慢，实践中可以考虑从该地区单个国家，如海合会几个核心国家（沙特、阿联酋）入手，争取早日"破局"，取得实质性进展，使中国切实与海合会建立起制度化的合作机制。

（3）处理好与美国的关系。美国与海合会中的沙特、巴林等国关系密切。中美在能源问题上既有竞争，又有合作，面对美国能源战略的调整，中国应该保持冷静的态度和清醒的头脑，把握机会，应对挑战。中国要采取高超的政治智慧来处理中美能源关系，扩大共同利益、管控分歧、实现良性互动，构建中美在中东的新型大国关系。

（4）加强在中东的军事投射能力。随着中国企业"走出去"战略的不断推进，中国在中东的利益增加，恐怖分子有可能把石油工业、海上运输通道、石油设施作为攻击对象。索马里海盗等的盛行，对中国的海上石油运输线形成威胁，中国要加强对中东的军事投射能力，建立护航舰队和舰船补给基地。在联合国等国际组织框架内，派遣维和部队，维护中东地区的稳定，保护中国在中东的合法权益。

（5）扩大人文交流。中华文明和阿拉伯文明都是人类文明的瑰宝，中阿文化同属东方文化，在深层文化理念上具有共性。中国应多主动沟通，大力开展公共外交，有针对性地去做争取、整合工作，加强在人文领域的交流。中国应开发、利用文化间的共性，实现中阿和谐的跨文化交往，在海合会国家开设孔子学院，通过互办"文化周"等形式，加强民间特别是青年交往，使阿拉伯国家更加了解和赞赏中国，更加认可中国的发展模式，实现两大文明间的交往和共赢。

（6）密切多边合作。中国和海合会在中阿合作论坛等多边合作框架下加强合作，共同推动中国与阿拉伯国家关系发展。双方就重大全球性问题和地区热点问题保持沟通协调，共同维护地区和平稳定和发展中国家利益。①

---

① 吴乐珺：《习近平同巴林国王哈马德会谈　愿共同推动重启中海自贸区谈判　李克强会见哈马德》，《人民日报》（海外版）2013 年 9 月 17 日，第 1 版。

后　记

　　《"一带一路"跨境通道建设研究报告（2017～2018）》是由"一带一路"智库合作联盟（简称"智库联盟"）秘书处——中联部当代世界研究中心与北京交通大学"一带一路"产业研究院组织智库联盟理事单位专家学者编著的年度报告。该年度报告自 2016 年出版以来，得到社会各界和广大读者的好评，已经成为国内外各界人士了解和参与"一带一路"建设的重要参考。

　　研究报告力求把握正确的政治方向和学术导向，严格遵守学术规范，提出的对策建议具有较强的操作性和针对性，为"一带一路"建设顺利推进发挥咨政建言作用。研究报告具有原创性、前沿性、权威性，报告中所涉及的数据和信息均来自公开发布的资料。各篇报告所涉观点仅代表作者本人，不代表任何机构和编著者立场。不当之处，诚请有关专家和广大读者批评指正。

编者

2017 年 11 月 23 日

Abstract

Belt and Road Think-tank Association (BRTA), as represented by its secretariat-China Center for Contemporary World Studies, along with its member institution-Institute of Industrial Economy, Beijing Jiaotong University, launched this annual report, which was compiled by the member institutions of BRTA. BRTA is committed to building this bluebook into an authoritative platform for Belt and Road Initiative (BRI), the showcase of academic achievements of member institutions, and the window for demonstration of academic influence. The ultimate goal for the bluebook is to become an influential series of academic research, so as to provide policy proposals for the Belt and Road Initiative. This year's focus is the security risks of BRI and the protection of China's external risks. The book is composed of eight parts: the overall risk analysis of cross-border passages, China-Mongolia-Russia Economic Corridor Security Situation Analysis, New Eurasian Landbridge Economic Corridor Security Situation Analysis, China-Central Asia-West Asia Economic Corridor Security Situation Analysis, China-Indochina Economic Corridor Security Situation Analysis, China-Pakistan Economic Corridor Security Situation Analysis, BCIM Economic Corridor Security Situation Analysis, Sea Ports and International Passages Security Situation Analysis. The reports dwell on the connection of development plans between countries and among regions, cooperation between relevant countries within certain sectors, the basic circumstances and security situation facing China and relevant countries, policy proposals regarding security challenges in cross-border passages and the protection of China's overseas interests, etc. The reports are characterized by originality, authoritativeness, frontness, the accuracy of data and information, the correctness of political directions and academic orientations, the strict abidance of academic rules, the operatability and targetedness of policy proposals, which help to ensure the validity of the reports in making policy

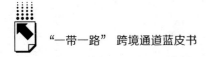

proposals for the smooth progress of BRI.

China Center for Contemporary World Studies

Institute of Industrial Economy, Beijing Jiaotong University

Nov. , 2017

Contents

I General Report

B. 1   The Overall Risks and Measures to Address the

Risks in Cross-border Passages   *By Gao Lianjia* / 001

Abstract: With the progress of BRI, China and countries en route cooperate in an active manner within the frameworks of BRI, co-designing the plans for common development. While incorporating existing projects into the BRI, China and relevant countries have come up with six blocs for economic cooperation. China-Mongolia-Russia Economic Corridor, New Eurasian Landbridge Economic Corridor, China-Central Asia-West Asia Economic Corridor, China-Indochina Economic Corridor, China-Pakistan Economic Corridor, and BCIM Economic Corridor. Being the backbones of BRI in relevant regions, the above-mentioned economic corridors and cross-border transport arteries constitute the blood streams of BRI and the incarnation of BRI. That accounts for the importance of cross-border passages in the BRI as a whole. This report gives an overall review of the security situation of cross-border passages, the factors relating to the security of cross-border passages before making proposals as regards the keeping of security of cross-border passages.

Keywords: Cross-border Passages; Security Situation; Security Risks; Security Factors

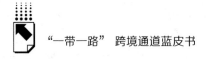

II   The Overall Security Analysis of Cross-border Passages

B. 2   Risk and Countermeasures in Deepening the BRI

By Liu Pengfei, Li Junliang / 014

Abstract: President Xi made a keynote speech on the opening ceremony of the 2017 World Economic Forum at Davos on Jan. 17th, 2017, titled Shouldering the Responsibilities of Our Age together and Promoting Global Development. President Xi pointed out that the BRI is giving birth to fruitful results while the circle of friends is becoming larger and larger. BRI comes from China while its fruits are benefiting the world. With the intensive unfolding of the BRI, various risks and negative factors are by no means to be ignored. Governments, businesses, organizations and individuals are supposed to explore countermeasures to promote development.

Keywords: Belt and Road; Risk; Countermeasures

B. 3   On the Protection of China's Overseas Interests in the Middle East within the Framework of BRI

By Zhang Xiaofang, Zheng Dongchao / 028

Abstract: Being an important region along the Belt and Road, the Middle East is a natural partner for BRI. Due to various sectarian, ethnic and territorial conflicts that are intertwined, the Middle East is one of the most volatile regions in global geopolitics. With the rapid unfolding of BRI, there will be more presence of China's actual interests in the region. How to protect the increasing interests of China in the Middle East is an important task for academic research.

Keywords: China; Belt and Road; Middle East

B. 4　The Security Risk Assessment and Policy Suggestions on
China's Natural Gas Import Source Countries

By Sun Jiaqing, Zhai Feifei / 039

Abstract: With China's natural gas in increasing external dependency, scientific assessment of natural gas imports for security risk has become an important content of the construction of the "One Belt And One Road". In the paper, the present security risk situation of natural gas import source countries are analyzed, and then, an approach and a set of evaluating indicators are presented. Based on cloud theory, security risk levels of main natural gas import source countries are assessed, finally, security risk control policy suggestions on perfect China's natural gas import source countries is put forward.

Keywords: Natural Gas; Import Source Countries; Cloud Theory; Index System; Security Risk Assessment

Ⅲ　China-Mongolia-Russia Economic Corridor Security Studies

B. 5　China-Mongolia-Russia Economic Corridor and the
Around-Altay Sub-regional Economic Circle

By Xu Jianying / 054

Abstract: From the perspective of China-Mongolia-Russia Economic Corridor, the around-Altay sub-regional economic circle is a visionary concept with realistic bases. Comprising China Altai region, Russia's Western Siberia, Eastern Kazakhstan and Western Mogolia, the around-Altay sub-regional economic circle is characterized by similarity in terms of ecology and resources along with

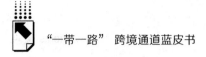

difference and complementariness in terms of human-cultural features and economic development. The around-Altay sub-regional economic circle is good for the division of labor, cooperation and communication between countries, so as to boost mutual benefit and common development in putting in place the China-Mongolia-Russia Economic Corridor.

Keywords: China-Mongolia-Russia Economic Corridor; Sub-region; Economic Circle Building

B.6 Strategic Thinking about the Joint Building of Core Regional Economic Corridor by China, Central Asia and Russia in the Silk Road Economic Belt

By Wang Haiyan / 062

Abstract: Based on a review of the evolution of Silk Road Economic Belt, this report moves on to give an analysis of the contents of the Silk Road Economic Belt. Furthermore, the report explores the approaches in building the core regional economic corridor by China, Central Asia and Russia in the Silk Road Economic Belt through the perspectives of transport passages, logistic infrastructure, informationization cooperation, standardization, and other sectors incorporating both hardwares and softwares. In the end, the report analyzes the risks and challenges facing the building of transport passage by China and Central Asia before putting forward targeted policy proposals.

Keywords: Silk Road Economic Belt; Cross-border Economic Corridor; Connectivity; Logistics; Information Finance

B. 7　The Building of the Core Area of Silk Road Economic Belt

and the Economic Development of Xinjiang through Opening up

By Wang Yao / 073

Abstract: In order to address the drastic changes in globalization while handling both domestic and global situation, China put forward the BRI, which helps to build new economic mechanism through opening up and establish an all-around opening-up configuration. BRI is of great significance for countries en route to give full play to their individual strengths and benefit each other, to build regional community of interests and common destiny, to ensure the fulfillment of a moderately rich society, and to realize the Chinese dream of the great rejuvenation of the Chinese nation. Endowed with natural and geo-economic advantages, Xinjiang has similarities with countries nearby in terms of culture, religion, mores, etc. With the unfolding of Silk Road Economic Belt, Xinjiang will avail itself more opportunities for further development. Through exploring the building of Silk Road Economic Belt transport hubs and logistic centers, Xinjiang will establish transport mechanisms with relevant states and boost trade within the region and beyond.

Keywords: Silk Road Economic Belt; Core Region; Economic Development through Opening-up

Ⅳ　New Eurasian Landbridge Security Studies

B. 8　Risk Assessment and Policy Proposals Regarding the

China-Europe Passage　　　　　　　　　　*By Liu Zuokui* / 081

Abstract: China's trade connection with Europe is mainly through two paths: the New Eurasian Landbridge and China-Europe Land-Sea Fast Line in the Vision and Actions on Jointly Building Silk Road Economic Belt and 21st - Century Maritime Silk Road issued on March 28th of 2015 by the National Development and Reform Commission, Ministry of Foreign Affairs, and Ministry of Commerce of the People's Republic of China and with State Council authorization, it is stated clearly that we should set up coordination mechanisms in terms of railway transport and port customs clearance for the China-Europe corridor, cultivate the brand of "China-Europe freight trains," and construct a cross-border transport corridor connecting the eastern, central and western regions. The concept of China-Europe freight trains was put forward as a concept of strategic significance and attracted broad attention. Concerning both the land line and the sea lane, our efforts in recent years have helped to improve our capacities to address security challenges and manage risks. The soft security environment in Europe, however, has become outstanding and deserves timely assessment along with proper approaches. In this report, the author lays emphasis on such soft risks as the efficiency and quality of projects that resupposed to be incorporated into security considerations along with challenges in hard security, for the reason that these soft security factors are directly related to the sustainability of the operation of the cross-border passages.

Keywords: China-Europe Corridor; Risk Assessment; Policy Proposals

B. 9 Strategic Thoughts on the Extension of China-Kyrgyzstan-Uzbekistan Railway towards West

By Yang Shu, Wang Shusen / 093

Abstract: China-Kyrgyzstan-Uzbekistan Railway is one of the most significant land passages connecting China, Central Asia, West Asia, and Europe. There are two lines to extend the railway toward the West and then connect West Asia and Europe: the south line is to get West Asia and South Europe through Iran, the north one is to go to Europe by Kazakhstan and Russia. What's more, the project of a cross-Caspian Sea bridge, which was recently developed, provides a direct connection between Turkmenistan and Azerbaijan by crossing Caspian Sea and then get Europe through Turkey, if it could be carried out. We could not afford to ignore the risks caused by the complicated security situation in Central Asia. However, these risks have existed long before the "One Belt and One Road" strategy was launched and don't take the strategy as a target. So we should take it easy and avoid specializing and generalizing them, and do not overestimate the seriousness. How to distinguish the "cooperative security issues" from "non-cooperative security issues" is also essential for us to deal with the security challenges in this area.

Keywords: China-Kyrgyzstan-Uzbekistan Railway; Westward Extension; Belt and Road; Cross-Caspian Sea Bridge; Security Threat

B. 10 An Analysis of Contemporary Northwestern Border

Security Environment   *By Shi Lan* / 103

Abstract: Covering a vast area and boasting a long land borderline, China's northwestern region is the bond and bridge for China's exchanges and cooperation with its neighbours. The reshaping and reconfiguration of international political and economic structure is changing the security environment of China's northwestern border, giving rise to new issues relating to the security environment of China's contemporary northwestern border. These issues are demonstrated in military security, strategic security and unconventional security, with different features but equally serious implications. The factors affecting the contemporary security environment of China's northwestern border mainly come from historical, geopolitical, economic, cultural sectors and conflict of national interest. No matter how they change and come into play, we must ensure the contemporary security of China's northwestern border, which is the bottom line of national interest and serves as a precondition for the construction of harmonious and stable Silk Road Economic Belt.

Keywords: Contemporary; Northwestern Border; Security Environment; Xinjiang

V   China-Central Asia-West Asia Economic Corridor Security Analysis

B. 11   Strengthening the Connectivity and Security Cooperation between Xinjiang and Central Asia through the Lens of BRI

By Wang Fuzhong / 115

Abstract: The three-plus years since the launch the BRI saw the active promotion of BRI by Chinese leadership across the globe and the ready response from countries en route. Encouraging results have shown in countries and regions, earning the welcome and approval of local people. Among the regions, Central Asia is one that accepts early, constructs early and benefits early. Thanks to the irreplaceable advantages enjoyed by Xinjiang and Central Asia, the smooth unfolding of BRI in Central Asia will serve as a remarkable role model. The joint construction of BRI by Xinjiang and Central Asia will prove to be conducive to mutual benefit and intensive connectivity, laying a firm foundation for the further unfolding of BRI.

Keywords: Belt and Road; Xinjiang; Central Asia Cooperation

B. 12   The Terror Situation in Iran and its Probable Impact on the BRI's Security Environment   *By Zhang Jinping / 123*

Abstract: Being a big and powerful state in the Middle East, Iran is a pivotal country in BRI. This means that the participation of Iran in the BRI is essential to the unfolding of the BRI. The terrorist situation in Iran is showing signs of becoming more and more tense, which will definitely have negative impact on the political and economic stability of Iran and further undermine the unfolding of BRI in the country and beyond. With the nuclear deal reach by President Ruhani, the international and domestic situation of Iran are becoming less tense, with its options in both politics and economy being more diversified. Considering the traditional good relations between China and Iran and the deep-rooted ideological conflicts between Iran and Western countries, it is advisable that Iran strengthens its cooperation with China in combating terrorism.

Keywords: Iran; Belt and Road; Terrorism; Security Environment

B. 13   The Approach Options and Risk Reduction for Xinjiang
         Business to Enter Central Asia   *By Yang Ling* / 131

Abstract: The strategy of "going abroad" is a significant policy adopted by China to meet the demands for economic development amid the changes in economic globalization. It is conducive to the development through opening-up and the long-term social development of China. Being an important portal in China's opening up to Central Asia, Xinjiang enjoys geo-economic, cultural, policy and environmental advantages. Making use of these advantages, Xinjiang has in recent years stepped up its interactions with the outside world and deepening its overall opening-up. Its businesses are stepping up their "going abroad" measures, with external trade taking up an increasing portion in gross product. Its trade with Central Asia takes up an especially large portion while its trade with Pakistan, Iran, Afghanistan, Russia, and Southern Caucasus picking up remarkably. In the meanwhile, businesses going abroad need to take not of the risks and find measures to offset them.

Keywords: Businesses; Going Abroad; Approach Options; Risk Reduction

B. 14   An Analysis of the Security Factors of China-Kyrgyzstan
         Economic Corridor from the Perspective of Cross-border
         Passage Security   *By Lu Gang* / 143

Abstract: The BRI has put new drive into China's relations with

Kyrgyzstan. The three years since the launch of the BRI have witnessed substantial achievements in the China-Kyrgyzstan Economic Corridor, with bilateral economic cooperation taking up a new look. Amid the achievements and complicated geopolitical situation, China-Kyrgyzstan Economic Corridor still faces serious potential problems. Though not posing grave threat to the overall economic cooperation of the two countries, these potential problems may give rise to ups and downs to China-Kyrgyzstan economic cooperation and the overall unfolding of the BRI, if proper attention and measures are not given. Based on above-mentioned consideration, this article makes an in-depth analysis of the security risks facing the development program connection, economic corridor, and cross-border passage before producing targeted measures to ensure the smooth progress of China-Kyrgyzstan Economic Corridor.

Keywords: Economic Corridor; Cross-border Passage; Security Measures

VI Security Studies on China-Indochina Economic Corridor

B. 15 China-Indochina Economic Corridor: Current Situation,

Risks and Measures   *By Lu Xiaoxiao / 156*

Abstract: The three years since the introduction of China-Indochina Economic Corridor saw the rapid unfolding of this program from inception to realization. Despite a series of achievements, this program is not immune from challenges and risks. This article makes an analysis of the current situation of China-Indochina Economic Corridor on the basis of index of five connectivities, the probable political, economic and security risks before producing proposals as regards the risks.

Keywords: China-Indochina Economic Corridor; Progress; Risk; Measures

B. 16   On the Necessity of the Construction of Security Mechanism
of the Greater Mekong Sub-region

By Niu Jusheng, Xu Zheng / 169

Abstract: Lying between China, South Asian sub-continent and Southeastern Asian Islands, the Greater Mekong Sub-region is called Indochina Peninsular or on-Land ASEAN. Connecting China with South Asia and Southeast Asia, this sub-region is adjacent to South China Sea, the Strait of Malacca, the Andaman Sea, and Bay of Bengal, which gives it important geographical position. Endowed with water resources and mineral resources, this sub-region boasts great economic potential and has for centuries been the arena for wrestling between major powers. The bilateral and multi-lateral cooperation mechanisms can not fully address the increasingly complicated and various security problems in this sub-region. In light of these developments, it is necessary to construct the security mechanism of the Greater Mekong Sub-region involving six countries.

Keywords: The Great Mekong; Sub-region; Security Mechanism

B. 17   Tibet's Involvement in the "Belt and Road" Initiative:
International Challenges and Strategic Solutions

By Liu Zongyi / 180

Abstract: Tibet Autonomous Region plays an important role in the "Belt and Road Initiative". The BRI's both internal and external implications determine that Tibet's involvement in the BRI has two directions: domestic economic integration and opening to the outside world. The development and opening-up of Tibet is a trend that is irreversible. However, Tibet has to face a series of international strategic and security challenges in its external connectivity and opening up, due to its unique role as an important national security barrier, an important ecological security barrier, an important reserve base for strategic resources, an important area for the protection of China's unique ethnic culture and a popular tourist destination, and a frontline where China encounters western hostile forces and separatist forces. Tibet's external connectivity and opening up is relatively more difficult. Thus, Tibet's involvement in the BRI should focus more on domestic economic integration and internal connectivity. At the same time, Chinese government should pay more efforts to shape a suitable international circumstances, and Tibet Autonomous Region should make solid preparation to connect with South Asian countries.

Keywords: Tibet Autonomous Region; the "Belt and Road Initiative"; International Challenges; India; Nepal

Ⅶ   Studies on the Security of China-Pakistan Economic Corridor

B. 18   Analysis of the Security Environment of China-Pakistan

Economic Corridor   *By Wang Shida* / 192

Abstract: Since its was put high on the agenda in May 2013, China-Pakistan Economic Corridor, both sides have been placing high hopes on it. Considering that China and Pakistan are all-weather strategic partners and bilateral relations have remained stable amid the drastic changes home and abroad, China and Pakistan are in favorable conditions to promote the economic corridor while countries within and outside the region attach great attention to this project. China-Pakistan Economic Corridor has been regarded as the key weathervane for the implementation and unfolding of BRI. With the rapid unfolding of the China-Pakistan Economic Corridor, various risks and challenges in domestic politics, security, economy and geopolitics are popping up to the surface, which will test the political wisdom of both countries.

Keywords: China-Pakistan Economic Corridor; Security Environment; Risk Reduction

B. 19   Analysis of Pakistan's Political and Security Situation and

its Impact on China-Pakistan Economic Corridor

By Wang Yuzhu, Zhou Qiang / 201

Abstract: Since its inception three years ago, China-Pakistan Economic Corridor has become a reality. The political situation in Pakistan has remarkable impact on the unfolding of China-Pakistan Economic Corridor. This article makes an analysis of the political, security and diplomatic situation while making tentative projections as regards the probable impact of Pakistan's changing domestic political situation on China-Pakistan Economic Corridor (CPEC).

Keywords: Pakistan; Political Situation; Security Situation; China-Pakistan Economic Corridor

Ⅷ   Security Analysis on the BCIM Economic Corridor

B. 20   Report on the Security Situation of BCIM

Economic Corridor   *By Chen Lijun* / 213

Abstract: BCIM Economic Corridor is an important project to be promoted by Bangladesh, China, India and Myanmar. BCIM Economic Corridor will not only have great influence on the opening up and economic cooperation of the four countries but also on the economic development of the region and Asia as a whole. For the time being, BCIM Economic Corridor is unfolding in a positive manner. In order to promote and implement this project, it is imperative to lay great emphasis on security issues. The security situation in the BCIM region is complicated and denies short-term solutions. From a long-term perspective, the four countries are supposed to be attentive to security issues and find conducive solutions so as to ensure a secure environment for the unfolding of BCIM

Economic Corridor. In the meanwhile, despite the fact that the overall security situation fail to change for the better, cooperation projects are to be implemented in places that enjoy favorable circumstances while resolving security issues during economic development. Only by such means can the BCIM Economic Corridor yield fruits early and benefit the people rapidly.

Keywords: BCIM Economic Corridor; Security Cooperation

B. 21 BCIM Economic Corridor: Consensus, Disputes and

Geopolitical Effects   *By Yang Luhui, Liu Yuchen* / 228

Abstract: With the unfolding of the Belt and Road Initiative, BCIM Economic Corridor has got into the common agenda of sub-regional economic cooperation for the governments of China, India, Bangladesh and Myanmar. For the time being, the four governments have reached basic common understanding in terms of prospective gains, topic setting, mechanism construction and cooperation barriers, setting the stage for the transformation of BCIM from vision to reality. In the building of the economic corridor, the four countries have marked discrepancies in terms of the ultimate leadership, the choosing of paths and routes, the perception of security and interests. In the context of the changing geopolitical in the Asia – Pacific region, the BCIM Economic Corridor proves to be the reasonable choice of relevant states for inclusive regionalism. BCIM Economic Corridor is conducive to the promotion of the Belt and Road Initiative, to the reshaping of the geopolitical environment in China's near abroad, and to the construction of the community of shared future in Asia.

Keywords: BCIM Economic Corridor; Belt and Road Initiative; Sub-regional Economic Cooperation; Geopolitics

IX   Security Studies on Seaports and International Sea Lanes

B. 22   Geo-strategic Challenges Facing the 21ˢᵗ Century Maritime Silk Road and Measures to Address them

By Zhang Jianghe / 241

Abstract: Due to its transport passages, geographical destinations, hub selection and related productivity cooperation, the 21st Century Maritime Silk Road has given rise to complicated geo-security perceptions, involving China in geo-security trials and challenges from various players. These trials may comprise East China Sea issues, South China Sea issues, the Taiwan issue, land-sea coordination, regional coordination, off-sea escort, high-seas escort, etc. The challenges relate to geo-security perceptions, mutual political trust, dots-lines-surfaces connection and regional connectivity, interests concerns, matching of power, security dilemma, heart-to-heart connectivity, etc. The 21st Century Maritime Silk Road is supposed to take into consideration these geo-security factors and handle the following relationships properly: the assessment of geo-security circumstances and power balance, geographical rules and jurisdictions, improvisational actions, employment of talent, coordination of sea, land, air, space, and cyberspace, heart-to-heart connection and cultural identification.

Keywords: the 21st Century Maritime Silk Road; Geographical Inclination; Geo-security; Geopolitics

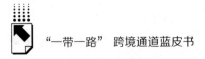

B. 23   Policy Proposals Regarding the Security of Lanes in the
21st Century Maritime Silk Road

By Li Jing, Lv Jing and Gong Xiaoxing / 255

Abstract: Since the launch of the BRI, the importance of strategic sea lanes of the 21st Century Maritime Silk Road has become ever more prominent. Considering the security challenges for the strategic sea lanes in the 21st Century Maritime Silk Road and the problems in our country's sea lane security, this panel makes the following proposal: set up high level commands for national sea lane security, putting the keeping of sea lane security on equal footing with the safeguarding of national territorial security; integrate various sources of information home and abroad to establish the platform for assessment, early-warning and emergency response within the framework of the 21st Century Maritime Silk Road sea lane security; employ the concept of harmonious sharing to construct the new mechanism for addressing unconventional security threats to Maritime Silk Road; forestall the employment by some countries of new rules to pose threats to our 21st Century Maritime Silk Road; step up the capacity building in maritime security support forces; offer guidance to port-shipping business in choosing overseas investment regions; boost the construction of national security fleet, taking part in peacetime commercial transport and emergency ad hoc transport.

Keywords: the 21st Century Maritime Silk Road; Sea Lane Security; Policy Support

B. 24   Analysis of 21st Century Maritime Silk Road Sea Port
Investment Risks

By Huang Qingbo, Li Yan / 264

Abstract: Port construction is the base for BRI infrastructure connectivity. For the time being, it is a common feature for sea ports along the 21st Century Maritime Silk Road that the ports are short of funds to upgrade their facilities, which greatly restrain the unfolding of the BRI in relevant regions. Considering these circumstances, it is important for the construction of the 21st Century Maritime Silk Road to make an assessment of the investment risks, work out the investment priorities for investments in these sea ports, put forward the policy proposals to reduce investment risks.

Keywords: Sea Ports; Investment; Risk; the 21st Century Maritime Silk Road

B. 25   An Analysis of the Strategic Connectivity BRI and GCC Strategy   *By Qian Xuming* / 277

Abstract: The member states of GCC constitute the main part of Western Asia, which is endowed with gas and oil. Taking up a considerable position in world politics and global energy supply, GCC states constitute an important area of BRI and tend to complement China in trade structure as well as resource endowment. Recent years saw the rapid development of trade exchanges between China and GCC. This article makes an analysis of significance, progress and prospect of free trade zone talks between China and GCC. It is advisable for China and GCC to strengthen their talks mechanisms and reset FTZ talks as early as possible so as to reach a win-win agreement.

Keywords: GCC; China-GCC Trade Relations; China-GCC Free Trade Zone; Energy Cooperation

权威报告·一手数据·特色资源

皮书数据库
ANNUAL REPORT(YEARBOOK)
DATABASE

当代中国经济与社会发展高端智库平台

所获荣誉

- 2016年，入选"'十三五'国家重点电子出版物出版规划骨干工程"
- 2015年，荣获"搜索中国正能量 点赞2015""创新中国科技创新奖"
- 2013年，荣获"中国出版政府奖·网络出版物奖"提名奖
- 连续多年荣获中国数字出版博览会"数字出版·优秀品牌"奖

成为会员

通过网址www.pishu.com.cn或使用手机扫描二维码进入皮书数据库网站，进行手机号码验证或邮箱验证即可成为皮书数据库会员（建议通过手机号码快速验证注册）。

会员福利

- 使用手机号码首次注册的会员，账号自动充值100元体验金，可直接购买和查看数据库内容（仅限使用手机号码快速注册）。
- 已注册用户购书后可免费获赠100元皮书数据库充值卡。刮开充值卡涂层获取充值密码，登录并进入"会员中心"—"在线充值"—"充值卡充值"，充值成功后即可购买和查看数据库内容。

社会科学文献出版社 皮书系列
SOCIAL SCIENCES ACADEMIC PRESS (CHINA)

卡号：769938957904
密码：

数据库服务热线：400-008-6695
数据库服务QQ：2475522410
数据库服务邮箱：database@ssap.cn
图书销售热线：010-59367070/7028
图书服务QQ：1265056568
图书服务邮箱：duzhe@ssap.cn

S 基本子库
SUB DATABASE

中国社会发展数据库（下设 12 个子库）

全面整合国内外中国社会发展研究成果，汇聚独家统计数据、深度分析报告，涉及社会、人口、政治、教育、法律等 12 个领域，为了解中国社会发展动态、跟踪社会核心热点、分析社会发展趋势提供一站式资源搜索和数据分析与挖掘服务。

中国经济发展数据库（下设 12 个子库）

基于"皮书系列"中涉及中国经济发展的研究资料构建，内容涵盖宏观经济、农业经济、工业经济、产业经济等 12 个重点经济领域，为实时掌控经济运行态势、把握经济发展规律、洞察经济形势、进行经济决策提供参考和依据。

中国行业发展数据库（下设 17 个子库）

以中国国民经济行业分类为依据，覆盖金融业、旅游、医疗卫生、交通运输、能源矿产等 100 多个行业，跟踪分析国民经济相关行业市场运行状况和政策导向，汇集行业发展前沿资讯，为投资、从业及各种经济决策提供理论基础和实践指导。

中国区域发展数据库（下设 6 个子库）

对中国特定区域内的经济、社会、文化等领域现状与发展情况进行深度分析和预测，研究层级至县及县以下行政区，涉及地区、区域经济体、城市、农村等不同维度。为地方经济社会宏观态势研究、发展经验研究、案例分析提供数据服务。

中国文化传媒数据库（下设 18 个子库）

汇聚文化传媒领域专家观点、热点资讯，梳理国内外中国文化发展相关学术研究成果、一手统计数据，涵盖文化产业、新闻传播、电影娱乐、文学艺术、群众文化等 18 个重点研究领域。为文化传媒研究提供相关数据、研究报告和综合分析服务。

世界经济与国际关系数据库（下设 6 个子库）

立足"皮书系列"世界经济、国际关系相关学术资源，整合世界经济、国际政治、世界文化与科技、全球性问题、国际组织与国际法、区域研究 6 大领域研究成果，为世界经济与国际关系研究提供全方位数据分析，为决策和形势研判提供参考。

法律声明

皮书系列

2018年

智库成果出版与传播平台

社会科学文献出版社
SOCIAL SCIENCES ACADEMIC PRESS (CHINA)

社长致辞

蓦然回首，皮书的专业化历程已经走过了二十年。20年来从一个出版社的学术产品名称到媒体热词再到智库成果研创及传播平台，皮书以专业化为主线，进行了系列化、市场化、品牌化、数字化、国际化、平台化的运作，实现了跨越式的发展。特别是在党的十八大以后，以习近平总书记为核心的党中央高度重视新型智库建设，皮书也迎来了长足的发展，总品种达到600余种，经过专业评审机制、淘汰机制遴选，目前，每年稳定出版近400个品种。"皮书"已经成为中国新型智库建设的抓手，成为国际国内社会各界快速、便捷地了解真实中国的最佳窗口。

20年孜孜以求，"皮书"始终将自己的研究视野与经济社会发展中的前沿热点问题紧密相连。600个研究领域，3万多位分布于800余个研究机构的专家学者参与了研创写作。皮书数据库中共收录了15万篇专业报告，50余万张数据图表，合计30亿字，每年报告下载量近80万次。皮书为中国学术与社会发展实践的结合提供了一个激荡智力、传播思想的入口，皮书作者们用学术的话语、客观翔实的数据谱写出了中国故事壮丽的篇章。

20年跬步千里，"皮书"始终将自己的发展与时代赋予的使命与责任紧紧相连。每年百余场新闻发布会，10万余次中外媒体报道，中、英、俄、日、韩等12个语种共同出版。皮书所具有的凝聚力正在形成一种无形的力量，吸引着社会各界关注中国的发展，参与中国的发展，它是我们向世界传递中国声音、总结中国经验、争取中国国际话语权最主要的平台。

皮书这一系列成就的取得，得益于中国改革开放的伟大时代，离不开来自中国社会科学院、新闻出版广电总局、全国哲学社会科学规划办公室等主管部门的大力支持和帮助，也离不开皮书研创者和出版者的共同努力。他们与皮书的故事创造了皮书的历史，他们对皮书的拳拳之心将继续谱写皮书的未来！

现在，"皮书"品牌已经进入了快速成长的青壮年时期。全方位进行规范化管理，树立中国的学术出版标准；不断提升皮书的内容质量和影响力，搭建起中国智库产品和智库建设的交流服务平台和国际传播平台；发布各类皮书指数，并使之成为中国指数，让中国智库的声音响彻世界舞台，为人类的发展做出中国的贡献——这是皮书未来发展的图景。作为"皮书"这个概念的提出者，"皮书"从一般图书到系列图书和品牌图书，最终成为智库研究和社会科学应用对策研究的知识服务和成果推广平台这整个过程的操盘者，我相信，这也是每一位皮书人执着追求的目标。

"当代中国正经历着我国历史上最为广泛而深刻的社会变革，也正在进行着人类历史上最为宏大而独特的实践创新。这种前无古人的伟大实践，必将给理论创造、学术繁荣提供强大动力和广阔空间。"

在这个需要思想而且一定能够产生思想的时代，皮书的研创出版一定能创造出新的更大的辉煌！

社会科学文献出版社社长
中国社会学会秘书长

2017年11月

社会科学文献出版社简介

社会科学文献出版社（以下简称"社科文献出版社"）成立于1985年，是直属于中国社会科学院的人文社会科学学术出版机构。成立至今，社科文献出版社始终依托中国社会科学院和国内外人文社会科学界丰厚的学术出版和专家学者资源，坚持"创社科经典，出传世文献"的出版理念、"权威、前沿、原创"的产品定位以及学术成果和智库成果出版的专业化、数字化、国际化、市场化的经营道路。

社科文献出版社是中国新闻出版业转型与文化体制改革的先行者。积极探索文化体制改革的先进方向和现代企业经营决策机制，社科文献出版社先后荣获"全国文化体制改革工作先进单位"、中国出版政府奖·先进出版单位奖，中国社会科学院先进集体、全国科普工作先进集体等荣誉称号。多人次荣获"第十届韬奋出版奖""全国新闻出版行业领军人才""数字出版先进人物""北京市新闻出版广电行业领军人才"等称号。

社科文献出版社是中国人文社会科学学术出版的大社名社，也是以皮书为代表的智库成果出版的专业强社。年出版图书2000余种，其中皮书400余种，出版新书字数5.5亿字，承印与发行中国社科院院属期刊72种，先后创立了皮书系列、列国志、中国史话、社科文献学术译库、社科文献学术文库、甲骨文书系等一大批既有学术影响又有市场价值的品牌，确立了在社会学、近代史、苏东问题研究等专业学科及领域出版的领先地位。图书多次荣获中国出版政府奖、"三个一百"原创图书出版工程、"五个'一'工程奖"、"大众喜爱的50种图书"等奖项，在中央国家机关"强素质·做表率"读书活动中，入选图书品种数位居各大出版社之首。

社科文献出版社是中国学术出版规范与标准的倡议者与制定者，代表全国50多家出版社发起实施学术著作出版规范的倡议，承担学术著作规范国家标准的起草工作，率先编撰完成《皮书手册》对皮书品牌进行规范化管理，并在此基础上推出中国版芝加哥手册——《社科文献出版社学术出版手册》。

社科文献出版社是中国数字出版的引领者，拥有皮书数据库、列国志数据库、"一带一路"数据库、减贫数据库、集刊数据库等4大产品线11个数据库产品，机构用户达1300余家，海外用户百余家，荣获"数字出版转型示范单位""新闻出版标准化先进单位""专业数字内容资源知识服务模式试点企业标准化示范单位"等称号。

社科文献出版社是中国学术出版走出去的践行者。社科文献出版社海外图书出版与学术合作业务遍及全球40余个国家和地区，并于2016年成立俄罗斯分社，累计输出图书500余种，涉及近20个语种，累计获得国家社科基金中华学术外译项目资助76种、"丝路书香工程"项目资助60种、中国图书对外推广计划项目资助71种以及经典中国国际出版工程资助28种，被五部委联合认定为"2015-2016年度国家文化出口重点企业"。

如今，社科文献出版社完全靠自身积累拥有固定资产3.6亿元，年收入3亿元，设置了七大出版分社、六大专业部门，成立了皮书研究院和博士后科研工作站，培养了一支近400人的高素质与高效率的编辑、出版、营销和国际推广队伍，为未来成为学术出版的大社、名社、强社，成为文化体制改革与文化企业转型发展的排头兵奠定了坚实的基础。

宏 观 经 济 类

经济蓝皮书

2018 年中国经济形势分析与预测

李平 / 主编　2017 年 12 月出版　定价：89.00 元

◆　本书为总理基金项目，由著名经济学家李扬领衔，联合中国社会科学院等数十家科研机构、国家部委和高等院校的专家共同撰写，系统分析了 2017 年的中国经济形势并预测 2018 年中国经济运行情况。

城市蓝皮书

中国城市发展报告 No.11

潘家华　单菁菁 / 主编　2018 年 9 月出版　估价：99.00 元

◆　本书是由中国社会科学院城市发展与环境研究中心编著的，多角度、全方位地立体展示了中国城市的发展状况，并对中国城市的未来发展提出了许多建议。该书有强烈的时代感，对中国城市发展实践有重要的参考价值。

人口与劳动绿皮书

中国人口与劳动问题报告 No.19

张车伟 / 主编　2018 年 10 月出版　估价：99.00 元

◆　本书为中国社会科学院人口与劳动经济研究所主编的年度报告，对当前中国人口与劳动形势做了比较全面和系统的深入讨论，为研究中国人口与劳动问题提供了一个专业性的视角。

中国省域竞争力蓝皮书
中国省域经济综合竞争力发展报告（2017～2018）
李建平　李闽榕　高燕京/主编　2018年5月出版　估价：198.00元

◆　本书融多学科的理论为一体，深入追踪研究了省域经济发展与中国国家竞争力的内在关系，为提升中国省域经济综合竞争力提供有价值的决策依据。

金融蓝皮书
中国金融发展报告（2018）
王国刚/主编　2018年2月出版　估价：99.00元

◆　本书由中国社会科学院金融研究所组织编写，概括和分析了2017年中国金融发展和运行中的各方面情况，研讨和评论了2017年发生的主要金融事件，有利于读者了解掌握2017年中国的金融状况，把握2018年中国金融的走势。

区 域 经 济 类

京津冀蓝皮书
京津冀发展报告（2018）
祝合良　叶堂林　张贵祥/等著　2018年6月出版　估价：99.00元

◆　本书遵循问题导向与目标导向相结合、统计数据分析与大数据分析相结合、纵向分析和长期监测与结构分析和综合监测相结合等原则，对京津冀协同发展新形势与新进展进行测度与评价。

社 会 政 法 类

社会蓝皮书
2018年中国社会形势分析与预测

李培林　陈光金　张翼/主编　2017年12月出版　定价：89.00元

◆　本书由中国社会科学院社会学研究所组织研究机构专家、高校学者和政府研究人员撰写，聚焦当下社会热点，对2017年中国社会发展的各个方面内容进行了权威解读，同时对2018年社会形势发展趋势进行了预测。

法治蓝皮书
中国法治发展报告No.16（2018）

李林　田禾/主编　2018年3月出版　估价：118.00元

◆　本年度法治蓝皮书回顾总结了2017年度中国法治发展取得的成就和存在的不足，对中国政府、司法、检务透明度进行了跟踪调研，并对2018年中国法治发展形势进行了预测和展望。

教育蓝皮书
中国教育发展报告（2018）

杨东平/主编　2018年4月出版　估价：99.00元

◆　本书重点关注了2017年教育领域的热点，资料翔实，分析有据，既有专题研究，又有实践案例，从多角度对2017年教育改革和实践进行了分析和研究。

社会体制蓝皮书

中国社会体制改革报告 No.6（2018）

龚维斌 / 主编　2018 年 3 月出版　估价：99.00 元

◆　本书由国家行政学院社会治理研究中心和北京师范大学中国社会管理研究院共同组织编写，主要对 2017 年社会体制改革情况进行回顾和总结，对 2018 年的改革走向进行分析，提出相关政策建议。

社会心态蓝皮书

中国社会心态研究报告（2018）

王俊秀　杨宜音 / 主编　2018 年 12 月出版　估价：99.00 元

◆　本书是中国社会科学院社会学研究所社会心理研究中心"社会心态蓝皮书课题组"的年度研究成果，运用社会心理学、社会学、经济学、传播学等多种学科的方法进行了调查和研究，对于目前中国社会心态状况有较广泛和深入的揭示。

华侨华人蓝皮书

华侨华人研究报告（2018）

贾益民 / 主编　2018 年 1 月出版　估价：139.00 元

◆　本书关注华侨华人生产与生活的方方面面。华侨华人是中国建设 21 世纪海上丝绸之路的重要中介者、推动者和参与者。本书旨在全面调研华侨华人，提供最新涉侨动态、理论研究成果和政策建议。

民族发展蓝皮书

中国民族发展报告（2018）

王延中 / 主编　2018 年 10 月出版　估价：188.00 元

◆　本书从民族学人类学视角，研究近年来少数民族和民族地区的发展情况，展示民族地区经济、政治、文化、社会和生态文明"五位一体"建设取得的辉煌成就和面临的困难挑战，为深刻理解中央民族工作会议精神、加快民族地区全面建成小康社会进程提供了实证材料。

产业经济类

房地产蓝皮书

中国房地产发展报告 No.15（2018）

李春华　王业强 / 主编　2018 年 5 月出版　估价：99.00 元

◆　2018 年《房地产蓝皮书》持续追踪中国房地产市场最新动态，深度剖析市场热点，展望 2018 年发展趋势，积极谋划应对策略。对 2017 年房地产市场的发展态势进行全面、综合的分析。

新能源汽车蓝皮书

中国新能源汽车产业发展报告（2018）

中国汽车技术研究中心　日产（中国）投资有限公司

东风汽车有限公司 / 编著　2018 年 8 月出版　估价：99.00 元

◆　本书对中国 2017 年新能源汽车产业发展进行了全面系统的分析，并介绍了国外的发展经验。有助于相关机构、行业和社会公众等了解中国新能源汽车产业发展的最新动态，为政府部门出台新能源汽车产业相关政策法规、企业制定相关战略规划，提供必要的借鉴和参考。

行业及其他类

旅游绿皮书

2017 ～ 2018 年中国旅游发展分析与预测

中国社会科学院旅游研究中心 / 编　2018 年 2 月出版　估价：99.00 元

◆　本书从政策、产业、市场、社会等多个角度勾画出 2017 年中国旅游发展全貌，剖析了其中的热点和核心问题，并就未来发展作出预测。

民营医院蓝皮书

中国民营医院发展报告（2018）

薛晓林 / 主编　2018 年 1 月出版　估价：99.00 元

◆　本书在梳理国家对社会办医的各种利好政策的前提下，对我国民营医疗发展现状、我国民营医院竞争力进行了分析，并结合我国医疗体制改革对民营医院的发展趋势、发展策略、战略规划等方面进行了预估。

会展蓝皮书

中外会展业动态评估研究报告（2018）

张敏 / 主编　　2018 年 12 月出版　估价：99.00 元

◆　本书回顾了 2017 年的会展业发展动态，结合"供给侧改革"、"互联网 +"、"绿色经济"的新形势分析了我国展会的行业现状，并介绍了国外的发展经验，有助于行业和社会了解最新的展会业动态。

中国上市公司蓝皮书

中国上市公司发展报告（2018）

张平　王宏淼 / 主编　　2018 年 9 月出版　　估价：99.00 元

◆　本书由中国社会科学院上市公司研究中心组织编写的，着力于全面、真实、客观反映当前中国上市公司财务状况和价值评估的综合性年度报告。本书详尽分析了 2017 年中国上市公司情况，特别是现实中暴露出的制度性、基础性问题，并对资本市场改革进行了探讨。

工业和信息化蓝皮书

人工智能发展报告（2017 ~ 2018）

尹丽波 / 主编　　2018 年 6 月出版　　估价：99.00 元

◆　本书国家工业信息安全发展研究中心在对 2017 年全球人工智能技术和产业进行全面跟踪研究基础上形成的研究报告。该报告内容翔实、视角独特，具有较强的产业发展前瞻性和预测性，可为相关主管部门、行业协会、企业等全面了解人工智能发展形势以及进行科学决策提供参考。

国际问题与全球治理类

世界经济黄皮书

世界经济黄皮书

2018 年世界经济形势分析与预测

张宇燕 / 主编　2018 年 1 月出版　估价：99.00 元

◆　本书由中国社会科学院世界经济与政治研究所的研究团队撰写，分总论、国别与地区、专题、热点、世界经济统计与预测等五个部分，对 2018 年世界经济形势进行了分析。

国际城市蓝皮书

国际城市发展报告（2018）

屠启宇 / 主编　2018 年 2 月出版　估价：99.00 元

◆　本书作者以上海社会科学院从事国际城市研究的学者团队为核心，汇集同济大学、华东师范大学、复旦大学、上海交通大学、南京大学、浙江大学相关城市研究专业学者。立足动态跟踪介绍国际城市发展时间中，最新出现的重大战略、重大理念、重大项目、重大报告和最佳案例。

非洲黄皮书

非洲发展报告 No.20（2017 ~ 2018）

张宏明 / 主编　2018 年 7 月出版　估价：99.00 元

◆　本书是由中国社会科学院西亚非洲研究所组织编撰的非洲形势年度报告，比较全面、系统地分析了 2017 年非洲政治形势和热点问题，探讨了非洲经济形势和市场走向，剖析了大国对非洲关系的新动向；此外，还介绍了国内非洲研究的新成果。

国别类

美国蓝皮书

美国研究报告（2018）

郑秉文　黄平／主编　2018年5月出版　估价：99.00元

◆　本书是由中国社会科学院美国研究所主持完成的研究成果，它回顾了美国2017年的经济、政治形势与外交战略，对美国内政外交发生的重大事件及重要政策进行了较为全面的回顾和梳理。

德国蓝皮书

德国发展报告（2018）

郑春荣／主编　2018年6月出版　估价：99.00元

◆　本报告由同济大学德国研究所组织编撰，由该领域的专家学者对德国的政治、经济、社会文化、外交等方面的形势发展情况，进行全面的阐述与分析。

俄罗斯黄皮书

俄罗斯发展报告（2018）

李永全／编著　2018年6月出版　估价：99.00元

◆　本书系统介绍了2017年俄罗斯经济政治情况，并对2016年该地区发生的焦点、热点问题进行了分析与回顾；在此基础上，对该地区2018年的发展前景进行了预测。

文 化 传 媒 类

新媒体蓝皮书
中国新媒体发展报告 No.9（2018）

唐绪军 / 主编　2018 年 6 月出版　估价：99.00 元

◆　本书是由中国社会科学院新闻与传播研究所组织编写的关于新媒体发展的最新年度报告，旨在全面分析中国新媒体的发展现状，解读新媒体的发展趋势，探析新媒体的深刻影响。

移动互联网蓝皮书
中国移动互联网发展报告（2018）

余清楚 / 主编　　2018 年 6 月出版　估价：99.00 元

◆　本书着眼于对 2017 年度中国移动互联网的发展情况做深入解析，对未来发展趋势进行预测，力求从不同视角、不同层面全面剖析中国移动互联网发展的现状、年度突破及热点趋势等。

文化蓝皮书
中国文化消费需求景气评价报告（2018）

王亚南 / 主编　2018 年 2 月出版　估价：99.00 元

◆　本书首创全国文化发展量化检测评价体系，也是至今全国唯一的文化民生量化检测评价体系，对于检验全国及各地 " 以人民为中心 " 的文化发展具有首创意义。

地方发展类

北京蓝皮书

北京经济发展报告（2017～2018）

杨松/主编　2018年6月出版　估价：99.00元

◆　本书对2017年北京市经济发展的整体形势进行了系统性的分析与回顾，并对2018年经济形势走势进行了预测与研判，聚焦北京市经济社会发展中的全局性、战略性和关键领域的重点问题，运用定量和定性分析相结合的方法，对北京市经济社会发展的现状、问题、成因进行了深入分析，提出了可操作性的对策建议。

温州蓝皮书

2018年温州经济社会形势分析与预测

蒋儒标　王春光　金浩/主编　2018年4月出版　估价：99.00元

◆　本书是中共温州市委党校和中国社会科学院社会学研究所合作推出的第十一本温州蓝皮书，由来自党校、政府部门、科研机构、高校的专家、学者共同撰写的2017年温州区域发展形势的最新研究成果。

黑龙江蓝皮书

黑龙江社会发展报告（2018）

王爱丽/主编　2018年6月出版　估价：99.00元

◆　本书以千份随机抽样问卷调查和专题研究为依据，运用社会学理论框架和分析方法，从专家和学者的独特视角，对2017年黑龙江省关系民生的问题进行广泛的调研与分析，并对2017年黑龙江省诸多社会热点和焦点问题进行了有益的探索。这些研究不仅可以为政府部门更加全面深入了解省情、科学制定决策提供智力支持，同时也可以为广大读者认识、了解、关注黑龙江社会发展提供理性思考。

宏观经济类

城市蓝皮书
中国城市发展报告（No.11）
著(编)者：潘家华　单菁菁
2018年9月出版 / 估价：99.00元
PSN B-2007-091-1/1

城乡一体化蓝皮书
中国城乡一体化发展报告（2018）
著(编)者：付崇兰
2018年9月出版 / 估价：99.00元
PSN B-2011-226-1/2

城镇化蓝皮书
中国新型城镇化健康发展报告（2018）
著(编)者：张占斌
2018年8月出版 / 估价：99.00元
PSN B-2014-396-1/1

创新蓝皮书
创新型国家建设报告（2018~2019）
著(编)者：詹正茂
2018年12月出版 / 估价：99.00元
PSN B-2009-140-1/1

低碳发展蓝皮书
中国低碳发展报告（2018）
著(编)者：张希良　齐晔
2018年6月出版 / 估价：99.00元
PSN B-2011-223-1/1

低碳经济蓝皮书
中国低碳经济发展报告（2018）
著(编)者：薛进军　赵忠秀
2018年11月出版 / 估价：99.00元
PSN B-2011-194-1/1

发展和改革蓝皮书
中国经济发展和体制改革报告No.9
著(编)者：邹东涛　王再文
2018年1月出版 / 估价：99.00元
PSN B-2008-122-1/1

国家创新蓝皮书
中国创新发展报告（2017）
著(编)者：陈劲　2018年3月出版 / 估价：99.00元
PSN B-2014-370-1/1

金融蓝皮书
中国金融发展报告（2018）
著(编)者：王国刚
2018年2月出版 / 估价：99.00元
PSN B-2004-031-1/7

经济蓝皮书
2018年中国经济形势分析与预测
著(编)者：李平　2017年12月出版 / 定价：89.00元
PSN B-1996-001-1/1

经济蓝皮书春季号
2018年中国经济前景分析
著(编)者：李扬　2018年5月出版 / 估价：99.00元
PSN B-1999-008-1/1

经济蓝皮书夏季号
中国经济增长报告（2017~2018）
著(编)者：李扬　2018年9月出版 / 估价：99.00元
PSN B-2010-176-1/1

经济信息绿皮书
中国与世界经济发展报告（2018）
著(编)者：杜平
2017年12月出版 / 估价：99.00元
PSN G-2003-023-1/1

农村绿皮书
中国农村经济形势分析与预测（2017~2018）
著(编)者：魏后凯　黄秉信
2018年4月出版 / 估价：99.00元
PSN G-1998-003-1/1

人口与劳动绿皮书
中国人口与劳动问题报告No.19
著(编)者：张车伟　2018年11月出版 / 估价：99.00元
PSN G-2000-012-1/1

新型城镇化蓝皮书
新型城镇化发展报告（2017）
著(编)者：李伟　宋敏　沈体雁
2018年3月出版 / 估价：99.00元
PSN B-2005-038-1/1

中国省域竞争力蓝皮书
中国省域经济综合竞争力发展报告（2016~2017）
著(编)者：李建平　李闽榕　高燕京
2018年2月出版 / 估价：198.00元
PSN B-2007-088-1/1

中小城市绿皮书
中国中小城市发展报告（2018）
著(编)者：中国城市经济学会中小城市经济发展委员会
　　　　中国城镇化促进会中小城市发展委员会
　　　　《中国中小城市发展报告》编纂委员会
　　　　中小城市发展战略研究院
2018年11月出版 / 估价：128.00元
PSN G-2010-161-1/1

区域经济类

东北蓝皮书
中国东北地区发展报告（2018）
著(编)者：姜晓秋　2018年11月出版 / 估价：99.00元
PSN B-2006-067-1/1

金融蓝皮书
中国金融中心发展报告（2017～2018）
著(编)者：王力 黄育华　2018年11月出版 / 估价：99.00元
PSN B-2011-186-6/7

京津冀蓝皮书
京津冀发展报告（2018）
著(编)者：祝合良 叶堂林 张贵祥
2018年6月出版 / 估价：99.00元
PSN B-2012-262-1/1

西北蓝皮书
中国西北发展报告（2018）
著(编)者：任宗哲 白宽犁 王建康
2018年4月出版 / 估价：99.00元
PSN B-2012-261-1/1

西部蓝皮书
中国西部发展报告（2018）
著(编)者：璋勇 任保平　2018年8月出版 / 估价：99.00元
PSN B-2005-039-1/1

长江经济带产业蓝皮书
长江经济带产业发展报告（2018）
著(编)者：吴传清　2018年11月出版 / 估价：128.00元
PSN B-2017-666-1/1

长江经济带蓝皮书
长江经济带发展报告（2017～2018）
著(编)者：王振　2018年11月出版 / 估价：99.00元
PSN B-2016-575-1/1

长江中游城市群蓝皮书
长江中游城市群新型城镇化与产业协同发展报告（2018）
著(编)者：杨刚强　2018年11月出版 / 估价：99.00元
PSN B-2016-578-1/1

长三角蓝皮书
2017年创新融合发展的长三角
著(编)者：刘飞跃　2018年3月出版 / 估价：99.00元
PSN B-2005-038-1/1

长株潭城市群蓝皮书
长株潭城市群发展报告（2017）
著(编)者：张萍 朱有志　2018年1月出版 / 估价：99.00元
PSN B-2008-109-1/1

中部竞争力蓝皮书
中国中部经济社会竞争力报告（2018）
著(编)者：教育部人文社会科学重点研究基地南昌大学中国
中部经济社会发展研究中心

2018年12月出版 / 估价：99.00元
PSN B-2012-276-1/1

中部蓝皮书
中国中部地区发展报告（2018）
著(编)者：宋亚平　2018年12月出版 / 估价：99.00元
PSN B-2007-089-1/1

区域蓝皮书
中国区域经济发展报告（2017～2018）
著(编)者：赵弘　2018年5月出版 / 估价：99.00元
PSN B-2004-034-1/1

中三角蓝皮书
长江中游城市群发展报告（2018）
著(编)者：秦尊文　2018年9月出版 / 估价：99.00元
PSN B-2014-417-1/1

中原蓝皮书
中原经济区发展报告（2018）
著(编)者：李英杰　2018年6月出版 / 估价：99.00元
PSN B-2011-192-1/1

珠三角流通蓝皮书
珠三角商圈发展研究报告（2018）
著(编)者：王先庆 林至颖　2018年7月出版 / 估价：99.00元
PSN B-2012-292-1/1

社会政法类

北京蓝皮书
中国社区发展报告（2017～2018）
著(编)者：于燕燕　2018年9月出版 / 估价：99.00元
PSN B-2007-083-5/8

殡葬绿皮书
中国殡葬事业发展报告（2017～2018）
著(编)者：李伯森　2018年4月出版 / 估价：158.00元
PSN G-2010-180-1/1

城市管理蓝皮书
中国城市管理报告（2017-2018）
著(编)者：刘林 刘承水　2018年5月出版 / 估价：158.00元
PSN B-2013-336-1/1

城市生活质量蓝皮书
中国城市生活质量报告（2017）
著(编)者：张连城 张平 杨春学 郎丽华
2018年2月出版 / 估价：99.00元
PSN B-2013-326-1/1

城市政府能力蓝皮书
中国城市政府公共服务能力评估报告（2018）
著(编)者：何艳玲　2018年4月出版 / 估价：99.00元
PSN B-2013-338-1/1

创业蓝皮书
中国创业发展研究报告（2017~2018）
著(编)者：黄群慧 赵卫星 钟宏武
2018年11月出版 / 估价：99.00元
PSN B-2016-577-1/1

慈善蓝皮书
中国慈善发展报告（2018）
著(编)者：杨团　2018年6月出版 / 估价：99.00元
PSN B-2009-142-1/1

党建蓝皮书
党的建设研究报告No.2（2018）
著(编)者：崔建民 陈东平　2018年1月出版 / 估价：99.00元
PSN B-2016-523-1/1

地方法治蓝皮书
中国地方法治发展报告No.3（2018）
著(编)者：李林 田禾　2018年3月出版 / 估价：118.00元
PSN B-2015-442-1/1

电子政务蓝皮书
中国电子政务发展报告（2018）
著(编)者：李季　2018年8月出版 / 估价：99.00元
PSN B-2003-022-1/1

法治蓝皮书
中国法治发展报告No.16（2018）
著(编)者：吕艳滨　2018年3月出版 / 估价：118.00元
PSN B-2004-027-1/3

法治蓝皮书
中国法院信息化发展报告No.2（2018）
著(编)者：李林 田禾　2018年2月出版 / 估价：108.00元
PSN B-2017-604-3/3

法治政府蓝皮书
中国法治政府发展报告（2018）
著(编)者：中国政法大学法治政府研究院
2018年4月出版 / 估价：99.00元
PSN B-2015-502-1/2

法治政府蓝皮书
中国法治政府评估报告（2018）
著(编)者：中国政法大学法治政府研究院
2018年9月出版 / 估价：168.00元
PSN B-2016-576-2/2

反腐倡廉蓝皮书
中国反腐倡廉建设报告No.8
著(编)者：张英伟　2018年12月出版 / 估价：99.00元
PSN B-2012-259-1/1

扶贫蓝皮书
中国扶贫开发报告（2018）
著(编)者：李培林 魏后凯　2018年12月出版 / 估价：128.00元
PSN B-2016-599-1/1

妇女发展蓝皮书
中国妇女发展报告No.6
著(编)者：王金玲　2018年9月出版 / 估价：158.00元
PSN B-2006-069-1/1

妇女教育蓝皮书
中国妇女教育发展报告No.3
著(编)者：张李玺　2018年10月出版 / 估价：99.00元
PSN B-2008-121-1/1

妇女绿皮书
2018年：中国性别平等与妇女发展报告
著(编)者：谭琳　2018年12月出版 / 估价：99.00元
PSN G-2006-073-1/1

公共安全蓝皮书
中国城市公共安全发展报告（2017~2018）
著(编)者：黄育华 杨文明 赵建辉
2018年6月出版 / 估价：99.00元
PSN B-2017-628-1/1

公共服务蓝皮书
中国城市基本公共服务力评价（2018）
著(编)者：钟君 刘志昌 吴正杲
2018年12月出版 / 估价：99.00元
PSN B-2011-214-1/1

公民科学素质蓝皮书
中国公民科学素质报告（2017~2018）
著(编)者：李群 陈雄 马宗文
2018年1月出版 / 估价：99.00元
PSN B-2014-379-1/1

公益蓝皮书
中国公益慈善发展报告（2016）
著(编)者：朱健刚 胡小军　2018年2月出版 / 估价：99.00元
PSN B-2012-283-1/1

国际人才蓝皮书
中国国际移民报告（2018）
著(编)者：王辉耀　2018年2月出版 / 估价：99.00元
PSN B-2012-304-3/4

国际人才蓝皮书
中国留学发展报告（2018）No.7
著(编)者：王辉耀 苗绿　2018年12月出版 / 估价：99.00元
PSN B-2012-244-2/4

海洋社会蓝皮书
中国海洋社会发展报告（2017）
著(编)者：崔凤 宋宁而　2018年3月出版 / 估价：99.00元
PSN B-2015-478-1/1

行政改革蓝皮书
中国行政体制改革报告No.7（2018）
著(编)者：魏礼群　2018年6月出版 / 估价：99.00元
PSN B-2011-231-1/1

华侨华人蓝皮书
华侨华人研究报告（2017）
著(编)者：贾益民　2018年1月出版 / 估价：139.00元
PSN B-2011-204-1/1

环境竞争力绿皮书
中国省域环境竞争力发展报告（2018）
著(编)者：李建平 李闽榕 王金南
2018年11月出版 / 估价：198.00元
PSN G-2010-165-1/1

环境绿皮书
中国环境发展报告（2017~2018）
著(编)者：李波 2018年4月出版 / 估价：99.00元
PSN G-2006-048-1/1

家庭蓝皮书
中国"创建幸福家庭活动"评估报告（2018）
著(编)者：国务院发展研究中心"创建幸福家庭活动评估"课题组
2018年12月出版 / 估价：99.00元
PSN B-2015-508-1/1

健康城市蓝皮书
中国健康城市建设研究报告（2018）
著(编)者：王鸿春 盛继洪 2018年12月出版 / 估价：99.00元
PSN B-2016-564-2/2

健康中国蓝皮书
社区首诊与健康中国分析报告（2018）
著(编)者：高和荣 杨叔禹 姜杰
2018年4月出版 / 估价：99.00元
PSN B-2017-611-1/1

教师蓝皮书
中国中小学教师发展报告（2017）
著(编)者：曾晓东 鱼霞 2018年6月出版 / 估价：99.00元
PSN B-2012-289-1/1

教育扶贫蓝皮书
中国教育扶贫报告（2018）
著(编)者：司树杰 王文静 李兴洲
2018年12月出版 / 估价：99.00元
PSN B-2016-590-1/1

教育蓝皮书
中国教育发展报告（2018）
著(编)者：杨东平 2018年4月出版 / 估价：99.00元
PSN B-2006-047-1/1

金融法治建设蓝皮书
中国金融法治建设年度报告（2015~2016）
著(编)者：朱小黄 2018年6月出版 / 估价：99.00元
PSN B-2017-633-1/1

京津冀教育蓝皮书
京津冀教育发展研究报告（2017~2018）
著(编)者：方中雄 2018年4月出版 / 估价：99.00元
PSN B-2017-608-1/1

就业蓝皮书
2018年中国本科生就业报告
著(编)者：麦可思研究院 2018年6月出版 / 估价：99.00元
PSN B-2009-146-1/2

就业蓝皮书
2018年中国高职高专生就业报告
著(编)者：麦可思研究院 2018年6月出版 / 估价：99.00元
PSN B-2015-472-2/2

科学教育蓝皮书
中国科学教育发展报告（2018）
著(编)者：王康友 2018年10月出版 / 估价：99.00元
PSN B-2015-487-1/1

劳动保障蓝皮书
中国劳动保障发展报告（2018）
著(编)者：刘燕斌 2018年9月出版 / 估价：158.00元
PSN B-2014-415-1/1

老龄蓝皮书
中国老年宜居环境发展报告（2017）
著(编)者：党俊武 周燕珉 2018年1月出版 / 估价：99.00元
PSN B-2013-320-1/1

连片特困区蓝皮书
中国连片特困区发展报告（2017~2018）
著(编)者：游俊 冷志明 丁建军
2018年4月出版 / 估价：99.00元
PSN B-2013-321-1/1

流动儿童蓝皮书
中国流动儿童教育发展报告（2017）
著(编)者：杨东平 2018年1月出版 / 估价：99.00元
PSN B-2017-600-1/1

民调蓝皮书
中国民生调查报告（2018）
著(编)者：谢耘耕 2018年12月出版 / 估价：99.00元
PSN B-2014-398-1/1

民族发展蓝皮书
中国民族发展报告（2018）
著(编)者：王延中 2018年10月出版 / 估价：188.00元
PSN B-2006-070-1/1

女性生活蓝皮书
中国女性生活状况报告No.12（2018）
著(编)者：韩湘景 2018年7月出版 / 估价：99.00元
PSN B-2006-071-1/1

汽车社会蓝皮书
中国汽车社会发展报告（2017~2018）
著(编)者：王俊秀 2018年1月出版 / 估价：99.00元
PSN B-2011-224-1/1

青年蓝皮书
中国青年发展报告（2018）No.3
著(编)者：廉思 2018年4月出版 / 估价：99.00元
PSN B-2013-333-1/1

青少年蓝皮书
中国未成年人互联网运用报告（2017~2018）
著(编)者：季为民 李文革 沈杰
2018年11月出版 / 估价：99.00元
PSN B-2010-156-1/1

人权蓝皮书
中国人权事业发展报告No.8（2018）
著(编)者：李君如　2018年9月出版 / 估价：99.00元
PSN B-2011-215-1/1

社会保障绿皮书
中国社会保障发展报告No.9（2018）
著(编)者：王延中　2018年1月出版 / 估价：99.00元
PSN G-2001-014-1/1

社会风险评估蓝皮书
风险评估与危机预警报告（2017~2018）
著(编)者：唐钧　2018年8月出版 / 估价：99.00元
PSN B-2012-293-1/1

社会工作蓝皮书
中国社会工作发展报告（2016~2017）
著(编)者：民政部社会工作研究中心
2018年8月出版 / 估价：99.00元
PSN B-2009-141-1/1

社会管理蓝皮书
中国社会管理创新报告No.6
著(编)者：连玉明　2018年11月出版 / 估价：99.00元
PSN B-2012-300-1/1

社会蓝皮书
2018年中国社会形势分析与预测
著(编)者：李培林 陈光金 张翼
2017年12月出版 / 定价：89.00元
PSN B-1998-002-1/1

社会体制蓝皮书
中国社会体制改革报告No.6（2018）
著(编)者：龚维斌　2018年3月出版 / 估价：99.00元
PSN B-2013-330-1/1

社会心态蓝皮书
中国社会心态研究报告（2018）
著(编)者：王俊秀　2018年12月出版 / 估价：99.00元
PSN B-2011-199-1/1

社会组织蓝皮书
中国社会组织报告（2017-2018）
著(编)者：黄晓勇　2018年1月出版 / 估价：99.00元
PSN B-2008-118-1/2

社会组织蓝皮书
中国社会组织评估发展报告（2018）
著(编)者：徐家良　2018年12月出版 / 估价：99.00元
PSN B-2013-366-2/2

生态城市绿皮书
中国生态城市建设发展报告（2018）
著(编)者：刘举科 孙伟平 胡文臻
2018年9月出版 / 估价：158.00元
PSN G-2012-269-1/1

生态文明绿皮书
中国省域生态文明建设评价报告（ECI 2018）
著(编)者：严耕　2018年12月出版 / 估价：99.00元
PSN G-2010-170-1/1

退休生活蓝皮书
中国城市居民退休生活质量指数报告（2017）
著(编)者：杨一帆　2018年5月出版 / 估价：99.00元
PSN B-2017-618-1/1

危机管理蓝皮书
中国危机管理报告（2018）
著(编)者：文学国 范正青
2018年8月出版 / 估价：99.00元
PSN B-2010-171-1/1

学会蓝皮书
2018年中国学会发展报告
著(编)者：麦可思研究院
2018年12月出版 / 估价：99.00元
PSN B-2016-597-1/1

医改蓝皮书
中国医药卫生体制改革报告（2017~2018）
著(编)者：文学国 房志武
2018年11月出版 / 估价：99.00元
PSN B-2014-432-1/1

应急管理蓝皮书
中国应急管理报告（2018）
著(编)者：宋英华　2018年9月出版 / 估价：99.00元
PSN B-2016-562-1/1

政府绩效评估蓝皮书
中国地方政府绩效评估报告 No.2
著(编)者：贠杰　2018年12月出版 / 估价：99.00元
PSN B-2017-672-1/1

政治参与蓝皮书
中国政治参与报告（2018）
著(编)者：房宁　2018年8月出版 / 估价：128.00元
PSN B-2011-200-1/1

政治文化蓝皮书
中国政治文化报告（2018）
著(编)者：邢元敏 魏大鹏 龚克
2018年8月出版 / 估价：128.00元
PSN B-2017-615-1/1

中国传统村落蓝皮书
中国传统村落保护现状报告（2018）
著(编)者：胡彬彬 李向军 王晓波
2018年12月出版 / 估价：99.00元
PSN B-2017-663-1/1

中国农村妇女发展蓝皮书
农村流动女性城市生活发展报告（2018）
著(编)者：谢丽华　2018年12月出版 / 估价：99.00元
PSN B-2014-434-1/1

宗教蓝皮书
中国宗教报告（2017）
著(编)者：邱永辉　2018年8月出版 / 估价：99.00元
PSN B-2008-117-1/1

产业经济类

保健蓝皮书
中国保健服务产业发展报告 No.2
著(编)者：中国保健协会　　中共中央党校
2018年7月出版 / 估价：198.00元
PSN B-2012-272-3/3

保健蓝皮书
中国保健食品产业发展报告 No.2
著(编)者：中国保健协会
　　　　　中国社会科学院食品药品产业发展与监管研究中心
2018年8月出版 / 估价：198.00元
PSN B-2012-271-2/3

保健蓝皮书
中国保健用品产业发展报告 No.2
著(编)者：中国保健协会
　　　　　国务院国有资产监督管理委员会研究中心
2018年3月出版 / 估价：198.00元
PSN B-2012-270-1/3

保险蓝皮书
中国保险业竞争力报告（2018）
著(编)者：中保监会　　2018年12月出版 / 估价：99.00元
PSN B-2013-311-1/1

冰雪蓝皮书
中国冰上运动产业发展报告（2018）
著(编)者：孙承华 杨占武 刘戈 张鸿俊
2018年9月出版 / 估价：99.00元
PSN B-2017-648-3/3

冰雪蓝皮书
中国滑雪产业发展报告（2018）
著(编)者：孙承华 伍斌 魏庆华 张鸿俊
2018年9月出版 / 估价：99.00元
PSN B-2016-559-1/3

餐饮产业蓝皮书
中国餐饮产业发展报告（2018）
著(编)者：邢颖
2018年6月出版 / 估价：99.00元
PSN B-2009-151-1/1

茶业蓝皮书
中国茶产业发展报告（2018）
著(编)者：杨江帆 李闽榕
2018年10月出版 / 估价：99.00元
PSN B-2010-164-1/1

产业安全蓝皮书
中国文化产业安全报告（2018）
著(编)者：北京印刷学院文化产业安全研究院
2018年12月出版 / 估价：99.00元
PSN B-2014-378-12/14

产业安全蓝皮书
中国新媒体产业安全报告（2016~2017）
著(编)者：肖丽　　2018年6月出版 / 估价：99.00元
PSN B-2015-500-14/14

产业安全蓝皮书
中国出版传媒产业安全报告（2017~2018）
著(编)者：北京印刷学院文化产业安全研究院
2018年3月出版 / 估价：99.00元
PSN B-2014-384-13/14

产业蓝皮书
中国产业竞争力报告（2018）No.8
著(编)者：张其仔　　2018年12月出版 / 估价：168.00元
PSN B-2010-175-1/1

动力电池蓝皮书
中国新能源汽车动力电池产业发展报告（2018）
著(编)者：中国汽车技术研究中心
2018年8月出版 / 估价：99.00元
PSN B-2017-639-1/1

杜仲产业绿皮书
中国杜仲橡胶资源与产业发展报告（2017~2018）
著(编)者：杜红岩 胡文臻 俞锐
2018年1月出版 / 估价：99.00元
PSN G-2013-350-1/1

房地产蓝皮书
中国房地产发展报告No.15（2018）
著(编)者：李春华 王业强
2018年5月出版 / 估价：99.00元
PSN B-2004-028-1/1

服务外包蓝皮书
中国服务外包产业发展报告（2017~2018）
著(编)者：王晓红 刘德军
2018年6月出版 / 估价：99.00元
PSN B-2013-331-2/2

服务外包蓝皮书
中国服务外包竞争力报告（2017~2018）
著(编)者：刘春生 王力 黄育华
2018年12月出版 / 估价：99.00元
PSN B-2011-216-1/2

工业和信息化蓝皮书
世界信息技术产业发展报告（2017~2018）
著(编)者：尹丽波　2018年6月出版 / 估价：99.00元
PSN B-2015-449-2/6

工业和信息化蓝皮书
战略性新兴产业发展报告（2017~2018）
著(编)者：尹丽波　2018年6月出版 / 估价：99.00元
PSN B-2015-450-3/6

客车蓝皮书
中国客车产业发展报告（2017~2018）
著(编)者：姚蔚　　2018年10月出版 / 估价：99.00元
PSN B-2013-361-1/1

流通蓝皮书
中国商业发展报告（2018~2019）
著(编)者：王雪峰 林诗慧
2018年7月出版 / 估价：99.00元
PSN B-2009-152-1/2

能源蓝皮书
中国能源发展报告（2018）
著(编)者：崔民选 王军生 陈义和
2018年12月出版 / 估价：99.00元
PSN B-2006-049-1/1

农产品流通蓝皮书
中国农产品流通产业发展报告（2017）
著(编)者：贾敬敦 张东科 张玉玺 张鹏毅 周伟
2018年1月出版 / 估价：99.00元
PSN B-2012-288-1/1

汽车工业蓝皮书
中国汽车工业发展年度报告（2018）
著(编)者：中国汽车工业协会
　　　　　中国汽车技术研究中心
　　　　　丰田汽车公司
2018年5月出版 / 估价：168.00元
PSN B-2015-463-1/2

汽车工业蓝皮书
中国汽车零部件产业发展报告（2017~2018）
著(编)者：中国汽车工业协会
　　　　　中国汽车工程研究院深圳市沃特玛电池有限公司
2018年9月出版 / 估价：99.00元
PSN B-2016-515-2/2

汽车蓝皮书
中国汽车产业发展报告（2018）
著(编)者：中国汽车工程学会
　　　　　大众汽车集团（中国）
2018年11月出版 / 估价：99.00元
PSN B-2008-124-1/1

世界茶业蓝皮书
世界茶业发展报告（2018）
著(编)者：李闽榕 冯廷佺
2018年5月出版 / 估价：168.00元
PSN B-2017-619-1/1

世界能源蓝皮书
世界能源发展报告（2018）
著(编)者：黄晓勇　　2018年6月出版 / 估价：168.00元
PSN B-2013-349-1/1

体育蓝皮书
国家体育产业基地发展报告（2016~2017）
著(编)者：李颖川　　2018年4月出版 / 估价：168.00元
PSN B-2017-609-5/5

体育蓝皮书
中国体育产业发展报告（2018）
著(编)者：阮伟 钟秉枢
2018年12月出版 / 估价：99.00元
PSN B-2010-179-1/5

文化金融蓝皮书
中国文化金融发展报告（2018）
著(编)者：杨涛 金巍
2018年5月出版 / 估价：99.00元
PSN B-2017-610-1/1

新能源汽车蓝皮书
中国新能源汽车产业发展报告（2018）
著(编)者：中国汽车技术研究中心
　　　　　日产（中国）投资有限公司
　　　　　东风汽车有限公司
2018年8月出版 / 估价：99.00元
PSN B-2013-347-1/1

薏仁米产业蓝皮书
中国薏仁米产业发展报告No.2（2018）
著(编)者：李发耀 石明 秦礼康
2018年8月出版 / 估价：99.00元
PSN B-2017-645-1/1

邮轮绿皮书
中国邮轮产业发展报告（2018）
著(编)者：汪泓　　2018年10月出版 / 估价：99.00元
PSN G-2014-419-1/1

智能养老蓝皮书
中国智能养老产业发展报告（2018）
著(编)者：朱勇　　2018年10月出版 / 估价：99.00元
PSN B-2015-488-1/1

中国节能汽车蓝皮书
中国节能汽车发展报告（2017~2018）
著(编)者：中国汽车工程研究院股份有限公司
2018年9月出版 / 估价：99.00元
PSN B-2016-565-1/1

中国陶瓷产业蓝皮书
中国陶瓷产业发展报告（2018）
著(编)者：左和平 黄速建
2018年10月出版 / 估价：99.00元
PSN B-2016-573-1/1

装备制造业蓝皮书
中国装备制造业发展报告（2018）
著(编)者：徐东华　　2018年12月出版 / 估价：118.00元
PSN B-2015-505-1/1

行业及其他类

"三农"互联网金融蓝皮书
中国"三农"互联网金融发展报告（2018）
著(编)者：李勇坚 王弢
2018年8月出版 / 估价：99.00元
PSN B-2016-560-1/1

SUV蓝皮书
中国SUV市场发展报告（2017～2018）
著(编)者：靳军   2018年9月出版 / 估价：99.00元
PSN B-2016-571-1/1

冰雪蓝皮书
中国冬季奥运会发展报告（2018）
著(编)者：孙承华 伍斌 魏庆华 张鸿俊
2018年9月出版 / 估价：99.00元
PSN B-2017-647-2/3

彩票蓝皮书
中国彩票发展报告（2018）
著(编)者：益彩基金   2018年4月出版 / 估价：99.00元
PSN B-2015-462-1/1

测绘地理信息蓝皮书
测绘地理信息供给侧结构性改革研究报告（2018）
2018年12月出版 / 估价：168.00元
PSN B-2009-145-1/1

产权市场蓝皮书
中国产权市场发展报告（2017）
著(编)者：曹和平   2018年5月出版 / 估价：99.00元
PSN B-2009-147-1/1

城投蓝皮书
中国城投行业发展报告（2018）
著(编)者：华景斌
2018年11月出版 / 估价：300.00元
PSN B-2016-514-1/1

大数据蓝皮书
中国大数据发展报告（No.2）
著(编)者：连玉明   2018年5月出版 / 估价：99.00元
PSN B-2017-620-1/1

大数据应用蓝皮书
中国大数据应用发展报告No.2（2018）
著(编)者：陈军君   2018年8月出版 / 估价：99.00元
PSN B-2017-644-1/1

对外投资与风险蓝皮书
中国对外直接投资与国家风险报告（2018）
著(编)者：中债资信评估有限责任公司
        中国社会科学院世界经济与政治研究所
2018年4月出版 / 估价：189.00元
PSN B-2017-606-1/1

工业和信息化蓝皮书
人工智能发展报告（2017～2018）
著(编)者：尹丽波   2018年6月出版 / 估价：99.00元
PSN B-2015-448-1/6

工业和信息化蓝皮书
世界智慧城市发展报告（2017～2018）
著(编)者：尹丽波   2018年6月出版 / 估价：99.00元
PSN B-2017-624-6/6

工业和信息化蓝皮书
世界网络安全发展报告（2017～2018）
著(编)者：尹丽波   2018年6月出版 / 估价：99.00元
PSN B-2015-452-5/6

工业和信息化蓝皮书
世界信息化发展报告（2017～2018）
著(编)者：尹丽波   2018年6月出版 / 估价：99.00元
PSN B-2015-451-4/6

工业设计蓝皮书
中国工业设计发展报告（2018）
著(编)者：王晓红 于炜 张立群   2018年9月出版 / 估价：168.00元
PSN B-2014-420-1/1

公共关系蓝皮书
中国公共关系发展报告（2018）
著(编)者：柳斌杰   2018年11月出版 / 估价：99.00元
PSN B-2016-579-1/1

管理蓝皮书
中国管理发展报告（2018）
著(编)者：张晓东   2018年10月出版 / 估价：99.00元
PSN B-2014-416-1/1

海关发展蓝皮书
中国海关发展前沿报告（2018）
著(编)者：干春晖   2018年6月出版 / 估价：99.00元
PSN B-2017-616-1/1

互联网医疗蓝皮书
中国互联网健康医疗发展报告（2018）
著(编)者：芮晓武   2018年6月出版 / 估价：99.00元
PSN B-2016-567-1/1

黄金市场蓝皮书
中国商业银行黄金业务发展报告（2017～2018）
著(编)者：平安银行   2018年3月出版 / 估价：99.00元
PSN B-2016-524-1/1

会展蓝皮书
中外会展业动态评估研究报告（2018）
著(编)者：张敏 任中峰 聂鑫焱 牛盼强
2018年12月出版 / 估价：99.00元
PSN B-2013-327-1/1

基金会蓝皮书
中国基金会发展报告（2017～2018）
著(编)者：中国基金会发展报告课题组
2018年4月出版 / 估价：99.00元
PSN B-2013-368-1/1

基金会绿皮书
中国基金会发展独立研究报告（2018）
著(编)者：基金会中心网   中央民族大学基金会研究中心
2018年6月出版 / 估价：99.00元
PSN G-2011-213-1/1

基金会透明度蓝皮书
中国基金会透明度发展研究报告（2018）
著（编）者：基金会中心网
　　　　　清华大学廉政与治理研究中心
2018年9月出版 / 估价：99.00元
PSN B-2013-339-1/1

建筑装饰蓝皮书
中国建筑装饰行业发展报告（2018）
著（编）者：葛道顺 刘晓一
2018年10月出版 / 估价：198.00元
PSN B-2016-553-1/1

金融监管蓝皮书
中国金融监管报告（2018）
著（编）者：胡滨 2018年5月出版 / 估价：99.00元
PSN B-2012-281-1/1

金融蓝皮书
中国互联网金融行业分析与评估（2018～2019）
著（编）者：黄国平 伍旭川 2018年12月出版 / 估价：99.00元
PSN B-2016-585-7/7

金融科技蓝皮书
中国金融科技发展报告（2018）
著（编）者：李扬 孙国峰 2018年10月出版 / 估价：99.00元
PSN B-2014-374-1/1

金融信息服务蓝皮书
中国金融信息服务发展报告（2018）
著（编）者：李平 2018年5月出版 / 估价：99.00元
PSN B-2017-621-1/1

京津冀金融蓝皮书
京津冀金融发展报告（2018）
著（编）者：王爱俭 王璟怡 2018年10月出版 / 估价：99.00元
PSN B-2016-527-1/1

科普蓝皮书
国家科普能力发展报告（2018）
著（编）者：王康友 2018年5月出版 / 估价：138.00元
PSN B-2017-632-4/4

科普蓝皮书
中国基层科普发展报告（2017～2018）
著（编）者：赵立新 陈玲 2018年9月出版 / 估价：99.00元
PSN B-2016-568-3/4

科普蓝皮书
中国科普基础设施发展报告（2017～2018）
著（编）者：任福君 2018年6月出版 / 估价：99.00元
PSN B-2010-174-1/3

科普蓝皮书
中国科普人才发展报告（2017～2018）
著（编）者：郑念 任嵘嵘 2018年7月出版 / 估价：99.00元
PSN B-2016-512-2/4

科普能力蓝皮书
中国科普能力评价报告（2018～2019）
著（编）者：李富强 李群 2018年8月出版 / 估价：99.00元
PSN B-2016-555-1/1

临空经济蓝皮书
中国临空经济发展报告（2018）
著（编）者：连玉明 2018年9月出版 / 估价：99.00元
PSN B-2014-421-1/1

旅游安全蓝皮书
中国旅游安全报告（2018）
著（编）者：郑向敏 谢朝武 2018年5月出版 / 估价：158.00元
PSN B-2012-280-1/1

旅游绿皮书
2017～2018年中国旅游发展分析与预测
著（编）者：宋瑞 2018年2月出版 / 估价：99.00元
PSN G-2002-018-1/1

煤炭蓝皮书
中国煤炭工业发展报告（2018）
著（编）者：岳福斌 2018年12月出版 / 估价：99.00元
PSN B-2008-123-1/1

民营企业社会责任蓝皮书
中国民营企业社会责任报告（2018）
著（编）者：中华全国工商业联合会
2018年12月出版 / 估价：99.00元
PSN B-2015-510-1/1

民营医院蓝皮书
中国民营医院发展报告（2017）
著（编）者：薛晓林 2018年1月出版 / 估价：99.00元
PSN B-2012-299-1/1

闽商蓝皮书
闽商发展报告（2018）
著（编）者：李闽榕 王日根 林琛
2018年12月出版 / 估价：99.00元
PSN B-2012-298-1/1

农业应对气候变化蓝皮书
中国农业气象灾害及其灾损评估报告（No.3）
著（编）者：矫梅燕 2018年1月出版 / 估价：118.00元
PSN B-2014-413-1/1

品牌蓝皮书
中国品牌战略发展报告（2018）
著（编）者：汪同三 2018年10月出版 / 估价：99.00元
PSN B-2016-580-1/1

企业扶贫蓝皮书
中国企业扶贫研究报告（2018）
著（编）者：钟宏武 2018年12月出版 / 估价：99.00元
PSN B-2016-593-1/1

企业公益蓝皮书
中国企业公益研究报告（2018）
著（编）者：钟宏武 汪杰 黄晓娟
2018年12月出版 / 估价：99.00元
PSN B-2015-501-1/1

企业国际化蓝皮书
中国企业全球化报告（2018）
著（编）者：王辉耀 苗绿 2018年11月出版 / 估价：99.00元
PSN B-2014-427-1/1

企业蓝皮书
中国企业绿色发展报告No.2（2018）
著（编）者：李红玉 朱光辉
2018年8月出版 / 估价：99.00元
PSN B-2015-481-2/2

企业社会责任蓝皮书
中资企业海外社会责任研究报告（2017～2018）
著（编）者：钟宏武 叶柳红 张蒽
2018年1月出版 / 估价：99.00元
PSN B-2017-603-2/2

企业社会责任蓝皮书
中国企业社会责任研究报告（2018）
著（编）者：黄群慧 钟宏武 张蒽 汪杰
2018年11月出版 / 估价：99.00元
PSN B-2009-149-1/2

汽车安全蓝皮书
中国汽车安全发展报告（2018）
著（编）者：中国汽车技术研究中心
2018年8月出版 / 估价：99.00元
PSN B-2014-385-1/1

汽车电子商务蓝皮书
中国汽车电子商务发展报告（2018）
著（编）者：中华全国工商业联合会汽车经销商商会
　　　　　北方工业大学
　　　　　北京易观智库网络科技有限公司
2018年10月出版 / 估价：158.00元
PSN B-2015-485-1/1

汽车知识产权蓝皮书
中国汽车产业知识产权发展报告（2018）
著（编）者：中国汽车工程研究院股份有限公司
　　　　　中国汽车工程学会
　　　　　重庆长安汽车股份有限公司
2018年12月出版 / 估价：99.00元
PSN B-2016-594-1/1

青少年体育蓝皮书
中国青少年体育发展报告（2017）
著（编）者：刘扶民 杨桦　2018年1月出版 / 估价：99.00元
PSN B-2015-482-1/1

区块链蓝皮书
中国区块链发展报告（2018）
著（编）者：李伟　2018年9月出版 / 估价：99.00元
PSN B-2017-649-1/1

群众体育蓝皮书
中国群众体育发展报告（2017）
著（编）者：刘国永 戴健　2018年5月出版 / 估价：99.00元
PSN B-2014-411-1/3

群众体育蓝皮书
中国社会体育指导员发展报告（2018）
著（编）者：刘国永 王欢　2018年4月出版 / 估价：99.00元
PSN B-2016-520-3/3

人力资源蓝皮书
中国人力资源发展报告（2018）
著（编）者：余兴安　2018年11月出版 / 估价：99.00元
PSN B-2012-287-1/1

融资租赁蓝皮书
中国融资租赁业发展报告（2017～2018）
著（编）者：李光荣 王力　2018年8月出版 / 估价：99.00元
PSN B-2015-443-1/1

商会蓝皮书
中国商会发展报告No.5（2017）
著（编）者：王钦敏　2018年7月出版 / 估价：99.00元
PSN B-2008-125-1/1

商务中心区蓝皮书
中国商务中心区发展报告No.4（2017～2018）
著（编）者：李国红 单菁菁　2018年9月出版 / 估价：99.00元
PSN B-2015-444-1/1

设计产业蓝皮书
中国创新设计发展报告（2018）
著（编）者：王晓红 张立群 于炜
2018年11月出版 / 估价：99.00元
PSN B-2016-581-2/2

社会责任管理蓝皮书
中国上市公司社会责任能力成熟度报告No.4（2018）
著（编）者：肖红军 王晓光 李伟阳
2018年12月出版 / 估价：99.00元
PSN B-2015-507-2/2

社会责任管理蓝皮书
中国企业公众透明度报告No.4（2017～2018）
著（编）者：黄速建 熊梦 王晓光 肖红军
2018年4月出版 / 估价：99.00元
PSN B-2015-440-1/2

食品药品蓝皮书
食品药品安全与监管政策研究报告（2016～2017）
著（编）者：唐民皓　2018年6月出版 / 估价：99.00元
PSN B-2009-129-1/1

输血服务蓝皮书
中国输血行业发展报告（2018）
著（编）者：孙俊　2018年12月出版 / 估价：99.00元
PSN B-2016-582-1/1

水利风景区蓝皮书
中国水利风景区发展报告（2018）
著（编）者：董建文 兰思仁
2018年10月出版 / 估价：99.00元
PSN B-2015-480-1/1

私募市场蓝皮书
中国私募股权市场发展报告（2017～2018）
著（编）者：曹和平　2018年12月出版 / 估价：99.00元
PSN B-2010-162-1/1

碳排放权交易蓝皮书
中国碳排放权交易报告（2018）
著（编）者：孙永平　2018年11月出版 / 估价：99.00元
PSN B-2017-652-1/1

碳市场蓝皮书
中国碳市场报告（2018）
著（编）者：定金彪　2018年11月出版 / 估价：99.00元
PSN B-2014-430-1/1

体育蓝皮书
中国公共体育服务发展报告（2018）
著/编者：戴健　　2018年12月出版 / 估价：99.00元
PSN B-2013-367-2/5

土地市场蓝皮书
中国农村土地市场发展报告（2017~2018）
著/编者：李光荣　　2018年3月出版 / 估价：99.00元
PSN B-2016-526-1/1

土地整治蓝皮书
中国土地整治发展研究报告（No.5）
著/编者：国土资源部土地整治中心
2018年7月出版 / 估价：99.00元
PSN B-2014-401-1/1

土地政策蓝皮书
中国土地政策研究报告（2018）
著/编者：高延利 李宪文　　2017年12月出版 / 估价：99.00元
PSN B-2015-506-1/1

网络空间安全蓝皮书
中国网络空间安全发展报告（2018）
著/编者：惠志斌 覃庆玲
2018年11月出版 / 估价：99.00元
PSN B-2015-466-1/1

文化志愿服务蓝皮书
中国文化志愿服务发展报告（2018）
著/编者：张永新 良警宇　　2018年11月出版 / 估价：128.00元
PSN B-2016-596-1/1

西部金融蓝皮书
中国西部金融发展报告（2017~2018）
著/编者：李忠民　　2018年8月出版 / 估价：99.00元
PSN B-2010-160-1/1

协会商会蓝皮书
中国行业协会商会发展报告（2017）
著/编者：景朝阳 李勇　　2018年4月出版 / 估价：99.00元
PSN B-2015-461-1/1

新三板蓝皮书
中国新三板市场发展报告（2018）
著/编者：王力　　2018年8月出版 / 估价：99.00元
PSN B-2016-533-1/1

信托市场蓝皮书
中国信托业市场报告（2017~2018）
著/编者：用益金融信托研究院
2018年1月出版 / 估价：198.00元
PSN B-2014-371-1/1

信息化蓝皮书
中国信息化形势分析与预测（2017~2018）
著/编者：周宏仁　　2018年8月出版 / 估价：99.00元
PSN B-2010-168-1/1

信用蓝皮书
中国信用发展报告（2017~2018）
著/编者：章政 田侃　　2018年4月出版 / 估价：99.00元
PSN B-2013-328-1/1

休闲绿皮书
2017~2018年中国休闲发展报告
著/编者：宋瑞　　2018年7月出版 / 估价：99.00元
PSN G-2010-158-1/1

休闲体育蓝皮书
中国休闲体育发展报告（2017~2018）
著/编者：李相如 钟秉枢
2018年10月出版 / 估价：99.00元
PSN B-2016-516-1/1

养老金融蓝皮书
中国养老金融发展报告（2018）
著/编者：董克用 姚余栋
2018年9月出版 / 估价：99.00元
PSN B-2016-583-1/1

遥感监测绿皮书
中国可持续发展遥感监测报告（2017）
著/编者：顾行发 汪克强 潘教峰 李闽榕 徐东华 王琦安
2018年6月出版 / 估价：298.00元
PSN B-2017-629-1/1

药品流通蓝皮书
中国药品流通行业发展报告（2018）
著/编者：佘鲁林 温再兴
2018年7月出版 / 估价：198.00元
PSN B-2014-429-1/1

医疗器械蓝皮书
中国医疗器械行业发展报告（2018）
著/编者：王宝亭 耿鸿武
2018年10月出版 / 估价：99.00元
PSN B-2017-661-1/1

医院蓝皮书
中国医院竞争力报告（2018）
著/编者：庄一强 曾益新　　2018年3月出版 / 估价：118.00元
PSN B-2016-528-1/1

瑜伽蓝皮书
中国瑜伽业发展报告（2017~2018）
著/编者：张永建 徐华锋 朱泰余
2018年6月出版 / 估价：198.00元
PSN B-2017-625-1/1

债券市场蓝皮书
中国债券市场发展报告（2017~2018）
著/编者：杨农　　2018年10月出版 / 估价：99.00元
PSN B-2016-572-1/1

志愿服务蓝皮书
中国志愿服务发展报告（2018）
著/编者：中国志愿服务联合会
2018年11月出版 / 估价：99.00元
PSN B-2017-664-1/1

中国上市公司蓝皮书
中国上市公司发展报告（2018）
著/编者：张鹏 张平 黄胤英
2018年9月出版 / 估价：99.00元
PSN B-2014-414-1/1

中国新三板蓝皮书
中国新三板创新与发展报告（2018）
著(编)者：刘平安 闻召林
2018年8月出版 / 估价：158.00元
PSN B-2017-638-1/1

中医文化蓝皮书
北京中医药文化传播发展报告（2018）
著(编)者：毛嘉陵 2018年5月出版 / 估价：99.00元
PSN B-2015-468-1/2

中医文化蓝皮书
中国中医药文化传播发展报告（2018）
著(编)者：毛嘉陵 2018年7月出版 / 估价：99.00元
PSN B-2016-584-2/2

中医药蓝皮书
北京中医药知识产权发展报告No.2
著(编)者：汪洪 屠志涛 2018年4月出版 / 估价：168.00元
PSN B-2017-602-1/1

资本市场蓝皮书
中国场外交易市场发展报告（2016~2017）
著(编)者：高杰 2018年3月出版 / 估价：99.00元
PSN B-2009-153-1/1

资产管理蓝皮书
中国资产管理行业发展报告（2018）
著(编)者：郑智 2018年7月出版 / 估价：99.00元
PSN B-2014-407-2/2

资产证券化蓝皮书
中国资产证券化发展报告（2018）
著(编)者：纪志宏 2018年11月出版 / 估价：99.00元
PSN B-2017-660-1/1

自贸区蓝皮书
中国自贸区发展报告（2018）
著(编)者：王力 黄育华 2018年6月出版 / 估价：99.00元
PSN B-2016-558-1/1

国际问题与全球治理类

"一带一路"跨境通道蓝皮书
"一带一路"跨境通道建设研究报告（2018）
著(编)者：郭业洲 2018年8月出版 / 估价：99.00元
PSN B-2016-557-1/1

"一带一路"蓝皮书
"一带一路"建设发展报告（2018）
著(编)者：王晓泉 2018年6月出版 / 估价：99.00元
PSN B-2016-552-1/1

"一带一路"投资安全蓝皮书
中国"一带一路"投资与安全研究报告（2017~2018）
著(编)者：邹统钎 梁昊光 2018年4月出版 / 估价：99.00元
PSN B-2017-612-1/1

"一带一路"文化交流蓝皮书
中阿文化交流发展报告（2017）
著(编)者：王辉 2018年9月出版 / 估价：99.00元
PSN B-2017-655-1/1

G20国家创新竞争力黄皮书
二十国集团（G20）国家创新竞争力发展报告（2017~2018）
著(编)者：李建平 李闽榕 赵新力 周天勇
2018年7月出版 / 估价：168.00元
PSN Y-2011-229-1/1

阿拉伯黄皮书
阿拉伯发展报告（2016~2017）
著(编)者：罗林 2018年3月出版 / 估价：99.00元
PSN Y-2014-381-1/1

北部湾蓝皮书
泛北部湾合作发展报告（2017~2018）
著(编)者：吕余生 2018年12月出版 / 估价：99.00元
PSN B-2008-114-1/1

北极蓝皮书
北极地区发展报告（2017）
著(编)者：刘惠荣 2018年7月出版 / 估价：99.00元
PSN B-2017-634-1/1

大洋洲蓝皮书
大洋洲发展报告（2017~2018）
著(编)者：喻常森 2018年10月出版 / 估价：99.00元
PSN B-2013-341-1/1

东北亚区域合作蓝皮书
2017年"一带一路"倡议与东北亚区域合作
著(编)者：刘亚政 金美花
2018年5月出版 / 估价：99.00元
PSN B-2017-631-1/1

东盟黄皮书
东盟发展报告（2017）
著(编)者：杨晓强 庄国土
2018年3月出版 / 估价：99.00元
PSN Y-2012-303-1/1

东南亚蓝皮书
东南亚地区发展报告（2017~2018）
著(编)者：王勤 2018年12月出版 / 估价：99.00元
PSN B-2012-240-1/1

非洲黄皮书
非洲发展报告No.20（2017~2018）
著(编)者：张宏明 2018年7月出版 / 估价：99.00元
PSN Y-2012-239-1/1

非传统安全蓝皮书
中国非传统安全研究报告（2017~2018）
著(编)者：潇枫 罗中枢 2018年8月出版 / 估价：99.00元
PSN B-2012-273-1/1

国际安全蓝皮书
中国国际安全研究报告（2018）
著(编)者：刘慧　　2018年7月出版 / 估价：99.00元
PSN B-2016-521-1/1

国际城市蓝皮书
国际城市发展报告（2018）
著(编)者：屠启宇　　2018年2月出版 / 估价：99.00元
PSN B-2012-260-1/1

国际形势黄皮书
全球政治与安全报告（2018）
著(编)者：张宇燕　　2018年1月出版 / 估价：99.00元
PSN Y-2001-016-1/1

公共外交蓝皮书
中国公共外交发展报告（2018）
著(编)者：赵启正 雷蔚真　　2018年4月出版 / 估价：99.00元
PSN B-2015-457-1/1

金砖国家黄皮书
金砖国家综合创新竞争力发展报告（2018）
著(编)者：赵新力 李闽榕 黄茂兴
2018年8月出版 / 估价：128.00元
PSN Y-2017-643-1/1

拉美黄皮书
拉丁美洲和加勒比发展报告（2017～2018）
著(编)者：袁东振　　2018年6月出版 / 估价：99.00元
PSN Y-1999-007-1/1

澜湄合作蓝皮书
澜沧江-湄公河合作发展报告（2018）
著(编)者：刘稚　　2018年9月出版 / 估价：99.00元
PSN B-2011-196-1/1

欧洲蓝皮书
欧洲发展报告（2017～2018）
著(编)者：黄平 周弘 程卫东
2018年6月出版 / 估价：99.00元
PSN B-1999-009-1/1

葡语国家蓝皮书
葡语国家发展报告（2016～2017）
著(编)者：王成安 张敏 刘金兰
2018年4月出版 / 估价：99.00元
PSN B-2015-503-1/2

葡语国家蓝皮书
中国与葡语国家关系发展报告·巴西（2016）
著(编)者：张曙光　　2018年8月出版 / 估价：99.00元
PSN B-2016-563-2/2

气候变化绿皮书
应对气候变化报告（2018）
著(编)者：王伟光 郑国光　　2018年11月出版 / 估价：99.00元
PSN G-2009-144-1/1

全球环境竞争力绿皮书
全球环境竞争力报告（2018）
著(编)者：李建平 李闽榕 王金南
2018年12月出版 / 估价：198.00元
PSN G-2013-363-1/1

全球信息社会蓝皮书
全球信息社会发展报告（2018）
著(编)者：丁波涛 唐涛　　2018年10月出版 / 估价：99.00元
PSN B-2017-665-1/1

日本经济蓝皮书
日本经济与中日经贸关系研究报告（2018）
著(编)者：张季风　　2018年6月出版 / 估价：99.00元
PSN B-2008-102-1/1

上海合作组织黄皮书
上海合作组织发展报告（2018）
著(编)者：李进峰　　2018年6月出版 / 估价：99.00元
PSN Y-2009-130-1/1

世界创新竞争力黄皮书
世界创新竞争力发展报告（2017）
著(编)者：李建平 李闽榕 赵新力
2018年1月出版 / 估价：168.00元
PSN Y-2013-318-1/1

世界经济黄皮书
2018年世界经济形势分析与预测
著(编)者：张宇燕　　2018年1月出版 / 估价：99.00元
PSN Y-1999-006-1/1

丝绸之路蓝皮书
丝绸之路经济带发展报告（2018）
著(编)者：任宗哲 白宽犁 谷孟宾
2018年1月出版 / 估价：99.00元
PSN B-2014-410-1/1

新兴经济体蓝皮书
金砖国家发展报告（2018）
著(编)者：林跃勤 周文　　2018年8月出版 / 估价：99.00元
PSN B-2011-195-1/1

亚太蓝皮书
亚太地区发展报告（2018）
著(编)者：李向阳　　2018年5月出版 / 估价：99.00元
PSN B-2001-015-1/1

印度洋地区蓝皮书
印度洋地区发展报告（2018）
著(编)者：汪戎　　2018年6月出版 / 估价：99.00元
PSN B-2013-334-1/1

渝新欧蓝皮书
渝新欧沿线国家发展报告（2018）
著(编)者：杨柏 黄森　　2018年6月出版 / 估价：99.00元
PSN B-2017-626-1/1

中阿蓝皮书
中国-阿拉伯国家经贸发展报告（2018）
著(编)者：张廉 段庆林 王林聪 杨巧红
2018年12月出版 / 估价：99.00元
PSN B-2016-598-1/1

中东黄皮书
中东发展报告No.20（2017～2018）
著(编)者：杨光　　2018年10月出版 / 估价：99.00元
PSN Y-1998-004-1/1

中亚黄皮书
中亚国家发展报告（2018）
著(编)者：孙力　　2018年6月出版 / 估价：99.00元
PSN Y-2012-238-1/1

国别类

澳大利亚蓝皮书
澳大利亚发展报告（2017-2018）
著(编)者：孙有中 韩锋　2018年12月出版 / 估价：99.00元
PSN B-2016-587-1/1

巴西黄皮书
巴西发展报告（2017）
著(编)者：刘国枝　2018年5月出版 / 估价：99.00元
PSN Y-2017-614-1/1

德国蓝皮书
德国发展报告（2018）
著(编)者：郑春荣　2018年6月出版 / 估价：99.00元
PSN B-2012-278-1/1

俄罗斯黄皮书
俄罗斯发展报告（2018）
著(编)者：李永全　2018年6月出版 / 估价：99.00元
PSN Y-2006-061-1/1

韩国蓝皮书
韩国发展报告（2017）
著(编)者：牛林杰 刘宝全　2018年5月出版 / 估价：99.00元
PSN B-2010-155-1/1

加拿大蓝皮书
加拿大发展报告（2018）
著(编)者：唐小松　2018年9月出版 / 估价：99.00元
PSN B-2014-389-1/1

美国蓝皮书
美国研究报告（2018）
著(编)者：郑秉文 黄平　2018年5月出版 / 估价：99.00元
PSN B-2011-210-1/1

缅甸蓝皮书
缅甸国情报告（2017）
著(编)者：孔鹏 杨祥章　2018年1月出版 / 估价：99.00元
PSN B-2013-343-1/1

日本蓝皮书
日本研究报告（2018）
著(编)者：杨伯江　2018年6月出版 / 估价：99.00元
PSN B-2002-020-1/1

土耳其蓝皮书
土耳其发展报告（2018）
著(编)者：郭长刚 刘义　2018年9月出版 / 估价：99.00元
PSN B-2014-412-1/1

伊朗蓝皮书
伊朗发展报告（2017～2018）
著(编)者：冀开运　2018年10月 / 估价：99.00元
PSN B-2016-574-1/1

以色列蓝皮书
以色列发展报告（2018）
著(编)者：张倩红　2018年8月出版 / 估价：99.00元
PSN B-2015-483-1/1

印度蓝皮书
印度国情报告（2017）
著(编)者：吕昭义　2018年4月出版 / 估价：99.00元
PSN B-2022-241-1/1

英国蓝皮书
英国发展报告（2017～2018）
著(编)者：王展鹏　2018年12月出版 / 估价：99.00元
PSN B-2015-486-1/1

越南蓝皮书
越南国情报告（2018）
著(编)者：谢林城　2018年1月出版 / 估价：99.00元
PSN B-2006-056-1/1

泰国蓝皮书
泰国研究报告（2018）
著(编)者：庄国土 张禹东 刘文正
2018年10月出版 / 估价：99.00元
PSN B-2016-556-1/1

文化传媒类

"三农"舆情蓝皮书
中国"三农"网络舆情报告（2017～2018）
著(编)者：农业部信息中心
2018年6月出版 / 估价：99.00元
PSN B-2017-640-1/1

传媒竞争力蓝皮书
中国传媒国际竞争力研究报告（2018）
著(编)者：李本乾 刘强 王大可
2018年8月出版 / 估价：99.00元
PSN B-2013-356-1/1

传媒蓝皮书
中国传媒产业发展报告（2018）
著(编)者：崔保国　2018年5月出版 / 估价：99.00元
PSN B-2005-035-1/1

传媒投资蓝皮书
中国传媒投资发展报告（2018）
著(编)者：张向东 谭云明
2018年6月出版 / 估价：148.00元
PSN B-2015-474-1/1

非物质文化遗产蓝皮书
中国非物质文化遗产发展报告（2018）
著(编)者：陈平　2018年5月出版 / 估价：128.00元
PSN B-2015-469-1/2

非物质文化遗产蓝皮书
中国非物质文化遗产保护发展报告（2018）
著(编)者：宋俊华　2018年10月出版 / 估价：128.00元
PSN B-2016-586-2/2

广电蓝皮书
中国广播电影电视发展报告（2018）
著(编)者：国家新闻出版广电总局发展研究中心
2018年7月出版 / 估价：99.00元
PSN B-2006-072-1/1

广告主蓝皮书
中国广告主营销传播趋势报告No.9
著(编)者：黄升民 杜国清 邵华冬 等
2018年10月出版 / 估价：158.00元
PSN B-2005-041-1/1

国际传播蓝皮书
中国国际传播发展报告（2018）
著(编)者：胡正荣 李继东 姬德强
2018年12月出版 / 估价：99.00元
PSN B-2014-408-1/1

国家形象蓝皮书
中国国家形象传播报告（2017）
著(编)者：张昆　2018年3月出版 / 估价：128.00元
PSN B-2017-605-1/1

互联网治理蓝皮书
中国网络社会治理研究报告（2018）
著(编)者：罗昕 支庭荣
2018年9月出版 / 估价：118.00元
PSN B-2017-653-1/1

纪录片蓝皮书
中国纪录片发展报告（2018）
著(编)者：何苏六　2018年10月出版 / 估价：99.00元
PSN B-2011-222-1/1

科学传播蓝皮书
中国科学传播报告（2016~2017）
著(编)者：詹正茂　2018年6月出版 / 估价：99.00元
PSN B-2008-120-1/1

两岸创意经济蓝皮书
两岸创意经济研究报告（2018）
著(编)者：罗昌智 董泽平
2018年10月出版 / 估价：99.00元
PSN B-2014-437-1/1

媒介与女性蓝皮书
中国媒介与女性发展报告（2017~2018）
著(编)者：刘利群　2018年5月出版 / 估价：99.00元
PSN B-2013-345-1/1

媒体融合蓝皮书
中国媒体融合发展报告（2017）
著(编)者：梅宁华 支庭荣　2018年1月出版 / 估价：99.00元
PSN B-2015-479-1/1

全球传媒蓝皮书
全球传媒发展报告（2017~2018）
著(编)者：胡正荣 李继东　2018年6月出版 / 估价：99.00元
PSN B-2012-237-1/1

少数民族非遗蓝皮书
中国少数民族非物质文化遗产发展报告（2018）
著(编)者：肖远平（彝） 柴立（满）
2018年10月出版 / 估价：118.00元
PSN B-2015-467-1/1

视听新媒体蓝皮书
中国视听新媒体发展报告（2018）
著(编)者：国家新闻出版广电总局发展研究中心
2018年7月出版 / 估价：118.00元
PSN B-2011-184-1/1

数字娱乐产业蓝皮书
中国动画产业发展报告（2018）
著(编)者：孙立军 孙平 牛兴侦
2018年10月出版 / 估价：99.00元
PSN B-2011-198-1/2

数字娱乐产业蓝皮书
中国游戏产业发展报告（2018）
著(编)者：孙立军 刘跃军
2018年10月出版 / 估价：99.00元
PSN B-2017-662-2/2

文化创新蓝皮书
中国文化创新报告（2017·No.8）
著(编)者：傅才武　2018年4月出版 / 估价：99.00元
PSN B-2009-143-1/1

文化建设蓝皮书
中国文化发展报告（2018）
著(编)者：江畅 孙伟平 戴茂堂
2018年5月出版 / 估价：99.00元
PSN B-2014-392-1/1

文化科技蓝皮书
文化科技创新发展报告（2018）
著(编)者：于平 李凤亮　2018年10月出版 / 估价：99.00元
PSN B-2013-342-1/1

文化蓝皮书
中国公共文化服务发展报告（2017~2018）
著(编)者：刘新成 张永新 张旭
2018年12月出版 / 估价：99.00元
PSN B-2007-093-2/10

文化蓝皮书
中国少数民族文化发展报告（2017~2018）
著(编)者：武翠英 张晓明 任乌晶
2018年9月出版 / 估价：99.00元
PSN B-2013-369-9/10

文化蓝皮书
中国文化产业供需协调检测报告（2018）
著(编)者：王亚南　2018年2月出版 / 估价：99.00元
PSN B-2013-323-8/10

文化蓝皮书
中国文化消费需求景气评价报告（2018）
著(编)者：王亚南　2018年2月出版 / 估价：99.00元
PSN B-2011-236-4/10

文化蓝皮书
中国公共文化投入增长测评报告（2018）
著(编)者：王亚南　2018年2月出版 / 估价：99.00元
PSN B-2014-435-10/10

文化品牌蓝皮书
中国文化品牌发展报告（2018）
著(编)者：欧阳友权　2018年5月出版 / 估价：99.00元
PSN B-2012-277-1/1

文化遗产蓝皮书
中国文化遗产事业发展报告（2017～2018）
著(编)者：苏杨 张颖岚 卓杰 白海峰 陈晨 陈叙图
2018年8月出版 / 估价：99.00元
PSN B-2008-119-1/1

文学蓝皮书
中国文情报告（2017～2018）
著(编)者：白烨　2018年5月出版 / 估价：99.00元
PSN B-2011-221-1/1

新媒体蓝皮书
中国新媒体发展报告No.9（2018）
著(编)者：唐绪军　2018年7月出版 / 估价：99.00元
PSN B-2010-169-1/1

新媒体社会责任蓝皮书
中国新媒体社会责任研究报告（2018）
著(编)者：钟瑛　2018年12月出版 / 估价：99.00元
PSN B-2014-423-1/1

移动互联网蓝皮书
中国移动互联网发展报告（2018）
著(编)者：余清楚　2018年6月出版 / 估价：99.00元
PSN B-2012-282-1/1

影视蓝皮书
中国影视产业发展报告（2018）
著(编)者：司若 陈鹏 陈锐　2018年4月出版 / 估价：99.00元
PSN B-2016-529-1/1

舆情蓝皮书
中国社会舆情与危机管理报告（2018）
著(编)者：谢耘耕　2018年9月出版 / 估价：138.00元
PSN B-2011-235-1/1

地方发展类–经济

澳门蓝皮书
澳门经济社会发展报告（2017～2018）
著(编)者：吴志良 郝雨凡　2018年7月出版 / 估价：99.00元
PSN B-2009-138-1/1

澳门绿皮书
澳门旅游休闲发展报告（2017～2018）
著(编)者：郝雨凡 林广志　2018年5月出版 / 估价：99.00元
PSN G-2017-617-1/1

北京蓝皮书
北京经济发展报告（2017～2018）
著(编)者：杨松　2018年6月出版 / 估价：99.00元
PSN B-2006-054-2/8

北京旅游绿皮书
北京旅游发展报告（2018）
著(编)者：北京旅游学会
2018年7月出版 / 估价：99.00元
PSN G-2012-301-1/1

北京体育蓝皮书
北京体育产业发展报告（2017～2018）
著(编)者：钟秉枢 陈杰 杨铁黎
2018年9月出版 / 估价：99.00元
PSN B-2015-475-1/1

滨海金融蓝皮书
滨海新区金融发展报告（2017）
著(编)者：王爱俭 李向前　2018年4月出版 / 估价：99.00元
PSN B-2014-424-1/1

城乡一体化蓝皮书
北京城乡一体化发展报告（2017～2018）
著(编)者：吴宝新 张宝秀 黄序
2018年5月出版 / 估价：99.00元
PSN B-2012-258-2/2

非公有制企业社会责任蓝皮书
北京非公有制企业社会责任报告（2018）
著(编)者：宋贵伦 冯培　2018年6月出版 / 估价：99.00元
PSN B-2017-613-1/1

福建旅游蓝皮书
福建省旅游产业发展现状研究（2017~2018）
著(编)者：陈敏华 黄远水
2018年12月出版 / 估价：128.00元
PSN B-2016-591-1/1

福建自贸区蓝皮书
中国(福建)自由贸易试验区发展报告(2017~2018)
著(编)者：黄茂兴　2018年4月出版 / 估价：118.00元
PSN B-2016-531-1/1

甘肃蓝皮书
甘肃经济发展分析与预测（2018）
著(编)者：安文华 罗哲　2018年1月出版 / 估价：99.00元
PSN B-2013-312-1/6

甘肃蓝皮书
甘肃商贸流通发展报告（2018）
著(编)者：张应华 王福生 王晓芳
2018年1月出版 / 估价：99.00元
PSN B-2016-522-6/6

甘肃蓝皮书
甘肃县域和农村发展报告（2018）
著(编)者：朱智文 包东红 王建兵
2018年1月出版 / 估价：99.00元
PSN B-2013-316-5/6

甘肃农业科技绿皮书
甘肃农业科技发展研究报告（2018）
著(编)者：魏胜文 乔德华 张东伟
2018年12月出版 / 估价：198.00元
PSN B-2016-592-1/1

巩义蓝皮书
巩义经济社会发展报告（2018）
著(编)者：丁同民 朱军 2018年4月出版 / 估价：99.00元
PSN B-2016-532-1/1

广东外经贸蓝皮书
广东对外经济贸易发展研究报告（2017～2018）
著(编)者：陈万灵 2018年6月出版 / 估价：99.00元
PSN B-2012-286-1/1

广西北部湾经济区蓝皮书
广西北部湾经济区开放开发报告（2017～2018）
著(编)者：广西壮族自治区北部湾经济区和东盟开放合作办公室
　　　　　广西社会科学院
　　　　　广西北部湾发展研究院
2018年2月出版 / 估价：99.00元
PSN B-2010-181-1/1

广州蓝皮书
广州城市国际化发展报告（2018）
著(编)者：张跃国 2018年8月出版 / 估价·99.00元
PSN B-2012-246-11/14

广州蓝皮书
中国广州城市建设与管理发展报告（2018）
著(编)者：张其学 陈小钢 王宏伟 2018年8月出版 / 估价：99.00元
PSN B-2007-087-4/14

广州蓝皮书
广州创新型城市发展报告（2018）
著(编)者：尹涛 2018年6月出版 / 估价：99.00元
PSN B-2012-247-12/14

广州蓝皮书
广州经济发展报告（2018）
著(编)者：张跃国 尹涛 2018年7月出版 / 估价：99.00元
PSN B-2005-040-1/14

广州蓝皮书
2018年中国广州经济形势分析与预测
著(编)者：魏明海 谢博能 李华
2018年6月出版 / 估价：99.00元
PSN B-2011-185-9/14

广州蓝皮书
中国广州科技创新发展报告（2018）
著(编)者：于欣伟 陈爽 邓佑满 2018年8月出版 / 估价：99.00元
PSN B-2006-065-2/14

广州蓝皮书
广州农村发展报告（2018）
著(编)者：朱名宏 2018年7月出版 / 估价：99.00元
PSN B-2010-167-8/14

广州蓝皮书
广州汽车产业发展报告（2018）
著(编)者：杨再高 冯兴亚 2018年7月出版 / 估价：99.00元
PSN B-2006-066-3/14

广州蓝皮书
广州商贸业发展报告（2018）
著(编)者：张跃国 陈杰 荀振英
2018年7月出版 / 估价：99.00元
PSN B-2012-245-10/14

贵阳蓝皮书
贵阳城市创新发展报告No.3（白云篇）
著(编)者：连玉明 2018年5月出版 / 估价：99.00元
PSN B-2015-491-3/10

贵阳蓝皮书
贵阳城市创新发展报告No.3（观山湖篇）
著(编)者：连玉明 2018年5月出版 / 估价：99.00元
PSN B-2015-497-9/10

贵阳蓝皮书
贵阳城市创新发展报告No.3（花溪篇）
著(编)者：连玉明 2018年5月出版 / 估价：99.00元
PSN B-2015-490-2/10

贵阳蓝皮书
贵阳城市创新发展报告No.3（开阳篇）
著(编)者：连玉明 2018年5月出版 / 估价：99.00元
PSN B-2015-492-4/10

贵阳蓝皮书
贵阳城市创新发展报告No.3（南明篇）
著(编)者：连玉明 2018年5月出版 / 估价：99.00元
PSN B-2015-496-8/10

贵阳蓝皮书
贵阳城市创新发展报告No.3（清镇篇）
著(编)者：连玉明 2018年5月出版 / 估价：99.00元
PSN B-2015-489-1/10

贵阳蓝皮书
贵阳城市创新发展报告No.3（乌当篇）
著(编)者：连玉明 2018年5月出版 / 估价：99.00元
PSN B-2015-495-7/10

贵阳蓝皮书
贵阳城市创新发展报告No.3（息烽篇）
著(编)者：连玉明 2018年5月出版 / 估价：99.00元
PSN B-2015-493-5/10

贵阳蓝皮书
贵阳城市创新发展报告No.3（修文篇）
著(编)者：连玉明 2018年5月出版 / 估价：99.00元
PSN B-2015-494-6/10

贵阳蓝皮书
贵阳城市创新发展报告No.3（云岩篇）
著(编)者：连玉明 2018年5月出版 / 估价：99.00元
PSN B-2015-498-10/10

贵州房地产蓝皮书
贵州房地产发展报告No.5（2018）
著(编)者：武廷方 2018年7月出版 / 估价：99.00元
PSN B-2014-426-1/1

贵州蓝皮书
贵州册亨经济社会发展报告（2018）
著(编)者：黄德林　2018年3月出版 / 估价：99.00元
PSN B-2016-525-8/9

贵州蓝皮书
贵州地理标志产业发展报告（2018）
著(编)者：李发耀 黄其松　2018年8月出版 / 估价：99.00元
PSN B-2017-646-10/10

贵州蓝皮书
贵安新区发展报告（2017~2018）
著(编)者：马长青 吴大华　2018年6月出版 / 估价：99.00元
PSN B-2015-459-4/10

贵州蓝皮书
贵州国家级开放创新平台发展报告（2017~2018）
著(编)者：申晓庆 吴大华 季泓
2018年11月出版　估价：99.00元
PSN B-2016-518-7/10

贵州蓝皮书
贵州国有企业社会责任发展报告（2017~2018）
著(编)者：郭丽　2018年12月出版 / 估价：99.00元
PSN B-2015-511-6/10

贵州蓝皮书
贵州民航业发展报告（2017）
著(编)者：申振东 吴大华　2018年1月出版 / 估价：99.00元
PSN B-2015-471-5/10

贵州蓝皮书
贵州民营经济发展报告（2017）
著(编)者：杨静 吴大华　2018年3月出版 / 估价：99.00元
PSN B-2016-530-9/9

杭州都市圈蓝皮书
杭州都市圈发展报告（2018）
著(编)者：沈翔 戚建国　2018年5月出版 / 估价：128.00元
PSN B-2012-302-1/1

河北经济蓝皮书
河北省经济发展报告（2018）
著(编)者：马树强 金浩 张贵　2018年4月出版 / 估价：99.00元
PSN B-2014-380-1/1

河北蓝皮书
河北经济社会发展报告（2018）
著(编)者：康振海　2018年1月出版 / 估价：99.00元
PSN B-2014-372-1/3

河北蓝皮书
京津冀协同发展报告（2018）
著(编)者：陈璐　2018年1月出版 / 估价：99.00元
PSN B-2017-601-2/3

河南经济蓝皮书
2018年河南经济形势分析与预测
著(编)者：王世炎　2018年3月出版 / 估价：99.00元
PSN B-2007-086-1/1

河南蓝皮书
河南城市发展报告（2018）
著(编)者：张占仓 王建国　2018年5月出版 / 估价：99.00元
PSN B-2009-131-3/9

河南蓝皮书
河南工业发展报告（2018）
著(编)者：张占仓　2018年5月出版 / 估价：99.00元
PSN B-2013-317-5/9

河南蓝皮书
河南金融发展报告（2018）
著(编)者：喻新安 谷建全
2018年6月出版 / 估价：99.00元
PSN B-2014-390-7/9

河南蓝皮书
河南经济发展报告（2018）
著(编)者：张占仓 完世伟
2018年4月出版 / 估价：99.00元
PSN B-2010-157-4/9

河南蓝皮书
河南能源发展报告（2018）
著(编)者：国网河南省电力公司经济技术研究院
　　　　　河南省社会科学院
2018年3月出版 / 估价：99.00元
PSN B-2017-607-9/9

河南商务蓝皮书
河南商务发展报告（2018）
著(编)者：焦锦淼 穆荣国　2018年5月出版 / 估价：99.00元
PSN B-2014-399-1/1

河南双创蓝皮书
河南创新创业发展报告（2018）
著(编)者：喻新安 杨雪梅　2018年8月出版 / 估价：99.00元
PSN B-2017-641-1/1

黑龙江蓝皮书
黑龙江经济发展报告（2018）
著(编)者：朱宇　2018年1月出版 / 估价：99.00元
PSN B-2011-190-2/2

湖南城市蓝皮书
区域城市群整合
著(编)者：童中贤 韩未名　2018年12月出版 / 估价：99.00元
PSN B-2006-064-1/1

湖南蓝皮书
湖南城乡一体化发展报告（2018）
著(编)者：陈文胜 王文强 陆福兴
2018年8月出版 / 估价：99.00元
PSN B-2015-477-8/8

湖南蓝皮书
2018年湖南电子政务发展报告
著(编)者：梁志峰　2018年5月出版 / 估价：128.00元
PSN B-2014-394-6/8

湖南蓝皮书
2018年湖南经济发展报告
著(编)者：卞鹰　2018年5月出版 / 估价：128.00元
PSN B-2011-207-2/8

湖南蓝皮书
2016年湖南经济展望
著(编)者：梁志峰　2018年5月出版 / 估价：128.00元
PSN B-2011-206-1/8

湖南蓝皮书
2018年湖南县域经济社会发展报告
著(编)者：梁志峰　2018年5月出版 / 估价：128.00元
PSN B-2014-395-7/8

湖南县域绿皮书
湖南县域发展报告（No.5）
著(编)者：袁准 周小毛 黎仁寅
2018年3月出版 / 估价：99.00元
PSN G-2012-274-1/1

沪港蓝皮书
沪港发展报告（2018）
著(编)者：尤安山　2018年9月出版 / 估价：99.00元
PSN B-2013-362-1/1

吉林蓝皮书
2018年吉林经济社会形势分析与预测
著(编)者：邵汉明　2017年12月出版 / 估价：99.00元
PSN B-2013-319-1/1

吉林省城市竞争力蓝皮书
吉林省城市竞争力报告（2018~2019）
著(编)者：崔岳春 张磊　2018年12月出版 / 估价：99.00元
PSN B-2016-513-1/1

济源蓝皮书
济源经济社会发展报告（2018）
著(编)者：喻新安　2018年4月出版 / 估价：99.00元
PSN B-2014-387-1/1

江苏蓝皮书
2018年江苏经济发展分析与展望
著(编)者：王庆五 吴先满　2018年7月出版 / 估价：128.00元
PSN B-2017-635-1/3

江西蓝皮书
江西经济社会发展报告（2018）
著(编)者：陈石俊 龚建文　2018年10月出版 / 估价：128.00元
PSN B-2015-484-1/2

江西蓝皮书
江西设区市发展报告（2018）
著(编)者：姜玮 梁勇　2018年10月出版 / 估价：99.00元
PSN B-2016-517-2/2

经济特区蓝皮书
中国经济特区发展报告（2017）
著(编)者：陶一桃　2018年1月出版 / 估价：99.00元
PSN B-2009-139-1/1

辽宁蓝皮书
2018年辽宁经济社会形势分析与预测
著(编)者：梁启东 魏红江　2018年6月出版 / 估价：99.00元
PSN B-2006-053-1/1

民族经济蓝皮书
中国民族地区经济发展报告（2018）
著(编)者：李曦辉　2018年7月出版 / 估价：99.00元
PSN B-2017-630-1/1

南宁蓝皮书
南宁经济发展报告（2018）
著(编)者：胡建华　2018年9月出版 / 估价：99.00元
PSN B-2016-569-2/3

浦东新区蓝皮书
上海浦东经济发展报告（2018）
著(编)者：沈开艳 周奇　2018年2月出版 / 估价：99.00元
PSN B-2011-225-1/1

青海蓝皮书
2018年青海经济社会形势分析与预测
著(编)者：陈玮　2017年12月出版 / 估价：99.00元
PSN B-2012-275-1/2

山东蓝皮书
山东经济形势分析与预测（2018）
著(编)者：李广杰　2018年7月出版 / 估价：99.00元
PSN B-2014-404-1/5

山东蓝皮书
山东省普惠金融发展报告（2018）
著(编)者：齐鲁财富网
2018年9月出版 / 估价：99.00元
PSN B2017-676-5/5

山西蓝皮书
山西资源型经济转型发展报告（2018）
著(编)者：李志强　2018年7月出版 / 估价：99.00元
PSN B-2011-197-1/1

陕西蓝皮书
陕西经济发展报告（2018）
著(编)者：任宗哲 白宽犁 裴成荣
2018年1月出版 / 估价：99.00元
PSN B-2009-135-1/6

陕西蓝皮书
陕西精准脱贫研究报告（2018）
著(编)者：任宗哲 白宽犁 王建康
2018年6月出版 / 估价：99.00元
PSN B-2017-623-6/6

上海蓝皮书
上海经济发展报告（2018）
著(编)者：沈开艳
2018年2月出版 / 估价：99.00元
PSN B-2006-057-1/7

上海蓝皮书
上海资源环境发展报告（2018）
著(编)者：周冯琦 汤庆合
2018年2月出版 / 估价：99.00元
PSN B-2006-060-4/7

上饶蓝皮书
上饶发展报告（2016~2017）
著(编)者：廖其志　2018年3月出版 / 估价：128.00元
PSN B-2014-377-1/1

深圳蓝皮书
深圳经济发展报告（2018）
著(编)者：张骁儒　2018年6月出版 / 估价：99.00元
PSN B-2008-112-3/7

四川蓝皮书
四川城镇化发展报告（2018）
著(编)者：侯水平 陈炜
2018年4月出版 / 估价：99.00元
PSN B-2015-456-7/7

四川蓝皮书
2018年四川经济形势分析与预测
著(编)者: 杨钢 2018年1月出版 / 估价: 99.00元
PSN B-2007-098-2/7

四川蓝皮书
四川企业社会责任研究报告（2017~2018）
著(编)者: 侯水平 盛毅 2018年5月出版 / 估价: 99.00元
PSN B-2014-386-4/7

四川蓝皮书
四川生态建设报告（2018）
著(编)者: 李晟之 2018年5月出版 / 估价: 99.00元
PSN B-2015-455-6/7

体育蓝皮书
上海体育产业发展报告（2017~2018）
著(编)者: 张林 黄海燕 2018年10月出版 / 估价: 99.00元
PSN B-2015-454-4/5

体育蓝皮书
长三角地区体育产业发展报告（2017~2018）
著(编)者: 张林 2018年4月出版 / 估价: 99.00元
PSN B-2015-453-3/5

天津金融蓝皮书
天津金融发展报告（2018）
著(编)者: 王爱俭 孔德昌 2018年3月出版 / 估价: 99.00元
PSN B-2014-418-1/1

图们江区域合作蓝皮书
图们江区域合作发展报告（2018）
著(编)者: 李铁 2018年6月出版 / 估价: 99.00元
PSN B-2015-464-1/1

温州蓝皮书
2018年温州经济社会形势分析与预测
著(编)者: 蒋儒标 王春光 金浩
2018年4月出版 / 估价: 99.00元
PSN B-2008-105-1/1

西咸新区蓝皮书
西咸新区发展报告（2018）
著(编)者: 李扬 王军
2018年6月出版 / 估价: 99.00元
PSN B-2016-534-1/1

修武蓝皮书
修武经济社会发展报告（2018）
著(编)者: 张占仓 袁凯声
2018年10月出版 / 估价: 99.00元
PSN B-2017-651-1/1

偃师蓝皮书
偃师经济社会发展报告（2018）
著(编)者: 张占仓 袁凯声 何武周
2018年7月出版 / 估价: 99.00元
PSN B-2017-627-1/1

扬州蓝皮书
扬州经济社会发展报告（2018）
著(编)者: 陈扬
2018年12月出版 / 估价: 108.00元
PSN B-2011-191-1/1

长垣蓝皮书
长垣经济社会发展报告（2018）
著(编)者: 张占仓 袁凯声 秦保建
2018年10月出版 / 估价: 99.00元
PSN B-2017-654-1/1

遵义蓝皮书
遵义发展报告（2018）
著(编)者: 邓彦 曾征 龚永育
2018年9月出版 / 估价: 99.00元
PSN B-2014-433-1/1

地方发展类-社会

安徽蓝皮书
安徽社会发展报告（2018）
著(编)者: 程桦 2018年4月出版 / 估价: 99.00元
PSN B-2013-325-1/1

安徽社会建设蓝皮书
安徽社会建设分析报告（2017~2018）
著(编)者: 黄家海 蔡宪
2018年11月出版 / 估价: 99.00元
PSN B-2013-322-1/1

北京蓝皮书
北京公共服务发展报告（2017~2018）
著(编)者: 施昌奎 2018年3月出版 / 估价: 99.00元
PSN B-2008-103-7/8

北京蓝皮书
北京社会发展报告（2017~2018）
著(编)者: 李伟东
2018年7月出版 / 估价: 99.00元
PSN B-2006-055-3/8

北京蓝皮书
北京社会治理发展报告（2017~2018）
著(编)者: 殷星辰 2018年7月出版 / 估价: 99.00元
PSN B-2014-391-8/8

北京律师蓝皮书
北京律师发展报告 No.3（2018）
著(编)者: 王隽 2018年12月出版 / 估价: 99.00元
PSN B-2011-217-1/1

北京人才蓝皮书
北京人才发展报告（2018）
著(编)者：敏华　2018年12月出版 / 估价：128.00元
PSN B-2011-201-1/1

北京社会心态蓝皮书
北京社会心态分析报告（2017~2018）
北京市社会心理服务促进中心
2018年10月出版 / 估价：99.00元
PSN B-2014-422-1/1

北京社会组织管理蓝皮书
北京社会组织发展与管理（2018）
著(编)者：黄江松
2018年4月出版 / 估价：99.00元
PSN B-2015-446-1/1

北京养老产业蓝皮书
北京居家养老发展报告（2018）
著(编)者：陆杰华　周明明
2018年8月出版 / 估价：99.00元
PSN B-2015-465-1/1

法治蓝皮书
四川依法治省年度报告No.4（2018）
著(编)者：李林　杨天宗　田禾
2018年3月出版 / 估价：118.00元
PSN B-2015-447-2/3

福建妇女发展蓝皮书
福建省妇女发展报告（2018）
著(编)者：刘群英　2018年11月出版 / 估价：99.00元
PSN B-2011-220-1/1

甘肃蓝皮书
甘肃社会发展分析与预测（2018）
著(编)者：安文华　包晓霞　谢增虎
2018年1月出版 / 估价：99.00元
PSN B-2013-313-2/6

广东蓝皮书
广东全面深化改革研究报告（2018）
著(编)者：周林生　涂成林
2018年12月出版 / 估价：99.00元
PSN B-2015-504-3/3

广东蓝皮书
广东社会工作发展报告（2018）
著(编)者：罗观翠　2018年6月出版 / 估价：99.00元
PSN B-2014-402-2/3

广州蓝皮书
广州青年发展报告（2018）
著(编)者：徐柳　张强
2018年8月出版 / 估价：99.00元
PSN B-2013-352-13/14

广州蓝皮书
广州社会保障发展报告（2018）
著(编)者：张跃国　2018年8月出版 / 估价：99.00元
PSN B-2014-425-14/14

广州蓝皮书
2018年中国广州社会形势分析与预测
著(编)者：张强　郭志勇　何镜清
2018年6月出版 / 估价：99.00元
PSN B-2008-110-5/14

贵州蓝皮书
贵州法治发展报告（2018）
著(编)者：吴大华　2018年5月出版 / 估价：99.00元
PSN B-2012-254-2/10

贵州蓝皮书
贵州人才发展报告（2017）
著(编)者：于杰　吴大华
2018年9月出版 / 估价：99.00元
PSN B-2014-382-3/10

贵州蓝皮书
贵州社会发展报告（2018）
著(编)者：王兴骥　2018年4月出版 / 估价：99.00元
PSN B-2010-166-1/10

杭州蓝皮书
杭州妇女发展报告（2018）
著(编)者：魏颖　2018年10月出版 / 估价：99.00元
PSN B-2014-403-1/1

河北蓝皮书
河北法治发展报告（2018）
著(编)者：康振海　2018年6月出版 / 估价：99.00元
PSN B-2017-622-3/3

河北食品药品安全蓝皮书
河北食品药品安全研究报告（2018）
著(编)者：丁锦霞　2018年10月出版 / 估价：99.00元
PSN B-2015-473-1/1

河南蓝皮书
河南法治发展报告（2018）
著(编)者：张林海　2018年7月出版 / 估价：99.00元
PSN B-2014-376-6/9

河南蓝皮书
2018年河南社会形势分析与预测
著(编)者：牛苏林　2018年5月出版 / 估价：99.00元
PSN B-2005-043-1/9

河南民办教育蓝皮书
河南民办教育发展报告（2018）
著(编)者：胡大白　2018年9月出版 / 估价：99.00元
PSN B-2017-642-1/1

黑龙江蓝皮书
黑龙江社会发展报告（2018）
著(编)者：谢宝禄　2018年1月出版 / 估价：99.00元
PSN B-2014-189-1/2

湖南蓝皮书
2018年湖南两型社会与生态文明建设报告
著(编)者：卞鹰　2018年5月出版 / 估价：128.00元
PSN B-2011-208-3/8

湖南蓝皮书
2018年湖南社会发展报告
著(编)者：卞鹰　2018年5月出版 / 估价：128.00元
PSN B-2014-393-5/8

健康城市蓝皮书
北京健康城市建设研究报告（2018）
著(编)者：王鸿春　盛继洪　2018年9月出版 / 估价：99.00元
PSN B-2015-460-1/2

江苏法治蓝皮书
江苏法治发展报告No.6（2017）
著(编)者：蔡道通 龚廷泰　2018年8月出版 / 估价：99.00元
PSN B-2012-290-1/1

江苏蓝皮书
2018年江苏社会发展分析与展望
著(编)者：王庆五 刘旺洪　2018年8月出版 / 估价：128.00元
PSN B-2014-636-2/3

南宁蓝皮书
南宁法治发展报告（2018）
著(编)者：杨维超　2018年12月出版 / 估价：99.00元
PSN B-2015-509-1/3

南宁蓝皮书
南宁社会发展报告（2018）
著(编)者：胡建华　2018年10月出版 / 估价：99.00元
PSN B-2016-570-3/3

内蒙古蓝皮书
内蒙古反腐倡廉建设报告 No.2
著(编)者：张志华　2018年6月出版 / 估价：99.00元
PSN B-2013-365-1/1

青海蓝皮书
2018年青海人才发展报告
著(编)者：王宇燕　2018年9月出版 / 估价：99.00元
PSN B-2017-650-2/2

青海生态文明建设蓝皮书
青海生态文明建设报告（2018）
著(编)者：张西明 高华　2018年12月出版 / 估价：99.00元
PSN B-2016-595-1/1

人口与健康蓝皮书
深圳人口与健康发展报告（2018）
著(编)者：陆杰华 傅崇辉　2018年11月出版 / 估价：99.00元
PSN B-2011-228-1/1

山东蓝皮书
山东社会形势分析与预测（2018）
著(编)者：李善峰　2018年6月出版 / 估价：99.00元
PSN B-2014-405-2/5

陕西蓝皮书
陕西社会发展报告（2018）
著(编)者：任宗哲 白宽犁 牛昉　2018年1月出版 / 估价：99.00元
PSN B-2009-136-2/6

上海蓝皮书
上海法治发展报告（2018）
著(编)者：叶必丰　2018年9月出版 / 估价：99.00元
PSN B-2012-296-6/7

上海蓝皮书
上海社会发展报告（2018）
著(编)者：杨雄 周海旺
2018年2月出版 / 估价：99.00元
PSN B-2006-058-2/7

社会建设蓝皮书
2018年北京社会建设分析报告
著(编)者：宋贵伦 冯虹　2018年9月出版 / 估价：99.00元
PSN B-2010-173-1/1

深圳蓝皮书
深圳法治发展报告（2018）
著(编)者：张骁儒　2018年6月出版 / 估价：99.00元
PSN B-2015-470-6/7

深圳蓝皮书
深圳劳动关系发展报告（2018）
著(编)者：汤庭芬　2018年8月出版 / 估价：99.00元
PSN B-2007-097-2/7

深圳蓝皮书
深圳社会治理与发展报告（2018）
著(编)者：张骁儒　2018年6月出版 / 估价：99.00元
PSN B-2008-113-4/7

生态安全绿皮书
甘肃国家生态安全屏障建设发展报告（2018）
著(编)者：刘举科 喜文化
2018年10月出版 / 估价：99.00元
PSN G-2017-659-1/1

顺义社会建设蓝皮书
北京市顺义区社会建设发展报告（2018）
著(编)者：王学武　2018年9月出版 / 估价：99.00元
PSN B-2017-658-1/1

四川蓝皮书
四川法治发展报告（2018）
著(编)者：郑泰安　2018年1月出版 / 估价：99.00元
PSN B-2015-441-5/7

四川蓝皮书
四川社会发展报告（2018）
著(编)者：李羚　2018年6月出版 / 估价：99.00元
PSN B-2008-127-3/7

云南社会治理蓝皮书
云南社会治理年度报告（2017）
著(编)者：晏雄 韩全芳
2018年5月出版 / 估价：99.00元
PSN B-2017-667-1/1

地方发展类-文化

北京传媒蓝皮书
北京新闻出版广电发展报告（2017～2018）
著(编)者：王志　2018年11月出版 / 估价：99.00元
PSN B-2016-588-1/1

北京蓝皮书
北京文化发展报告（2017～2018）
著(编)者：李建盛　2018年5月出版 / 估价：99.00元
PSN B-2007-082-4/8

创意城市蓝皮书
北京文化创意产业发展报告（2018）
著(编)者：郭万超 张京成　2018年12月出版 / 估价：99.00元
PSN B-2012-263-1/7

创意城市蓝皮书
天津文化创意产业发展报告（2017~2018）
著(编)者：谢思全　2018年6月出版 / 估价：99.00元
PSN B-2016-536-7/7

创意城市蓝皮书
武汉文化创意产业发展报告（2018）
著(编)者：黄永林 陈汉桥　2018年12月出版 / 估价：99.00元
PSN B-2013-354-4/7

创意上海蓝皮书
上海文化创意产业发展报告（2017~2018）
著(编)者：王慧敏 王兴全　2018年8月出版 / 估价：99.00元
PSN B-2016-561-1/1

非物质文化遗产蓝皮书
广州市非物质文化遗产保护发展报告（2018）
著(编)者：宋俊华　2018年12月出版 / 估价：99.00元
PSN B-2016-589-1/1

甘肃蓝皮书
甘肃文化发展分析与预测（2018）
著(编)者：王俊莲 周小华　2018年1月出版 / 估价：99.00元
PSN B-2013-314-3/6

甘肃蓝皮书
甘肃舆情分析与预测（2018）
著(编)者：陈双梅 张谦元　2018年1月出版 / 估价：99.00元
PSN B-2013-315-4/6

广州蓝皮书
中国广州文化发展报告（2018）
著(编)者：屈哨兵 陆志强　2018年6月出版 / 估价：99.00元
PSN B-2009-134-7/14

广州蓝皮书
广州文化创意产业发展报告（2018）
著(编)者：徐咏虹　2018年7月出版 / 估价：99.00元
PSN B-2008-111-6/14

海淀蓝皮书
海淀区文化和科技融合发展报告（2018）
著(编)者：陈名杰 孟景伟　2018年5月出版 / 估价：99.00元
PSN B-2013-329-1/1

河南蓝皮书
河南文化发展报告（2018）
著(编)者：卫绍生　2018年7月出版 / 估价：99.00元
PSN B-2008-106-2/9

湖北文化产业蓝皮书
湖北省文化产业发展报告（2018）
著(编)者：黄晓华　2018年9月出版 / 估价：99.00元
PSN B-2017-656-1/1

湖北文化蓝皮书
湖北文化发展报告（2017~2018）
著(编)者：湖北大学高等人文研究院
　　　　　中华文化发展湖北省协同创新中心
2018年10月出版 / 估价：99.00元
PSN B-2016-566-1/1

江苏蓝皮书
2018年江苏文化发展分析与展望
著(编)者：王庆五 樊和平　2018年9月出版 / 估价：128.00元
PSN B-2017-637-3/3

江西文化蓝皮书
江西非物质文化遗产发展报告（2018）
著(编)者：张圣才 傅安平　2018年12月出版 / 估价：128.00元
PSN B-2015-499-1/1

洛阳蓝皮书
洛阳文化发展报告（2018）
著(编)者：刘福兴 陈启明　2018年7月出版 / 估价：99.00元
PSN B-2015-476-1/1

南京蓝皮书
南京文化发展报告（2018）
著(编)者：中共南京市委宣传部
2018年12月出版 / 估价：99.00元
PSN B-2014-439-1/1

宁波文化蓝皮书
宁波"一人一艺"全民艺术普及发展报告（2017）
著(编)者：张爱琴　2018年11月出版 / 估价：128.00元
PSN B-2017-668-1/1

山东蓝皮书
山东文化发展报告（2018）
著(编)者：涂可国　2018年5月出版 / 估价：99.00元
PSN B-2014-406-3/5

陕西蓝皮书
陕西文化发展报告（2018）
著(编)者：任宗哲 白宽犁 王长寿
2018年1月出版 / 估价：99.00元
PSN B-2009-137-3/6

上海蓝皮书
上海传媒发展报告（2018）
著(编)者：强荧 焦雨虹　2018年2月出版 / 估价：99.00元
PSN B-2012-295-5/7

上海蓝皮书
上海文学发展报告（2018）
著(编)者：陈圣来　2018年6月出版 / 估价：99.00元
PSN B-2012-297-7/7

上海蓝皮书
上海文化发展报告（2018）
著(编)者：荣跃明　2018年2月出版 / 估价：99.00元
PSN B-2006-059-3/7

深圳蓝皮书
深圳文化发展报告（2018）
著(编)者：张晓儒　2018年7月出版 / 估价：99.00元
PSN B-2016-554-7/7

四川蓝皮书
四川文化产业发展报告（2018）
著(编)者：向宝云 张立伟　2018年4月出版 / 估价：99.00元
PSN B-2006-074-1/7

郑州蓝皮书
2018年郑州文化发展报告
著(编)者：王哲　2018年9月出版 / 估价：99.00元
PSN B-2008-107-1/1

社会科学文献出版社　　　　　皮书系列

❖ 皮书起源 ❖

"皮书"起源于十七、十八世纪的英国，主要指官方或社会组织正式发表的重要文件或报告，多以"白皮书"命名。在中国，"皮书"这一概念被社会广泛接受，并被成功运作、发展成为一种全新的出版形态，则源于中国社会科学院社会科学文献出版社。

❖ 皮书定义 ❖

皮书是对中国与世界发展状况和热点问题进行年度监测，以专业的角度、专家的视野和实证研究方法，针对某一领域或区域现状与发展态势展开分析和预测，具备原创性、实证性、专业性、连续性、前沿性、时效性等特点的公开出版物，由一系列权威研究报告组成。

❖ 皮书作者 ❖

皮书系列的作者以中国社会科学院、著名高校、地方社会科学院的研究人员为主，多为国内一流研究机构的权威专家学者，他们的看法和观点代表了学界对中国与世界的现实和未来最高水平的解读与分析。

❖ 皮书荣誉 ❖

皮书系列已成为社会科学文献出版社的著名图书品牌和中国社会科学院的知名学术品牌。2016年，皮书系列正式列入"十三五"国家重点出版规划项目；2013~2018年，重点皮书列入中国社会科学院承担的国家哲学社会科学创新工程项目；2018年，59种院外皮书使用"中国社会科学院创新工程学术出版项目"标识。

中国皮书网

（网址：www.pishu.cn）

发布皮书研创资讯，传播皮书精彩内容
引领皮书出版潮流，打造皮书服务平台

栏目设置

关于皮书：何谓皮书、皮书分类、皮书大事记、皮书荣誉、
　　　　　皮书出版第一人、皮书编辑部

最新资讯：通知公告、新闻动态、媒体聚焦、网站专题、视频直播、下载专区

皮书研创：皮书规范、皮书选题、皮书出版、皮书研究、研创团队

皮书评奖评价：指标体系、皮书评价、皮书评奖

互动专区：皮书说、社科数托邦、皮书微博、留言板

所获荣誉

　　2008 年、2011 年，中国皮书网均在全
国新闻出版业网站荣誉评选中获得"最具商
业价值网站"称号；

　　2012 年，获得"出版业网站百强"称号。

网库合一

　　2014 年，中国皮书网与皮书数据库端
口合一，实现资源共享。

权威报告·一手数据·特色资源

皮书数据库
ANNUAL REPORT(YEARBOOK)
DATABASE

当代中国经济与社会发展高端智库平台

所获荣誉

- 2016年，入选"'十三五'国家重点电子出版物出版规划骨干工程"
- 2015年，荣获"搜索中国正能量 点赞2015""创新中国科技创新奖"
- 2013年，荣获"中国出版政府奖·网络出版物奖"提名奖
- 连续多年荣获中国数字出版博览会"数字出版·优秀品牌"奖

WWW.PISHU.COM.CN

成为会员

通过网址www.pishu.com.cn或使用手机扫描二维码进入皮书数据库网站，进行手机号码验证或邮箱验证即可成为皮书数据库会员（建议通过手机号码快速验证注册）。

会员福利

- 使用手机号码首次注册的会员，账号自动充值100元体验金，可直接购买和查看数据库内容（仅限使用手机号码快速注册）。
- 已注册用户购书后可免费获赠100元皮书数据库充值卡。刮开充值卡涂层获取充值密码，登录并进入"会员中心"—"在线充值"—"充值卡充值"，充值成功后即可购买和查看数据库内容。

数据库服务热线：400-008-6695　　　　图书销售热线：010-59367070/7028
数据库服务QQ：2475522410　　　　　　图书服务QQ：1265056568
数据库服务邮箱：database@ssap.cn　　　图书服务邮箱：duzhe@ssap.cn

更多信息请登录

皮书数据库
http://www.pishu.com.cn

中国皮书网
http://www.pishu.cn

皮书微博
http://weibo.com/pishu

皮书微信"皮书说"

请到当当、亚马逊、京东或各地书店购买，也可办理邮购

咨询/邮购电话：010-59367028　59367070

邮　　箱：duzhe@ssap.cn

邮购地址：北京市西城区北三环中路甲29号院3号楼
　　　　　华龙大厦13层读者服务中心

邮　编：100029

银行户名：社会科学文献出版社

开户银行：中国工商银行北京北太平庄支行

账　　号：0200010019200365434